Otto Friedrich Bollnow – Schriften

Band 6

OTTO FRIEDRICH BOLLNOW
SCHRIFTEN

Studienausgabe in 12 Bänden

Herausgegeben von

Ursula Boelhauve, Gudrun Kühne-Bertram,
Hans-Ulrich Lessing und Frithjof Rodi

Band 6

Mensch und Raum

Königshausen & Neumann

Gedruckt mit Unterstützung der ROBERT BOSCH STIFTUNG

Bibliografische Information der Deutschen Nationalbibliothek

Die Deutsche Nationalbibliothek verzeichnet diese Publikation in der Deutschen Nationalbibliografie; detaillierte bibliografische Daten sind im Internet über http://dnb.d-nb.de abrufbar.

Gedruckt auf säurefreiem, alterungsbeständigem Papier
Umschlag: skh-softics / coverart
Bindung: Verlagsbuchbinderei Keller GmbH, Kleinlüder

Printed in Germany
ISBN 978-3-8260-4188-4
www.koenigshausen-neumann.de
www.buchhandel.de
www.buchkatalog.de

Inhalt

Vorwort der Herausgeber zur Studienausgabe XIII

Zur Einführung in Band 6 XV

Mensch und Raum

Einleitung 1

1. Zur Geschichte der Fragestellung 1
2. Die Abhebung vom mathematischen Raum 3
3. Der Begriff des erlebten Raums 5
4. Die Räumlichkeit des menschlichen Lebens 8

I. Die elementare Gliederung des Raums 13

1. Der Raumbegriff bei Aristoteles 13

1. Der natürliche Ort 13
2. Der Raum als Gefäß 15

2. Wortgebrauch und Sprachgeschichte 17

1. Der alltägliche Sprachgebrauch 17
2. Sprachgeschichtliche Hinweise 19
   a) Das Wort Raum 19
   b) Die verbalen Formen 21
   c) Zusammenfassung 22
3. Die Orte und Stellen im Raum 22
   a) Der Ort 23
   b) Die Stelle 23
   c) Der Platz 25
   d) Der Fleck 27
   e) Das Feld 27

3. Das natürliche Achsensystem 28

1. Vertikalachse und Horizontalebene. Der aufgerichtete Mensch 28
2. Die Erdoberfläche 30
3. Die Festigkeit des Bodens und die Formen seines Verlusts 31
4. Das Vorn und das Hinten: Das Unterwegssein des Menschen 33
5. Die rechte und die linke Seite 36

4. Die Mitte des Raums 37

1. Die Frage nach dem Nullpunkt des Raums 37
2. Das Fortgehen und Zurückkehren 38
3. Die Ordnung um die Mitte 40
4. Die Endlichkeit der Welt 42

5. Die Himmelsrichtungen 43

1. Die Orientierung im Raum 43
2. Die mythische Geographie 45
3. Andre Richtungsschemata 47
4. Bevorzugte Plätze 49
5. Wegrichtungen und Lebensbereiche 50

6. Horizont und Perspektive 53

1. Der Doppelaspekt des Horizonts 53
2. Die Perspektive 56
3. Perspektive und Horizont in übertragener Bedeutung 57

II. Die weite Welt 59

1. Weite, Fremde und Ferne 59

1. Die neue Fragestellung 59
2. Der Vorstoß in die unendliche Weite des Raums 60
3. Der barocke Innenraum 63
4. Enge und Weite 65
5. Die Fremde 66
6. Die Ferne 69

2. Der Weg und die Straße 71

1. Die Erschließung des Raums 71
2. Die Entstehung der Wege 72
3. Der Bau der Straßen 73
4. Das Straßennetz 75
5. Die Veränderung des Raums 76
   a) Die Homogenisierung des Raums 76
   b) Der exzentrische Raum 77
6. Der Mensch auf der Straße 79
   a) Der Zug nach vorn 79
   b) Der Verlust der Breitendimension 81
   c) Die Flüchtigkeit des menschlichen Kontakts 82

3. Der Wanderpfad 83

1. Das Wandern 83
2. Der Pfad 85
3. Ziellosigkeit und Zeitlosigkeit 86
4. Das Glück des Aufbruchs 89
5. Die Rückkehr zum Ursprung 89
6. Die Funktion des Wanderns 91

III. Die Geborgenheit des Hauses 95

1. Die Bedeutung des Hauses 95

1. Das Haus als Mitte der Welt 95
2. Das Wohnen 97
3. Der Raum der Geborgenheit 100
4. Das Glück des Wohnens bei Bachelard 102
5. Die anthropologische Funktion 106
6. Die Verletzlichkeit des Hauses 108

2. Der sakrale Raum 109

1. Die Rückwendung zum mythischen Denken 109
2. Der heilige Raum 110
3. Das Haus als Bild der Welt 112

4. Die Stadt ... 114
5. Das Ergebnis ... 116

3. Die Wohnlichkeit ... 117

4. Tür und Fenster ... 121

1. Die Tür ... 121
2. Das Schloß ... 123
3. Die Schwelle ... 124
4. Das Fenster ... 125
5. Die Orientierung in der Umwelt ... 127
6. Die entrückende Wirkung des Fensters ... 128

5. Das Bett ... 129

1. Herd und Tisch als Mitte des Hauses ... 129
2. Das Bett als Mitte ... 130
3. Sprach- und kulturgeschichtliche Hinweise ... 131
4. Die Geborgenheit im Bett ... 133
5. Die aufrechte Haltung ... 135
6. Das Liegen ... 137

6. Das Aufwachen und das Einschlafen ... 139

A. Das Aufwachen ... 140

1. Das unbestimmte Gefühl des Daseins ... 141
2. Das Innesein der eigenen Lage. Der Aufbau des Nahraums ... 142
3. Die Identifizierung des Orts ... 144

B. Das Einschlafen ... 146

1. Die Rückkehr zum Seelengrund ... 146
2. Das Gefühl der Geborgenheit ... 148
3. Der tiefe Schlaf ... 150
4. Die Doppelbewegung des Lebens ... 152

IV. Aspekte des Raums 153

1. Der hodologische Raum 153

1. Die Entfernung 153
2. Der Höhlencharakter des Wohnraums 154
3. Der hodologische Raum bei Lewin 156
4. Die Fortführung bei Sartre 158
5. Die hodologische Gliederung der Landschaft 160

2. Der Handlungsraum 162

1. Die Erweiterung des hodologischen Raumbegriffs 162
2. Die Greifbarkeit der Dinge im Raum 164
3. Das Einräumen des Raums 166
4. Die Verständlichkeit des Lebensraums 168
5. Der Spielraum des Handelns 169
6. Die Erweiterung des Begriffs des Handlungsraums 170

3. Der Tagraum und der Nachtraum 171

1. Das Verhältnis der beiden Räume 171
2. Der Tagraum 173
3. Verdämmernde Räume 174
   a) Der Wald 175
   b) Der Nebel 176
   c) Der Schneefall 178
   d) Die Dämmerung 179
4. Der Nachtraum 181
   a) Der Gang durch die Nacht 181
   b) Die Beschreibung bei Minkowski und Merleau-Ponty 182

4. Der gestimmte Raum 185

1. Das Gefühl der Enge und Weite 185
2. Der Begriff des gestimmten Raums 186
3. Die sinnlich-sittliche Wirkung der Farbe 187
4. Innenräume 189
5. Der beengende Raum des bangenden Herzens 190

6. Der euphorische Raum ... 192
7. Eine dichterische Bestätigung ... 194

5. Der präsentische Raum ... 197

1. Der Raumcharakter des Schalles ... 197
2. Die Zweckfreiheit des Tanzes ... 201
3. Das veränderte Verhältnis zum Raum ... 204
4. Die präsentische Bewegung ... 205
5. Kritik am dualistischen Raumschema bei Straus ... 206

6. Der Raum des menschlichen Zusammenlebens ... 208

1. Der Kampf um den Lebensraum ... 208
2. Der Raum des liebenden Zusammenlebens ... 209
3. Die raumschaffende Kraft der Liebe ... 212
4. Die Begründung der Heimat ... 215
5. Der gemeinsame Raum freundschaftlicher Zusammenarbeit ... 218

V. Die Räumlichkeit des menschlichen Lebens ... 221

1. Im-Raum-sein und Raum-haben ... 221

1. Der Ansatz bei der Intentionalität ... 221
2. Der Raum als Medium ... 222
3. Weisen des Raumgefühls ... 224
4. Das Wohnen ... 225
5. Das Raum-haben ... 230
6. Der Eigenraum ... 231

2. Formen des Eigenraums ... 233

1. Drei Bereiche des Wohnens ... 233
2. Der Leib ... 234
   a) Leib und Außenraum ... 234
   b) Die Unauffälligkeit des Leibes ... 235
   c) Die Inkarnation als Weise des Leib-habens ... 236

3. Das Haus 238
a) Die Inkarnation im Haus. Die Analogie von Leib-haben und Wohnen im Haus 238
b) Die Verwandlung des Menschen im Haus 241
c) Das Territorium der Tiere 242
4. Der freie Raum 246
a) Der bergende Charakter des Raums 246
b) Das Wohnen im freien Raum 248
c) Andre Formen der Einswerdung mit dem Raum 249

3. Zusammenfassung und Ausblick 251

1. Modifikationen der Räumlichkeit 251
2. Der Vorrang des bergenden Raums 252
3. Forderungen für das wahre Wohnen 253

Drucknachweis 255

Vorwort der Herausgeber zur Studienausgabe

Die Studienausgabe der *Schriften* von Otto Friedrich Bollnow (1903–1991) macht es sich zur Aufgabe, die systematischen Hauptwerke des Philosophen und Pädagogen, die zum Teil seit Jahren im Buchhandel fehlen, für eine neue Lesergeneration zu erschließen. Die Schriften sind nicht nach der Chronologie ihrer Entstehung, sondern nach Sachgruppen geordnet. Sie erscheinen in Auswahl in der jeweils letzten, vom Autor selbst besorgten Fassung. Lediglich die Anmerkungen wurden formal vereinheitlicht. Druckfehler wurden stillschweigend korrigiert.

Ein weiterführendes Studium wird ermöglicht durch die Website der Otto-Friedrich-Bollnow-Gesellschaft (www.otto-friedrich-bollnow.de), die in jahrelanger Arbeit durch Prof. Dr. Friedrich Kümmel, Tübingen, erstellt worden ist. Sie enthält neben den in diese Studienausgabe nicht aufgenommenen Werken zahlreiche, bisher unbekannte Textentwürfe und -varianten, die für das Verständnis der Genese von Bollnows Schriften unverzichtbar sind.

Die Herausgeber danken allen bisherigen Inhabern von Urheberrechten an den Werken Bollnows für ihr freundliches Entgegenkommen sowie dem Verlag Königshausen & Neumann dafür, daß er dem Werk Bollnows eine neue verlegerische Heimat gibt. Besonderer Dank gilt der Robert Bosch Stiftung, durch deren Unterstützung die Ausgabe ermöglicht wurde.

Zur Einführung in Band 6

In einem Rückblick aus dem Jahre 1986 hat Otto Friedrich Bollnow von den „umfassenden Bestimmungen“ gesprochen, die in einer anthropologischen Betrachtung der Gesamtverfassung des Menschen zu untersuchen seien. Zu ihnen rechnete er das Verhältnis des Menschen zur Zeit, zum Raum, zum Leib, zur Sprache und zur Geschichte.[1] Mit dem Buch *Mensch und Raum* (1963) hat das Verhältnis zum Raum in Bollnows Gesamtwerk eine besondere Hervorhebung erfahren, denn kein anderes der genannten Themen ist in vergleichbarer Ausführlichkeit behandelt worden. Schon in dem vorausgegangenen Buch *Neue Geborgenheit* wurde ein erster Umriß der Thematik gegeben.[2] Durch diese Einbeziehung der Raum-Problematik in den Versuch einer „Überwindung des Existentialismus“ wurde damals schon deutlich, welcher Aspekt für den Autor von besonderer Wichtigkeit war. In dem erwähnten Rückblick faßte er dies in wenigen Sätzen zusammen: „Der Mensch befindet sich im Raum nicht an beliebiger Stelle, er ist nicht in den Raum als ein ihm fremdes und feindliches Medium ‚geworfen‘, wie es Martin Heidegger behauptete, sondern er hat im Raum eine Mitte, an die er hingehört und auf die alle Stellen im Raum bezogen sind. Diese Mitte hat zugleich eine gewisse Ausdehnung. Es ist der Raum seines ständigen Aufenthalts, in dem er sich vor den Bedrohungen der Umwelt geborgen fühlt. Dieser Raum der Geborgenheit ist das Haus. Die Weise der Befindlichkeit im Haus aber ist das Wohnen, und das Wohnen ist insofern die grundlegende Bestimmung für das richtige Verhältnis des Menschen zum Raum.“[3]

Das Thema Bedrohung und Geborgenheit geht teilweise wohl auf bestimmte biographische Situationen zurück. Schon die in Band 3 dieser Ausgabe mitgeteilten Kindheitserinnerungen sprechen davon.[4] Aber es wäre zu kurz gegriffen, wollte man den philosophischen Impuls des Raum-Buches allein aus solchen und ähnlichen Erfahrungen herleiten. Die Betonung der schützenden Funktion des Hauses bezog sich ja weniger auf direkte Gefährdungen als vielmehr auf jene Grunderfahrung des „Ausgesetzt“-Seins, wie Bollnow sie bei Rilke formuliert fand.[5] Daß damit auch ein gesellschaftskritischer Aspekt impliziert war, läßt sich indirekt belegen: Zwei Jahre nach dem Erscheinen von *Mensch und Raum* forderte Alexander Mitscherlich in seinem Vortrag *Die Unwirtlichkeit unserer Städte* „Zonen der Geborgenheit“, in denen Gefühle der Heimatlichkeit entstehen könnten, um der modernen Entfremdung entgegenzuwirken. Dieser

---

1 Vgl. Band 1 dieser Studienausgabe, 218.
2 Vgl. Band 5 dieser Studienausgabe, 124ff., 129ff.
3 Band 1 dieser Studienausgabe, 218.
4 Vgl. Band 3 dieser Studienausgabe, 137ff.
5 Vgl. Band 4 dieser Studienausgabe, 172.

Aspekt des Themas „Geborgenheit“ berührt sich auch mit der ethischen Frage des Maßhaltens, wie dies von Bollnow in *Maß und Vermessenheit des Menschen*[6] thematisiert wurde und seitdem nichts an Aktualität eingebüßt hat.

In *Mensch und Raum* ist Bollnow der Phänomenologie besonders nahegekommen, und zwar der jüngeren, nicht mehr schulgebundenen Forschungsrichtung, wie sie sich zwischen den Weltkriegen vor allem in Westeuropa ausgebildet hat. So wurden in seinen Seminaren ab Mitte der fünfziger Jahre nun Autoren behandelt, wie G. Bachelard, L. Binswanger, Graf Dürckheim, M. Merleau-Ponty, E. Minkowski und andere, deren Ideen dann in das Buch eingegangen sind. Dies führte weit über das Thema „Geborgenheit“ hinaus zu einer Anthropologie des „gelebten Raumes“, welcher vom homogenen mathematischen Raum scharf zu unterscheiden ist. Es erregte Aufsehen, daß der promovierte Physiker eine radikal anthropologisch-transzendentale Position vertrat: „Die Frage nach dem Raum ist also eine solche nach der transzendentalen Verfassung des Menschen. Das bedeutet [...], daß der Raum nicht unabhängig vom Menschen einfach da ist. Es gibt einen Raum nur, insofern der Mensch ein räumliches, d.h. Raum bildendes und Raum gleichsam um sich aufspannendes Wesen ist“.[7]

Der Mensch ist damit zugleich der Ursprung und die bleibende Mitte seines Raumes. Von ihr gehen Bezüge und Linien des Erlebens und Handelns aus. Bollnow verlegt dieses Zentrum jedoch nicht in das jeweilige Subjekt, das in seiner leibhaftigen Existenz gleichsam der Nullpunkt eines tragbaren Koordinatensystems wäre.[8] Diesem theoretischen Konstrukt stellt er die scheinbar selbstverständliche Erfahrung gegenüber, daß die Zentrierung unseres gelebten und erlebten Raumes durch unser Wohnen erfolgt. Dieses nennt Bollnow eine „Wesensbestimmung des Menschen, die über sein Verhältnis zur Welt im ganzen entscheidet.“[9]

Mensch und Raum ist eines der erfolgreichsten Bücher Bollnows geworden und wird noch heute von Architekten, Städteplanern, Pädagogen und Psychotherapeuten gelesen. Es ist zugleich – neben *Das Wesen der Stimmungen* – das eindrücklichste Beispiel für Bollnows philosophisch-anthropologische Methode, die von unzähligen Einzelbefunden ausgehend nach einer Wesensstruktur des Menschen, in diesem Fall nach seiner „Räumlichkeit“, fragt.

Wir danken dem Verlag W. Kohlhammer, Stuttgart, dafür, daß er die Aufnahme des Buches in die Studienausgabe der *Schriften* von Otto Friedrich Bollnow ermöglicht hat.

Die Herausgeber

---

6 Vgl. Band 3 dieser Studienausgabe, 147ff.

7 Unten 10.

8 Vgl. unten 4, 37f., 222.

9 Unten 97.

Mensch und Raum

DR. ORTRUD BOLLNOW
GEB. Bürger
11.9.1963

Einleitung

1. Zur Geschichte der Fragestellung

Das Problem der zeitlichen Verfassung des menschlichen Daseins hat die Philosophie der letzten Jahrzehnte in einem so außerordentlichen Maße beschäftigt, daß man es gradezu als das Grundproblem der gegenwärtigen Philosophie bezeichnen kann. Bergson hat wohl als erster dies Problem als das der durée, der konkreten erlebten Zeit im Unterschied zur objektiv meßbaren Uhrzeit, eindrucksvoll formuliert, und Simmel hat bald darauf diese Fragestellung auch nach Deutschland übertragen. Sodann hat Heidegger im Zuge seiner existenzialen Ontologie die Frage nach der Zeitlichkeit des menschlichen Daseins mit aller Entschiedenheit in die Mitte seines gesamten Philosophierens gestellt und damit erst in ihrer ganzen Tragweite sichtbar gemacht. Sartre und Merleau-Ponty haben diese Gedanken wiederum aufgenommen und auch in Frankreich verbreitet. Dasselbe Problem hat sich aber, von diesen Anstößen ausgehend, auch in den Einzelwissenschaften als überaus fruchtbar erwiesen und in der Psychologie und Psychopathologie ebenso sehr wie in der Literaturwissenschaft und den übrigen geisteswissenschaftlichen Disziplinen eine sehr ausgedehnte und an neuen Fragestellungen und Ergebnissen reiche Diskussion hervorgerufen. Es muß hier genügen, aus der umfangreichen und vielschichtigen Literatur auf das grundlegende Werk von Minkowski über den temps vécu[1] hinzuweisen.

Das Problem der räumlichen Verfassung des menschlichen Daseins oder, einfacher gesprochen, das des konkreten, vom Menschen erlebten und gelebten Raums, hat demgegenüber ganz im Hintergrund gestanden, was bei der überlieferten, fast schon sprichwörtlich gewordenen Verknüpfung der Fragen nach dem Raum und nach der Zeit eigentlich erstaunlich ist. Zwar ist in der Psychologie und Psychopathologie die Frage nach dem erlebten Raum schon in den frühen dreißiger Jahren in enger Verbindung mit den gleichzeitigen Untersuchungen über die Zeit und offensichtlich stark angeregt durch die von Heidegger ausgehenden Impulse mit Nachdruck aufgenommen worden. Graf Dürckheim ist wohl der erste gewesen, der in seinen „Untersuchungen zum gelebten Raum"[2] diese Fragestellung im deutschen Sprachgebiet entwickelt hat. Ungefähr gleichzeitig hat Minkowski in dem schon genannten Buch über den „Temps vécu" auch die Begriffe der distance vécue und des espace vécu eingeführt und bald

---

1 E. Minkowski, Le temps vécu. Etudes phénoménologiques et psychopathologiques. Paris 1933.

2 Graf K. von Dürckheim, Untersuchungen zum gelebten Raum. Neue Psychologische Studien. 6. Bd. München 1932. S. 383ff.

darauf in seinem weiteren Buch „Vers une Cosmologie“[3] genauer entwickelt. Aus der psychopathologischen Literatur seien nur die Arbeiten von Straus[4] und Binswanger[5] genannt, auf die wir im Verlauf unserer Betrachtungen noch wiederholt zurückkommen müssen. Aber diese sehr interessanten Ansätze griffen nicht in den engeren Bereich der Philosophie hinüber und scheinen überhaupt in außermedizinischen Kreisen bald wieder vergessen worden zu sein. Gegenüber der Zeit, die den Menschen in seinem innersten Zentrum betrifft, schien der Raum philosophisch weniger fruchtbar, weil er nur der äußeren Lebensumgebung des Menschen anzugehören schien.

Von einer ganz andern Seite her ist Cassirer in seiner groß angelegten „Philosophie der symbolischen Formen“[6] auf eine verwandte Fragestellung gestoßen. Als er die Entwicklung des menschlichen Denkens von den magisch-mythischen Anfängen bis zur Ausbildung des modernen wissenschaftlichen Bewußtseins verfolgte, mußte er sich notwendig auch mit der Entwicklung der Raum- und Zeitanschauungen beschäftigen. Hier hat er aus Völkerkunde und Religionsgeschichte, aus Sprachwissenschaft und den verschiedenen Einzelwissenschaften vom Menschen ein ungeheures Material durchgearbeitet und für die systematische philosophische Fragestellung fruchtbar gemacht. In unserm Zusammenhang ist besonders interessant, wie er den mythischen Raum in seiner zunächst fremdartigen und unverständlichen Struktur herausgearbeitet hat. Dabei faßte er allerdings den mythischen Raum als ein vergangenes, durch den heutigen wissenschaftlichen Raumbegriff überwundenes Stadium in der menschlichen Geistesentwicklung auf. Er sah, durch die Richtung seiner Fragestellung bedingt, nicht das Problem des erlebten Raums, so wie dieser auch für den heutigen Menschen noch gegenwärtig ist, und fragte darum nicht, wie weit den mythischen Raumanschauungen analoge Raumstrukturen eine allgemeinere, auch für den heute lebenden Menschen gültige Bedeutung haben oder wenigstens die mythischen Formen für das Verständnis seines erlebten Raums fruchtbar gemacht werden können. Hinzu kam, daß Cassirers Werk infolge seiner Emigration in Deutschland weitgehend in Vergessenheit geriet und darum auf die spätere Entwicklung nicht die verdiente Wirkung ausübte.

Auf philosophischer Seite war es seitdem wohl nur Lassen, der, selber noch von Cassirer herkommend, im Rahmen seiner spezielleren Fragestellung, nämlich einer Phänomenologie der Anschauung, gegenüber dem von Heidegger ver-

---

3 E. Minkowski, Vers une cosmologie. Paris 1936.

4 E. Straus, Die Formen des Räumlichen. Ihre Bedeutung für die Motorik und die Wahrnehmung. Der Nervenarzt. 3. Jahrg. 1930, jetzt in: Psychologie der menschlichen Welt. Gesammelte Schriften. Berlin, Göttingen, Heidelberg 1960. S. 141ff.

5 L. Binswanger, Über Ideenflucht. Zürich 1933. Ders., Das Raumproblem in der Psychopathologie. Zeitschr. f. Neurologie. 145. Bd. 1933, jetzt in: Ausgewählte Vorträge und Aufsätze, 2. Bd. 1955. S. 174ff. Ders., Grundformen und Erkenntnis menschlichen Daseins. Zürich 1942.

6 E. Cassirer, Philosophie der symbolischen Formen. 3 Bände. Berlin 1923–1929.

tretenen Vorrang der Zeitlichkeit die grundlegende Bedeutung der Räumlichkeit für die Struktur des menschlichen Daseins betont hatte;[7] allerdings scheint auch seine Arbeit wenig Beachtung gefunden zu haben.

Erst in neuerer Zeit ist die Frage nach dem erlebten Raum wieder stärker in den Vordergrund getreten. Auf der einen Seite hatte der Kreis um Buytendijk in dem Jahrbuch „Situation"[8] (von dem leider nur ein erster Band erschienen ist) von der phänomenologisch-psychologischen Seite her eine Reihe bedeutender Arbeiten über den Aufbau des konkreten erlebten Raums gesammelt, die wir ebenfalls noch ausführlich heranziehen müssen. Auf der andern Seite hatte Bachelard nach einer Reihe gedankenreicher Bücher über die vier Elemente[9] eine systematische „Poetik des Raumes"[10] entwickelt. Damit scheint auch von philosophischer Seite her der Durchbruch dieser Fragestellung gelungen zu sein. Das Problem der räumlichen Verfassung des menschlichen Daseins tritt mit eignem Gewicht und eigner Fragestellung neben das der Zeitlichkeit. Überhaupt scheint es müßig zu sein, vorweg sogleich über den möglichen Vorrang der einen oder der andern Fragestellung zu spekulieren. Es dürfte fruchtbarer sein, das neue Problem des erlebten Raums möglichst unbefangen in Angriff zu nehmen und zu sehen, was dabei herauskommt. Aber in allen bisherigen Ansätzen sind es immer nur einzelne Beiträge aus dem In- und Ausland, die von den verschiedenen Wissenschaften herkommen und unter ihrem besonderen Gesichtspunkt das Problem in Angriff nehmen. Es fehlt bisher der Versuch einer zusammenhängenden systematischen Darstellung. Dazu soll hier ein erster Anfang gemacht werden.

2. Die Abhebung vom mathematischen Raum

Wir versuchen zuerst, die leitende Fragestellung ein wenig genauer zu umreißen. Wenn es sich auch bald zeigen wird, daß sich das Problem des erlebten Raums nicht einfach als ein Gegenstück zu dem der erlebten Zeit entwickeln läßt, sondern in ganz andersartige Fragen hineinführt, so lassen sich die ersten Schritte doch in Anlehnung an das dort mit Erfolg eingeschlagene Verfahren tun. Ebenso wie man in bezug auf die Zeit zwischen der mit Uhren zu messenden abstrakten mathematischen Zeit und der vom lebendigen Menschen konkret erlebten Zeit

---

7 H. Lassen, Beiträge zu einer Phänomenologie und Psychologie der Anschauung. Würzburg 1939.

8 Situation. Beiträge zur phänomenologischen Psychologie und Psychopathologie. Utrecht, Antwerpen 1954.

9 G. Bachelard, L'eau et les rêves. Paris 1942. Ders., L'air et les songes. Paris 1943. Ders., La terre et les rêveries de la volonté. Paris 1948. Ders., La terre et les rêveries du repos. Paris 1948.

10 G. Bachelard, La poétique de l'espace. Paris 1958. Deutsche Übersetzung: Poetik des Raumes, von K. Leonhard. München 1960.

unterschieden hat, so kann man auch beim Raum zwischen dem abstrakten Raum der Mathematiker und Physiker und dem konkret erlebten menschlichen Raum unterscheiden. Wenn wir im täglichen Leben ohne näheres Nachdenken vom Raum sprechen, so denken wir gewöhnlich an den mathematischen Raum, den in seinen drei Dimensionen nach Metern und Zentimetern ausmeßbaren Raum, so wie wir ihn in der Schule kennen gelernt haben und wie wir ihn auch immer wieder zugrunde legen müssen, wenn wir im praktisch handelnden Leben (etwa wenn wir darüber nachdenken, wie wir eine neue Wohnung mit unsern alten, vielleicht reichlich großen Möbeln einrichten können) von den ausmeßbaren räumlichen Beziehungen Gebrauch machen müssen. Selten werden wir uns dagegen dessen bewußt, daß dies nur ein bestimmter Aspekt des Raums ist und daß der konkrete, im Leben unmittelbar erfahrene Raum keineswegs mit diesem abstrakt mathematischen Raum zusammenfällt. In diesem menschlichen Umraum leben wir so selbstverständlich, daß er uns in seiner Eigenart gar nicht auffällt und wir nicht weiter über ihn nachdenken. Seine Erforschung ist daher schon eine besondre philosophische Aufgabe, die eine Umkehr gegenüber der uns fast selbstverständlich gewordenen Betrachtungsweise und eine Rückwendung zu den in der Regel unbeachteten Grundlagen des Lebens voraussetzt.

So wie Bergson sich die durée, die konkret vom Menschen gelebte Zeit, dadurch verdeutlichte, daß er sie der bekannteren mathematischen Zeit gegenüberstellte, so können auch wir uns die zunächst noch schwer greifbare Eigenart des erlebten Raums am besten dadurch in einer ersten, vorläufigen Weise vergegenwärtigen, daß wir sie von dem bekannteren mathematischen Raum abheben. Wir halten uns dabei zur Vereinfachung an den bekannten dreidimensionalen euklidischen Raum und legen in ihm ein orthogonales Achsensystem zugrunde.

Die entscheidende Eigenschaft des mathematischen Raums ist seine Homogenität. Diese besagt:

1. Kein Punkt ist vor dem andern ausgezeichnet. Dieser Raum hat keinen natürlichen Koordinaten-Mittelpunkt, sondern man kann aus Gründen der Zweckmäßigkeit durch eine einfache Koordinaten-Verschiebung jeden beliebigen Punkt zum Koordinaten-Mittelpunkt machen.

2. Auch keine Richtung ist vor der andern ausgezeichnet. Man kann durch eine einfache Drehung jede beliebige Richtung im Raum zur Koordinaten-Achse machen.

Der Raum ist in sich ungegliedert und durch und durch gleichmäßig und erstreckt sich in dieser Weise nach allen Seiten hin in die Unendlichkeit.

Für den erlebten Raum gelten dagegen diese Bestimmungen nicht.

1. Es gibt in ihm einen ausgezeichneten Mittelpunkt, der in irgendeiner Weise, über die noch genauer zu sprechen ist, durch den Ort des erlebenden Menschen im Raum gegeben ist.

2. Es gibt in ihm ein ausgezeichnetes Achsensystem, das mit dem menschlichen Körper und seiner aufrechten, der Schwerkraft entgegengestellten Haltung zusammenhängt.

Wir können das vorwegnehmend zugleich noch durch einige weitere Bestimmungen ergänzen:

3. Die Gegenden und Orte in ihm sind qualitativ unterschieden. Auf ihren Beziehungen baut sich eine reiche inhaltliche Gliederung des erlebten Raumes auf, für die es im mathematischen Raum kein Analogon gibt.

4. Dabei gibt es nicht nur fließende Übergänge vom einen zum andern Bereich, sondern auch scharf ausgeprägte Grenzen. Der erlebte Raum weist ausgesprochene Unstetigkeiten auf.

5. Auch das Problem der Unendlichkeit wird wesentlich komplizierter. Der erlebte Raum ist zunächst als ein abgeschlossener endlicher Raum gegeben und erweitert sich erst in späteren Erfahrungen zur unendlichen Weite.

6. Im ganzen ist der erlebte Raum kein wertneutraler Bereich. Er ist durch Lebensbeziehungen fördernder wie hemmender Art auf den Menschen bezogen. Er ist tragend wie hemmend das Feld menschlichen Lebensverhaltens.

7. Jeder Ort im erlebten Raum hat seine Bedeutung für den Menschen. Darum sind es in den Geisteswissenschaften gebräuchliche Kategorien, die wir zur Beschreibung des erlebten Raums heranziehen müssen.

8. Es handelt sich nicht um eine vom konkreten Bezug zum Menschen losgelöste Wirklichkeit, sondern um den Raum, wie er für den Menschen da ist, und in eins damit um das menschliche Verhältnis zu diesem Raum; denn beides ist voneinander gar nicht zu trennen.

3. Der Begriff des erlebten Raums

Wir sprechen, um diese Verhältnisse begrifflich zu fixieren, von einem erlebten Raum und meinen damit den Raum, wie er sich dem konkreten menschlichen Leben erschließt. Graf Dürckheim hat in der genannten Arbeit statt dessen von einem gelebten Raum gesprochen, im selben Sinn auch Minkowski von einem espace vécu. Diese Bezeichnung ist in vielem treffender als die des erlebten Raums, weil diese letztere zu leicht in einem subjektiven Sinn genommen werden kann, als die Weise, wie ein Raum vom Menschen erlebt wird, der als solcher schon unabhängig von der Art seines Erlebt-werdens da ist, wo sich der Zusatz „erlebt" also nur auf die subjektive Färbung bezieht, die sich dem Raum überlagert. Die Bezeichnung „erlebter Raum" kann also leicht als gleichbedeutend mit „Erlebnis des Raums" im Sinn einer nur psychischen Gegebenheit verstanden werden. Diesem gegenüber hat die Wendung vom gelebten Raum insofern den Vorzug, als in ihr zum Ausdruck kommt, daß es sich um nichts Psychisches handelt, sondern um den Raum selber, insofern der Mensch in ihm lebt und mit ihm lebt, um den Raum als Medium des menschlichen Lebens.

Trotzdem zögere ich, diesen sachlich viel weniger mißverständlichen Begriff zu verwenden; denn „leben" ist in der deutschen Sprache ein intransitives Verbum. Leben heißt Am-Leben-sein gegenüber Tot-sein. Es kann auch mit adverbialen Bestimmungen modifiziert werden. Man kann gut oder schlecht leben, aber das Wort kann nicht mit einem Objekt im Akkusativ verbunden werden. Man kann höchstens sagen, daß man sein Leben lebt, so wie es beim Dichter heißt: „Ich lebe mein Leben in wachsenden Ringen",[11] oder man kann in derselben Weise auch von einem „ungelebten Leben" sprechen. Aber man kann nicht sagen, daß der Mensch etwas lebt, etwa den Raum oder die Zeit, und man kann darum diese auch nicht als „gelebt" bezeichnen.[12] So bleibe ich trotz aller Bedenken bei dem sprachlich richtigen, wenn auch sachlich weniger treffenden und leichter mißzuverstehenden Begriff vom „erlebten Raum"; denn es erscheint mir unzulässig, in der Philosophie gegen das Gesetz der Sprache zu verstoßen, selbst dort, wo es um die größere Deutlichkeit geht. Ich spreche höchstens gelegentlich, wo es zur Verdeutlichung angemessener erscheint, nebeneinander vom „erlebten und gelebten" Raum.

Man hätte vielleicht auch einfach von einem „Lebensraum" sprechen können, wenn dieses Wort nicht in einer anderen, engeren Bedeutung, als der für die Ausbreitung des Lebens zur Verfügung stehende Raum in den Sprachgebrauch eingegangen wäre, so daß wir, um Verwechslungen zu vermeiden, besser darauf verzichten und statt dessen vom erlebten Raum sprechen. Aber dieser erlebte Raum ist, wie zur Vermeidung von Mißverständnissen noch einmal ausdrücklich betont sei, nichts Seelisches, nichts bloß Erlebtes oder Vorgestelltes oder gar Eingebildetes, sondern etwas Wirkliches: der wirkliche konkrete Raum, in dem sich unser Leben abspielt.

Sachlich stehen wir dabei in voller Übereinstimmung mit der Art, wie Graf Dürckheim und Minkowski schon beim ersten Ansatz dieser Fragestellung ihren Begriff des gelebten Raums bestimmt haben. So beginnt auch Minkowski, wenn er im Schlußkapitel seines tiefgründigen Werks über den temps vécu die Betrachtung auch auf den espace vécu ausdehnt, mit der Abhebung gegen den mathematischen Raumbegriff. „Der Raum", so schreibt er hier, „reduziert sich für uns nicht auf geometrische Beziehungen, die wir festsetzen, als wenn wir selbst, auf die einfache Rolle neugieriger oder wissenschaftlicher Zuschauer beschränkt, uns außerhalb des Raums befänden. Wir leben und handeln im Raum, und im Raum spielt sich ebenso sehr unser persönliches Leben ab wie das kollektive Leben der Menschheit."[13]

---

[11] R. M. Rilke, Stundenbuch. Gesammelte Werke. 2. Bd. S. 175, vgl. „Alles Leben wird gelebt ... Lebst du es, Gott, – das Leben?" II 242. Mehrfach angeführte Werke werden mit bloßer Seitenzahl, Gesamtausgaben mit Band- und Seitenzahl zitiert.

[12] Die Belege des Trübnerschen Wörterbuchs für einen Akkusativ des Inhalts sind modern und scheinen mir sprachwidrig.

[13] E. Minkowski, Le temps vécu. S. 367. Fremdsprachige Zitate sind durchgehend in deutscher Übersetzung gegeben.

Und Graf Dürckheim hat gleich zu Anfang die Problemstellung in einer so treffenden und umfassenden Weise formuliert, daß wir seine Sätze auch hier an den Anfang unsrer eignen Überlegungen stellen können. „Der gelebte Raum", so sagt er, „ist für das Selbst Medium der leibhaftigen Verwirklichung, Gegenform oder Verbreiterung, Bedroher oder Bewahrer, Durchgang oder Bleibe, Fremde oder Heimat, Material, Erfüllungsort und Entfaltungsmöglichkeit, Widerstand und Grenze, Organ und Gegenspieler dieses Selbstes in seiner augenblicklichen Seins- und Lebenswirklichkeit."[14] Wichtig sind in diesen Formulierungen die typisch wiederkehrenden gegensätzlichen Wendungen: „Bedroher oder Bewahrer", „Organ und Gegenspieler" usw. Der Raum ist, wie schon hier tief gesehen wird, dem Menschen in einer doppelten Weise gegeben, als fördernd und als hemmend, ja tiefer: als etwas, was als Glied zum Menschen gehört, und wiederum als etwas, was ihm von außen her als feindlich oder zum mindesten als fremd gegenübertritt.

In dieser doppelten Bestimmung, als „Entfaltungsmöglichkeit" und als „Widerstand" ist auch für ihn der Raum kein neutrales gleichbleibendes Medium, sondern in den entgegengesetzt wirkenden Lebensbezügen erfüllt von Bedeutungen, und diese Bedeutungen wechseln wiederum je nach den verschiedenen Orten und Gegenden des Raums. Auch diese Bedeutungen sind nicht auf bloß subjektive Gefühle zurückzuführen, die der Mensch mit dem Raum verbindet, sondern sie sind echte Charaktere des gelebten Raums selbst. Darum betont Graf Dürckheim: „Der konkrete Raum des entwickelten Menschen ist ernst zu nehmen in der ganzen Fülle der in ihm erlebten Bedeutsamkeiten, denn in der Eigenart seiner Qualitäten, Gliederungen und Ordnungen ist er Ausdrucks-, Bewährungs- und Verwirklichungsform des in ihm lebenden und erlebenden und sich zu ihm verhaltenden Subjekts."[15]

Wie stark dieser Raum als Korrelat an den in ihm lebenden Menschen gebunden ist, geht wiederum daraus hervor, daß er nicht nur für die verschiedenen Menschen ein verschiedener ist, sondern sich auch für den einzelnen verändert je nach seiner jeweiligen Verfassung und Gestimmtheit. Jede Veränderung „im" Menschen bedingt eine Änderung seines gelebten Raums. So betont Graf Dürckheim: „Der konkrete Raum ist ein anderer je nach dem Wesen, dessen Raum er ist, und je nach dem Leben, das sich in ihm vollzieht. Er verändert sich mit dem Menschen, der sich in ihm verhält, verändert sich mit der Aktualität bestimmter Einstellungen und Gerichtetheiten, die – mehr oder weniger augenblicklich – das ganze Selbst beherrschen."[16]

An dieser Stelle ist auch eine Abgrenzung gegen die Bezeichnung erforderlich, unter der Bachelard neuerdings seinen bedeutsamen Beitrag zur Philosophie des konkreten erlebten Raums zusammengefaßt hat, nämlich die einer „Poetik

[14] Graf K. v. Dürckheim, S. 389.
[15] S. 389.
[16] S. 390.

des Raumes"; denn mit dieser Bezeichnung dürfte das, was er in glänzenden einzelnen Analysen über das Haus und das All, über Dachboden und Keller, Truhen und Schränke, über die ganze erlebte menschliche Raumwelt entwickelt hat, zu vorsichtig und darum letztlich unangemessen angesetzt sein. Das ist freilich aus Bachelards philosophischer Herkunft verständlich. Er kommt von der Philosophie der Naturwissenschaften und einem an diesen orientierten Erkenntnisbegriff her. Von da aus gesehen scheinen ihm die Erfahrungen des erlebten Raums keine objektive Erkenntnis zu enthalten. Er deutet sie darum als etwas bloß Subjektives, nämlich als Werk der dichterischen Einbildungskraft.

Auf der andern Seite sieht er aber im Rahmen seines übergreifenden metaphysischen Weltbilds, das er im Anschluß an Novalis selber einmal als „magischen Idealismus"[17] bezeichnet, in dieser Einbildungskraft eine Leistung, die weit über das hinausgeht, was man üblicherweise unter diesem Namen versteht. Sie hat für ihn als eine sich sprachlich äußernde menschliche Gestaltung, als imagination parlée, nur den „Traum der Dinge", die in der Wirklichkeit selber schaffende imagination materielle oder de la matière[18] mitzuträumen. Von da her bekommt die Dichtung für ihn eine besondre Würde: Sie „ist nicht ein Spiel, sondern eine Kraft der Natur. Sie erhellt den Traum der Dinge."[19] Darum sieht er die Philosophie auf die ihr vorausgehende Leistung der Dichter angewiesen: „Was könnten die Philosophen doch lernen, wenn sie die Dichter läsen!"[20] Dementsprechend nimmt in seinem eignen Verfahren, das er im Anschluß an Minkowski als Phänomenologie bezeichnet, die Interpretation der dichterischen Bilder einen breiten Raum ein; denn „die Dichter und Maler", so nimmt er den Satz van den Bergs auf, „sind geborene Phänomenologen".[21] In diesem vertieft gefaßten Sinn der dichterischen Einbildungskraft werden wir die Ergebnisse seiner Analysen des poetischen Raums, auch ohne uns mit dieser Konzeption der Einbildungskraft im einzelnen auseinanderzusetzen, ohne weiteres in unsre Untersuchungen des konkreten erlebten Raums einbeziehen können.

4. Die Räumlichkeit des menschlichen Lebens

Wenn wir es auch ablehnten, den erlebten Raum im Sinne des bloßen Raumerlebnisses als etwas bloß Psychisches zu betrachten, so ist er auf der andern Seite doch auch kein vom Subjekt abgelöster Gegenstand. Es handelt sich, wie wir schon zu Anfang betonten, um das Verhältnis, das zwischen dem Menschen und seinem Raum besteht, und darin also zugleich um die Struktur des menschlichen Daseins selber, sofern dieses durch sein Verhältnis zum Raum bestimmt ist. Wir

---

17 G. Bachelard, La terre et les rêveries de la volonté. S. 5.
18 S. 1ff.
19 G. Bachelard, La terre et les rêveries du repos. S. 324.
20 G. Bachelard, Poetik des Raumes. S. 239.
21 S. 22.

sprechen in diesem Sinn von der Räumlichkeit des menschlichen Daseins. Mit diesem Begriff ist nicht gemeint, daß das Leben – oder das menschliche „Dasein" – selber etwas räumlich Ausgedehntes sei, sondern daß es, was es ist, nur in bezug auf einen Raum ist, daß es den Raum braucht, um sich darin entfalten zu können.

In diesem Sinn hat Heidegger in „Sein und Zeit" die Frage nach der Räumlichkeit des menschlichen Daseins mit aller Klarheit herausgearbeitet, wenn er auch im allgemeinen Rahmen dieses Werks nicht ausführlicher darauf eingehen konnte. Wie nach ihm zwischen der Zeitlichkeit als einer Strukturform des menschlichen Daseins und der Zeit als einem objektiven Verlauf zu unterscheiden ist, so muß auch hier zwischen dem Raum – mag es nun der erlebte oder der mathematische Raum sein, das ist für diese Frage belanglos – und der Räumlichkeit unterschieden werden. Räumlichkeit ist eine Wesensbestimmung des menschlichen Daseins. Das ist der Sinn von Heideggers Satz: „Das ontologisch wohlverstandene ‚Subjekt', das Dasein, ist räumlich."[22] Daß es räumlich ist, bedeutet also nicht, daß der Mensch durch seinen Leib, nicht anders als jeder andre Körper, einen bestimmten Raum ausfüllt, also ein bestimmtes Volumen einnimmt und er gelegentlich auch – wie das biblische Kamel am Nadelöhr – gehindert wird, durch zu enge Öffnungen hindurchzuschlüpfen, sondern es besagt, daß der Mensch in seinem Leben immer und notwendig durch sein Verhalten zu einem umgebenden Raum bestimmt ist.

Das hat auch Minkowski im Auge, wenn er betont: „Das Leben erstreckt sich in den Raum, ohne deshalb im eigentlichen Sinn eine geometrische Ausdehnung zu haben. Um zu leben, haben wir Ausdehnung und Perspektive nötig. Der Raum ist eben so unentbehrlich zur Entfaltung des Lebens wie die Zeit."[23]

Dabei ist es immer noch nachlässig ausgedrückt, wenn wir sagen, daß sich das Leben „im Raum" abspielt. Der Mensch befindet sich nicht im Raum, wie ein Gegenstand sich etwa in einer Schachtel befindet, und er verhält sich auch nicht so zum Raum, als ob zunächst etwas wie ein raumloses Subjekt vorhanden wäre, das sich dann hinterher auch zu einem Raum verhielte, sondern das Leben besteht ursprünglich in diesem Verhältnis zum Raum und kann davon nicht einmal in Gedanken abgelöst werden. Es ist grundsätzlich dieselbe Problematik des Inseins, wie Heidegger sie am In-der-Welt-sein entfaltet, wo er betont: „In-Sein meint eine Seinsverfassung des Daseins und ist ein Existenzial. Dann kann damit aber nicht gedacht werden an das Vorhandensein eines Körperdinges (Menschenleib) ‚in' einem vorhandenen Seienden ... In-Sein ist demnach der formale existenziale Ausdruck des Seins des Daseins, das die wesenhafte Verfassung des In-der-Welt-seins hat."[24]

22 M. Heidegger, Sein und Zeit. Halle a. d. Saale 1927. S. 111.
23 E. Minkowski, S. 367.
24 M. Heidegger, S. 54.

Die Frage nach dem Raum ist also eine solche nach der transzendentalen Verfassung des Menschen. Das bedeutet auf der andern Seite zugleich, daß der Raum nicht unabhängig vom Menschen einfach da ist. Es gibt einen Raum nur, insofern der Mensch ein räumliches, d.h. Raum bildendes und Raum gleichsam um sich aufspannendes Wesen ist. Und das ist wiederum der wohlverstandene Sinn der Kantischen These von der „transzendentalen Idealität" des Raums. Trotzdem ist der Raum mehr als eine bloße Form menschlicher Anschauung. Hier muß der Kantische Ansatz durch die Hineinnahme des vollen Lebens mit der Vielfalt seiner Lebensbezüge erweitert werden. Der Raum wird dann zur allgemeinen Form menschlichen Lebensverhaltens. Dabei ergibt sich der mathematische Raum aus dem erlebten Raum, indem man von den verschiedenen konkreten Lebensbezügen absieht und das Leben auf ein bloßes Verstandessubjekt reduziert.

Als dieses Raum bildende und Raum aufspannende Wesen ist der Mensch aber notwendig nicht nur der Ursprung, sondern zugleich die bleibende Mitte seines Raums. Das aber darf wiederum nicht vergröbert so aufgefaßt werden, als ob der Mensch seinen Raum mit sich herumtrüge wie die Schnecke ihr Haus, sondern es hat durchaus seinen Sinn, wenn man ohne viel nachzudenken sagt, daß der Mensch sich „in" seinem Raum bewegt, wo also der Raum etwas dem Menschen gegenüber Feststehendes ist, innerhalb dessen sich die menschlichen Bewegungen vollziehen. Und so kann man wohl auch die andre Kantische These verstehen, daß der Raum „empirische Realität" habe. Wie sich die beiden Bestimmungen auch bei einer erweiterten Betrachtungsweise vereinigen lassen, bleibt noch eine offene Frage, die wir hier gleich am Anfang als eine leitende Perspektive sehen müssen, aber vorläufig noch zurückstellen; denn sie läßt sich nicht vor der konkreten Analyse und nicht unabhängig von ihr behandeln.

Die Räumlichkeit des menschlichen Lebens und der vom Menschen erlebte Raum entsprechen also einander in strenger Korrelation. Jede Aussage über das eine enthält zugleich eine entsprechende Aussage über das andre. Dabei geht der Weg der Untersuchung zweckmäßigerweise von der Erforschung des erlebten Raums aus, um von ihm aus dann auf die Struktur der menschlichen Räumlichkeit zurückzuschließen. Denn bei der Analyse des erlebten Raums ergibt sich ein solcher Reichtum inhaltlicher Bestimmungen und eine solche Vielfalt der Fragestellungen, wie sie bei der direkten Hinwendung zur Struktur der Räumlichkeit nicht hinreichend in den Blick gekommen wären. Darum stellen wir die Frage nach der menschlichen Räumlichkeit bewußt zurück und versuchen zunächst in einer möglichst unbefangenen Weise an die Analyse des vom Menschen erlebten und gelebten Raums heranzugehen.

Die vorliegende Untersuchung will in einer ersten, vorbereitenden Weise die Wichtigkeit und die Fruchtbarkeit der Frage nach dem erlebten Raum deutlich machen. Um die Mannigfaltigkeit der sich hierbei aufdringenden Fragestellungen in den Blick zu bekommen, muß sie zunächst nach den verschiedenen Seiten hin Ausschau halten, um das, was von den einzelnen Wissenschaften als

Beitrag hierfür bereitgestellt ist, unter dem philosophischen Gesichtspunkt zusammenzunehmen und zu sehen, wie weit es sich zu einem einheitlichen Bild zusammenfügt. Der Sammlung dieses vielschichtigen Materials muß daher ein breiter Raum zugebilligt werden, und es ist nicht ganz zu vermeiden, daß Exkurse nach verschiedenen Richtungen manchmal den einheitlichen Zug der Darstellung zu sprengen drohen. Erst in der Vielzahl der hier zusammenlaufenden Perspektiven kann sich die Fruchtbarkeit der leitenden Fragestellung bewähren.

Vollständigkeit ist dabei natürlich nicht zu erreichen. Es muß genügen, geeignete Beispiele nach den verschiedenen Richtungen hin zusammenzutragen. Insbesondre sind zwei Fragenkreise bewußt ausgeschaltet worden, weil ihre in ganz neue Zusammenhänge weiterführende Problematik den Umkreis dieser ersten, elementaren Überlegungen gesprengt hätte. Das ist einmal die Frage nach der bewußten Raumgestaltung in der bildenden Kunst, und das ist zweitens der Übergang vom unmittelbar erlebten zum mathematisch-physikalischen Raum.[25]

---

[25] Eine Auseinandersetzung mit der eingehenden Darstellung dieser Entwicklung, die Cassirer im 3. Band der „Philosophie der symbolischen Formen“ gibt, lag nicht mehr im Rahmen der vorliegenden Arbeit. Zur Entwicklung des mathematisch-physikalischen Raumbegriffs kann auf die ausgezeichnete Darstellung von M. Jammer, Das Problem des Raumes, übers. von P. Wilpert. Darmstadt 1960, verwiesen werden.

I. Die elementare Gliederung des Raums

1. Der Raumbegriff bei Aristoteles

Um sich von der Befangenheit an die durch die moderne Naturwissenschaft bedingte und heute wie selbstverständlich gewordene Raumanschauung zu befreien, ist es zweckmäßig, zunächst einen Blick auf andre, von dieser noch nicht beeinflußte Auffassungen des Raums zu werfen. Dabei stößt man aber sogleich auf die Schwierigkeit, daß diese zwar überall in einer unreflektierten Weise dem Denken zugrunde liegen, daß sie aber selten als solche bewußt gemacht und in ausdrücklicher Form ausgesprochen werden. An dieser Stelle kann ein Hinweis auf Aristoteles weiterführen, der im vierten Buch seiner „Physik“ zum erstenmal in der Geschichte des abendländischen Denkens eine ausführliche Behandlung des Raumproblems bringt, in der er die griechische Anschauung vom Raum zusammenfaßt und sich dabei sehr eingehend mit den verschiedenen Meinungen auseinandersetzt. Schon bei ihm findet sich die für die spätere Entwicklung üblich gewordene Zusammenstellung von Raum und Zeit oder, in seinen eigenen Begriffen, von τόπος und χρόνος. Es soll hier nicht unsre Aufgabe sein, der sehr differenzierten Darstellung des Aristoteles im einzelnen nachzugehen. Ich will nur einige Punkte herausheben, in denen das Andersartige, um nicht zu sagen das Befremdliche, seiner Anschauungen hervortritt.

1. Der natürliche Ort

Dahin gehört zunächst die Lehre, daß der Raum in sich eine natürliche Gliederung hat und jedes der damals unterschiedenen vier Elemente (Feuer, Luft, Wasser, Erde) seinen bestimmten Ort hat, an den es gehört und zu dem es immer wieder hinstrebt. So bemerkt Aristoteles: „Jedes Element drängt an seinen Ort, wenn es nicht gehindert wird, das eine nach oben, das andere nach unten und in die übrigen der sechs Richtungen.“[26] Das ist von vornherein ganz anders, als wir den Raum zu sehen gewohnt sind. Der Raum wird hier keineswegs als homogen betrachtet, sondern in ihm werden Teile und Arten (μέρη und εἴδη) unterschieden, später genauer als Richtungen (διαστάσεις) bezeichnet: das Oben und Unten, das Vorn und Hinten, das Rechts und Links. Das ist, so würden wir heute sagen, das durch den menschlichen Leib gegebene Bezugssystem, das den Raum aufgliedert und auf das wir später noch ausführlich zurückkommen müssen. Aber Aristoteles geht darüber hinaus, indem er behauptet, daß diese Bestimmungen nicht nur relativ auf den Menschen gelten, sondern von Natur

[26] Aristoteles, Physik. 208 b. Ich folge der neueren Übersetzung von P. Gohlke: Aristoteles, Die Lehrschriften. Paderborn 1956. Daneben tut die alte Übersetzung von C. Prantl, Leipzig 1854, immer noch gute Dienste.

aus bestehen. „Diese Richtungen“, so sagt er, „sind nicht nur von uns aus bestimmt, oben und unten, rechts und links. Denn von uns aus sind sie nicht immer dasselbe, je nach der Lage, die wir einnehmen, weswegen oft auch oben und unten, rechts und links, vorn und hinten dasselbe ist. Aber in der Natur ist jede Richtung für sich bestimmt. Oben ist keine beliebige Richtung, sondern die, wohin die Flamme und das Leichte getragen wird. Ebensowenig ist unten beliebig, sondern der Ort, an dem sich Erde und Schweres befinden. Also unterscheiden sich die Richtungen nicht nur nach der Lage (τῇ θέσει), sondern auch durch ihre Wirkung (τῇ δυνάμει).“[27] Aristoteles bemerkt mit Recht, daß diese Richtungen, soweit sie auf den Menschen bezogen sind, sich auch mit der Stellung des Menschen ändern. Was für den einen rechts ist, das ist für den andern links, und was eben noch vorn war, kann plötzlich hinten sein, sobald ich mich gedreht habe.

So weit ist der Ansatz ganz natürlich, und das moderne Denken würde hieraus die Forderung ableiten, von solchen subjektiv bedingten Bestimmungen loszukommen. Ganz anders aber ist es bei Aristoteles; denn für ihn sind diese Bestimmungen von vornherein nicht nur relativ auf den Menschen, sondern sie bestehen von Natur aus. „In der Natur ist jede Richtung für sich bestimmt.“ Dabei ist es allerdings bezeichnend, daß Aristoteles diese Ordnung nur an dem einen für ihn fundamentalen Gegensatz von oben und unten durchführt. „Oben ist darum keine beliebige Richtung, sondern die, wohin die Flamme und das Leichte getragen wird. Ebensowenig ist unten beliebig, sondern der Ort, an dem sich Erde und Schweres befindet.“ Von den beiden andern Gegensatzpaaren ist nicht weiter die Rede, und offenbar hätte hier die Ablösung von der Relativität auf den Menschen auch größere Schwierigkeiten gemacht. In bezug auf die Höhe und Tiefe jedenfalls gibt es eine natürliche Gliederung des Raums, in dem jedes Element seine Stelle hat, an die es gehört und zu der es zurückkehrt, wenn es nicht von andern Kräften daran gehindert wird. Aristoteles spricht in diesem Zusammenhang davon, daß es den Raum nicht nur „gibt“, sondern daß er auch „eine eigene Kraft hat“, „eine gewisse Wirkung ausübt“ oder wie man (ὅτι ἔχει τινὰ δύναμιν)[28] sonst übersetzen mag. Es ist also ein von inneren Kräften durchzogener Raum, bei dem man fast an ein Kraftfeld im Sinne der modernen Physik denken könnte.

An dieser Stelle ist aber eine einschränkende Bemerkung erforderlich. Wenn wir eben sagten, daß jedes der Elemente nach seinem natürlichen Ort strebt, so hatten wir damit, dem Zug der Sache folgend, das griechische Wort τόπος mit „Ort“ übersetzt, nicht, wie es die Parallelität zur Zeit nahelegt und wie es auch in den Aristoteles-Darstellungen meist geschieht, mit „Raum“.[29] Und das ist

---

[27] 200 b.

[28] 208 b.

[29] Gohlke betont darum: „Die Übersetzung von τόπος macht bisweilen Schwierigkeiten, weil es sowohl Ort wie Raum bedeuten kann“ (S. 322). Er verwendet daher beide Überset-

zunächst auch die wörtliche Übersetzung, denn τόπος bedeutet: Ort, Stelle, Platz, dann auch die Belegstelle bei einem Autor. So besagt denn der angeführte Satz, daß alles im Raum seinen natürlichen Ort habe. Das deutsche Wort Raum wiederum würde man im Griechischen eher mit χώρα wiedergeben, was seinerseits von χωρέω herkommt, das zunächst Raum geben und Platz machen bedeutet, dann allgemeiner weichen und zurückweichen, und insbesondre bei Gefäßen: etwas fassen, Raum haben, um etwas aufzunehmen. Von da her ist χώρα dann (worauf wir in späterem Zusammenhang noch zurückkommen) der Raum im Sinn von Zwischenraum, Spielraum, Strecke usw.

2. Der Raum als Gefäß

So könnte man zunächst vermuten, daß nur durch die bei der Behandlung der Aristotelischen Physik eingebürgerte ungeschickte Übersetzung von τόπος als Raum der Anschein eines Problems entstanden sei, das im griechischen Text gar nicht bestand. Aber so einfach ist die Schwierigkeit nicht zu beseitigen. Denn in der natürlichen Anordnung der τόποι handelt es sich um eine Gliederung im Raum und insofern um eine sehr bestimmte und uns zunächst sehr befremdende Aussage über den Aufbau des Raums. Darüber hinaus aber bleibt fraglich, ob man dem bei Aristoteles mit τόπος Gemeinten wirklich mit der Übersetzung als Ort gerecht wird. Wenn man dadurch zunächst auch den bei der Wiedergabe mit Raum entstehenden Schwierigkeiten entgeht, so führt doch der weitere Fortgang der Aristotelischen Erörterungen bald auf neue Schwierigkeiten, bei denen sich die Übersetzung mit Ort nicht durchhalten läßt. Denn während der Ort im Deutschen etwas Punkthaftes ist, diese bestimmte Stelle, auf die ich mit dem Finger hinzeigen kann, ist mit dem Wort τόπος, zum mindesten wie es Aristoteles verwendet, schon immer eine bestimmte Ausdehnung, ein räumliches Volumen, mitverstanden.

Ausgehend von der Frage, was geschieht, wenn zwei Körper ihren Platz tauschen, wenn sich jetzt dort Wasser befindet, wo eben noch Luft war, spricht Aristoteles davon, daß der Raum „eine Art Gefäß" zu sein scheint, denn ein Gefäß ist „ein Raum, den man mitnehmen kann",[30] während umgekehrt der Raum „eine Art unbewegliches Gefäß"[31] ist. Der τόπος hat also eine bestimmte räumliche Ausdehnung, er „umschließt seinen Gegenstand".[32] Aristoteles bestimmt ihn genauer als „die Grenze des umschließenden Körpers" oder „die Hülle des umgebenden Mittels",[33] also wie eine Art von Haut, die sich um ihn zieht.

zungsmöglichkeiten oder sagt ausweichend „Ort und Raum", wo Prantl einheitlich von Raum gesprochen hatte.

30 209 b.

31 212a.

32 211a.

33 211b und 212a.

Und diese Eigenschaft kann man wiederum mit dem deutschen Wort Ort nicht angemessen wiedergeben.

In dem Vergleich mit einem Gefäß kommt der Unterschied zu unsern modernen Raumanschauungen besonders deutlich zum Ausdruck: Der Raum ist kein Beziehungssystem zwischen den Dingen, sondern er ist die von außen her vollzogene Umgrenzung des von einem Ding eingenommenen Volumens. Der Raum ist der von einer umgebenden Hülle begrenzte Hohlraum, in den das betreffende Ding eben hineinpaßt, und darum ist er notwendig eben so groß wie das Ding, das ihn einnimmt.[34] Als ein solcher Hohlraum ist der Raum notwendig endlich. Von Raum zu sprechen ist nur insofern möglich, als etwas von etwas anderm umschlossen wird. Darüber hinaus verliert das Wort seinen Sinn. Darum betont Aristoteles ausdrücklich: „Nur ein Körper also, der einen andern außen herum als Hülle hat, ist im Raum, wer das nicht hat, nicht.“[35] Darin kommt der Unterschied zu dem im Deutschen mit Ort Bezeichneten noch einmal deutlich zum Ausdruck; denn Orte liegen notwendig nebeneinander, Räume (im Aristotelischen Sinn also τόποι) können ineinander liegen, der kleinere Raum in einem größeren, umschließenden. Und so gibt es eine Stufenfolge zu immer umfassenderen Räumen, und es entsteht die Frage nach einem allumfassenden Raum.

Damit überträgt sich dieser Gedanke auf das Weltall im ganzen. Aristoteles betont: „Daher ist die Erde im Wasser, das Wasser in der Luft, diese im Äther, der Äther im Himmel, dieser jedoch nicht mehr in einem andern.“[36] Und weil Raum stets ein umschließendes Anderes voraussetzt, so ist der Himmel nicht mehr im Raum, sondern Raum in der weitesten, möglichen Bedeutung ist alles vom Himmel Umschlossene. „Dabei ist nicht der Himmel selber der Raum,[37] sondern (sc. der Raum ist) nur seine (des Himmels) innere Grenze, die den Rand des beweglichen Körpers berührt, ohne sich selber zu bewegen.“[38] Der Raum ist also notwendig endlicher Raum, nämlich der vom Himmelsgewölbe umschlossene Hohlraum.[39] Die Fragen der Aristotelischen Astronomie, insbesondre wie es mit diesem unbewegten Beweger stehen mag, dürfen hier beiseite bleiben, für seine Raumauffassung jedenfalls ist es das Wesentliche, daß der Raum für ihn stets ein von außen umgrenzter und in sich erfüllter Hohlraum ist, in diesem Sinn notwendig ein endlicher Raum, und daß über den erfüllten Raum hinaus nach einem leeren Raum zu fragen, keinen konkreten Sinn hat. Es gibt keinen leeren Raum.

Ich breche hier ab, denn es geht hier ja nicht um die Aristoteles-Interpretation, sondern ausschließlich darum, einige Punkte herauszuheben, die

---

[34] 211a.

[35] 212a.

[36] 212b.

[37] Gohlke sagt hier: Ort.

[38] 212b.

[39] Gohlke sagt daher mit Recht: „Die Himmelskugel hat hiernach also nach innen eine Hülle, nach außen dagegen nicht“ (S. 324).

uns in unsern geläufigen Raumanschauungen stutzig machen und darum geeignet sind, uns für die weitere Untersuchung einige brauchbare Gesichtspunkte mitzugeben. In diesem Sinn fasse ich zusammen: So etwas wie ein homogener, sich bis in die Unendlichkeit erstreckender mathematischer Raum kommt bei Aristoteles gar nicht in den Blick, weil die Griechen von einer ganz andern Seite her an die Frage herangehen. Ihre primäre Frage heißt: Wohin gehört etwas? Das bedeutet: sie fragen sogleich nach der natürlichen Gliederung des Raums, in dem alles seinen eignen, ihm angemessenen Ort hat. Und zwar hat es diesen von Natur aus, nicht erst als einen von den Menschen zugewiesenen Ort. Es ist ein kosmisch geordneter und dabei notwendig endlicher und übersehbarer Raum. Der Raum reicht daher nicht weiter als die ihn erfüllenden Dinge. Zwar führt Aristoteles diesen Gedanken zunächst nur an den vier „Elementen" durch, aber wahrscheinlich ließe er sich darüber hinaus auch auf die einzelnen von Natur bestehenden Dinge im Raum übertragen, die ebenfalls ihren natürlichen Ort haben. Und in diesen Rahmen ließe sich endlich auch die menschliche Raumordnung einfügen, die ihrerseits ihren (menschlichen) Dingen ihren Raum zuweist, aber dabei zugleich in die umfassende kosmische Ordnung eingefügt sein müßte. Eine Fülle neuer Fragen tut sich dabei auf.

2. Wortgebrauch und Sprachgeschichte

1. Der alltägliche Sprachgebrauch

Nachdem wir mit einem kurzen Blick auf Aristoteles die durch den modernen physikalischen Raumbegriff bedingten festen Vorstellungen ein wenig aufgelockert haben, sind wir vorbereitet, in einer unvoreingenommeneren Weise das zu betrachten, was im natürlichen Verständnis der deutschen Sprache mit dem Wort Raum bezeichnet wird. Wir sehen dabei von vornherein ab von dem abgeleiteten wissenschaftlichen Sprachgebrauch, in dem von „dem" Raum als einer menschlichen Anschauungsform, von dem euklidischen oder von nichteuklidischen Räumen gesprochen wird. Wir sehen ebenfalls ab von dem heute weit verbreiteten Jargon, der den Begriff des Raums in einem unbestimmten übertragenen und im einzelnen sehr schwer faßbaren Sinn verwendet, indem er etwa von einem „wirtschaftlichen", einem „politischen" oder auch von einem „dichterischen Raum" spricht und darunter allgemein so etwas wie Bereiche versteht, innerhalb derer sich die betrachteten Erscheinungen abspielen. Wir nehmen vielmehr das Wort Raum noch in seinem unmittelbaren kräftigen natürlichen Sprachgebrauch, der von solchen Unarten noch nicht belastet ist.

Dabei fällt es auf, daß das Wort Raum, mit dem bestimmten oder unbestimmten Artikel versehen, im Deutschen nur in der Bedeutung von einem Raum als einem Teil des Hauses vorkommt, als Oberbegriff also, der die Zimmer, Kammern, Küche und die andern „Räumlichkeiten" umfaßt. Raum bezeichnet hier also die Einheiten, aus denen die Wohnung zusammengesetzt ist. Raum in diesem Sinn ist ein durch Zwischenwände abgeteilter selbständiger Teil des Hauses, der wiederum verschiedenen Zwecken dienen kann. Man spricht so von Wohnräumen, Büroräumen, Nebenräumen usw. Sehr bezeichnend ist das Beispiel vom Versammlungsraum: Findet nämlich die Versammlung unter freiem Himmel statt, so spricht man zwar vom Platz oder Ort der Versammlung, aber nicht vom Raum, womit besonders deutlich wird, daß der Raum hier immer einen Teil eines Gebäudes, d.h. etwas von der Umwelt Abgeschlossenes, einen Hohlraum bedeutet. Dieser Sprachgebrauch ist übrigens in den andern Sprachen nicht in der gleichen Weise vorhanden. Wenn im Französischen etwa von pièce die Rede ist, so ist damit die uns interessierende Fragestellung schon durch den Sprachgebrauch ausgeschaltet. Wir können darum diese Bedeutung des Worts hier beiseite lassen.

Sonst aber kommt das Wort Raum – ohne Artikel gebraucht – vor allem als Bestandteil bestimmter fester Wendungen vor, und an diese werden wir uns zuerst halten müssen, wenn wir begreifen wollen, was die wissenschaftlich noch unbelastete Sprache mit dem Wort Raum im Auge hat. In diesem Sinne spricht man davon, daß man „Raum hat" oder „Raum braucht", um sich auszubreiten, und sich dann entsprechend auch „Raum schafft". So heißt es beispielsweise in der Weihnachtsgeschichte, daß man das Christkindlein in eine Krippe legen mußte, weil „sonst kein Raum in der Herberge" war. So heißt es auch in dem viel zitierten Wort, daß für ein glücklich liebend Paar „Raum auch in der kleinsten Hütte"[40] sei, ein Tatbestand, auf den wir später noch in anderm Zusammenhang ausführlich zurückkommen müssen. In ähnlichem Sinn spricht man dann auch von einer „geräumigen Wohnung", von „geräumigen Vorratskammern" usw. Immer heißt hier Raum: zur Verfügung stehender, nicht anderweitig in Anspruch genommener Raum, Raum, in dem man sich frei bewegen kann. Man spricht auch im übertragenen Sinn davon, daß man Gedanken und Empfindungen, beispielsweise einem Verdacht, Raum gewährt.

Raum ist also im weitesten Sinn der „Spielraum" einer Bewegung, der „Zwischenraum" zwischen den Dingen, der „freie Raum" um einen Menschen herum. Enge und Weite sind die ursprünglichsten Bestimmungen dieses Raums. Der Raum wird knapp, so daß man sich in ihm beengt fühlt, oder der Raum ist reichlich vorhanden, so daß man verschwenderisch damit umgehen kann. Die sog. Unendlichkeit des Raums kommt hier ebensowenig in den Blick wie bei Aristoteles, weil es keinen Sinn hat, von Raum zu sprechen, soweit er nicht durch ein konkretes Lebensbedürfnis auch ausgefüllt werden kann. Der Raum reicht nie weiter als die konkret zu erfüllende Reichweite des Lebens. Man kann viel Raum haben, aber unendlich viel Raum haben kann nur bedeuten: mehr Raum, als man je für sich in Anspruch nehmen kann.

---

[40] F. Schiller, Der Parasit. Sämtliche Werke. Säkularausgabe, hrsg. von E. v. d. Hellen. IX 305.

2. Sprachgeschichtliche Hinweise

a. Diese Auffassung bestätigt sich, wenn wir die sprachgeschichtlichen Hinweise, wie sie uns die etymologischen Wörterbücher bereitstellen, für unsre Deutung heranziehen. So bemerkt das Grimmsche Wörterbuch[41] als die ursprüngliche Bedeutung des Wortes „räumen“: „einen Raum, d.h. eine Lichtung im Walde schaffen, behufs Urbarmachung oder Ansiedlung“. Von da her ist auch das Substantiv Raum bestimmt. Die verschiedenen älteren Belege verweisen nach Grimm auf das Wort Raum „als einen uralten Ausdruck der Ansiedler ... der zunächst die Handlung des Rodens und Freimachens einer Wildnis für einen Siedelplatz bezeichnete ... dann den so gewonnenen Siedelplatz selbst“. Dieser Hinweis ist sehr bedeutsam. Raum in diesem ursprünglichen Sinn ist also nicht an sich schon vorhanden, sondern wird erst durch eine menschliche Tätigkeit gewonnen, indem man ihn durch Rodung der Wildnis (die also nicht Raum ist) abgewinnt. Im gleichen Sinn erfahren wir im Wörterbuch von Kluge-Götze,[42] daß das Wort aus einem gemeingermanischen Adjektiv im Sinne von geräumig entstanden sei und in seinen frühen Abwandlungen so viel wie „freier Platz, Lagerstätte, Sitzplatz, Bett“ bedeute. In schon etwas erweitertem Bedeutungsumfang bezeichnet auch hier der Raum einen Hohlraum, der den Menschen bergend aufnimmt und in dem er sich frei bewegen kann und der als solcher gegen etwas andres, das ihn umgibt, das aber nicht mehr als Raum bezeichnet wird, abgegrenzt wird. Ein Gefühlston des Bergenden scheint dabei überall mitzuschwingen. In einem verwandten Sinn ist auch der Laderaum eines Schiffs der für die Aufnahme der Ladung bestimmte Platz im Schiffsinnern. Auch hier ist also die Vorstellung von einem rings eingeschlossenen, zur Verfügung stehenden Platz.

Von da her gesehen ist Raum dann weiterhin das, was sich zwischen den Dingen befindet, auch wenn dabei die Vorstellung des Hohlraums zurücktritt. Die Dinge geben mehr oder weniger Raum. So spricht ein Beispiel von „zwei Felsbergen, die kaum dem Flüßchen Raum lassen, sich durchzudrängen.“[43] Raum ist also der oft knappe Raum, der für die Bewegung erforderlich ist. Entsprechend heißt es in einem andern Beispiel: „Auf der Diele ward getanzt, das heißt, wer zwei Fuß Raum erobert hatte, drehte sich darauf immer rund um.“[44] Auch hier ist Raum also der zur Bewegung erforderliche Raum, den man sich erst erkämpfen muß. Dieser Raum kann eng sein. „Um sich, neben sich keinen Fußbreit Raum“ heißt es in einem Beispiel. Der Mensch ist hier eingeklemmt, so daß er sich nicht frei bewegen kann. Der Raum ist also immer freier Raum für etwas, insbesondre für eine Bewegung, für eine freie Entfaltung, und der Raum endet

---

[41] J. u. W. Grimm, Deutsches Wörterbuch. Leipzig 1854ff.

[42] F. Kluge, Etymologisches Wörterbuch der deutschen Sprache. 11. Aufl., bearbeitet von A. Götze. Berlin u. Leipzig 1934.

[43] M. Eyth, zitiert nach: Trübners Deutsches Wörterbuch, hrsg. von A. Götze. Berlin 1939ff.

[44] A. v. Droste-Hülshoff, zitiert nach Trübners Wörterbuch.

für diese natürliche Vorstellung da, wo die Dinge die weitere Bewegung verhindern. Der Raum kann aber auch weit sein. Sehr schön heißt es bei Rilke einmal von der beglückenden Erfahrung: „Es war, als ob die Dinge zusammenträten und Raum gäben."[45] Raum ist also in allen diesen Fällen etwas Konkretes, Situationsbedingtes. Und wenn man auch im übertragenen Sinn eine Situation als beengend empfindet, so steht dahinter ja ebenfalls das ursprüngliche Verständnis eines mangelnden Bewegungsraums.

So spricht man allgemein von einem Raummangel, von einer vorteilhaften Raumausnutzung oder auch von einer Raumverschwendung. Aber wie wir es auch nehmen, in allen diesen Fällen eines unbefangenen Sprachgebrauchs bedeutet der Raum keineswegs das dreidimensionale unendliche, alles umgreifende Kontinuum, sondern er ist bezogen auf ein Leben, das sich in ihm entfaltet. Raum gibt es nur in bezug auf eine als lebendig begriffene Bewegung. Wenn man auch in bezug auf außermenschliche Wesen (wie eben beim Fluß) von Raum spricht, so ist es nur möglich, insofern sie sich bewegen und deswegen als belebt gedacht werden können. Der erforderliche Raum hängt dabei weitgehend von dem eignen Anspruch ab. „Du glaubst nicht", sagt Goethe einmal, „wieviel Platz man findet, wenn man wenig Raum braucht."[46] Ähnlich meint es auch das bekannte Sprichwort, daß geduldige Schafe viele in einen Stall gehen. Je weniger Raum der einzelne für sich beansprucht, um so mehr Menschen können in einem Raum Platz finden. Mit Überzeugung heißt es bei Schiller: „Raum für alle hat die Erde",[47] wobei Raum jetzt in einem allgemeineren Sinn als Lebensraum, d.h. als Möglichkeit zur Entfaltung menschlichen Lebens gemeint ist.

Damit aber erweitert sich der Raumbegriff. Er verliert die Vorstellung mehr oder weniger beengender Schranken. So gibt es die Wendung von der „raumen See" als dem freien, offenen Meer.[48] So gibt es vor allem den Luftraum als den Spielraum einer unendlich ausgreifenden, wenn auch oft nur in Gedanken nachvollzogenen Bewegung, so etwa

> wenn über uns, im blauen Raum verloren,
> ihr schmetternd Lied die Lerche singt.[49]

Man greift auch gern zum steigernden Plural, wenn von den „himmlischen Räumen" die Rede ist. Diese Vorstellung spielt auch mit, wenn es bei Hesse heißt:

Wir sollen heiter Raum um Raum durchschreiten.[50]

Auch hier wird das Hochgefühl einer Befreiung aus den beengenden Schranken empfunden:

---

[45] R.M. Rilke, Briefe aus den Jahren 1914–1921. 1937. S. 94.

[46] J.W. Goethe, Wilhelm Meisters Lehrjahre. Gedenkausgabe, hrsg. von E. Beutler. VII 308.

[47] F. Schiller, Der Alpenjäger. I 108.

[48] Trübners Deutsches Wörterbuch, das beständig zu Rat gezogen ist, wird im folgenden nicht jedesmal neu zitiert.

[49] J.W. Goethe, Faust, Erster Teil. V 176.

[50] H. Hesse, Das Glasperlenspiel. Gesammelte Dichtungen. 1952. VI 556.

Der Weltgeist will nicht fesseln uns und engen.

Gegenüber dem sich hier einstellenden Plural ist der interstellare Weltraum, in dem sich neuerdings sogar eine „Raumschiffahrt" auszubreiten beginnt, notwendig im Singular gebraucht.

b. Dies Bild bestätigt und bereichert sich, wenn wir auch die zugehörigen verbalen Wendungen heranziehen. Das Wort „räumen", auf dessen Grundbedeutung wir schon zu Anfang hingewiesen hatten, heißt in der weiteren Entwicklung dann so viel wie: einen bisher innegehabten Raum aufgeben. Der geschlagene Gegner räumt das Schlachtfeld, indem er seine Truppen daraus zurückzieht. Der ausziehende Mieter räumt die Wohnung, indem er durch die Fortnahme seiner Möbel darin Raum für einen neuen Bewohner schafft. Die Polizei räumt den Saal, wenn eine Schlägerei darin ausgebrochen ist. Der Händler schafft durch einen „Räumungsausverkauf" Platz für neue Waren usw.

Räumen heißt in diesem Sinn auch: aus dem Weg räumen und wird schließlich gleichbedeutend mit reinigen. Man räumt den Tisch, man räumt den Ofen oder Herd, indem man Aschenreste und Ruß entfernt. Man sagt auch dafür verdeutlichend „abräumen" und „ausräumen" oder „wegräumen".

Auch das Wort „einräumen" gehört in seiner einen Bedeutung in diesen Zusammenhang. Es heißt, einem andern Platz machen, indem man sich selber daraus zurückzieht. So bedeutet es auch in der Diskussion, eine eigne Position aufgeben, weil man den Einwand des Gegners als berechtigt anerkennt. Als „einräumen" in der andern Bedeutung bezeichnet man den Vorgang, wo man in einen Raum, in ein neu zu beziehendes Zimmer, einen neuen oder neu in Benutzung genommenen Schrank, eine Kommodenschublade oder dgl. die Dinge hineinlegt oder hineinstellt, die fortan darin aufbewahrt werden sollen. Man wirft sie nicht einfach hinein, sondern schafft in diesem beschränkten Raum eine Ordnung, indem man jedem Ding, das bisher an beliebiger Stelle herumlag, hier seinen bestimmten Platz anweist, an den es fortan gehören soll.

In derselben Weise „räumt man auf", indem man in einem Zimmer, einer Werkstatt usw. das durch den nachlässigen Gebrauch wahllos Zerstreute an seinen Platz zurückstellt oder zurücklegt und dadurch nach der beengenden Unordnung endlich wieder Bewegungsraum oder, wie man im nachlässigen Sprachgebrauch sagt, wieder „Luft" bekommt. Als „aufgeräumt" kann man im übertragenen Sinn auch einen Geisteszustand bezeichnen. Das Wort bedeutet hier zunächst so viel wie klar denkend, durch keine unkontrollierten Vorurteile beengt, ähnlich wie später das Wort „aufgeklärt", sodann aber insbesondre so viel wie heiter. „Gegen alle war sie freundlich, gefällig und aufgeräumt",[51] heißt es in bezeichnender Zusammenstellung in einem Beleg, oder in dem bekannten Gedicht Goethes:

Sankt Peter war nicht aufgeräumt.

[51] G.W. Rabener, zitiert nach Trübner.

Er hatte so eben im Gehen geträumt.[52]

Hier ist die neue Bedeutung sehr schön erkennbar. Er war nicht aufgeräumt heißt ähnlich wie bei einer nicht aufgeräumten Kammer: er war nicht frei für den an ihn ergehenden Anspruch, weil er mit andersartigen Gedanken angefüllt war, er war nicht disponibel im Sinne von Marcel.

c. Als Leitfaden für die späteren Untersuchungen lassen sich die aus der Sprache gewonnenen Hinweise nach folgenden Richtungen zusammenfassen:

1. Raum ist das Umgreifende, in dem alles seinen Platz, seinen Ort oder seine Stelle hat.

2. Raum ist der Spielraum, den der Mensch braucht, um sich frei zu bewegen.

3. Raum in seiner frühsten sprachlichen Bedeutung ist die durch Rodung im Wald geschaffene Lichtung als Platz menschlicher Siedlung. Der Raum ist also ursprünglich Hohlraum.

4. Raum ist weiterhin der nicht beengende, aber doch grundsätzlich geschlossene Raum; er ist keineswegs von Natur aus unendlich.

5. Selbst beim sog. freien Raum handelt es sich nicht um eine abstrakte Unendlichkeit, sondern um die Möglichkeit eines ungehinderten Vorstoßens. So die Lerche in der Luft, so die Weite der sich ausbreitenden Ebene.

6. Raum wird also zum Entfaltungsraum menschlichen Lebens, der nach den subjektiv-relativen Bestimmungen der Enge und Weite gemessen wird.

7. Im Raum-nehmen und Raum-geben handelt es sich um das rivalisierende Verhältnis im menschlichen Entfaltungsdrang. In ihrem Raumbedarf stoßen die Menschen aufeinander und müssen sich in den Raum teilen.

8. Raum als Spielraum gibt es auch zwischen den Dingen. Raum ist aber auch hier der Spielraum der Bewegung, der Zwischenraum zwischen den Dingen. Er ist nur Raum, insofern er leer ist, d.h. er reicht nur bis an die Oberfläche der Dinge, aber dringt nicht in diese ein.

9. Raum wird durch menschliche Ordnung geschaffen und geht verloren durch menschliche Unordnung.

10. Einräumen und Aufräumen sind daher Formen der Organisation des menschlichen Lebensbereichs, in dem Raum für eine zweckmäßige Tätigkeit geschaffen wird.

3. Die Orte und Stellen im Raum

Nachdem wir so den Raum zunächst als das umfassende Ganze kennengelernt haben, müssen wir uns jetzt mehr seinem inneren Gefüge zuwenden, und hier zuerst wiederum den Bezeichnungen, die die Sprache hierfür zur Verfügung gestellt hat. Man spricht im Raum von Örtern, Stellen, Plätzen und ähnlichem.

---

[52] J.W. Goethe, Legende. II 109.

Darum ist zunächst das Verhältnis des damit Bezeichneten zum Raum sowie das Verhältnis dieser Wörter untereinander zu bestimmen. In einer allergröbsten Annäherung kann man dies Verhältnis wohl als das von Punkten in einem Kontinuum bezeichnen. So faßt auch das Grimmsche Wörterbuch das Verhältnis: „Raum ist zunächst die gegebene Stätte für eine Ausbreitung oder Ausdehnung. Gegensatz dazu Ort, der auf einem solchen Raume erst entsteht." Und ähnlich wird man es auch bei den andern Bezeichnungen auffassen müssen. Wir müssen daher den verschiedenen Wörtern dieses Bereichs im einzelnen nachgehen.

a. Am übersichtlichsten liegen die Verhältnisse beim Ort. Die Sprachgeschichte gibt hier einen guten Hinweis zum präziseren Verständnis des Worts. Als seine Grundbedeutung wird Spitze, insbesondre Speerspitze angegeben. So die bekannte Stelle, an der das Wort zuerst überliefert ist, im Hildebrandslied. Hildebrand und Hadubrand standen sich gegenüber „ort widar orte", d.h. Speerspitze gegen Speerspitze gerichtet. Dieser Ursprung ist auch in manchen andern Bedeutungen noch erhalten: Der Schuster gebraucht als Werkzeug einen Ort, d.h. eine Ahle. Geographisch ist der Ort eine ins Wasser vorspringende Landspitze, so beim Darßer Ort in der Ostsee usw. oder beim Ruhrort die Spitze an der Mündung eines Nebenflusses. Auch der Bergmann arbeitet vor Ort, wenn er sich am vordersten Ende des Stollens ins Gestein hineinarbeitet. Immer bezeichnet das Wort Ort die Spitze.

Diese sprachgeschichtlichen Hinweise kennzeichnen sehr schön die allgemeine Bedeutung des Orts im räumlichen Zusammenhang. Der Ort hat immer etwas Punktuelles. Man kann auf ihn hinzeigen. Er bezeichnet einen festen Punkt im Raum, insbesondre einen festen Punkt auf der Erdoberfläche. Vor allem aber hat sich dieser Begriff im Sinne von Ortschaft verengt, d.h. als Bezeichnung einer menschlichen Siedlung. In diesem Sinn gibt es eine Ortsangabe, einen Wohnort, einen Geburtsort usw. Aber man spricht auch vom Ort eines Fixsterns, von einem geometrischen Ort usw., im übertragenen Sinn vom Ort eines angeführten Zitats.

Versucht man von hier aus die Bedeutung abzugrenzen, so spricht beim Ort nicht die Ausdehnung mit, nicht die erfüllte Fläche oder der erfüllte Raum, wie etwa beim Platz. Man kann nicht sagen, daß etwas Ort hat oder seinen Ort braucht, so wie es seinen Platz braucht, sondern Ort ist immer ein bestimmt gelegener und genau fixierter Ort. Der Ort behält immer dieses Hinzeigende. Es ist dieser bestimmte Ort im Gegensatz zu einem andern. Darum kann man auch Orte nicht tauschen, wie man Plätze und Stellen tauscht, sondern sich höchstens an einen andern Ort begeben. Durch diesen punktuellen Charakter unterscheidet sich der Ort am schärfsten von allen (noch so kleinen) räumlichen Gebilden. Auch eine Ortschaft, eine Stadt oder ein Dorf ist Ort nicht infolge ihrer räumlichen Ausdehnung, sondern weil sie an dieser bestimmten Stelle gelegen ist.

b. Mit dem Ort berührt sich eng die Stelle, denn auch diese bezeichnet einen bestimmten Punkt im Raum, doch ist der Sinn, entsprechend der andern sprachgeschichtlichen Herkunft, wiederum verschieden. Eine Stelle kommt von „stellen“ her. Das Verbum stellen heißt zunächst ganz wörtlich: stehen machen und hat von da seine verschiedenen Bedeutungen als an einen Standort bringen, aufstellen, hinstellen, abstellen usw. Wir sind damit in demselben Zusammenhang, in dem wir vom Einräumen eines Raumes gesprochen hatten, bei dem jedes an seinen Platz gestellt wird. Die Stelle ist der festgelegte Standort einer Sache. Dahin gehört sprachlich eben so sehr der Stall, d.h. der Ort zum Stehen, heute im allgemeinen in der Bedeutung als Viehstall eingeengt. Mit dieser Bedeutung von „stellen“ hängen dann auch die entsprechenden andern sprachlichen Wendungen zusammen, die uns für das Verständnis des erlebten Raums noch wichtig werden. Auch das Gestell als die Vorrichtung, in die man etwas hineinstellen kann, hängt wiederum eng mit dem Einräumen eines Raums zusammen. Dahin gehört auch die Bettstelle als das Gestell zum Schlafen, das Fahrgestell, der Stellwagen usw.

Stelle ist also in diesem Sinn der Ort, an den man etwas stellt und an dem dieses später wieder zur Hand ist. Sie wird oft fast gleichbedeutend mit Platz. Es ist die richtige Stelle. In einem verwandten Sinn kann man auch sagen, daß man jemand zur Stelle schafft. Etwas ist zur Stelle bedeutet so viel wie: es ist greifbar, verfügbar. Aber das Wort ist von da aus auch verallgemeinert worden. Die Stelle ist der Ort für etwas, so wie die Ackerstelle, die Baustelle, die Haltestelle, die Schlafstelle usw. Die Baustelle ist z.B. die Stelle, an der gebaut wird. Oft geht hier die Bedeutung so sehr mit der von Ort zusammen, daß man schwer die Grenze ziehen kann. So spricht man von einer Unfallstelle, aber einem Tatort. Dabei kann die Stelle in einer freieren Bedeutung zugleich dasjenige bezeichnen, was sich, von der Umwelt abgehoben, an dieser Stelle befindet. So kann beispielsweise ein Apfel eine „faule Stelle“ haben usw.

Ähnlich wird das Wort Stelle dann auch auf das literarische Gebiet übertragen und berührt sich dort eng mit dem angeführten Ort. Es gibt eine Belegstelle, eine Bibelstelle usw., ich kann in einem Buch die Stelle nicht wiederfinden, an der ein mich interessierender Satz gestanden hat. Dabei bezeichnet der angeführte Ort eines Zitats (a.a.O.) mehr das Werk und die Seitenzahl, die Stelle dagegen zugleich den angeführten Satz selbst. So kann man die Stelle zitieren, die an einem bestimmten Ort steht.

Von daher kann das Wort Stelle dann auch auf andre Bezugssysteme übertragen und so funktionalisiert werden. So gibt es mehrstellige Zahlen. So kann vor allem die „Stelle“, die ein Mensch hat, gradezu seine Funktion im beruflichen Ordnungsganzen bedeuten. Jemand sucht eine Stelle, beispielsweise als Buchhalter, und in der Zeitung gibt es ganze Seiten mit Stellenangeboten. Es gibt eine Arbeitsstelle, eine Lehrstelle, jemand ist stellenlos und wendet sich darum an die Stellenvermittlung. Trotzdem scheint auch hier eine gewisse Unterscheidung zu bestehen: Jemand sucht einen Arbeitsplatz, und hier scheint Platz in einem allgemeinen Sinn zu bedeuten, daß er dort untergebracht, dort versorgt ist. Stelle dagegen bezeichnet mehr eine bestimmte Leistung, die er dort zu erfüllen hat. Im funktionalen Sinn gibt es dann auch einen „Stellvertreter“, der im Bedarfsfall an die Stelle des eigentlichen Inhabers tritt. Ähnlich gibt es auch Amtsstellen, und Anweisungen erfolgen von „höchster Stelle".

c. Das Wort Platz hatte sich schon im bisherigen eng mit Stelle berührt. Man legt etwas an den richtigen Platz oder an die richtige Stelle, ohne daß man hier zwischen den beiden Wendungen unterscheiden könnte. Trotzdem ist der Platz nicht schlechthin dasselbe wie eine Stelle, und man muß zwischen beiden Begriffen zu unterscheiden versuchen. Die Frage nach der Sprachgeschichte gibt hier wenig her. Platz ist ein Lehnwort und kommt aus dem Griechischen: Aus πλατεῖα (ὁδός) für die breite Straße, die Hauptstraße größerer Städte, ergibt sich lateinisch platea, das neben Straße zugleich zu der Bedeutung Hofraum, Platz hinüberwechselt, woraus dann weiter italienisch piazza, französisch place usw. entstehen.

Im Lauf der mittelalterlichen Entwicklung erweitert sich dann die Bedeutung, so daß Platz jetzt allgemein einen freien Raum bedeutet. So gibt es einen Bauplatz, einen Festplatz, einen Sportplatz, einen Spielplatz, einen Richtplatz usw. Der Platz ist hier überall der hergerichtete freie Raum für etwas, und zwar im Unterschied zu ähnlichen Zusammensetzungen mit Raum der nichtüberdachte Platz unter freiem Himmel. Es gibt einen Sammel- und einen Lagerplatz, einen Stapel- und Handelsplatz für die Waren, militärisch einen befestigten Platz, der von einem Platzkommandanten befehligt wird. Platz ist dann aber auch in einem kleineren, auf den einzelnen Menschen bezogenen Sinn der Sitzplatz oder Stehplatz, beispielsweise im Theater, das eine bestimmte Anzahl von Plätzen faßt, oder im Eisenbahnwagen. Man „nimmt Platz", indem man sich hinsetzt. Und so wird dann in einem allgemeineren Sinn der Platz der von einem Menschen eingenommene Raum. In diesem Sinn macht man jemand Platz oder nimmt jemand den Platz weg.

Bei aller Spärlichkeit reichen diese sprachgeschichtlichen Auskünfte doch aus, um daraus einen Hinweis für die Abgrenzung der Begriffe zu gewinnen. In allen Beispielen, schon vom griechischen Ursprung her, gehört zum Platz immer eine gewisse Ausdehnung, eine Erstreckung im Raum, ja eine gewisse Weite. Dadurch unterscheidet sich der Platz vom Ort oder der Stelle und rückt wieder näher an den Raum heran, so daß zunächst das Verhältnis dieser beiden Begriffe zu klären ist.

Trotzdem gilt diese Annäherung nur in einem sehr beschränkten Sinn. Der Raum ist das ungleich Umfassendere. Der Weltraum hat kein Analogon beim Platz (es sei denn, man wollte sehr unangemessen sagen, daß sehr viele Sterne darin Platz haben). Nur im Bereich der kleineren Räume werden die beiden Begriffe vergleichbar. Der Platz ist dabei immer der begrenzte, vom Menschen geschaffene und für seine Zwecke hergerichtete Platz. Das gilt im größeren, städtebaulichen Zusammenhang. Der Marktplatz etwa ist der von Gebäuden freigehaltene Platz zum Abhalten der Marktgeschäfte. Es ist immer die menschliche Weltgestaltung, die einen Ort zum Platz bestimmt und so diesen geschaffen hat. In der Wüste beispielsweise oder im Hochgebirge und in unwirtlichen

Gegenden gibt es wohl Stellen, an denen man sich gegebenenfalls treffen kann, aber keine Plätze.

Das gilt aber auch im kleinen, wo der Mensch einem Gegenstand im menschlich durchgestalteten Raum seinen Platz zuweist, und dieser berührt sich dann eng mit der Stelle im früher genannten Sinn. Trotzdem ist auch hier der Unterschied unverkennbar. Der Platz ist dem Ding zugewiesen, aber es kann sich an einer beliebigen, zufälligen Stelle befinden. An die Stelle wiederum stellt man das Ding hin. Es wird dabei vorausgesetzt, daß dort dafür „auch Platz" ist. Beim Platz wird dagegen auf das erforderliche Ausmaß an Raum geachtet. Man muß notfalls Platz schaffen, indem man etwas andres forträumt. (Interessant ist hier der Unterschied zwischen Bauplatz und Baustelle. Der Bauplatz ist das für das Bauen zur Verfügung gestellte Grundstück. Man kann ihn unter Umständen auch für eine spätere Verwendung erwerben. Zu einer Baustelle wird er aber erst, wenn darauf wirklich gebaut wird, und er bleibt Baustelle, nur solange die Arbeit andauert.)

Hier berühren sich wiederum Raum und Platz ganz eng, aber grade hier ist vielleicht auch der Unterschied am deutlichsten zu fassen. Man macht Platz, damit ein andrer Mensch vorübergehen kann, d.h. man tritt zur Seite. Man kann jemandem seinen Platz, etwa seinen Sitzplatz anbieten. Man kann jemandem den Platz, aber auch den Raum streitig machen. Dabei ist der Unterschied deutlich: Im Kampf um den Raum geht es darum, die Grenze zwischen den Eigenräumen enger oder weiter zu ziehen. Den Platz aber kann man nur als ganzen preisgeben oder behaupten. Den Platz für ein Ding kann ich nur schaffen, indem ich etwas andres fortnehme. Der Platz ist ein begrenztes zur Verfügung stehendes Quantum, das man so oder anders verteilen kann. Das gilt auch im übertragenen Sinn von den Arbeitsplätzen. Etwa im Berufsleben macht die ältere Generation der jüngeren Platz, indem sie dieser ihre bisherigen Arbeitsplätze überläßt und sich in den Ruhestand zurückzieht. Hier wird also kein Raum hinzugewonnen, sondern lediglich ein vorhandener Raum neu verteilt. Etwas andres, viel weniger quantitativ Verrechenbares wäre es, wenn die ältere Generation der jüngeren Raum zur eignen Entfaltung ließe. Darum heißt es bei Schiller zwar: „Raum für alle hat die Erde", aber auf der andern Seite: „Platz, Platz dem Landvogt! Treibt sie auseinander!"[53] oder: „Weib mach' Platz, oder mein Roß geht über dich hinweg."[54]

Das gilt zugleich in einem allgemeineren Sinn: Der Platz bezeichnet das eng umgrenzte Raumstück, in das etwas grade hineinpaßt, bis an seine Grenze, aber nicht darüber hinaus. Raum aber bedeutet zugleich den Spielraum einer Bewegung. Darum ist ein freier Platz ein nicht ausgenutzter, ein noch verfügbarer, ein leerer Platz. In diesem Sinn kann auch viel Platz vorhanden sein, aber es bleibt notwendig endlich viel Platz. Ein freier Raum dagegen eröffnet die Weite der

[53] F. Schiller, Wilhelm Tell VII 212.

[54] F. Schiller, Wilhelm Tell VII 255.

Bewegung. Er kann sich bis ins Unendliche hinein eröffnen. Darum kann man unterscheiden: Platz brauchen auch die Dinge, Raum aber braucht im eigentlichen Sinn nur der Mensch. Platz ist etwas in der Welt Verfügbares, Raum dagegen gehört zur transzendentalen Verfassung des Menschen. In diesem Sinn gewinnt dann der Raum den grundsätzlichen Vorrang gegenüber allen Orten, Stellen und auch Plätzen im Raum.

d. Mehr der Vollständigkeit halber sei auch noch der Fleck erwähnt, der sich oft mit Ort und Stelle überschneidet. Wenn etwa bei Goethe steht: „In der Neustadt fanden wir alles auf dem alten Fleck, der metallne König galoppierte nach wie vor auf derselben Stelle",[55] so ist hier nur aus stilistischen Gründen das Wort ausgetauscht, wo die Sache dieselbe geblieben ist. So ist auch die Wendung „nicht vom Fleck kommen" gleichbedeutend mit „nicht von der Stelle kommen" und „das Herz auf dem rechten Fleck haben" dasselbe wie es an der rechten Stelle haben. Ohne auf die Sprachgeschichte im einzelnen zurückzugehen, sind Fleck und Flecken (und gleichbedeutend Flicken) einzelne Stücke aus einem Material, insbesondre Überreste, die zum Ausbessern verwendet werden. „Besser ein wüster Fleck als ein schönes Loch", sagt das Sprichwort. Und so gibt es Flekken der verschiedensten Art, beim Schuster aus Leder auf die Schuhe gesetzt, beim Schneider aus Stoff. Und wie sich ein solcher Fleck vom sonstigen Untergrund abhebt, so gibt es darüber hinaus dann ähnlich wie vorher die betreffenden Stellen so auch hier Schmutzflecken, Tintenflecken, Fettflecken und in übertragener Bedeutung auch den Schandfleck.

Daneben aber wird, was in unserm Zusammenhang interessiert, auch ein Stück Land ein Fleck genannt. Man spricht von einem schönen Fleckchen Erde, wie man das Wort auch zur Bezeichnung einer Ortschaft verwendet. Es gibt auch einen Marktflecken. Wie beide Bedeutungen sich aus der gleichen indogermanischen Wurzel im Sinne von „schlagen" ableiten, also ursprünglich das „Breitgeschlagene" bezeichnen, ist für unsern Zusammenhang insofern wichtig, als sich von da her die flächenhafte Ausgedehntheit ableitet. Der Fleck bleibt immer im Zweidimensionalen.

e. Endlich sei noch an das Feld als die ausgebreitete Fläche erinnert, das dann, in übertragener Bedeutung, als Schwerefeld, als elektromagnetisches Feld usw. für einen durchstrukturierten Raum gebraucht wird.

Alle diese Abgrenzungen der Wortbedeutungen, diese Überlegungen zum heutigen Sprachgebrauch wie diese Exkurse in die Sprachgeschichte wollten der sachlichen Untersuchung des Raumproblems nicht vorgreifen. Sie hatten nur den Zweck, in einem vorläufigen heuristischen Sinn einige Gesichtspunkte für die sachliche Analyse bereitzustellen. In diesem Sinn nehmen wir sie mit hinein, wenn wir uns jetzt der eigentlichen inhaltlichen Analyse des erlebten und gelebten Raums zuwenden.

---

[55] J.W. Goethe, Brief an Christiane. XIX 698.

3. Das natürliche Achsensystem

1. Vertikalachse und Horizontalebene: Der aufgerichtete Mensch

Nach diesen vorbereitenden Erörterungen versuchen wir, uns den Aufbau des erlebten Raums im einzelnen zu vergegenwärtigen. Wir beginnen bei einigen allgemeinsten Bestimmungen und versuchen von da aus zu den spezielleren Gliederungen vorzudringen. Dabei setzen wir noch einmal bei dem einleitend angedeuteten Unterschied zum mathematischen Raum ein. Im Unterschied zur Homogenität des mathematischen Raums, so hatten wir gesagt, ist der erlebte Raum durch seine Inhomogenität gekennzeichnet. Dieser Unterschied ist jetzt nach verschiedenen Seiten hin zu verfolgen. Er besagt zunächst, daß es im erlebten Raum keine gleichwertigen und beliebig drehbaren Achsenrichtungen gibt, sondern bestimmte, ausgezeichnete Richtungen, die mit dem Verhältnis des Menschen zum Raum notwendig gegeben sind.

Schon bei Aristoteles waren es sechs, paarweise einander zugeordnete „Arten" des Raums, das Oben und Unten, das Vorn und Hinten, das Rechts und Links. Das sind die Richtungen, die durch die Stellung des aufrecht stehenden Menschen im Raum natürlicherweise gegeben sind. Aristoteles war freilich darüber hinausgegangen und hatte gemeint, diese Gliederung auch unabhängig vom menschlichen Körper im Raum vorzufinden, in dem jedes Ding seinen „natürlichen" Ort habe. Dabei vereinfachte sich allerdings das Gliederungssystem auf den einen Gegensatz von oben und unten, während die beiden andern Gegensatzpaare – bezeichnenderweise, wie wir sehen werden – zurücktreten. Wir sehen aber von dieser Erweiterung ins Kosmologische ab und beschränken uns auf den vom Menschen erlebten Raum im engeren Sinn.

Schon hier macht sich sofort bemerkbar, daß die drei Gegensatzpaare keineswegs gleichwertig sind, sondern daß jedes seinen eignen und unvertauschbaren Charakter hat. Das Verständnis von vorn und hinten hat einen andern Charakter als das von rechts und links, worauf wir noch zurückkommen müssen. Vor allem aber hebt sich die Richtung von oben und unten heraus, die durch die aufrechte Stellung des Menschen bedingt ist. Von dieser kann man in der Tat sagen, daß sie von Natur aus und nicht durch menschliche Willkür besteht; denn rechts und links, vorn und hinten ändern sich, wenn der Mensch sich dreht, oben und unten bleiben sich gleich, auch wenn der Mensch sich hinlegt oder sich sonst irgendwie im Raum bewegt. Sie sind durch die Richtung der Schwerkraft bestimmt. Es ist die Richtung des Aufstehens und Hinfallens, des Steigens und Niedersinkens und damit auch des Liegens am Boden. Die Richtung von oben und unten ist in diesem Sinn objektiv gegeben.

Eine Fülle von übertragenen Bedeutungen setzt schon bei diesem einfachen Gegensatz von oben und unten ein. Um aus der Fülle der Belege ziemlich willkürlich einen herauszugreifen, in dem die unmittelbare Lebenserfahrung der Höhendimension noch durchklingt, sei hier noch eine Äußerung Kästners angeführt. Dieser betont einmal, „daß ein so großer Teil des Heilsgeschehens auf Bergen geschieht", und fährt von da ausgehend fort: „In jedem Berganstieg liegt ein Abglanz dieses Geschehens. Das kommt von der Kraft, die in das Wort oben gebannt ist, das kommt von der Gewalt des Wortes empor. Auch wer längst schon verlernt hat, an Himmel und Hölle zu glauben, kann doch nicht den Rang der Worte oben und unten vertauschen. ... Oben ist oben."[56] Das gilt auch im menschlichen Zusammenleben. Der Mensch strebt in allen Lebenslagen oben zu sein. Er versucht, sich den andern zu unterwerfen. Die Individualpsychologie Alfred Adlers hat diesen Gegensatz zur Grundlage einer Deutung des ganzen menschlichen Lebens gemacht. Doch soll von diesen übertragenen Bedeutungen hier vorläufig nicht weiter die Rede sein.

Ganz anders steht es dagegen mit den Richtungsgegensätzen von vorn und hinten und rechts und links. Vorn ist, was in der Richtung meines Gesichts oder allgemeiner meines Körpers vor mir liegt. Aber ich kann mich drehen, und dann wird, was vorher vorn war, jetzt (beispielsweise) hinten – oder rechts – oder irgendeine Richtung dazwischen. Aber jetzt ist weiterhin bezeichnend: Wenn ich mich umdrehe, dann drehe ich nicht meinen Raum im Sinne eines körpergebundenen Koordinatensystems mit mir herum, sondern ich drehe mich *im* Raum, wobei der Raum außer mir feststeht und ich mich drehe. Das bedeutet: mein Körper mit dem in ihm angelegten Achsensystem gilt nicht als Achsensystem des Raums, so daß ich gewissermaßen meinen Raum mit mir herumtrage, sondern so sehr der Raum auf mich bezogen ist, so bekommt er doch eine eigentümliche, von meiner augenblicklichen Stellung unabhängige Eigenständigkeit. Ich bewege nicht meinen Raum, sondern ich bewege mich im Raum.

Aber so sehr ich mich auch drehen und wenden mag, so bleibt die Vertikalachse doch unveränderlich bestehen, und mit ihr liegt auch die horizontale Ebene fest. Was vorn ist, der einzelne Richtungspunkt, ist veränderlich, aber die Ebene als solche ist unveränderlich. So können wir als erstes, einfachstes Gliederungsprinzip feststellen: Vertikale Achse und horizontale Ebene bilden zusammen das einfachste Schema des konkreten menschlichen Raums.

In einem ähnlichen Sinn war auch schon Kant in seiner Betrachtung „Von dem ersten Grunde des Unterschiedes der Gegenden im Raume" von der Lage des aufrecht stehenden menschlichen Leibes ausgegangen. Er sagt hier: „Da wir alles, was außer uns ist, durch die Sinnen nur insoferne kennen, als es in Beziehung auf uns selbst stehet, so ist kein Wunder, daß wir von dem Verhältnis dieser Durchschnittsflächen (d.h. der durch die körperlichen Richtungen von oben und unten, vorn und hinten, rechts und links gegebenen drei aufeinander senkrecht stehenden Ebenen) zu unserem Körper den ersten Grund hernehmen, den Begriff der Gegenden im Raume zu erzeugen. Die Fläche, worauf die Länge unseres Körpers senkrecht stehet, heißt in Ansehung unser horizontal; und diese

[56] E. Kästner, Ölberge, Weinberge. Fischer-Bücherei 1960. S. 95.

Horizontalfläche gibt Anlaß zu dem Unterschiede der Gegenden, die wir durch oben und unten bezeichnen.“[57]

2. Die Erdoberfläche

Natürlich ist dieses erste Schema noch viel zu abstrakt und nur als erstes Hilfsmittel zur Verdeutlichung des Unterschieds zum mathematischen Raum zu gebrauchen. Nach beiden Richtungen, der vertikalen und der horizontalen, müssen wir uns jetzt weiter umsehen. Was zunächst die letztere betrifft, so ist die Horizontalebene kein einfaches abstraktes Orientierungsschema, sondern bezeichnet eine handgreifliche Wirklichkeit. Es ist der Boden, auf dem ich mich befinde und der meinem Leben einen festen Stand gibt. Dieser Boden teilt aber den Raum in sehr ungleichartige Hälften: Das eine ist der Erdraum unter mir, in den ich (praktisch) nicht eindringen kann, weil die Festigkeit der Erde mir einen Widerstand bietet. Das andre ist der Luftraum über mir, in den ich (praktisch) ebenfalls nicht eindringen kann, nur aus dem entgegengesetzten Grund: weil die Widerstandslosigkeit der Luft mich jederzeit wieder zum Erdboden zurückfallen läßt.

Es sind also zwei sehr verschiedene Halbräume. Und an die Grenzfläche zwischen diesen beiden Bereichen, an die Erdoberfläche, ist der Mensch mit seinem Leben gebunden. Das geringe Maß, in dem er sich davon entfernen kann, indem er auf Bäume steigt oder in Höhlen kriecht, indem er Häuser und Türme errichtet oder Brunnen und Bergwerke gräbt, ja selbst indem er sich im Flugzeug zeitweilig über die Erdoberfläche erhebt, all das kann nichts daran ändern, daß der Mensch grundsätzlich an diesen zweidimensionalen Raum gebunden ist, so wie der Atlas ihn abbildet. Selbst der Flug im Flugzeug verbindet immer nur zwei Orte dieser Erdoberfläche. Von einem Leben in planetarischen Räumen, selbst wenn die Raumschiffahrt dazu die Möglichkeit geben würde, können wir uns schlechterdings keine konkrete Vorstellung machen.

Daß diese Erdoberfläche durch Berge und Täler gestaltet ist, ändert nichts Wesentliches an diesen Verhältnissen; denn wenn sie vielleicht auch durch Höhen und Tiefen etwas gefaltet ist, so bleibt sie doch ein flächenhaftes Gebilde, auf dem sich das menschliche Leben abspielt. Deswegen hat man auch nur diese flächenhafte Erstreckung im Auge, wenn man vom „Lebensraum“ eines Volkes spricht. Das geringe Maß, in dem der Mensch im Hoch- und Tiefbau in die Höhe und die Tiefe vordringen kann, zwingt höchstens dazu, die Bezeichnung einer horizontalen Ebene durch die einer horizontalen Schicht zu ersetzen, die, ohne scharfe Grenzen nach oben und unten, doch immer verhältnismäßig dünn bleibt. Vielleicht können wir es auch so ausdrücken, daß der Nahraum dreidi-

---

[57] I. Kant, Gesammelte Schriften, hrsg. von d. Königl. Preußischen Akademie der Wissenschaften. Berlin 1902ff. II 378f.

mensional ist, aber der Fernraum sich nur in zwei Dimensionen erstreckt. Die entscheidende Dimension der äußeren Lebensentfaltung geht jedenfalls in die Breite.

Dabei ist noch ein weiterer Unterschied zwischen der oberen und der unteren Raumhälfte hervorzuheben: Nach unten hin ist der Blick durch die Undurchsichtigkeit der Erde begrenzt – selbst das Meer ist nur in einer sehr geringen Tiefe durchsichtig – nach oben hin aber ermöglicht die Durchsichtigkeit des Luftraums den freien Blick. Es ist also nur ein Halbraum, der sich meinem Blick erschließt, der nach unten durch die Erdoberfläche, nach oben hin durch das Himmelsgewölbe begrenzt ist (eine abgeplattete Schale, wie sie dem Blick erscheint) und der durch eine Grenzlinie, an der diese beiden Flächen zusammenstoßen, durch den Horizont als ein endlicher Raum um den Menschen zusammengeschlossen ist. Das Phänomen des Horizonts bildet darum einen entscheidenden weiteren Unterschied zwischen dem konkreten erlebten Raum und dem mathematischen Raum und wird uns in diesem Sinn noch weiter zu beschäftigen haben.

3. Die Festigkeit des Bodens und die Formen seines Verlusts

Diese Erdoberfläche hat aber in ihrem materiellen Charakter eine ausgezeichnete Bedeutung. Auch wenn sie nicht im mathematischen Sinn als horizontale Ebene zu bezeichnen ist, auch wenn es auf ihr Berge und Täler gibt und sich der Mensch in einem gewissen Ausmaß über sie erheben kann, so ändert das doch nichts an der fundamentalen Tatsache, daß der Mensch einen festen Boden unter den Füßen braucht, um sich bewegen zu können, und daß die Solidität des Bodens die Grundlage abgibt, die alle Sicherheit des menschlichen Lebens erst ermöglicht.

Fehlt dieser Grund, so stürzt der Mensch ab, und fehlt er auch nur zum Teil, wenn sich dicht neben ihm ein Abgrund auftut, am steilen Absturz im Gebirge oder am ungeschützten Rand eines hohen Turms, so erfaßt ihn der Schwindel, der die Folge einer solchen gefährdeten Grundlage seines Stehens ist. Er meint seinen Halt zu verlieren, ins „Bodenlose“ zu stürzen; es ergreift ihn eine namenlose Angst, und er stürzt wirklich, wenn es ihm nicht gelingt, rechtzeitig wieder einen Halt zu gewinnen.

Dieses Phänomen ist fundamental für das Verständnis des ganzen menschlichen Lebens; denn das räumliche Schema gilt zugleich im übertragenen Sinn für die gesamte Situation des Menschen. Wenn Kierkegaard allgemein die Angst als „Schwindel der Freiheit“[58] bezeichnet, so ist darin angelegt, daß alle Angst am Leitfaden dieser bestimmten Angst, nämlich der Angst, ins Bodenlose zu fallen,

[58] S. Kierkegaard, Der Begriff der Angst, übers. von Chr. Schrempf. S. 57.

begriffen wird. So wird auch von ärztlicher Seite bei Plügge das Krisengefühl mit den Ausdrücken des Abstürzens, des Fallens in einen Abgrund, beschrieben.[59]

Das gilt zugleich noch in einem andern übertragenen Sinn. Auch wenn man sagt, daß ein Kind „schwindelt", wenn es unbegründete Phantastereien erzählt, oder wenn im Wirtschaftsleben ein „Schwindelunternehmen" wie ein Kartenhaus zusammenstürzt, so ist das alles nach demselben Schema zu begreifen. „Luftschlösser" nennen wir Gebilde, die wir ohne reale Grundlage in unsern Tagträumen errichten. Auch die Philosophie ist ständig in der Gefahr, den „festen Boden der Tatsachen" unter den Füßen zu verlieren, und sie braucht den „Mut zur Trivialität", bei den einfachsten Tatsachen zu verweilen, um sie in ihrer ganzen Tragweite auszumessen. Überall bietet das Räumliche die Grundlage zum Verständnis der geistigen Welt. Auch der eben im übertragenen Sinn verwandte Begriff der „Grundlage", ja allgemeiner der des Grundes selbst in seiner logischen Bedeutung, ist von hier aus entwickelt und muß von hier aus begriffen werden.

Interessant ist es in diesem Zusammenhang auch, einem so speziellen Phänomen wie dem der Verstiegenheit nachzugehen, wie Binswanger dies in einer aufschlußreichen Studie entwickelt hat.[60] Denn auch die Verstiegenheit als eine typische Form „mißglückten Daseins" ist in dem räumlichen Verhältnis von Höhe und Weite zu begreifen und hängt mit dem eben behandelten Phänomen des Höhenschwindels aufs engste zusammen. „Als nicht nur Weite entwerfendes und in die Weite schreitendes, sondern auch Höhe entwerfendes und in die Höhe steigendes Sein", so stellt es Binswanger dar, „ist das menschliche Dasein wesenhaft umwittert von der Möglichkeit des Sich-ver-steigens."[61] Die Verstiegenheit beruht für ihn „auf einem bestimmten Mißverhältnis von Steigen in die Höhe und Schreiten in die Weite".[61] Ähnlich wie ein Bergsteiger sich an einer Felsenwand verstiegen hat und jetzt ohne fremde Hilfe nicht mehr weiter kommt, wenn er nämlich ohne hinreichende Kenntnis der Struktur der Wand sich zu weit emporgewagt hat, so sieht Binswanger auch die Verstiegenheit des schizoiden Psychopathen, ja allgemein die Verstiegenheit als menschliche Lebensmöglichkeit: Wenn der Mensch im Streben nach einem „höheren" Standpunkt, nach einer idealen Betrachtung, „nach Überwindung der ‚Erdenschwere', nach Erhebung über den Druck und ‚die Angst des Irdischen'"[62] sich so weit von der verläßlichen Grundlage der Erfahrung entfernt hat, daß er jetzt auch in einer ähnlich aussichtslosen Lage festgefahren ist. Verstiegenheit bedeutet so in der

---

59 H. Plügge, Über Anfälle und Krisen. Psyche. 2. Jahrg. 1948/49. S. 401ff. Vgl. Ders., Wohlbefinden und Mißbefinden. Beiträge zu einer medizinischen Anthropologie. Tübingen 1962.

60 L. Binswanger, Drei Formen mißglückten Daseins. Verstiegenheit, Verschrobenheit, Manieriertheit. Tübingen 1956, vgl. Ders., Traum und Existenz, in: Ausgewählte Vorträge und Aufsätze. 1. Bd. Bern 1947.

61 S. 1.

62 S. 4.

Formulierung Binswangers das „unverhältnismäßige Überwiegen der Höhe der Entscheidung über die Weite der ‚Erfahrung'."[63] Es ist ein „Eingeklemmtsein oder Festgebanntsein auf einer bestimmten Höhenstufe oder Sprosse menschlicher Problematik".[64] Die Hilfe besteht also darin, daß man den Verstiegenen wieder auf die Erde zurückholt und ihm mit der ausgeweiteten Erfahrung und der dadurch ermöglichten Beherrschung der Situation die Möglichkeit zu einem neuen Anfang gibt.

Hier kommt es nicht auf die Einzelzüge an, sondern allein darauf, wie auch die geistige Situation des menschlichen Daseins nur auf dem Boden eines räumlichen Schemas begriffen werden kann.

4. Das Vorn und das Hinten: Das Unterwegssein des Menschen

Wir haben in der Begründung des bisherigen Schemas von Vertikalachse und Horizontalebene die Verhältnisse schon in einer nicht länger haltbaren Weise vereinfacht. Als wir davon ausgingen, daß der Mensch sich im Kreise drehen und sich dabei einem beliebigen Punkt zuwenden könnte, und daß dabei die Bestimmungen des Vorn und Hinten, des Rechts und Links infolge dieser Drehung beliebig vertauscht würden, waren wir, ohne viel nachzudenken, von der Vorstellung eines müßig dastehenden und sich in der Landschaft umblickenden Menschen ausgegangen. Auf diese Weise entstand das Bild von einer gleichförmigen Horizontalebene, auf der keine Richtung vor der andern ausgezeichnet ist. Im normalen menschlichen Leben, d.h. solange der Mensch mit irgendeiner Arbeit beschäftigt ist, ist es dagegen ganz anders, und hier weiß der Mensch durchaus zwischen vorn und hinten zu unterscheiden. Wenn ich beispielsweise bei der Vorlesung im Hörsaal stehe, dann ist vorn da, wo meine Hörer sitzen. Ihnen bin ich zugewandt, und ich käme gar nicht auf den Gedanken, mich umzudrehen, es sei denn, ich wollte etwas an die Tafel schreiben. Denn das Umdrehen wäre gegen den Sinn meiner Tätigkeit, und meine Hörer würden mich nicht mehr verstehen. Und für die Hörer ist vorn wiederum, wo das Katheder steht. Dahin sind sie mit ihrer Aufmerksamkeit gerichtet, und auch sie kommen gar nicht auf den Gedanken, sich umzudrehen, außer wenn sie etwa durch das störende Geräusch eines zu spät kommenden Hörers abgelenkt werden. Und so gilt ganz allgemein: Vorn ist für den Menschen die Richtung, der er sich mit seiner Tätigkeit zuwendet. Man erfährt, was vorn und was hinten ist, also nicht beim beschäftigungslosen Dastehen, sondern erst, wenn man mit irgendeiner Arbeit beschäftigt ist. Aus dieser Tätigkeit erst erhält der umgebende Raum seine bestimmte Ausrichtung, und in dieser sind dann die Richtungen nach vorn, zur Seite und nach hinten begründet.

---

[63] S. 6.
[64] S. 7.

Das gilt in der ursprünglichsten und anschaulichsten Form, wenn der Mensch auf einen räumlich gegebenen Zielpunkt zugeht; denn hier wendet er sich nicht nur mit seiner Aufmerksamkeit von einem festen Standort aus seiner Aufgabe zu, sondern sucht sein Ziel durch eine Eigenbewegung im Raum selber zu erreichen. Im Gehen – oder Fahren usw. – auf einem Wege in der Richtung auf ein zu erreichendes Ziel bekommt der Gegensatz von vorn und hinten seinen ganz bestimmten, nicht umkehrbaren Sinn, wie er bestimmt ist durch den Richtungssinn des Weges. In diesen einfachen Gegensatz von vorn und hinten ist die Bewegung des Gehens eingespannt. Vorn ist die Richtung, auf die der Mensch zugeht. Er darf sie nicht aus dem Auge verlieren, solange er auf seinem Wege unterwegs ist. Hierzu bedarf er der „Vorsicht" im wörtlichen Sinn, d.h. der Haltung, die im Gehen vorausschaut und den Weg auf mögliche Hindernisse oder Gelegenheiten eines besseren Vorankommens abschätzt. Hinten dagegen ist die zurückgelegte Wegstrecke. Sie liegt nicht mehr im Blickfeld und ist wie nicht mehr vorhanden.

Der Mensch kann natürlich auch zurückblicken. Aber dazu muß er sich umdrehen, und dazu muß er im Vorwärtsgehen innehalten, d.h. seinen Weg unterbrechen. Dazu aber bedarf es immer einer besonderen Veranlassung, sei es, daß der Wanderer Schritte hinter sich hört, die ihn beunruhigen, sei es, daß er Ermüdung spürt und sich der schon zurückgelegten Wegstrecke vergewissern will, um das noch vor ihm liegende Stück abzuschätzen. Immer muß also die ursprüngliche Bewegung schon irgendwie gestört sein, wenn man auf dem Wege zurückblickt. Dabei kann sich der Rückblick dann zum vollen Rundblick erweitern. Die Landschaft tritt dann – aber nur dann – in ihrer vollen Breite vor das Auge. Aber jedesmal muß ich zuvor stillstehen, d.h. die Bewegung des Gehens oder Fahrens unterbrochen haben.

Die Bewegung auf dem Wege bekommt zugleich einen unmittelbar moralischen Charakter, und daraus entspringt dann sogleich die übertragene Bedeutung. Der Mensch strebt nach vorn oder er weicht zurück, und in diesem Zurückweichen liegt zugleich eine sittliche Bewertung, nämlich der Vorwurf, eine Aufgabe nicht erfüllt zu haben. Es ist ein Versagen, ein Ausweichen vor den Anforderungen, sei es aus Schwäche, sei es aus Feigheit. Das Streben nach „Fortschritt" gehört zur Grundbestimmung des menschlichen Lebens, aber dieser vollzieht sich nur in einem immerwährenden Kampf mit einem „Gegner". Der Widerstand, der sich seinem Streben entgegenstellt, erscheint in einem kriegerischen Bild. Der Fortschritt wird zum Kampf.

Der Mensch kann auf seinem Weg aber auch zurückkehren, wieder nach Hause gehen. Das ist ganz etwas andres als das Zurückweichen; denn im Zurückweichen behält er sein Ziel im Auge, oder seinen Gegner, der ihm das Vordringen verwehrt. Er geht mit unsicher tastendem Fuß rückwärts, wo er nicht sieht, wohin er tritt, und bleibt bereit, im nächsten Augenblick erneut vorzudringen. Im Zurückweichen bleibt also die Richtung nach vorn erhalten, und innerhalb dieser Gerichtetheit weicht der Mensch zurück. Im Zurückkehren aber wendet sich der Mensch wirklich um und geht seinen Weg zurück. Jetzt wird für ihn, was vorher hinten war, vorn, und umgekehrt. Und was im ganzen gesehen ein Rückweg ist, das wird dann, insofern es wieder ein zurückzulegender Weg ist, ebenfalls ein Weg nach vorn. Zurückkehren kann der Mensch guten Gewissens nur, wenn er sein Ziel erreicht hat und danach wieder nach Hause zurückkehrt, oder auch in der Resignation, wenn er sein Ziel als unerreichbar hat aufgeben müssen. Die Polarität des Fortgehens und Zurückkehrens ist also eine andre als die des Vordringens und Zurückweichens.

In den drei Formen des Zurückblickens, Zurückweichens und Zurückkehrens zeigen sich also die drei Grundformen einer der natürlichen Vorwärtsbewegung entgegengerichteten Bewegung.

Die Breitendimension, der Blick nach rechts und links, ist hierbei ganz ausgeschaltet. Die Bewegung auf dem Wege geschieht nur auf dem eindimensionalen Gegensatzpaar von vor und zurück. Die Breitendimension des Geländes tritt erst dann in Erscheinung, wenn der Weg sich gabelt, am Kreuzweg also, oder wo der Weg sich richtungslos im unwegsamen Gelände verliert. Hier genügt nicht mehr der einfache Voraus- und Rückblick, hier muß sich der Mensch im Gelände umsehen, um den rechten Weg zu finden. Und erst damit tut sich die volle Breitenerstreckung des Geländes auf.

Diese Bestimmungen sind nicht nur von großer Bedeutung für die Erfahrung des konkret erlebten Raums, sondern darüber hinaus für das menschliche Leben überhaupt; denn der Weg ist kein beliebiger zeitweiliger Aufenthalt, sondern bezeichnet eine – und vielleicht sogar die entscheidende – Grundsituation des Menschen in seiner Welt und wird damit zu einem der großen Ursymbole des menschlichen Lebens, das dessen ganze Auffassung so sehr durchdringt, daß man kaum noch eine Grenze zwischen der „wörtlichen“ und der „übertragenen“ Bedeutung ziehen kann. Man faßt das Leben als einen Lebensweg, und den Menschen als Wanderer auf diesem Weg, als homo viator. In dieser Bewegung bekommen die Begriffe vorn und hinten zugleich einen zeitlichen Sinn: vorn ist, was in der Zukunft als eine noch zu durchlaufende Lebensspanne vor uns liegt, hinten die zurückgelegte Strecke des Lebenswegs, die Vergangenheit.

Auch beim Verhalten auf dem Lebensweg ist es genauso wie bei der „wirklichen“ Wanderung im räumlich ausgedehnten Gelände: Normalerweise ist der Mensch nach vorn, in die Zukunft, gerichtet. Aber es gibt auch Augenblicke des Rückblicks, der Besinnung, sei es, daß sich der Mensch des Erreichten freut, sei es, daß er auf Schwierigkeiten gestoßen ist und dadurch zur Überprüfung gezwungen wird. Ein Zurückkehren oder Zurückweichen aber hat auf dem Lebensweg keine unmittelbare Entsprechung, so sehr das Fortschreiten auf dem Lebensweg auch als Kampf, als Lebenskampf, aufgefaßt wird.[65] Der Mensch am

[65] Inwieweit es auch in zeitlicher Beziehung so etwas wie eine Rückkehr zu einem früheren Zeitpunkt gibt, habe ich in dem Aufsatz: Das Nachholen des Versäumten, in: Maß und Vermessenheit des Menschen, Philosophische Aufsätze, Neue Folge. Göttingen 1962. S. 214ff. dargestellt.

Scheideweg, in der Wahl zwischen dem rechten und dem falschen Weg, ist ebenfalls eines der großen Ursymbole des menschlichen Lebens.

Wenn wir uns so in den Symbolsinn von vorn und hinten vertiefen, bemerken wir zugleich den großen Unterschied zu dem Verhältnis von oben und unten. In beiden Fällen handelt es sich zwar zugleich um einen Wertgegensatz, der nicht erst in der übertragenen Bedeutung entsteht, sondern in eins damit schon unsre ganz konkrete Raumerfahrung leitet, aber dieser Gegensatz hat jeweils einen ganz verschiedenen Charakter. In die Höhe zu streben hat einen ganz andern Charakter als in die Weite vorzudringen, und der Absturz aus der Höhe ist etwas ganz anderes als das ermüdete Zusammenbrechen auf dem Wege.[66]

5. Die rechte und die linke Seite

Wiederum anders liegen die Verhältnisse beim Gegensatz von rechts und links. Wenn wir von der vorwärts schreitenden Bewegung ausgehen, dann gibt es zwar zum Gegensatz von vorn und hinten noch die seitliche Richtung, die Entfaltung in die Breite, und während der erste Gegensatz einen ausgesprochenen Wertunterschied bezeichnet, ist der zweite ursprünglich wertindifferent. Es ist die Richtung des schlichten Nebeneinander. Die Richtung zur Seite aber kann sich in doppelter Weise, nach der rechten oder der linken Seite entfalten. Dies entspricht den beiden Seiten des symmetrisch gebauten menschlichen Körpers, insbesondre seinen beiden Händen, die einander spiegelbildlich gleich sind (wobei die spiegelbildliche Entsprechung den besonderen Charakter hat, daß die beiden einander entsprechenden Teile nicht miteinander zur Kongruenz gebracht werden können).

Von diesen beiden Seiten ist, rein geometrisch gesehen, keine vor der andern ausgezeichnet. Sie sind grundsätzlich gleichberechtigt, und wenn man sich zwischen ihnen entscheiden muß (wie bei der Frage des Rechtsverkehrs oder Linksverkehrs auf der Straße), so ist es nur durch eine willkürliche Konvention möglich. Man kann sich in der einen oder in der andern Richtung entscheiden. Und dennoch empfindet der Mensch zwischen ihnen einen deutlichen Wertunterschied. In der deutschen Sprache meint das Wort „recht“ zunächst in der ursprünglichen sinnlichen Bedeutung das Gerade im Unterschied zum Krummen und Schiefen. Es hängt sprachlich mit „richtig“ und „gerecht“ zusammen. Das Rechte ist das Richtige. Und wenn man diese Bezeichnung dann auch auf die rechte Seite überträgt, so liegt darin enthalten, daß man diese als die bevorzugte, als die richtige Seite auszeichnet. Die linke Seite ist demgegenüber

---

66 Vgl. zum Ganzen: E. Jünger, Sprache und Körperbau. Zürich 1947. K. Bühler, Sprachtheorie. Jena 1934, insbesondere: Das Zeigfeld der Sprache und die Zeigwörter. S. 79ff. L. Klages, Die Sprache als Quell der Seelenkunde. 2. Aufl. Stuttgart 1959, insbesondre 10. Kap. Sprachliche Raumsymbolik. S. 160ff.

als die mindere, schlechte Seite entwertet. Das ergibt im Nebeneinander einen Wertakzent. Die rechte Seite ist die angesehene Seite. Man läßt den zu ehrenden Gast, der Jüngere den Älteren, der Herr die Dame rechts gehen. Das wirkt sich auch in der abergläubischen Bewertung aus. Die rechte ist die glückbringende, die linke die unheilvolle Seite. Es gilt z.B. als schlechtes Vorzeichen, wenn man mit dem linken Fuß zuerst aufgestanden ist.

Diese Rangordnung ist nicht von Natur aus vorgezeichnet. Wenn wir hier von der schwierigen Frage absehen, ob nicht durch eine gewisse Unsymmetrie des menschlichen Körpers schon die Bevorzugung der rechten Hand bedingt ist oder ob diese erst historisch entstanden ist, so sind von Hause aus die beiden Seiten gleichwertig, und man hätte bei der Bevorzugung der einen Seite auch anders entscheiden können. Und man hat in manchen Fällen auch anders entschieden. So war in der römischen Wahrsagekunst aus dem Vogelflug die linke Seite die glückbringende, die rechte die unheilbedeutende, so wie ja auch im heutigen Volksaberglauben die „Schäfchen zur Linken" ein glückverheißendes Vorzeichen sind. Wir dürfen vielleicht diese beiden Züge zusammensehen: grade weil die beiden Seitenrichtungen von sich aus symmetrisch gleichwertig sind, sprechen sie den Menschen auf eine von ihm hineinzulegende sinndeutende Wertung an, und vielleicht beruht hierauf die Eignung dieses Unterschieds für eine mantische Auslegung.

4. Die Mitte des Raums

1. Die Frage nach dem Nullpunkt des Raums

Ich widerstehe der Versuchung, diesen im Wesen des Menschen selber angelegten Metaphern zu früh nachzugehen, auf die wir später ohnehin noch ausführlicher zurückkommen müssen. Ich versuche zunächst in diesem ersten Kapitel, das elementare räumliche System herauszuarbeiten, das dem menschlichen Leben zugrunde liegt. Dazu ist noch einmal an den früheren Gedanken anzuknüpfen, wo von dem natürlichen Nullpunkt des erlebten Raums die Rede war. Wenn man den Menschen als Subjekt seiner Raumerfahrung betrachtet, dann mag es naheliegen, vom konkreten Menschen auszugehen, wie er sich als Lebewesen im Raum befindet und wie ihm von seinem Leib her die Bestimmungen von oben und unten, vorn und hinten, rechts und links mitgegeben sind. Man könnte so den Nullpunkt dieses gegenwärtigen Wahrnehmungsraums, im wesentlichen also des Sehraums, zum Nullpunkt des erlebten Raums überhaupt nehmen. Dieser Nullpunkt des Sehraums würde dann bekanntlich zwischen den Augen, in der Gegend der Nasenwurzel zu suchen sein. Wenn ich mich umsehe, nach links und nach rechts, sind meine Sehstrahlen gewissermaßen die Vektoren eines Systems von Polarkoordinaten, ich selber bin als der Sehende deren Nullpunkt.

Aber so naheliegend von der reinen Wahrnehmungspsychologie her ein solcher Ausgangspunkt auch sein mag, so entspricht er doch nicht der natürlichen Auffassung. Ein solcher Nullpunkt mag meine jeweilige und im übrigen veränderliche Stellung im Raum bestimmen, aber noch nicht den Mittelpunkt meines Raums selbst. Man muß hier noch einmal auf das eigentümliche Doppelverhältnis von Mensch und Raum zurückkommen: Auf der einen Seite spannt sich der Raum um den Menschen aus und gehört zu dessen transzendentaler Verfassung, aber auf der andern Seite trägt der Mensch seinen Raum nicht in dem Sinne mit sich herum, wie die Schnecke ihr Haus mit sich führt, sondern der Mensch sagt doch, wenn er die Dinge unbefangen betrachtet, daß er sich „im“ Raum bewegt, und zwar in dem Sinne, daß er sich bewegt und der Raum dabei feststeht. Und dennoch ist der Raum wieder nicht subjekt-unabhängig gegeben, sondern auch wenn ich mich „im“ Raum bewege, bildet er doch zugleich ein bestimmtes subjekt-bezogenes Bezugssystem. Das sind merkwürdig ineinander verschränkte Verhältnisse, und wir halten uns zunächst möglichst eng an die naive Auffassung des philosophisch noch unbelasteten Menschen.

2. Das Fortgehen und Zurückkehren

Wir sagen im natürlichen Sprachgebrauch, daß ich fortgehe und zurückkehre, und alle meine Bewegungen im erlebten Raum vollziehen sich in diesem als selbstverständlich vorausgesetzten Wechsel von Fortgehen und Zurückkehren. Man wendet im täglichen Leben diese Begriffe an, ohne sich eine klare Vorstellung von dem zu machen, worauf dieses „fort“ und „zurück“ bezogen sind. Jedenfalls aber heißt es, daß ich mich von meinem Ruhepunkt entferne, daß aber diese Entfernung nur als vorübergehend begriffen wird und daß ich danach wieder an den Ausgangspunkt zurückkehre. Es ist also zu unterscheiden zwischen meinem gegenwärtigen Aufenthaltsort und dem Ort, an den ich „gehöre“. Dieser ist die bleibende Ruhelage im Verhältnis zum zufälligen Wechsel. Die Frage aber ist, wo dieser unausdrücklich schon immer mitgedachte Ruhepunkt zu suchen ist.

Das ist im einzelnen wieder sehr verschieden und kann zunächst nur relativ angegeben werden. Wenn ich im Café von „meinem“ Platz aufstehe, um mir (beispielsweise) eine Zeitung zu holen, so kehre ich danach an meinen vorher eingenommenen Sitzplatz zurück. Dieser ist, solange ich nicht weiter denke, der (relative) Bezugspunkt. Anderseits bin ich vielleicht nur von meinem Zimmer fortgegangen, um schnell eine Tasse Kaffee zu trinken, und ich kehre danach in mein Zimmer zurück. Von dort her gesehen ist der bisherige Bezugspunkt jetzt seinerseits ein exzentrisch gelegener vorübergehender Aufenthalt, und das Zimmer und das Haus, in dem es sich befindet, ist jetzt der Mittelpunkt meiner Gänge in der Stadt. Aber das Zimmer kann wiederum nur ein Hotelzimmer sein, in dem ich mich nur für einige Tage aufhalte, oder eine Studentenbude, die ich mir für ein Semester gemietet habe. Ich bin aus irgendwelchen Gründen verreist gewesen und kehre aus der „fremden“ Stadt jetzt in die eigne Wohnung und zur eignen Familie zurück. Ich bin „von Hause“ fortgegangen und bin „nach Hause“ zurückgekehrt, ich bin, wie man sagt, heimgekehrt.

Was aber ist dieses eigentümliche „zu Hause“? Für Kinder, solange sie noch nicht selbständig sind, ist es im allgemeinen das Haus ihrer Eltern. Aber auch wenn der Mensch sein eignes Haus und seine eigne Familie hat, ist damit noch kein absoluter Endpunkt gegeben. Vielleicht fühlt er sich nicht wohl, wo er gegenwärtig wohnt, und sehnt sich zurück nach seinem früheren Wohnort, den er leichtfertig aufgegeben hat oder gegen seinen Willen hat aufgeben müssen. Er wird vom „Heimweh“ verzehrt. Dahinter liegt dunkel irgendwie die Heimat seiner Kindheit. Hinter dem Haus erscheint also die Heimat zwar nicht mehr als eigentlicher Beziehungs-“Punkt“, aber doch als Zentralbereich aller räumlichen Beziehungen.

Aber auch damit ist noch kein absoluter Nullpunkt gegeben. Auch die Heimat kann dem Menschen fremd geworden sein, und er kann sich seitdem eine „neue Heimat“ geschaffen haben. Er kann auch in einem übertragenen Sinn sich selber verloren gegangen sein und aus der Selbstentfremdung zu seinem eigentlichen Wesen zurückstreben. Oder er kann sich auf dieser Erde überhaupt heimatlos fühlen und nach einer „ewigen Heimat“ sich sehnen.

Wie wir es auch nehmen, überall ist mit der Beurteilung von „fortgehen“ und „zurückkehren“ auf einen bestimmten Bezugspunkt verwiesen. Aber der Bezugspunkt wechselt je nach der Ebene der Betrachtung, und es zeichnet sich eine verwickelte und in ihrer Ordnung nur undeutlich empfundene Hierarchie ab, in der jeder räumliche Bezugspunkt durch einen höheren wieder relativiert [wird].

Aber trotzdem hebt sich, solange man den Bereich der räumlichen Beziehungen nicht ganz verlassen will, ein Bezugspunkt heraus, an dem der Mensch im Raum verwurzelt sein muß, wenn überhaupt die Beziehung zum Raum, die Räumlichkeit, ihm wesentlich sein soll. Das ist der Punkt, wo er als geistiges Wesen im Raum Stand gewinnt, wo er im Raum „weilt“ und „wohnt“. Wir nennen es mit einer vorläufig unbestimmt gelassenen Bezeichnung seine „Wohnung“. Damit hebt sich in irgend einem, zunächst noch unbestimmten Sinn die Wohnung des Menschen als ein vor den andern ausgezeichneter Bezugspunkt heraus, auf den alle andern kurzfristigeren oder langfristigeren Aufenthaltsorte bezogen sind.

Dadurch bekommt die Doppelbewegung des Fortgehens und Zurückgehens einen sehr viel konkreteren Charakter, der sich vom mathematischen Raumschema her gar nicht begreifen läßt. Das Fortgehen ist keine beliebige Bewegung im Raum, sondern der Mensch geht fort, um irgend etwas in der Welt zu besorgen, um irgend ein Ziel zu erreichen, kurz um irgend eine Aufgabe zu erfüllen, aber wenn er sie erfüllt hat, (oder auch, wenn er in seinem Vorhaben gescheitert ist), dann kehrt er in seine Wohnung als in seine Ruhelage zurück. Es ist also zugleich der für den Menschen tief wesentliche Wechsel, der sich in dieser Pendelbewegung von Fortgehen und Zurückkehren ausdrückt, von der jede Phase zugleich ihren eigentümlichen, unverwechselbaren Gefühlston hat.

3. Die Ordnung um die Mitte

So gliedert sich von der Wohnung aus das System der räumlichen Beziehungen. Die Orte, zu denen ich fortgehe und von denen ich zurückkehre, sind auf diesen Punkt als auf ihre organisierende Mitte bezogen. Wenn wir die Wohnung wechseln, so baut sich von der neuen Wohnung aus die Welt in einer neuen Weise auf. Wenn sich der Wohnungswechsel noch innerhalb derselben Stadt vollzieht, so gliedert sich doch nach dem neuen Wohnquartier alles neu. Es sind nicht nur die Bestimmungen der Nähe und Ferne, die sich verändern, sondern es ist zugleich auch das innere Gefüge der Straßen, durch die ich gewöhnlich komme und die für mich den Charakter der Vertrautheit haben, das, was überhaupt in der Stadt mir wohlbekannt ist, und das, was sich als verdämmernder Hintergrund nur unbestimmt abzeichnet. Es ist jeweils etwas Verschiedenes, was mir auf diese Weise in der Stadt bedeutsam ist, und so bekommt die ganze Stadt einen andern Charakter, wenn ich in ihr die Wohnung gewechselt habe. Ebenso ist es beim Umzug in einen neuen Wohnort. Von der neuen Stadt her baut sich die Landschaft und bauen sich die Beziehungen zu den andern Städten in einer durchaus neuen Weise auf: Was bisher an der Peripherie gelegen hatte, rückt ins Zentrum und umgekehrt.

Ich habe diese Beziehungen, ein wenig vorausgreifend, hier schon angedeutet, weil sie zugleich nach einer andern Richtung hin weiterführen. Was hier vom einzelnen Menschen oder der einzelnen Familie aus entwickelt war, gilt in verstärktem Maß, wenn wir den Menschen als Glied in einem übergreifenden Gemeinschaftsleben betrachten. So ist auch die Frage nach dem Koordinatenmittelpunkt nicht vom Einzelnen allein, sondern nur von der Gemeinschaft her zu bestimmen. Hier wiederholt sich auf höherer Ebene, was wir bisher nur vom Einzelnen aus entwickelt hatten. Schon die Häuser einer Ansiedlung ordnen sich um einen Mittelpunkt. In den übersichtlicheren mittelalterlichen Verhältnissen war es die Kirche oder der Markt, auf den alle Straßen und damit die Lage jedes einzelnen Hauses deutlich bezogen war.

In der modernen Großstadt sind die Verhältnisse vielleicht weniger deutlich erkennbar, aber immer noch in einer grundsätzlich entsprechenden Weise vorhanden. Ich habe ein entsprechendes Gefühl, mich auf eine Mitte hin zu bewegen, wenn ich von meiner am Stadtrand gelegenen Wohnung aus sage, daß ich „in die Stadt" gehe, die ich im wörtlichen Sinn ja gar nicht verlassen habe. „In die Stadt" bezeichnet die Richtung auf ein Zentrum, in dem ich meine Geschäfte zu besorgen oder meine Einkäufe zu machen habe und auf das ich insofern in meiner exzentrisch gelegenen Wohnung bezogen bin. Ebenso ist das Dorf auf die

Stadt, die kleineren Städte auf die größeren und diese wieder auf die Hauptstadt bezogen. So gibt es eine Kette von Verweisungen, bei denen jedesmal mein subjektiv bezogener Erlebnisraum in einem größeren Ganzen aufgenommen und gehalten wird. Aber welches ist der zentrale Ort, bei dem ich in diesem Rückgang Halt mache? und in welchem Sinn setze ich dort die eigentliche Mitte des erlebten Raums an? Wir haben wohl ein dunkles Gefühl einer solchen überindividuellen Mitte, die nicht mit der Lage unsres eignen Hauses zusammenfällt, aber wo sie konkret gelegen ist, bleibt irgendwie unbestimmt. Die Kette der Verweisungen hat kein natürliches Ende.

In früheren Zeiten, ehe durch die Entdeckung Amerikas die ursprünglichen räumlichen Ordnungen relativiert wurden, war das ganz anders. Da hielt jedes Volk sein Land für die Mitte der Welt, auf die alles übrige bezogen sei. „Ganz wie das Herz, das sich in der Mitte des Körpers befindet", so heißt es etwa im alten Iran, „ist das Land Iran kostbarer als alle andern Länder, weil es in der Mitte der Welt liegt."[67] Es entspricht diesem natürlichen Lebensgefühl, wenn beispielsweise die Chinesen ihr Land als das Land der Mitte bezeichneten, wenn die Germanen Mitgart als die Mitte der Welt betrachteten,[68] wenn im griechischen Weltbild alle Länder sich um Hellas gruppierten und gemeinsam dann vom großen Okeanos umflossen und zusammengehalten wurden. Auf der Erdscheibe, unter dem Himmelsgewölbe, fühlte sich jedes Land als die natürliche Mitte und als ausgezeichnet vor den andern.

In einem solchen Denken ergab sich dann natürlich die Aufgabe, die innerhalb des eignen Gebiets gelegene Mitte der Welt genauer festzulegen, und so verehrten die Griechen diesen „Nabel der Welt" in Delphi, die Juden sahen ihn im Fels, auf dem sich der Tempel von Jerusalem erhob, die Chinesen im Palast des Himmelskaisers in Peking, oder wo dieser Punkt auch immer gesucht wurde.

Dieser Punkt auf der Horizontalebene der Erdoberfläche erweiterte sich zugleich zur Weltachse, die sich in der senkrechten Richtung darauf erhob. So sehr sich die Form im einzelnen auch wandelt, so kehrt das Prinzip doch in den verschiedenen Formen als typisch dasselbe wieder. Es ist die Achse, welche die drei in vertikaler Gliederung geschiedenen Reiche des Raums miteinander verbindet: die Welt des Überirdischen, die Welt des Unterirdischen und die des Irdisch-Menschlichen. Oft ist es der heilige Berg, der die Mitte der Welt bezeichnet und auf dem die Götter wohnen. Oft ist es auch eine eigens dafür errichtete Achse, ein heiliger Pfahl oder Pfeiler. So wird z.B. von einem Völkerstamm im Westen Kanadas berichtet, sie glauben, „daß ein kupferner Pfahl die drei kosmischen Ebenen (Unterwelt, Erde und Himmel) durchquert; dort, wo er in den Himmel eindringt, befindet sich die ‚Pforte der Oberwelt'".[69] In unserm Kulturkreis ist es in ähnlicher Weise von der Irminsul überliefert, die Karl der

---

[67] M. Eliade, Das Heilige und das Profane. Vom Wesen des Religiösen. Rowohlts Deutsche Enzyklopädie. 31. Bd. Hamburg 1957. S. 24.

[68] W. Grönbech, Kultur und Religion der Germanen. 5. Aufl. Darmstadt 1954. 2. Bd. S. 183.

[69] M. Eliade, S. 21f.

Große im Sachsenkrieg zerstört hat. Eine ähnliche Funktion erfüllte in den etruskischen Grabgewölben ein konisch verjüngter Pfeiler, der in dem sich selber tragenden Gewölbe gar keine statische Funktion hatte. Er ist auch hier in dem durch das steinerne Gewölbe verbildlichten Himmelsgewölbe „Abbild und Vergegenwärtigung der Achse der Welt."[70]

So wird auch von gewissen Nomadenvölkern berichtet, daß sie ihren heiligen Pfahl überallhin mitnahmen und an jeder Stelle, wo sie sich niederließen, neu errichteten. Dieses Beispiel ist wichtig, weil es zeigt, daß sie auch auf den Wanderungen auf der Erde ihre Mitte mitnahmen, also nicht aus der Mitte herausfielen, auch wenn sie den Aufenthaltsort wechselten.[71] Aber wir brauchen gar nicht zu so fremden Völkern zu gehen. Auch bei den Germanen hatte der Hochsitzpfeiler, der das Dach über dem Sitz des Hausherrn trug, eine ähnliche Bedeutung. Es wird berichtet, daß sie auf der Suche nach einer neuen Heimat ihn vor Island über Bord warfen, um so den Ort für die neue Ansiedlung zu bestimmen.[72] Auch hier handelt es sich um eine solche auf der Fahrt mitgeführte Achse der Welt.

In einer solchen mythisch geordneten Welt ist die Frage der Mitte eindeutig gelöst, und alle Wege in der Welt haben dort ihren festen Beziehungspunkt, ihren Koordinatennullpunkt. Das wirkt vielfach noch bis in unsre Welt hinein. So sind auch heute noch in Italien auf den großen Straßen, die immer noch die Straßen des römischen Imperiums sind, alle Entfernungen von Rom aus gerechnet. Jeder Kilometerstein bezeichnet, ohne daß es einer näheren Angabe bedürfte, die Entfernung von Rom. Rom ist also in diesem System die Mitte der Welt, in der Augustus schon mit stolzem Bewußtsein den Ausgangspunkt aller Straßen mit einem goldenen Meilenstein bezeichnet hatte.[73] Aber wir dürfen hier nicht bei den historischen Ausblicken verweilen, sondern müssen uns wieder unmittelbar der Welt unsres eignen Wohnens zuwenden.

4. Die Endlichkeit der Welt

Hier ist zugleich der Ort, eine weitere Bemerkung anzuknüpfen, die für das Gesamtverständnis des Raums wichtig ist. Dieser ursprüngliche, mythische, um eine feste Mitte zentrierte Raum ist zugleich ein endlicher Raum. Hinter den Grenzen des bekannten eignen Wohngebiets hört die Welt auf. So betont Eliade für den urtümlichen Menschen den „Gegensatz zwischen dem Gebiet, das sie bewohnen, und dem unbekannten und unbestimmten Raum, der dieses umgibt.

---

70 O.W. v. Vacano, Die Etrusker in der Welt der Antike. Rowohlts Deutsche Enzyklopädie. 54. Bd. Hamburg 1957. S. 85.

71 M. Eliade, S. 20.

72 W. Grönbech, S. 110.

73 H. U. Instinski, Inschriften an römischen Straßen, in: Das neue Bild der Antike, hrsg. von H. Berve. 2. Bd. 1942. S. 352.

Ihr Gebiet ist die ‚Welt' (genauer gesagt: ‚unsere Welt'), der Kosmos; das übrige ist nicht mehr Kosmos, sondern eine Art ‚andere Welt', ein fremder, chaotischer Raum, in dem Gespenster, Dämonen und ‚Fremde' ... hausen."[74] Ähnlich betont in der Völkerkunde Haberland: „Jenseits dieser Grenzen liegt die ‚übrige' Welt, eine Region, über deren Realität man sich im klaren ist, die aber im Bewußtsein keine entscheidende Rolle spielt."[75]

Wohl am schärfsten hat Brunner diese Verhältnisse im Fall des alten Ägyptens formuliert. Er geht aus von der Feststellung, daß „unsere Welt ... von allen Seiten durch das Chaos eingeschlossen ist",[76] aber er kommt zu der Feststellung, daß man im Bereich dieses Chaos auch nicht eigentlich von Raum sprechen könne, daß es vielmehr „raumlos"[76] sei. Denn „von einem Raum können wir bei den Ägyptern nur innerhalb der geschaffenen Welt sprechen. Der Bereich vor und außerhalb der Schöpfung ist raumlos ... Die Vorstellung eines unendlichen Raumes ist den Ägyptern unvollziehbar, da Raum und Grenze untrennbar zusammengehören."[76]

So kann man das Ergebnis mit den Worten Weischedels dahin zusammenfassen, „daß die frühe Raumerfahrung vom Bild in der Höhle geprägt wird, die als die umfassende und bergende Behausung des Menschen verstanden wird".[77] Die Vorstellung eines aus einem Nicht-Raum herausgearbeiteten Hohlraums, wie sie sich uns von der Sprachgeschichte des deutschen Wortes „Raum" her aufgedrängt hatte, findet sich also bestätigt in einem breiten (hier nicht weiter zu entwickelnden) völkerkundlichen Material. Das Weltbild der griechischen Astronomie, wie wir es bei Aristoteles wenigstens kurz gestreift hatten, ist nur eine kristallisch klare Ausprägung dieses ursprünglichen Raumbewußtseins. An einen unendlichen Raum ist hier überhaupt noch nicht zu denken.

5. Die Himmelsrichtungen

1. Die Orientierung im Raum

Wenn der Mensch seinen gewohnten Ort verläßt und, aus welchen Gründen auch immer, in die Weite des Außenraums vordringt, muß er lernen, sich dort zurechtzufinden, d.h. sein Ziel zu erreichen und von da wieder nach Hause zurückzufinden. Das macht keine Schwierigkeiten, solange sich der Mensch in der Nähe seines Wohnorts im vertrauten Bereich befindet. Da kennt er die

---

74 M. Eliade, S. 18.

75 E. Haberland, Naturvölkische Raumvorstellungen. Studium generale. 10. Jahrg. 1957. S. 586.

76 H. Brunner, Zum Raumbegriff der Ägypter. Studium generale. 10. Jahrg. 1957. S. 614f. Vgl. L. Frobenius, Kulturgeschichte Afrikas. Zürich 1933. S. 188.

77 W. Weischedel, Das Denken zwischen Raum und Zeit. Universitätstage 1960. Veröffentlichung der Freien Universität Berlin. S. 7.

Wege. Er hat sie langsam von seinem Haus aus kennen gelernt und weiß sich auf ihnen zu bewegen. Wenn er dagegen diesen vertrauten Bereich verläßt und in unbekanntes Gelände kommt, muß er sich seines Weges ausdrücklich vergewissern, er muß die Richtung bestimmen, in der er geht. Das ist nicht mehr die Richtung auf ein bestimmtes Ziel, sondern die von seinem Wohnsitz ausgehenden Richtungen überhaupt, die allgemeinen Himmelsrichtungen, Norden und Süden, Westen und Osten, wie sie mit dem Lauf der Sonne gegeben sind. Der Mensch richtet sich nach dem Stand der Sonne. Mit ihrer Hilfe „orientiert" er sich im Gelände.

Das Wort „orientieren" kommt bekanntlich von Orient, der Gegend des Sonnenaufgangs, und heißt also im wörtlichen Sinn: die Richtung des Sonnenaufgangs bestimmen, wenn wir uns auch im täglichen Leben, besonders wenn wir im übertragenen Sinn von geistiger Orientierung sprechen, dieser Herkunft des Worts selten bewußt sind. So bestimmt Kant in seinem kleinen Aufsatz „Was heißt: sich im Denken orientieren?" die ursprüngliche räumliche Bedeutung dieses Wortes folgendermaßen: „Sich orientieren heißt in der eigentlichen Bedeutung des Worts: aus einer gegebenen Weltgegend (in deren vier wir den Horizont einteilen), die übrigen, namentlich den Aufgang zu finden. Sehe ich nun die Sonne am Himmel und weiß, daß es um die Mittagszeit ist, so weiß ich Süden, Westen, Norden und Osten zu finden."[78]

Indem wir aber die Bestimmung der grundsätzlich doch gleichberechtigten Himmelsrichtungen nach einer bestimmten, nämlich dem Orient, benennen, ist eine unter ihnen, nämlich der Osten, bevorzugt, und wir müssen nach den Gründen einer solchen einseitigen Bevorzugung fragen. Das führt zurück auf bestimmte „weltanschauliche", d.h. religionsgeschichtliche Voraussetzungen. Das Christentum, in dem diese Anschauung ja in der „Orientierung", d.h. der Ausrichtung der Kirchen mit dem Altar nach Osten, lebendig ist, greift darin seinerseits auf ältere Überlieferungen zurück. Die Himmelsgegenden sind darin ursprünglich gar nicht gleichberechtigte, nur formal unterschiedene Richtungen, sondern haben ihre ganz bestimmten Bedeutungen und ihre eignen Charaktere, wie auch die überlieferte Vierzahl eine ganz bestimmte, in der Mythologie verwurzelte Bedeutung hat. Um die heutigen Formen der Orientierung zu verstehen, müssen wir wenigstens einen flüchtigen Blick auf diese religionsgeschichtlichen Hintergründe werfen.

Cassirer hat in seiner „Philosophie der symbolischen Formen" bei der Behandlung des „mythischen Raums", d.h. des Raums, wie er für einen mythischen Bewußtseinszustand gegeben ist, ausdrücklich auf die qualitativ verschiedenen Charaktere der Himmelsrichtungen hingewiesen. Er hat zugleich darauf aufmerksam gemacht, daß sich aus diesem räumlichen Schema nicht nur die bekannte Vierzahl zu entwickeln braucht, sondern eben so sehr auch die Fünfzahl, wenn man die Mitte zwischen den vier Kreuzesarmen mit einbezieht, oder vielleicht

[78] I. Kant, VIII 134.

noch häufiger die Siebenzahl, wenn nämlich zu der Gliederung nach den vier horizontalen Himmelsrichtungen noch die von oben und unten hinzukommt. So sagt er, indem er nur ein Beispiel unter vielen heraushebt: „In dem ‚mytho-soziologischen Weltbild' der Zuñi z.B. ... stellt sich die Form der totemistischen Siebengliederung, die durch die ganze Welt hindurchgeht, vor allem in der Auffassung des Raumes dar. Der Gesamtraum ist in sieben Gebiete, den Norden und Süden, den Westen und Osten, in die obere und untere Welt und schließlich in die Mitte, das Zentrum der Welt, abgeteilt."[79]

Schöne Hinweise für diese Fünf- oder Siebenzahl der Himmelsgegenden finden sich auch bei Frobenius, wobei die Mitte als Weltberg oder als Himmelspfeiler besonders ausgezeichnet ist. Diese bezeichnen die senkrechte Achse, die nicht nur die Mitte der horizontalen Gliederung bezeichnet, sondern zugleich im vertikalen Sinn zum Göttlichen aufsteigt. Ich erwähne es hier, weil es zugleich die Verbindung mit dem früher behandelten Gedanken einer Weltachse darstellt. So heißt es bei Frobenius: „In der Vorstellung der uralaltaischen Völker wird der Himmel von einem ‚goldenen Pfeiler', einem ‚goldenen Pfahl', einem ‚eisernen Baum' getragen. Die Aufstellung solcher Himmelssäulen, d. h einfachster Holzpfeiler, ist durchaus üblich."[80]

2. Die mythische Geographie

Zur Frage nach der Zahl der Weltgegenden kommt noch ein zweiter Gedanke. Weil der Raum von Anfang an nicht homogen ist, hat jeder Ort in ihm seinen besondren Charakter, seine „Tönung", seinen „besonderen Akzent" (Cassirer). Darum sind insbesondre die Himmelsrichtungen nicht nur richtungsmäßig, sondern auch wesensmäßig, qualitativ verschieden. Cassirer hat diesen Zusammenhang am sogenannten primitiven Weltbild genau verfolgt, und was er am Beispiel der Zuñi ausführlicher darstellt, ist nur ein besonders deutlicher Fall für eine typisch wiederkehrende Auffassung. Die heilige Siebenzahl gliedert nicht nur den Raum, sondern zugleich alles Sein, und es ergibt sich eine durchgehende Zuordnung, durch die jedem Wesen eine bestimmte Stelle im Raum zugeordnet ist, jede bestimmte Stelle im Raum darum auch wieder einen bestimmten Wesenscharakter hat. „Jedes Sein", sagt Cassirer, „besitzt nun innerhalb dieser Gesamteinteilung seine eindeutige Stelle, nimmt in ihr einen fest vorgeschriebenen Platz ein."[81] So zeigt er, wie die verschiedenen „Elemente" den Himmelsrichtungen zugeordnet werden: „Dem Norden gehört die Luft, dem Süden das Feuer, dem Osten die Erde, dem Westen das Wasser."[81] Ebenso ist es bei den menschlichen Tätigkeiten. „Nicht minder", fährt Cassirer fort, „gehen die ein-

---

[79] E. Cassirer, II 108.
[80] L. Frobenius, S. 176.
[81] E. Cassirer, II 108.

zelnen menschlichen Stände, Berufe und Verrichtungen in das gleiche Grundschema ein: Der Krieg und der Krieger gehört dem Norden, die Jagd und der Jäger dem Westen, die Medizin und Agrikultur dem Süden, die Magie und Religion dem Osten zu."[81] Cassirer spricht von einer „mythischen Geographie".[82] Diese ist für ihn „der Ausdruck einer ganz bestimmten typischen Grundanschauung", derzufolge „alle Arten und Gattungen des Seins irgendwo im Raume ihre ‚Heimat' haben"[83] und daß sie von da her also alle in eine einheitliche große Weltdeutung einbezogen sind. Sie beruht auf dem von Cassirer verschiedentlich hervorgehobenen „Schematismus" (das Wort in einem an Kant anknüpfenden Sinn genommen), durch den die geistigen Zusammenhänge durch das Verständnis der räumlichen Zusammenhänge „vermittelt" werden.

So erhalten die verschiedenen Himmelsrichtungen eine ganz verschiedene Bedeutung. Oft entwickeln sich, ausgehend vom heiligen Bezirk in der Mitte, gradezu bestimmte Richtungsgötter,[84] und die einzelnen Gegenden bekommen ihren besonderen, göttlichen und dämonischen, freundlichen oder feindlichen Charakter. Unter diesen Richtungen heben sich als die wichtigsten wieder die beiden von Osten und Westen heraus. „Der Osten", so faßt Cassirer diese Anschauungen zusammen, „ist als Ursprung des Lichts auch der Quell und Ursprung alles Lebens – der Westen ist, als der Ort der sinkenden Sonne, von allen Schauern des Todes umweht. Wo immer der Gedanke eines eigenen Totenreichs entsteht, das in räumlicher Trennung und Absonderung dem Reich der Lebenden gegenübersteht, da wird ihm sein Sitz im Westen der Welt zugewiesen."[85] Ähnlich hat es Brunner in einem Aufsatz über den Raumbegriff der Ägypter herausgehoben: „In geschichtlicher Zeit liegt der Tote auf der linken Seite, den Kopf nach Norden, so daß er der aufgehenden Sonne, dem Lande der Geburt und des Lebens, entgegensieht."[86] Wie sehr sich das in der Orientierung und Raumsymbolik der christlichen Kirchen auswirkt, ist bekannt, so daß hier nur daran erinnert zu werden braucht.

Dies Verständnis der qualitativ verschiedenen Himmelsrichtungen wirkt sich auch in der Wahrsagekunst aus, wie umgekehrt auch die Kenntnis etwa der römischen Wahrsagetechnik einen Rückblick auf das Raumverständnis ermöglicht. Cassirer faßt diese Verhältnisse folgendermaßen zusammen: „Das Ganze des Himmels sondert sich in vier Teile, die durch die Weltgegenden bestimmt werden: einen vorderen im Süden, einen hinteren im Norden ... Aus dieser ursprünglichen rein örtlichen Teilung entfaltet sich das gesamte System der römischen ‚Theologie'. Wenn der Augur den Himmel beobachtete, um von ihm die Wahrzeichen für das irdische Tun abzulesen, so begann jede solche Beobachtung damit, daß er ihn in bestimmte Abschnitte einteilte. Die Ost-West-Linie,

---

82 II 115.

83 II 108f.

84 II 121.

85 II 122.

86 H. Brunner, S. 617.

die durch den Lauf der Sonne bezeichnet und festgestellt wird, wurde durch eine andere zu ihr senkrechte Linie, die Nord-Süd-Linie, geschnitten. Mit dieser Schneidung und Kreuzung der beiden Linien, des decumanus und des cardo, wie sie in der priesterlichen Sprache heißen, schafft sich das religiöse Denken sein erstes, grundlegendes Koordinatenschema."[87]

So ist in der „mythischen Geographie" die Orientierung im Raum nach den Himmelsrichtungen zugleich mit einer Deutung des Raums in den verschiedenen Eigencharakteren seiner Bereiche verbunden. Wenn sich diese Verknüpfung heute auch löst und die metaphysischen Weltgegenden zu einem System qualitativ gleichartiger und beliebig weiter unterteilbarer Richtungen, der Windrose des Kompasses, geworden sind, so schwingt ein Rest dieser tieferen Bedeutung doch auch heute noch im Verständnis der Himmelsrichtungen mit. Noch immer ist der Süden mit der Vorstellung des Sommers und der Wärme, der Norden mit der Vorstellung des Winters und der Kälte verbunden. Ebenso hat die Mittags- und die Wetterseite des Hauses einen ganz ausgeprägten Eigencharakter, und man bewertet die Nordzimmer, in die kein Sonnenstrahl dringt, schon gefühlsmäßig geringer. Auch Abend- und Morgensonne sind so verschieden, daß die Begriffe des Westens und Ostens davon gar nicht absehen können. Daß so die Himmelsrichtungen auch heute noch nicht ganz zu rein mathematisch definierbaren Begriffen abgeblaßt sind, das konnte uns an dem lebendigeren und farbigeren Bild der ursprünglichen mythischen Raumauffassung deutlich werden.

3. Andre Richtungsschemata

Daß aber die Orientierung im Raum nicht notwendig an den Lauf der Sonne gebunden ist, daß sich vielmehr unter besonderen Verhältnissen auch ganz andre Möglichkeiten eines geographischen Richtungsschemas ausbilden können, wobei auch diese wiederum mit einem entsprechenden mythischen Hintergrund verschmelzen können, das zeigen einige interessante Beispiele aus dem Bereich der Völkerkunde, die Jensen anführt. Es ist bei gewissen Indianerstämmen die durch den Lauf der lebenswichtigen Flüsse gegebene Richtung, welche die entscheidende Raumachse darstellt und trotz der Windungen des Flusses als gleichbleibende Richtung festgehalten wird. „Die Yurok beispielsweise", so berichtet Jensen, „haben die beiden Hauptrichtungen ‚flußabwärts' und ‚flußaufwärts'. Rechts und links von diesen Richtungen heißen ‚zum anderen Ufer' und ‚vom Fluß weg', wobei der Betroffene als an der einen Seite des Flusses gedacht wird. Diese ganz auf die augenblickliche Situation bezogenen Richtungen beherrschen das Denken der Yurok so, daß für sie etwa die Tür nicht auf der westlichen, sondern

[87] E. Cassirer, II 124, zum Ganzen vgl. H. Nissen, Das Templum. Antiquarische Untersuchungen. Berlin 1869. W. Müller, Die heilige Stadt. Stuttgart 1961, mit reichhaltigem neuen Material. Ähnliche Techniken wurden, wenn auch in verstümmelter Form, von Frobenius noch in unserm Jahrhundert beobachtet. S. 168.

auf der ‚flußabwärtigen' Seite eines Hauses liegt" usw.[88] Dabei haben diese beiden Richtungen zugleich ihre religiöse Bedeutung. Flußauf ist die Richtung, aus der das Leben kommt, flußabwärts ist die Richtung zum Totenreich. Haberland bemerkt in einer an Jensen anknüpfenden Arbeit, daß diese Vorstellungen so stark im Denken der betreffenden Völker verwurzelt sind, „daß sie bei Wanderungen mitgeführt und auf die gar nicht in dieses Schema passende Umwelt übertragen wird",[89] daß sie sich also ganz von den geographischen Voraussetzungen loslösen kann.

Besonders eindrucksvoll sind die Verhältnisse auf der Molukkeninsel Ceram, die Jensen aus eigner Anschauung darstellt. So fehlt bei den Bergvölkern im Inselinneren, den Alfuren, unser Begriff einer festen Himmelsrichtung überhaupt. Ihre Grundrichtung, auf die alle andern Richtungen bezogen sind, ist die „dem Meere" zu, wobei es für das Verständnis dieser Angaben wichtig ist, daß die Insel von einem hohen Gebirgszug durchzogen wird und die Siedlungen der betreffenden Völker in mittlerer Höhenlage mit freiem Ausblick zum Meer liegen. Diese Richtung „dem Meere zu" gilt als „etwas Konstantes und an allen Orten die gleiche",[90] wobei sich natürlich krasse Widersprüche zu den „wirklichen" Verhältnissen, wie wir sie sehen, ergeben müssen. So finden sie nichts dabei, daß die Sonne an verschiedenen Orten in verschiedener Richtung aufgeht, und berufen sich auf die Erfahrung, daß ja auch am selben Ort die Richtung des Sonnenaufgangs im Lauf des Jahres wechselt. Das im Rücken des Blicks auf das Meer gelegene unbesiedelte Urwaldgebiet des Gebirges wird als Grenze ihres Raumes betrachtet, mit der die „Welt" aufhört. So berichtet Jensen von den Bewohnern eines in der Nordhälfte der Insel gelegenen Ortes: „Die Tatsache, daß hinter jenen Bergen wiederum das Meer liegt, wird von den Eingeborenen auf das entschiedenste geleugnet. ... Von (diesem Ort) aus gesehen liegen alle Siedlungen der Südhälfte nach rechts und links hin ausgestreckt an derselben Küste entlang, auf die man von (diesem Ort) aus den Blick auf das Meer frei hat. Die einzelnen Richtungspfeile „dem Meere zu" laufen also an allen Orten ihres Siedlungsbereiches nach ihrer Ansicht im wesentlichen parallel."[91]

Die die Insel umziehende Küstenlinie erscheint also als eine rechts und links ins Unendliche verlaufende Gerade, das an sich ringförmige Siedlungsgebiet ist zu einem entsprechenden Streifen deformiert. Sehr treffend faßt es Haberland zusammen: „Die Ceramesen sind nicht in der Lage, sich ihre Insel als ein komplexes Ganzes vorzustellen, sondern halten sie für eine unendlich lange Küste, zu der vom Kammgebirge, hinter dem für sie eine andere Welt beginnt, die Ströme

---

88 A.E. Jensen, Wettkampf-Parteien. Zweiklassen-Systeme und geographische Orientierung. Studium generale. 1. Jahrg. 1947. S. 38ff. Vgl. E.H. Erikson, Kindheit und Gesellschaft. Zürich u. Stuttgart 1957. S. 108ff. E.H. Haberland, Naturvölkische Raumvorstellungen. Studium generale. 10. Jahrg. 1957. S. 583ff.

89 E. Haberland, S. 585.

90 A.E. Jensen, S. 44.

91 A.E. Jensen, S. 44.

fließen."[92] „Jedenfalls", so betont Jensen, „sehen die Bergvölker von Ceram ihr Heimatland nicht als eine Insel, sondern als einen Kontinent an, der sich im Rücken ihrer Siedlungen ins Unbegrenzte ausdehnt."[93] Dort beginnt für sie das Reich der Geister und Fabelwesen. Auf eine gröbste Vereinfachung gebracht, besagt also dies Orientierungsschema, daß sich die Lage eines Orts durch die Entfernung bestimmen läßt, die er von einem jeweils entsprechenden Ort an der Küste hat. Dieses Schema ist in dem Bereich, in dem sich die Menschen bewegen, auch völlig ausreichend. Eine Nichtübereinstimmung mit der „Wirklichkeit" würde sich erst ergeben, wenn die Menschen über den gewohnten Bereich hinaus vordringen. Dann allerdings ergäbe sich dieselbe Notwendigkeit einer Umorientierung, wie auch die europäischen Völker sie erlebten, als sie über ihren bisherigen Bereich hinaus vordrangen, also beispielsweise bei der Entdeckung Amerikas.

4. Bevorzugte Plätze

Der Eigencharakter der Richtungen und Orte im Raum ist aber noch in einer andern Hinsicht für das Verständnis des erlebten Raums wichtig. Wenn auch das mythologische Weltbild im ganzen verschwunden ist, wenn die Eigencharaktere des Raums ihre überindividuelle und gleichsam objektive, mythisch begründete Gültigkeit verloren haben, so behalten auch heute noch im Leben des einzelnen Menschen die Orte und Richtungen einen ganz bestimmten Eigencharakter, nur daß dieser in der Regel nicht mit den geographischen Himmelsrichtungen zusammenhängt. Auch für den heute lebenden Menschen ist der Raum keineswegs homogen, sondern jeder Ort in ihm ist mit besonderen Bedeutungen behaftet. Es sondern sich bevorzugte und gemiedene Bezirke. Erinnerungen angenehmer wie unangenehmer Art verbinden sich mit den einzelnen Orten. Und wenn sich auch manche mit einer so gesteigerten Bedeutung herausheben, daß wir an ihnen einen fast religiösen Schauder empfinden, so ist das meiste doch nur dunkel gefühlsmäßig empfunden und wird selten zu klarem Bewußtsein erhoben, so daß es meistens unsrer Aufmerksamkeit entgeht. Darum erweist sich der Hinweis auf die auffälligeren Erscheinungen der mythischen Raumauffassung als fruchtbar, weil er uns auf die analogen, nur verborgenen Verhältnisse im erlebten Raum des heutigen, nicht mehr mythisch gebundenen Menschen aufmerksam macht und so unmittelbar zu unserm Thema beiträgt.

Wir erkennen die Ausbildung einer solchen Bedeutungsgliederung des Raums am besten, wenn wir aus der gewohnten Umgebung plötzlich in eine

---

92 E. Haberland, S. 585.

93 A.E. Jensen, S. 15. Ob Jensens Folgerung, daß diese Anschauungsweise nicht von den Inselvölkern dort ausgebildet sei, sondern, wie schon gestreift, „daß sie in einem kontinentalen Gebiet entwickelt und von dort auf die Inseln mitgebracht wurde" (S. 46) zwingend ist, kann hier nicht beurteilt werden.

neue, uns noch fremde Landschaft versetzt werden. Thomas Mann hat im „Zauberberg“ treffend beschrieben, wie sich das Zeitgefühl des Menschen auf der Ferienreise in unbekannten Verhältnissen verwandelt und erneuert. Etwas Ähnliches können wir auch am Raum beobachten. Am neuen Ort finden wir einen – wenigstens für uns noch – bedeutungsfreien Raum vor. Erst durch unsern Aufenthalt füllen wir ihn mit unsern Bedeutungen und unsern Gefühlsbeziehungen. Ich füge zur Verdeutlichung die Schilderung eines aufmerksamen Hörers ein, der mir die Verhältnisse sehr treffend wiederzugeben scheint: „Wenn Menschen in die Ferien fahren, so tut sich für sie zweifellos ein Raum auf, der zunächst ziemlich einheitlich und gleichwertig ist. Sehr bald aber gliedert sich einem der Raum auf nach gewohnten, bevorzugten und gemiedenen Wegen und Plätzen, und meistens entsteht dann auch ein besonders bevorzugter Ort, ein stiller Winkel, der damit zum Angelpunkt für das ganze Erleben des Ferienraums wird. Das mag die Sandburg oder der Zeltplatz, ein Platz am Seeufer, ein ‚Lager‘ im Unterholz sein, wie es sich Jugendgruppen während der Sommerferien anzulegen pflegen. Wenn man dann bemerken muß, daß das Plätzchen schon von andern besetzt ist, kann man nicht umhin, den andern als Eindringling anzusehen.“

In klassischer Weise ist diese Erfahrung einmal bei Goethe formuliert, als er im späteren Lebensrückblick die Aussicht auf die elsässische Landschaft beschreibt, wie sie sich ihm bei der ersten Besteigung des Straßburger Münsterturms dargeboten hatte. Hier schreibt er: „Ein solcher frischer Anblick in ein neues Land, in welchem wir uns eine Zeitlang aufhalten sollen, hat noch das Eigne, so Angenehme als Ahndungsvolle, daß das Ganze wie eine unbeschriebene Tafel vor uns liegt. Noch sind keine Leiden und Freuden, die sich auf uns beziehen, darauf verzeichnet; diese heitre, bunte, belebte Fläche ist noch stumm für uns; das Auge haftet nur an den Gegenständen, insofern sie an und für sich bedeutend sind, und noch haben weder Neigung noch Leidenschaft diese oder jene Stelle besonders herauszuheben; aber eine Ahnung dessen, was kommen wird, beunruhigt schon das junge Herz, und ein unbefriedigtes Bedürfnis fordert im stillen dasjenige, was kommen soll und mag, und welches auf alle Fälle, es sei nun Wohl oder Weh, unmerklich den Charakter der Gegend, in der wir uns befinden, annehmen wird.“[94]

5. Wegrichtungen und Lebensbereiche

Was so von den einzelnen Orten gilt, das gilt in größerem Maßstab von den Gegenden und Richtungen im Raum, die alle in unserm Leben eine Bedeutung haben, und auch hier überträgt sich, was wir an den Himmelsrichtungen des mythischen Weltbilds kennengelernt haben, zugleich auf das kleinere Richtungsschema unsres täglichen Lebens. Ich denke dabei zunächst an die Situation des

[94] J.W. Goethe, Dichtung und Wahrheit. X 393.

Menschen, der am Morgen sein Haus verläßt. Schon in dem Augenblick, wo er die Straße betritt, muß er eine bestimmte Richtung einschlagen und tritt damit hinaus in die Welt der Entscheidungen. Wenn der Mensch die Tür seines Hauses verläßt, so bemerkt Simmel, „ergießt sich von der Tür aus das Leben aus der Beschränktheit abgesonderten Fürsichseins in die Unbegrenztheit aller Wegerichtungen überhaupt."[95] Und zwar sind es die Wegrichtungen, die gegenüber dem ruhigen Gleichgewicht des häuslichen Lebens zur Entscheidung zwingen. Die Außenwelt stellt sich an ihnen als der Bereich notwendiger Entscheidungen dar.

Bei den heutigen Wohnverhältnissen ist es bei einem an der Straße gelegenen Haus in der Regel so, daß der Mensch beim Verlassen entweder rechts oder links in die Straßenrichtung einbiegen kann. Die Wahl des einen oder des andern bestimmt dann über den weiteren Sinn des Ausgangs. Die eine Richtung ist die „in die Stadt" (oder bei ländlichen Verhältnissen „ins Dorf") zu der gewöhnlichen Arbeit oder sonst den alltäglichen Geschäften. Das ist der Weg, den man sozusagen von selbst geht. Die andre Seite aber führt hinaus aus dieser gewohnten Bahn, ins Freie, zum Ausflug oder wie immer. Auf jeden Fall sind es zwei ganz verschiedene Welten, über die schon mit dem ersten Schritt aus dem Haus hinaus entschieden ist. Ist der erste Schritt in der einen oder andern Richtung erst einmal getan, dann ist – sofern man sich nicht zur ausdrücklichen Umkehr und dann zum Neubeginn entschließt – kein Übergang von dem einen zu dem andern Bereich mehr möglich. Jede Richtung hat also einen bedeutungsmäßigen Eigencharakter. Mit der Richtung, die man einschlägt, tritt man in eine ganz bestimmte Lebenssphäre ein, und der Lebensrhythmus von Arbeit und Erholung, von alltäglicher Gewohnheit und neuem Anfang zeichnet sich schon im räumlichen Schema der beginnenden Wege ab.

In großartiger Weise hat Proust in seinem Romanwerk „Auf der Suche nach der verlorenen Zeit" den ganzen Lebensaufbau seines Helden an der Polarität zweier solcher räumlicher Richtungen entwickelt. Vom Hause des Großvaters in Combray gab es nämlich zwei mögliche Richtungen der Spaziergänge: die eine am Hause des Herrn Swann vorbei nach Méséglise, die andre nach Guermantes. Aber beides waren im Sinn der Erzählung nicht nur räumliche Richtungen, die in sehr verschiedene Landschaften hineinführten, sondern auf dem Wege über den damit verbundenen Personenkreis waren es zugleich auch im geistigen Sinn zwei ganz verschiedene Welten, innerhalb derer sich dann die weitere Entwicklung abspielt. Die Wichtigkeit dieser einzigartigen Quelle für die Lebensbedeutung räumlicher Zusammenhänge läßt es angemessen erscheinen, diesen Text hier etwas ausführlicher wiederzugeben:

„Es gab in der Umgebung von Combray zwei ‚Seiten' für Spaziergänge, die einander so entgegengesetzt waren, daß wir nicht einmal durch die gleiche Pforte aufbrachen, wenn wir nach der einen oder anderen Richtung gehen wollten: die

95 G. Simmel, Brücke und Tür. Essays, hrsg. von M. Landmann. Stuttgart 1957. S. 4.

Seite von Méséglise-la-Vineuse, die auch als Swanns Seite bezeichnet wurde, weil wir dort an dem Besitztum unseres Freundes vorbeikamen, und die Seite von Guermantes. Von Méséglise habe ich, wie ich gestehen muß, weiter nichts als die Gegend gesehen und ein paar fremde Menschen, die am Sonntag in Combray spazierengingen ... und die man ... für ‚Leute aus Méséglise' hielt. Guermantes hingegen sollte ich eines Tages näher kennenlernen, aber viel später erst; und wenn während meiner ganzen Jugend Méséglise etwas so Unerreichbares blieb wie der Horizont, etwas was, wie weit man auch ging, doch stets den Blicken durch die Erhebungen eines Bodens entzogen blieb ... so kam mir auch Guermantes eher als ein idealer denn als ein wirklicher Endpunkt der nach ihm bezeichneten Gegend vor, als eine Art von geographischer Bezeichnung wie Äquator, wie Pol, wie Zenit. ‚Über Guermantes' nach Méséglise zu gehen oder umgekehrt wäre mir als eine ebenso sinnlose Wendung erschienen, wie wenn man nach Osten aufbrechen wollte, um gen Westen zu gehen. Da mein Vater immer von der Gegend um Méséglise als von dem schönsten Ausblick in die Ebene sprach, den er überhaupt kannte, und von der Gegend um Guermantes als der idealen Flußlandschaft, gab ich beiden Seiten, indem ich sie als zwei Wesenheiten begriff, jene Zusammengehörigkeit und Einheit, die nur den Schöpfungen unseres Geistes eigen ist ... während neben ihnen ... die rein materiellen Wege, in deren System sie als die ideale Ansicht der Ebene und ideale Flußlandschaft eingefügt waren, (nicht) das Anschauen lohnten ... Vor allem aber legte ich zwischen sie weit mehr als die in Kilometern ausdrückbare Entfernung jene andere, die zwischen den beiden Teilen meines Gehirns bestand, in denen ich an sie dachte, eine jener Distanzen im geistigen Bereich, die die Dinge nicht nur auseinanderhalten, sondern wirklich trennen und auf verschiedene Ebenen verweisen."[96]

Es ist leider nicht möglich, die wunderbare Schilderung dieser beiden räumlich-geistigen Welten im ganzen hier aufzunehmen, und es muß mit Nachdruck auf die Darstellung im Roman selber verwiesen werden. Es sei nur noch die eine weitere Stelle angeführt, wo noch aus dem Rückblick des Alters heraus die bleibende Bedeutung der in den beiden Richtungen erschlossenen Welten mit ihren eigentümlichen Gefühlsbestimmtheiten für das weitere Leben zusammengefaßt wird:

„Wie an tiefe Schichtungen meines geistigen Heimatbodens, wie an festgegründete Bezirke, auf denen ich noch heute sicher schreiten kann, denke ich besonders an die beiden Wege nach Méséglise zu und nach Guermantes zurück ... Die Gegend nach Méséglise zu mit ihren Fliederbüschen, den Weißdornhecken ... die Gegend von Guermantes mit dem Fluß ... haben für alle Zeiten das Antlitz des Landes geprägt, in dem ich leben ... möchte."[97]

---

[96] M. Proust, Auf der Suche nach der verlorenen Zeit. l. Bd. In Swanns Welt, übers. von E. Rechel-Mertens. Frankfurt a.M., Zürich 1953. S. 200ff.

[97] S. 273f.

Die Landschaft der Jugend hat nicht nur das Bild geprägt, unter dem später jede andre Landschaft als angemessen oder unangemessen erfahren wird, sondern die beiden Richtungen im Raum sind zugleich für das ganze Leben das sichere Fundament für den Aufbau der geistigen Welten geworden.

6. Horizont und Perspektive

1. Der Doppelaspekt des Horizonts

Als einen weiteren Zug, der den konkreten menschlichen Raum vom abstrakten mathematischen Raum unterscheidet, hatten wir in der Einleitung seine Endlichkeit angegeben. Aber wir hatten bei jener ersten Aufzählung zugleich gezögert, weil die Behauptung der Endlichkeit des Raums nicht mit der gleichen Selbstverständlichkeit gemacht werden kann wie die andern, sondern erst eine Erläuterung erfordert. Endlich nennen wir einen Raum, sofern eine Grenze vorhanden ist, an der er endet. Bei einer Höhle im Berg ist diese Grenze in ganz handgreiflicher Form durch das umgebende Gestein gegeben. Durch solche materiellen Wände ist der erlebte Raum im ganzen jedoch nicht eingeschlossen. Aber er hat, wenn man ihn zunächst als übersichtlichen Tagesraum ins Auge faßt, eine Grenze andrer Art im Horizont, der ja seinem ursprünglichen griechischen Wortsinn nach das Umgrenzende bedeutet.[98] Er umgrenzt das menschliche Blickfeld. An dieser seiner Grenze aber haftet etwas Rätselhaftes und Unfaßbares, so daß wir erst fragen müssen, in welchem Sinn der Horizont eine Grenze des erlebten Raums ist und diesen damit zu einem endlichen Raum macht. Van Peursen hat diese Frage in dem Band „Situation" in einem gedankenreichen Aufsatz behandelt, auf den wir uns weitgehend stützen können.[99]

Was also ist ein Horizont? Eine einfache geographische Definition würde ihn etwa als die Linie bestimmen, an der das Himmelsgewölbe auf der Erdoberfläche aufzuruhen scheint. Er begrenzt innerhalb der Landschaft nach allen Seiten unser natürliches Blickfeld, soweit er nicht durch irgendwelche Dinge verdeckt ist. Der Horizont öffnet sich, wenn der Mensch aus einem engen Gebirgstal in die Ebene hinaustritt. Man spricht von einem freien, einem offenen Horizont. Der Horizont kann fernerhin enger und weiter sein. Er weitet sich auf der Höhe des Berges und kann da, wenn der Blick über die sich ausbreitenden Flächen schweift, eine überwältigende Ausdehnung annehmen. Aber das Merkwürdige ist: Der Mensch steigt nie über seinen Horizont hinaus, wenn er in die Höhe steigt. Der Horizont bleibt nicht zurück, sondern steigt mit; er bleibt immer in der Höhe des Menschen. Man erfährt das sehr eindrucksvoll, wenn

98 Inwiefern die Endlichkeit auch dort noch erhalten bleibt, wo, wie etwa beim nächtlichen Raum, kein Horizont sichtbar ist, soll an späterer Stelle erörtert werden. Vgl. unten S. 181f.

99 G.A. van Peursen, L'horizon, in: Situation. S. 204ff.

man an der Meeresküste einen Berg ersteigt und sieht, wie Baum für Baum, Anhöhe für Anhöhe vom Horizont überholt wird, also unter dem Horizont versinkt. Der Horizont bezeichnet dabei immer die Waagerechte; im Augenblick, wo ein Punkt am benachbarten Berghang vom Horizont erreicht wird, weiß ich, daß ich mich mit ihm auf der gleichen Höhe befinde.

Ähnlich ist es bei der horizontalen Bewegung. So sehr die lockende Ferne den Menschen auch anzieht, den Horizont kann er nie erreichen. Je weiter er wandert, desto weiter weicht auch der Horizont zurück. Man kann nicht einmal sagen, daß man sich dem Horizont nähert. Die Dinge, die am Horizont standen, die Türme einer fernen Stadt, oder der Kamm eines Gebirges, können näher kommen, wenn man auf sie zu wandert, oder die Masten eines Schiffs können auf dem Meer über den Horizont emporsteigen. Der Horizont bleibt immer der gleiche. Wie ich mich bewege, er bewegt sich mit. Das drängt sich natürlich besonders auf, wo die Einzelformen zurücktreten und der Horizont mit besondrer Aufdringlichkeit gegeben ist. Ein Reisender in der Steppe berichtet, daß es etwas Beängstigendes haben kann, immer in demselben, mitlaufenden Horizont eingesperrt zu sein. „Angesichts dieses bei all unserem verzweifelten Galoppieren unverrückbaren Horizontes bekam die Pampa für mich den Charakter eines Gefängnisses, das nur größer war als andere Gefängnisse.“[100] Wenn man den Menschen als ein Wesen bestimmt hat, das alle seine Grenzen überschreiten kann, den Horizont kann er nicht überschreiten. Er ist eine absolute Grenze.

Auf der andern Seite aber ist der Horizont nicht nur Grenze, und das Beispiel von der beängstigenden Erfahrung des Eingesperrt-seins war schon ein anormaler Grenzfall. Im allgemeinen engt der Horizont den Menschen nicht ein, sondern im Gegenteil: Er breitet vor dem Menschen ein weites Feld seines Blicks und seiner frei in den Raum vorstoßenden Bewegung aus. Er ist zwar eine Grenze, aber keine einschränkende Grenze. Er lockt, indem er zurückweicht, gradezu in die Ferne. Van Peursen hat diesen Doppelcharakter des Horizonts sehr klar herausgearbeitet: das Feld der räumlichen Entfaltung für den Menschen auszubreiten und es zugleich wieder zu begrenzen. „Der Horizont“, so sagt er, „bezeichnet die Grenze, zu der der Mensch nicht gelangen kann, aber ebenso den Bereich, in den sich der Mensch durch seinen Blick, durch seine Wünsche ... ausdehnt.“[101] Er betont den „doppelten Aspekt des Horizonts“: „unerreichbare Grenze und Raum zum Vordringen zu sein.“[101]

Was aber „ist“ dann der Horizont? Die Geographen bezeichnen ihn als die „gedachte Linie“, an der das Himmelsgewölbe die Erde berührt. Aber gedachte Linien gibt es wiederum verschiedener Art. Der Horizont ist etwas andres als der Äquator, der ja auch kein sichtbarer Strich auf der Erdoberfläche ist. Aber dennoch hat der Äquator seine bestimmte Lage auf der Erde. Man kann ihn erreichen und überschreiten und möglicherweise sogar auf der Erdoberfläche mar-

---

100 J. Supervielle, zitiert nach Bachelard. S. 252.
101 G.A. van Peursen, S. 208.

kieren (wie man in Mainz den 50. Breitengrad durch einen ins Straßenpflaster eingelassenen Metallstreifen bezeichnet hat). Den Horizont aber kann man nicht erreichen, weil er überhaupt keine bestimmte Stelle im Raum hat. Als den Raum begrenzend ist er nicht selber im Raum. Aber damit wiederholt sich nur die Frage: Was „ist" dann der Horizont?

Van Peursen hat in seinem Aufsatz diese Frage sehr überzeugend entwickelt. Der Horizont ist nichts, was man unabhängig vom Menschen einfach vorfinden könnte. Er ist kein Ding in der Welt. Er ist „irreal". Aber er ist deswegen auch wiederum nichts, was nur im menschlichen Geist bestünde, als etwas bloß Vorgestelltes, sondern er gehört notwendig zur Welt. Alles was dem Menschen an Dingen im Raum begegnet, muß ihm im Rahmen eines Horizonts begegnen. Eine Welt ohne Horizont ist unmöglich. So sagt van Peursen: „Ohne Horizont würde die Welt nicht ärmer sein, aber sie würde nicht mehr die gleiche bleiben. Eine Welt ohne Horizont kann man sich nicht vorstellen."[102] Der Horizont erst schließt die erscheinenden Dinge zur Einheit zusammen. Auf der andern Seite gehört der Horizont aber ebenso unabtrennbar zum Menschen. Der Mensch lebt nur innerhalb eines Horizonts und kann der Bindung an diesen Horizont niemals entfliehen. „Der Mensch kann den Horizont nicht verneinen. Den Horizont beseitigen hieße den Menschen aufheben. Der Horizont ist in irgendeiner Weise mit dem Menschen verbunden".[102]

Der Horizont gehört also in einen Bereich, der weder ganz dem Menschen noch ganz der Welt zuzuordnen [ist], beide in ihrer ursprünglichen Einheit umfaßt. Wir bezeichnen ihn am besten mit dem Kantischen Begriff, indem wir feststellen, daß er zur transzendentalen Verfassung des menschlichen In-der-Welt-seins gehört. Darum ist der Horizont nichts innerhalb des Raums, aber er gehört unablösbar zur Räumlichkeit des menschlichen Daseins. Der Mensch spannt seinen Raum von der Mitte, in der er steht, jeweils im Rahmen eines begrenzenden und einheitsbildenden Horizonts auf, und daß der Mensch seinen Horizont nie erreicht, sondern dieser mit ihm fortwandert, zeigt nur, daß der Horizont untrennbar zum Menschen gehört (hier kann man wirklich sagen: wie das Haus zur Schnecke), und der Mensch so jeweils die Mitte seines vom Horizont umschlossenen Raums bleibt. „Der Horizont versetzt den Menschen in die Mitte der Wirklichkeit."[103] Die Stellung des Menschen in der Mitte seines Raums und der diesen umschließende Horizont sind also notwendig aufeinander bezogen.

Man könnte hier vielleicht noch fragen, ob nicht das Himmelsgewölbe, so wie es als „azurne Glocke" oder mit Wolken bedeckte Fläche erscheint, als natürliche Fortsetzung des Horizonts hinzuzunehmen ist; denn in ihm erst erweitert sich der umschließende Kreis zur umschließenden Hülle und gibt dem Horizont die volle räumliche Erstreckung.

---

102 S. 207.
103 S. 217.

Van Peursen fügt hier noch einen sehr interessanten und folgenreichen Gedanken an: Der Horizont ist es zugleich, der den Menschen erlaubt, in der Welt heimisch zu werden, in ihr zu wohnen. Denn „in einer unendlichen Welt könnte der Mensch nicht leben, und ein unendliches Blickfeld würde ihn ängstigen", er würde sich verlassen fühlen. Da ist es der Horizont, der den Raum um den Menschen zu einer endlichen und übersehbaren Umgebung zusammenschließt. „Der Horizont zeigt dies Element von Schutz."[104] „Der Horizont", sagt van Peursen, „umhüllt ihn und gibt ihm ein Heim."[105] Er macht die Welt zu einer Art bergendem Haus, wenn auch zu einem Haus besonderer Art, das der Mensch nicht verlassen und wiederaufsuchen kann, sondern mit dem er verwachsen ist. Am Horizont offenbart sich, was uns in anderm Zusammenhang noch begegnen wird, der ursprüngliche bergende Charakter des Raums. Der Raum ist für den Menschen kein fremdes Medium. Er fühlt sich in ihm zu Hause, ja er fühlt sich eins mit seinem Raum.

2. Die Perspektive

Unlösbar mit dem Horizont verbunden ist auch die Perspektive. Die Perspektive bezeichnet zunächst, so wie das Wort aus den Problemen der malerischen Darstellung vornehmlich von Architekturen entstanden ist, den Anblick, den mir ein Ding von einem bestimmten Blickpunkt aus darbietet. Jedes Ding erscheint uns in einer bestimmten Perspektive. Darin liegt zunächst, daß ich das Ding immer nur von einer Seite sehen kann, nie von allen Seiten zugleich, und daß mir darum, wenn ich es von einer Seite betrachte, andre Seiten verborgen bleiben. Jeder Anblick ist notwendig einseitig. Darin liegt aber zugleich, daß sich das Ding immer nur in bestimmten „perspektivischen Verkürzungen" darbietet, daß parallele Linien im Unendlichen zusammenzulaufen scheinen usw. Wenn ich um ein Gebäude herumgehe, wechseln ständig die Perspektiven. Ich kann dabei vielleicht die für die Darstellung günstigste auswählen. Aber so sehr die Perspektiven wechseln, an *eine* Perspektive bin ich immer gebunden. Der Perspektivität im ganzen kann ich nicht entgehen. Ich kann nie ein Ding unabhängig von einem speziellen Blickpunkt, nie, wie es „an sich" ist, sehen.

Die Perspektive bedeutet aber weiterhin, daß die Dinge ihre Größe ändern je nach der Entfernung, die sie vom Betrachter haben. Die fernen Dinge erscheinen kleiner. Dahin gehört auch die sog. Luftperspektive, die die entfernten Gegenstände heller und bläulicher erscheinen läßt. Und schließlich wäre noch hinzuzunehmen, daß die vorderen Dinge die hinteren teilweise verdecken, also unserm Blick entziehen. Damit ordnen sich durch die Perspektive die Dinge nach den Verhältnissen der Nähe und Ferne, bezogen auf den Menschen als die

---

[104] S. 233.
[105] S. 234.

Mitte seines Raums. So ist die Perspektive auf der einen Seite der Ausdruck der „Subjektivität“ seines Raums, d.h. dessen, daß der Mensch in seinem Raum an einen bestimmten Standpunkt gebunden ist, daß er ihn immer nur „von innen“ betrachten kann, aber sie ermöglicht ihm auf der andern Seite auch, diese seine Standpunktgebundenheit zu erkennen.

Horizont und Perspektive gehören so unlösbar zusammen. Die Perspektive ordnet die Dinge innerhalb des Horizonts, aber der Horizont, in dem alle parallelen Linien zusammenlaufen, gibt der Perspektive einen festen Halt. (Das gilt natürlich nur von den horizontal verlaufenden Parallelen, aber darin zeigt sich erneut der Unterschied zum mathematischen Raum: Im erlebten Raum gibt es außer den Senkrechten, die nach der Regel des Zeichenunterrichts immer senkrecht bleiben, nur noch waagerechte Parallelen.) Horizont und Perspektive binden also zusammen den Menschen in die „Endlichkeit“ seines Daseins im Raum, aber sie sind es zugleich, die ihm das Handeln im Raum ermöglichen. Sie stellen den Menschen nicht nur in eine bestimmte Situation im Raum, sondern sie ermöglichen es ihm auch, diese Situation zu erkennen und dadurch in seinem Raum einen festen Stand und eine Übersicht zu gewinnen.

3. Perspektive und Horizont in übertragener Bedeutung

Man pflegt die Begriffe Horizont und Perspektive aber auch in übertragener Bedeutung zu verwenden, ja, wörtliche und übertragene Bedeutung gehen dabei so ineinander über, daß man oft schwer dazwischen unterscheiden kann. Man sagt auch vom Verhältnis zur geistigen Welt, daß sie jeweils in einer bestimmten Perspektive erscheint. Auch geistige Zusammenhänge sehen wir jeweils von einem bestimmten Standpunkt, aus einer subjektiven Bedingtheit, aus einer bestimmten Weltanschauung usw. Und auch hier ist damit zugleich gegeben, daß es daneben auch andre, widersprechende, aber grundsätzlich gleichberechtigte Perspektiven gibt. Und auch hier gilt der Satz, daß der Mensch der Bindung an eine bestimmte, einseitige Perspektive nicht entgehen kann. Es ist der Perspektivismus, wie ihn beispielsweise Nietzsche mit Nachdruck vertreten hat, wie er aber nicht mit einem skeptischen Relativismus gleichgesetzt werden darf, sondern ein notwendiger Charakter aller menschlichen als einer endlichen Erkenntnis ist.

Die Perspektive bedeutet aber nicht nur Einseitigkeit im Sinne eines der menschlichen Erkenntnis (leider) anhaftenden Mangels, sondern sie hat auch ihre positive Seite. So wie es zur Abbildung eines Gebäudes einen günstigen Standpunkt gibt, so gibt es auch zur Erhellung geistiger Zusammenhänge fruchtbare, aufschließende Perspektiven. Die Dinge leuchten in einem neuen und tieferen Zusammenhang auf, wenn man sie aus einer geeigneten Perspektive betrachtet.

Ebenso gibt es einen Horizont auch im geistigen Sinn. Man pflegt auch vom geistigen Horizont eines Menschen oder eines Zeitalters zu sprechen und versteht darunter in einer analogen Weise den Umkreis dessen, was die Menschen im geistigen Sinn übersehen können und was in ihre Welt gehört. Auch der geistige Horizont kann enger und weiter sein. Hilbert wird bekanntlich der Ausspruch zugeschrieben, daß der geistige Horizont bei manchen Menschen den Radius Null habe, und das würden sie dann ihren Standpunkt nennen. Darin kommt zum Ausdruck, daß die Engstirnigkeit, mit der ein Mensch an seinen vorgefaßten Meinungen festhält, oft mit der Beschränktheit seines Horizonts zusammenhängt. Auf der andern Seite weitet sich der Horizont in der mannigfachen Berührung mit fremden Formen menschlichen Lebens, durch Lektüre, vielfältigen Umgang und schon im wörtlichen Sinn auf Reisen. Der ausgeweitete Horizont macht den Menschen urteilsfähig, besonders wenn unerwartete neue Aufgaben an ihn herantreten. Die Weite des Horizonts ist also ein Zeichen des überlegenen Geistes. Aber so sehr sich der geistige Horizont eines Menschen auch weiten mag, im grundsätzlichen gilt dasselbe wie beim rein räumlichen Horizont: Der Bindung an einen Horizont, d.h. der Bindung an einen sich um einen bestimmten Standpunkt ziehenden und darum immer beschränkten Gesichtskreis kann sich kein Mensch entziehen. Auch im Geistigen gehört der Horizont zum Wesen des Menschen selbst.

Aber ebenso gilt auch im geistigen Bereich, daß der Horizont keineswegs bloß eine beklagenswerte Schranke ist, sondern für das Leben selber notwendig ist, weil er dieses zur Einheit einer bestimmten Gestalt zusammenfaßt. Ohne Horizont müßte es zerfließen. Auch das hat van Peursen klar herausgestellt: „Jedes kulturelle Werk kennt Begrenzungen, die ihm einen Ort geben. Ein Gedankensystem besteht dank dieser Beschränkungen. Es zielt auf Entscheidungen, gibt Ausgangspunkte, läßt bestimmen, klar werden. ... Alles dies kann sich nur in von Horizonten umschriebenen Bereichen hervorbringen. Der Horizont hindert den Menschen, sich zu verlieren, und gibt ihm die Mittel, seine Lage zu bestimmen und die Wege seines Geistes zu entwerfen.“[106] Darum kann die ungeregelte Erweiterung des geistigen Horizonts, insbesondre durch äußerlich aufgenommenes und nicht auf die eigne Mitte bezogenes Wissen, die natürliche Sicherheit des Lebens gefährden. Das hat Nietzsche zu seiner Zeit gegenüber der Übermacht des historischen Wissens im Auge gehabt, als er betonte, daß „jedes Lebendige nur innerhalb eines Horizontes gesund, stark und fruchtbar werden“ könne.

[106] S. 212.

II. Die weite Welt

1. Weite, Fremde und Ferne

1. Die neue Fragestellung

Wir waren beim Verhalten des Menschen im Raum vor allem auf die eine grundlegende Dynamik des Hin und Zurück aufmerksam geworden. Der Mensch bewegt sich nicht beliebig in seinem Raum, sondern alle seine Wege sind letztlich bezogen auf den einen Grundgegensatz von Fortgehen und Zurückkehren. Aber wir hatten diesen Ansatz bisher nur nach der einen Seite hin ausgewertet, nämlich um von da aus so etwas wie einen natürlichen Mittelpunkt innerhalb des Raums zu bestimmen. Dort müssen wir noch einmal anknüpfen.

Schon die Bestimmung der räumlichen Mitte als Nullpunkt ist ungenügend. Man muß fragen, was es ist, das dem Nullpunkt diese ausgezeichnete Bedeutung gibt, so daß die Rückkehr zu ihm als die tiefste Wesenserfüllung des Menschen erscheint. Und dabei wird sich herausstellen, daß an die Stelle des bloßen ausdehnungslosen Mittel-Punktes ein räumlich ausgedehnter Eigenbereich mit ganz bestimmten eignen Charakteren tritt. Diesen Bereich, in den der Mensch „heimkehrt" und in dem er sich „zu Hause" fühlt, diesen Bereich der „Heimat" und des „Hauses" gilt es genauer zu erfassen. Aber ebensosehr muß man sich auch fragen, was es ist, das den Menschen aus dieser Mitte heraustreibt, wenn der Sinn seines Lebens doch eben die Rückkehr sein soll, und was für ein andersartiger Raum es ist, in den er auf diese Weise hinaustritt.

So spiegelt sich in der Doppelbewegung des Fortgehens und Zurückkehrens zugleich eine Gliederung des Raums selbst in zwei Bereiche, von denen ein engerer innerer von einem weiteren äußeren konzentrisch umschlossen wird: Es ist der engere Bereich des Hauses und der Heimat und der weitere Außenbereich, in den der Mensch von hier aus vordringt und aus dem er wieder zurückkehrt. Die Gliederung in diese beiden Bereiche erscheint als die wichtigste im Aufbau des gesamten erlebten Raums. Diesen beiden Bereichen werden wir in den folgenden Überlegungen genauer nachgehen müssen. Die Reihenfolge der Behandlung, ob man von dem einen oder von dem andern Bereich ausgeht, ist grundsätzlich gleichgültig, und wie man auch anfängt, es wird nie ohne eine gewisse Gewaltsamkeit gehen, weil beide Bereiche sich nur künstlich voneinander trennen lassen. Ich versuche, den Weg von außen nach innen zu gehen, d.h. ich beginne bei dem Zustand, wo der Mensch sich aus der Mitte seines Raums entfernt hat, und versuche, von da aus auf das Wesen der Mitte und den Vorgang des Heimkehrens zurückzuschließen.

2. Der Vorstoß in die unendliche Weite des Raums

Ehe wir daran gehen können, diesen Außenbereich des Raums nach seinen verschiedenen Richtungen hin zu entfalten, ist ein kurzer historischer Ausblick erforderlich. Denn dieser weitere Bereich kann in sehr verschiedener Weise gegeben sein. Wir denken heute zu leicht gleich immer an die unendliche Weite des Weltraums. Aber das ist nicht die notwendige und nicht die ursprüngliche Auffassung, und was uns der geschichtliche Ausblick in frühere Möglichkeiten zeigt, das wirft zugleich wieder ein Licht auf gewisse verborgene Züge unsres eignen Raumbewußtseins. Wir denken noch einmal zurück an die Auslegung der deutschen Sprache, die den Raumbegriff von der Vorstellung der Rodung aus entwickelt hatte, und wir denken weiter zurück an die antike Anschauung, die den Raum durch den Fixsternhimmel als die äußerste der kreisenden Sphären begrenzt sein ließ. Wir können das als die Hohlraumvorstellung des Raums zusammenfassen. Es ist hier überall ein grundsätzlich begrenzter und übersehbarer Raum. Auch hier gibt es gewiß eine Weite, nämlich einen für die Bewegung reichlich vorhandenen Spielraum, aber von unendlicher Weite zu sprechen hat hier noch keinen vernünftigen Sinn.

Diesen Hintergrund muß man sich gegenwärtig halten, wenn man begreifen will, welche umwälzende Veränderung des Raumgefühls sich zu Beginn unsrer Neuzeit vollzogen hat: im Erlebnis einer neuen Weite, die sich durch die Eröffnung des unendlichen Raums vollzogen hat.[107] An den Anfang müssen wir auch hier die vielfach schon als bezeichnend hervorgehobene Besteigung des Mont Ventoux durch Petrarca im Jahre 1336 setzen; denn der Blick von der Höhe des Berges ist die Situation, wo den Menschen am unmittelbarsten das Gefühl der Weite überkommt. Aber es bedurfte erst einer langen Entwicklung, ehe überhaupt die Menschen die Berge nur um des weiten Blicks willen bestiegen, und insofern wird Petrarca mit Recht als Wendepunkt auf dem Wege zum neuzeitlichen Raumgefühl bezeichnet.

Aber es ist zunächst erstaunlich, wie wenig dies neue Raumgefühl in Petrarcas Bericht unmittelbar zum Ausdruck kommt, wie wenig er überhaupt von dem schreibt, was er von dort oben sieht. Er geht von der Betrachtung des Raums sofort zur Betrachtung der Zeit über, zum Rückblick auf sein eignes Leben in kritischer Selbstprüfung. Und nachdem er für einen Augenblick noch einmal zum weiten Ausblick vom Berggipfel zurückgekehrt ist, wendet sich wieder die Betrachtung gleich von der Größe der Berge zur Größe der Seele zurück: „Neben ihrer Größe ist nichts groß."[108] Das ist ein erstaunliches Ergebnis. Auch Burckhardt bemerkt: „Eine Beschreibung der Aussicht erwartet man nun allerdings vergebens, aber nicht, weil der Dichter dagegen unempfindlich wäre, son-

[107] J. Burckhardt, Die Kultur der Renaissance in Italien. Gesammelte Werke. 3. Bd. Darmstadt 1955. S. 190ff.

[108] Petrarca, Dichtungen, Briefe, Schriften, hrsg. von H. Eppelsheimer. Fischer-Bücherei. 1956. S. 87.

dern im Gegenteil, weil der Eindruck allzu gewaltig auf ihn wirkt."[109] Ich glaube aber, daß man diesen Zusammenhang noch genauer bestimmen kann: Es ist weder, daß ihn das landschaftliche Bild gleichgültig läßt, noch daß ihm die allzu gewaltige Wirkung die Stimme verschlägt, es ist vielmehr so, daß die durch die räumliche Weite bedingte Gestimmtheit der Seele sich unmittelbar auch in eine neue Weite der Seele selbst umsetzt. Die Richtung der Gedanken auf die unermeßliche Weite der Seele steht also in unlösbarem Zusammenhang mit der Weite des räumlichen Ausblicks. Es ist dieselbe Weite des Blicks, die sich jetzt auch der zeitlichen Ferne zuwendet, und es ist dasselbe erschütternde Gefühl der Unermeßlichkeit des Raums, das sich auch in der Unermeßlichkeit der inneren Welt, als Unermeßlichkeit der Seele, offenbart. Die innerseelische Erschütterung wird erst durch die erhebende Erfahrung der räumlichen Weite ermöglicht. Und man spürt aus dem Bericht, auch von der Rückkehr in die Ebene, wie tief die auf der Höhe des Bergs erfahrene Erschütterung ist.

Diese selbe Veränderung des Raumgefühls aber ist es, die sich jetzt auch im Vorstoß in die Weiten des Weltmeers äußert. Was anderthalb Jahrhunderte danach durch die Entdeckung Amerikas wie überhaupt durch die Erweiterung der bis dahin bekannten Welt im Zeitalter der Entdeckungen geschah, ist nur die gesteigerte Fortentwicklung dessen, was sich in Petrarcas Bergbesteigung anbahnte. Wir müssen uns heute erst einmal vergegenwärtigen, was dies für das Raumgefühl der neuen Zeit bedeutete; denn es war ja nicht nur, daß zu den bekannten Ländern neue, bisher unbekannte hinzugefügt worden wären, sondern es war eine radikale Veränderung des gesamten Raumgefühls. Es war die Eröffnung ganz neuer Welten. Es waren die Weiten des Ozeans, die zu unaufhaltsamem Vordringen in die offenen Horizonte verlockten, wo man sich vorher ängstlich an die Küsten gehalten hatte. Dieses berauschende Gefühl der Weite lag zugrunde, wenn später Karl V. sich rühmte, daß in seinem Reich die Sonne nicht unterginge.

Diese Entdeckungen waren ebenso begeisternd wie schwindelerregend; denn mit der Entdeckung der Weite verband sich notwendig eine Relativierung in der räumlichen Orientierung überhaupt. Man konnte jetzt nicht mehr mit der gleichen naiven Sicherheit den Sitz des eignen Volkes für die Mitte der Welt halten. Sobald sich die Erdoberfläche zur Kugel gerundet hatte, gab es auf ihr keine ausgezeichnete Mitte mehr. Kein Land war vor dem andern ausgezeichnet. Darum konnte der Rausch der Weite auch nur vorübergehend verdecken, daß mit den neuen Entdeckungen der sichere Halt einer Mitte verloren gegangen war und die Stellung des Menschen auf der Erde hoffnungslos relativiert war. Damals begann, mit Sedlmayr zu sprechen, in einem ganz unmittelbaren räumlichen Sinn der „Verlust der Mitte."[110]

---

[109] J. Burckhardt, S. 202.

[110] H. Sedlmayr, Verlust der Mitte. Die bildende Kunst des 19. und 20. Jahrhunderts. Ullstein-Buch Nr. 39.

Freilich hat es lange gedauert, bis die letzten Konsequenzen aus der Tat des Kolumbus gezogen wurden. Die fremden Kontinente blieben lange noch als Kolonien auf Europa als die eigentliche Mitte bezogen, und erst in unsern Tagen erleben wir, wie der Vorrang Europas verloren geht und sich der europäische Gesichtspunkt in eine wirkliche Weltgeschichte auflöst.

Tiefer aber noch greifen die Veränderungen, die sich in einer entsprechenden Weise im astronomischen Bereich, im himmlischen Raum, vollzogen und die mit der Entdeckung des Kopernikus bezeichnet sind. Wir hatten schon kurz darauf hingewiesen, daß das antike Weltgefühl, das des Ptolemäischen Systems, das eines geschlossenen Raums blieb, letztlich einer großen Höhle, wenn auch in der vollkommensten, der kugelförmigen Gestalt. Die äußerste der Sphären, die des Fixsternhimmels, war zugleich die Grenze der Welt im ganzen. Die Kopernikanische Entdeckung bedeutet aber nicht einfach eine Veränderung des Koordinatensystems: daß der Mittelpunkt von der Erde in die Sonne verlegt wurde, sondern sie sprengte zugleich den bisherigen Fixsternhimmel. Hinter ihm taten sich neue Weiten, neue Welten auf, weiter noch als die, die Kolumbus entdeckt hatte.

Giordano Bruno hat diese neuen Möglichkeiten mit begeisterndem Schwung ergriffen. So heißt es in dem einen Gedicht, das er seinen „Zwiegesprächen vom unendlichen All und den Welten" – schon der Titel ist bezeichnend – vorangestellt hat:

Die Schwingen darf ich selbstgewiß entfalten,
nicht fürcht' ich ein Gewölbe von Kristall,

(womit er den Fixsternhimmel des Ptolemäus im Auge hat),

wenn ich der Äther blauen Duft zerteile
und nun empor zu Sternenwelten eile,
tief unten lassend diesen Erdenball.[111]

Wir haben einen oft abgebildeten Holzschnitt dieser Zeit, wo der Mensch mit seinem Kopf durch diese Kristallkugel hindurchstößt und jetzt in das offene Universum neuer Welten hineinblickt.[112] Er veranschaulicht mit seinen Mitteln genau dieses selbe überwältigende Gefühl, das die Menschen der damaligen Zeit gegenüber den neuen Ausblicken überkommen mußte und das von Giordano Bruno dann im pantheistischen Überschwang aufgenommen wurde. Auch er spricht begeistert von „jenen prächtigen Gestirnen und leuchtenden Körpern, die ebensoviel bewohnte Welten, gewaltige Lebewesen und hocherhabene Gottheiten sind, welche unzählbare Welten zu sein scheinen und es auch sind, nicht sehr

[111] G. Bruno, Zwiegespräch vom unendlichen All und den Welten, verdeutscht von L. Kuhlenbeck. Jena 1904.

[112] Abgebildet z.B. bei G. Müller, Deutsche Dichtung von der Renaissance bis zum Ausgang des Barock. 2. Aufl. Darmstadt 1957. S. 175, oder als Titelbild bei J. Vogt, Wege zum historischen Verstehen. Stuttgart 1961.

verschieden von derjenigen, die wir bewohnen."[113] Das ausgreifende Unendlichkeitsstreben dieser Zeit berauscht sich an den Perspektiven, die das astronomische Denken eröffnet. Man schwelgt gradezu in den himmlischen Räumen. Darum können wir bei den Taten des Kolumbus und des Kopernikus gradezu von einer Revolution des Raumbewußtseins sprechen. Die Geschlossenheit eines den Menschen bergend umfangenden endlichen Raums bricht auseinander und öffnet sich in die bis dahin unbekannte Weite der Unendlichkeit.

Aber wie bei den Entdeckungen auf der Erde, so hat auch die neu erfahrene Unendlichkeit des Weltraums zugleich eine andre und weit gefährlichere Seite. Seine Weite bedeutet zugleich eine Leere Und wo der Schwung der ersten Begeisterung nachläßt, da macht sich in der Ernüchterung ein Gefühl der Verlorenheit bemerkbar, der letzten Verlorenheit des Menschen in diesem Raum. Nur wenige Jahrzehnte später spricht Pascal dies in seinen Pensées aus: „Das ewige Schweigen dieser unendlichen Räume macht mich schaudern."[114] Hier haben wir nicht nur die Kehrseite von Brunos pantheistischem Enthusiasmus, sondern zugleich die Stelle, wo sich die Konsequenzen dieser Revolution bis in unsre Zeit hinein auswirken, und wir begreifen, daß der Hinweis auf diese Zusammenhänge nicht nur ein interessanter geistesgeschichtlicher Exkurs ist, dem wir uns mit ungetrübter Freude hätten hingeben können, sondern daß er unmittelbar in die brennenden Fragen der Gegenwart hineinführt.

3. Der barocke Innenraum

Wenn wir die zwiespältige Rückwirkung dieser sich durch Jahrhunderte hinziehenden Entwicklungen auf das Lebensgefühl des Menschen mit den Namen Giordano Bruno und Pascal bezeichnet haben, so haben wir sie damit schon in den allgemeinen geistigen Zusammenhang des Barock eingeordnet. In ihm findet in der Tat dieser Rausch der Unendlichkeit seine letzte Steigerung. Wie tief diese Veränderung des Raumbewußtseins den Menschen erfaßt hat, erkennt man daran, daß sie selbst den scheinbar festestgefügten endlichen Raum, den von festen Mauern umschlossenen Innenraum, in die Unendlichkeit aufzulösen vermochte. Darum finden wir im barocken Innenraum das deutliche Beispiel dieses Unendlichkeitsdrangs. Obgleich wir sonst ästhetische Fragen von unsern Betrachtungen ausgeschlossen haben, mag hier ein kurzer Blick in die Kunstgeschichte diese Zusammenhänge noch von einer andern Seite her verdeutlichen.

Man kann den barocken Raum etwas paradox am ehesten als einen unbegrenzten Innenraum bezeichnen. Das soll bedeuten, daß das, was im allgemeinen das Wesen des Innenraums ausmacht, die klar begrenzende Wand, hier bewußt

---

[113] G. Bruno, Von der Ursache, dem Prinzip und dem Einen, übers. von P. Seliger. Reclam-Bücherei Nr. 5113/14. S. 67.

[114] B. Pascal, Über die Religion (Pensées), übertr. von E. Wasmuth. 2. Aufl. Berlin 1940. S. 115. Fragment 206 nach Brunschwicg.

verschleiert und für den Raumeindruck zum Verschwinden gebracht wird. Die Mittel, deren sich die barocken Architekten dabei bedienten, sind bekannt. Die in der Renaissance klar betonten Grenzen der Raumteile sind durch überschneidenden plastischen Schmuck verschleiert, die abschließende Wand wird für den Blick unsichtbar, weil dieser durch Säulen und andre Architekturteile sich verwirrt fühlt, wenn er durch ein Gewirr von vor- und zurückspringenden Teilen hindurchsieht, von Durchblick zu Durchblick, so daß er schließlich nicht mehr weiß – und nicht mehr fragt –, ob hinter all diesen Durchblicken überhaupt noch etwas Festes zu finden ist.

In der unübersehbaren Folge der Überschneidungen und Durchblicke löst sich der fest gefügte Raum auf in ins Unendliche führende Perspektiven. Dazu dient das bewußte Spiel mit den Illusionen, etwa im verschwenderischen Gebrauch reflektierender Spiegel. Unbetretbare Räume dienen oft nur zur Erzeugung der optischen Illusion einer unendlichen Ferne.

Als letzte Steigerung dieser Möglichkeiten sei nur an die irreale Weite erinnert, aus der in Weltenburg der silbern glänzende Sankt Georg hervortritt – oder hervorreitet, gleichsam im Augenblick der Körperwerdung einer zuvor unkörperlichen Erscheinung ergriffen, wo, wie Pinder sagt, „alles zum mystischen Traume wird, wo ein silberner Sankt Georg aus einer lichten Tiefe her in den dämmrigen Altarraum hineinreitet."[115] Ähnlich schildert es auch Dehio: „Im engen Presbyterium herrscht nicht mehr Dämmerung, sondern volles Dunkel. Der Schluß ist ganz vom Hochaltar eingenommen. Aufgebaut wie ein Triumphbogen. In der Mitte aber nicht ein Bild, sondern eine leere Öffnung, und durch diese sehen wir wieder hinaus in einen Raum von unbestimmter Form und Größe, eine unendlich fern erscheinende Lichtwelt wogender Gestalten. Vielleicht wäre die illusionäre Wirkung weniger stark, käme nicht noch ein Kunstmittel besonderer Art hinzu. Mitten in der Öffnung stehen nämlich drei überlebensgroße Standbilder: der Ritter St. Georg zu Pferde, von vorn gesehen, links der sich bäumende Drache, rechts die entfliehende Königstochter. Diese Gestalten befinden sich noch in der dunklen Region; aber Lichtreflexe dringen von hinten ein und gleiten über die goldene Rüstung und das silberne Pferd, so daß dem Eindruck der plastischen Rundung nichts abgeht und zugleich eine Vermittlung zwischen dem Dunkel vorn und der Helligkeit hinten gegeben ist."[116]

Ich habe die treffende Zeichnung der Kunsthistoriker im Wortlaut wiedergegeben, um diese Raumwirkung ganz anschaulich werden zu lassen (besser als jede Abbildung es vermöchte): Der Innenraum löst sich auf ins Unendliche, ohne dabei aufzuhören, Innenraum zu sein. Ja das Seltsame ist, daß diese bewegte Unendlichkeit des Raums, diese Grenzenlosigkeit, dieser Übergang vom begrenzten Raum zur unräumlichen Unendlichkeit, diese Durchdringung von Endlichem und Unendlichem so nur am Innenraum erfahren werden kann. Denn

---

[115] W. Pinder, Deutscher Barock (Blaue Bücher). S. 23.

[116] G. Dehio, Handbuch der deutschen Kunstdenkmäler. 3. Bd. 3. Aufl. Berlin 1925. S. 575.

der Außenraum wird grade dort, wo sich in ihm die volle Weite auftut, am unendlichen Horizont des Meeres, klar und überschaubar. So ist es auch zu verstehen, daß sich das Unendlichkeitsstreben des Barocks grade im Innenraum vollendet, während der Außenbau vielfach verhältnismäßig unscheinbar dahinter zurückbleibt.

4. Enge und Weite

Diesen sich in die Unendlichkeit ausbreitenden Raum versuchen wir jetzt in seiner inneren Gliederung zu erfassen und gehen dabei von den allgemeinsten Bestimmungen schrittweise zu spezielleren Gliederungen über. Ganz allgemein hat die deutsche Sprache drei Begriffe, um die Ausdehnung des Raums im Gegensatz zur bewohnten Nähe zu bezeichnen: die Weite, die Fremde und die Ferne. Jedesmal wird dabei der entsprechende Zusammenhang in einer andern Weise gewandt. Ich versuche, in der vergleichenden Betrachtung dieser drei Begriffe die räumliche Gegebenheit möglichst umfassend herauszuarbeiten.

Ich beginne mit dem Begriff der Weite. Am deutlichsten wird das mit ihm Gemeinte vielleicht von seinem Gegensatz her. Der Gegenbegriff zur Weite ist die Enge. Ein Kleidungsstück oder auch ein Schuh können eng oder weit sein. Sie sind zu weit, wenn sie vom Leib des Trägers nicht hinreichend ausgefüllt werden und darum haltlos um ihn herumschlottern. Sie können zu eng werden, wenn dieser in der Zwischenzeit zu stark in die Breite gewachsen ist. Auch ein Wohnraum kann weit sein. Umgekehrt fühlt man sich in der Aussicht durch einen zu nahe heranrückenden Neubau beengt. Und wiederum weitet sich der Blick, wenn man aus einem engen Tal in die Ebene hinaustritt. Es gibt enge Straßen und Gassen, es gibt auch Meerengen, wo von beiden Seiten das Land nahe herantritt, aber wiederum gibt es weiträumige Plätze und weiträumige Landschaften. Man spricht von der unendlichen Weite des Meers.

Aber nicht nur der Raum, sondern auch das menschliche Herz kann eng oder weit sein. In der Angst, die ja dem wörtlichen Sinn nach Enge bedeutet, krampft sich das Herz zusammen, es weitet sich wieder im Zustand der freudigen Erfülltheit. Von da aus entwickelt sich zugleich eine Fülle von übertragenen Bedeutungen der Enge und der Weite. Es gibt engherzige Auslegungen bestehender Gesetzesvorschriften und demgegenüber wiederum eine weitherzige, d.h. großzügige Geisteshaltung. Der Mensch kann ein weites Gewissen haben, wenn er nicht durch allzu viel Gewissensbisse behindert wird. Es gibt die beklagenswerte Enge eines geistigen Horizonts, aber auch die drückende Enge ärmlicher Lebensverhältnisse.

Enge, so können wir diese Beispiele zusammenfassen, geht immer auf die Behinderung der freien Bewegung durch eine sie allseits beschränkende Hülle. Eng ist in diesem Sinn ein Kleidungsstück, wenn es sich knapp um den Körper spannt, und eng kann auch ein Haus sein, wenn es den darin lebenden Menschen keinen hinreichenden Entfaltungsspielraum mehr läßt. Weit bezeichnet demgegenüber die Befreiung von dieser Behinderung. Eine Tür kann in diesem Sinn weit geöffnet sein, wenn sie den Menschen frei hindurchläßt. So kann der Mensch auch Mund und Nase weit aufsperren, wenn er sich vor Staunen über das Fremdartige nicht zu fassen vermag.

Allgemein also empfindet der Mensch die beengenden Räume als einen Druck, der ihn quält; er sucht sie zu sprengen und in die befreiende Weite vorzustoßen. Die Weite bedeutet also immer die Offenheit eines Bewegungsfeldes, in dem sich dem menschlichen Expansionsdrang, seinem erobernden Ausgriff in den Raum nichts mehr entgegenstellt. Daher die Weite der Landschaft, allgemein die Rede von der weiten Welt. Die Straßen als die Mittel zur Raumüberwindung führen in die Weite. Immer ist dabei die Weite, als möglicher Entfaltungsspielraum, bezogen auf die menschliche Aktivität, auf den Menschen als das Zentrum eines expansiven, zentrifugalen Drangs. „Wir traben in die Weite", hieß es darum im Lied der Jugendbewegung. Die Weite hat hier nirgends eine konkrete Zielvorstellung im Sinne einer auf etwas hin gerichteten Bewegung, sondern sie bezeichnet das offene Feld einer von etwas fort gerichteten Bewegung, hinaus aus einer bedrängenden Enge. Die Weite ist darum auch völlig ungerichtet. Das gilt auch im übertragenen Sinn, wenn die Brust sich weitet: sie dehnt sich aus und wird offen für allen Reichtum der Welt.

Etwas anders ist es freilich, wenn man den Begriff der Weite – allerdings wohl nur im Adjektiv – auf Entfernungen bezieht und so von einem weiten Weg spricht. Es ist noch weit bis zu einem bestimmten Ort, das heißt: ich muß noch lange gehen, bis ich dahin komme. Häufig verbindet sich der Begriff mit dem der Breite. „Weit und breit" werden in der Sprache oft zusammengenommen, etwa daß in einer Einöde weit und breit kein Baum zu sehen ist. Dabei bezeichnet die Breite im allgemeinen eine auf eine Längsrichtung bezogene Querrichtung. So gibt es breite Straßen, in denen sich der Verkehr entfalten kann, aber weite Plätze. Vor allem ist diese räumliche Bedeutung in den Verben wie breiten, ausbreiten usw. zu beachten, die sich alle auf eine Ausdehnung in der Fläche beziehen.

5. Die Fremde

In ganz andre Bereiche kommen wir dagegen mit den Begriffen der Ferne und der Fremde. Wenn auch beide Wörter sprachlich zunächst dasselbe bedeuten, haben sie sich doch heute in deutlich unterschiedene Richtungen auseinandergelegt. Der Gegensatz zur Fremde ist das Bekannte und Vertraute, allgemein das „Eigene". Das Eigne und das Fremde stehen so einander gegenüber. So gibt es fremde Menschen, fremde Sitten und Gebräuche, fremde Länder usw. Fremd ist immer das „andere", was dem eignen Wesen widerspricht, was einen dadurch beunruhigt und in der eignen Sicherheit erschüttert. Fremde Menschen sind für das Kind diejenigen, die es nicht kennt, und es ist bezeichnend für das ursprüngliche Verhältnis, daß für das Kind noch lange Zeit die fremden Menschen zugleich die bösen Menschen sind. Das Bekannte ist das Gute und das Unbekannte das Böse. Es kann dann auch zum bloß Seltsamen werden. Eine fremde Sprache erscheint dem naiven Menschen als ein komisches Kauderwelsch und reizt ihn zum Lachen. Aber die Bedeutung kann noch stärker abblassen: Man baut sein Haus mit eignem oder fremden Geld, ein Erbe fällt in fremde Hände usw.

Zentral bleibt dabei immer die räumliche Beziehung. Die Fremden sind schon im frühsten Sprachgebrauch die Ausländer, die nicht am eignen Wohnort beheimateten Menschen. Der moderne Fremdenverkehr sucht diese herbeizulocken. Aber es ist erst eine sehr späte Entwicklung, wenn der Mensch aus bloßer Freude am Wechsel in ein fremdes Land reist. Ursprünglich wird es als „Elend" empfunden, wenn der Mensch, aus seiner Heimat vertrieben, in der Fremde leben muß. Schon das Kind „fremdelt" in einer unbekannten Welt, und was aus einer solchen Welt kommt, ist einem befremdlich. Im Unterschied zu der freien Weite, in die der Mensch von sich aus hinausstrebt, ist die Fremde etwas Unangenehmes, ein bedrohlicher Bereich. Besonders Rilke hat das Gefühl einer übermächtig den Menschen überfallenden Fremdheit erschütternd ausgesprochen. So heißt es einmal vom Blick aus dem Fenster eines Gasthauszimmers:

> Noch war mir die neue
> Stadt wie verwehrt, und die unüberredete Landschaft
> finsterte hin, als wäre ich nicht. Nicht gaben die nächsten
> Dinge sich Müh, mir verständlich zu sein. An der Laterne
> drängte die Gasse herauf: ich sah, daß sie fremd war.[117]

Und weiterhin heißt es dann:

> Hungernde Fremdheit umzog das zufällige Flackern meiner Gefühle.[117]

So ist es allgemein: Der Mensch ist aus seiner gewohnten Welt hinausgeworfen in eine fremdartige Umgebung. Das selbstverständliche Vertrautheitsgefühl mit den umgebenden Menschen und Dingen ist verloren gegangen. Er ist aus der Welt des Verstehbaren in eine Welt des ihm Unverständlichen hineingeraten. Er fühlt sich in dieser unsicher und ausgeschlossen aus dem Leben der andern Menschen:

Es jubeln und lassen die andern den Fremden alleine stehn;[118] denn in der Fremde ist der Mensch für die andern selber wieder ein Fremder. Dann ergreift ihn mit unwiderstehlicher Gewalt das Heimweh. Wir wissen von seltsamen Kurzschlußhandlungen, durch die etwa Kinder aus der Fremde heraus und wie-

---

117 R. M. Rilke, Gedichte 1906–1926. 1953. S. 44.

118 J. Freiherr v. Eichendorff, Heimweh. Neue Gesamtausgabe der Werke und Schriften, hrsg. von G. Baumann u. S. Grosse. Stuttgart 1957. I 44.

der nach Hause zu kommen versuchen. Ja, der Mensch kann sich überhaupt als Fremdling auf dieser Erde fühlen.

Aber diese Fremde braucht nicht nur der räumlich entfernte Bereich zu sein. Sie offenbart sich in ihrer den Menschen überfallenden Gewalt dadurch, daß sie auch in seinen umhegtesten Bereich eingreift. Auch in das eigne Haus können die fremden Menschen und Mächte eindringen, und sogar das eigne Leben kann ihm fremd werden. Bei Hesse wird es wiederholt (z.B. im „Demian") ergreifend geschildert, wie für das Kind die düstere Macht des Fremden als das Dämonische, das den Menschen erschüttert, in den vertrauten Bereich der Geborgenheit eindringt. Die Angst ergreift ihn dann, und er wird einsam.

Auf der andern Seite kann der Mensch aber auch von sich aus in die Fremde gehen, etwa wenn ihn sein Beruf dazu zwingt oder wenn er in fremden Ländern etwas Neues lernen will (wie früher die wandernden Handwerksburschen). Man verachtet den, der nicht „seine Nase in die Welt gesteckt hat" und nicht über den Bereich des eignen Kirchturms hinauszusehen gelernt hat. Aber immer ist es ein vernünftiger Grund, weswegen der Mensch in die Fremde geht, nie ein unbestimmt gefühltes Bedürfnis. Er will seine Kenntnisse erweitern, er will dort lernen, was er in der Heimat nicht lernen kann, oder er will die Erzeugnisse fremder Länder, als Händler oder als Räuber, nach Hause bringen. Immer ist dabei die Fremde ein vorübergehender Aufenthalt, aus dem er zurückkehrt, sobald er seinen Zweck erreicht hat.

So kommt es zur fruchtbaren Auseinandersetzung zwischen dem von Hause her Bekannten und dem in der Fremde Dazugelernten. Die menschliche Kultur (im weitesten Sinn) wächst in der neuen Aufnahme und Aneignung des Fremden. Aber es kann auch ein Übermaß, den Zustand der Überfremdung geben, in dem das übernommene Fremde das eigne Leben erstickt.

Darum kommt es darauf an, das richtige Gleichgewicht zu finden zwischen der eignen Assimilierungskraft und dem Ausmaß des anzueignenden Fremden. Nietzsche hat das in seiner „Zweiten Unzeitgemäßen Betrachtung" sehr klar erkannt. Er spricht von einer „plastischen Kraft" in der Aneignung des Fremden. „Jedes Lebendige", so sagt er, „kann nur innerhalb eines Horizontes gesund, stark und fruchtbar werden; ist es unvermögend, einen Horizont um sich zu ziehn ... so siecht es matt oder überhastig zu zeitigem Untergange dahin. Die Heiterkeit, das gute Gewissen, die frohe Tat, das Vertrauen auf das Kommende – alles das hängt ... davon ab, daß es eine Linie gibt, die das Übersehbare, Helle, von dem Unaufhellbaren und Dunklen scheidet."[119] Das wird von Nietzsche dann insbesondre auf das Verhältnis zur eignen Vergangenheit angewandt und dient dazu, das Übermaß an historischem Wissen abzuwehren, aber es gilt auch und sogar zuerst von dem Verhältnis des Menschen zu den andern menschlichen Lebensformen und bezeichnet hier genau die Forderung einer Grenze zwischen

[119] F. Nietzsche, Vom Nutzen und Nachteil der Historie für das Leben. Groß- und Kleinoktavausgabe. II 287.

dem Eignen und dem Fremden. Nietzsche übernimmt den geographischen Begriff des Horizonts in einem übertragenen Sinn, um diese Abgrenzung gegen das Übermaß des Fremden zu bezeichnen.

6. Die Ferne

Wieder in einen andern Bereich führt der Begriff der Ferne. Zunächst scheint er in einem neutralen Sinn ein bloß räumliches Verhältnis zu bezeichnen: Der Gegensatz zur Ferne ist die Nähe, und der Begriff der Entfernung hat einen gefühlsmäßig indifferenten Sinn. Aber wir müssen uns hüten, den Begriff zu sehr im Sinne eines bloßen Abstands zu neutralisieren, und müssen versuchen, ihn in seiner vollen Lebensbedeutung zu erfassen. Im Unterschied zur Weite, in die der Mensch aktiv vorstoßen kann, im Unterschied zur Fremde, in die er verstoßen wird, hat die Ferne etwas Verlockendes, von dem er sich, selber passiv, angezogen fühlt und nach dem er sehnsüchtig verlangt. Es gibt eine Sehnsucht nach der Ferne, wie sie von den Romantikern in den süßesten Tönen dargestellt wird. Die am Horizont verdämmernden blauen Berge verkörpern sinnbildlich diese Ferne. Man spricht von der unerreichbaren Ferne, für die sich auch das Reimwort Sterne gern einstellt, so wie es etwa bei Tieck heißt:

> Ihr kleinen, goldnen Sterne,
> ihr bleibt mir ewig ferne.[120]

Im Unterschied zur Fremde, die dem Menschen durchaus real erreichbar ist und in der er sich auch gegen seinen Willen befinden kann, kann der Mensch nie in der Ferne sein. Sie weicht, wie der Horizont, vor ihm zurück, wenn er sich nähern will. Die Ferne ist wesensmäßig unerreichbar. Es bleibt nur die unerfüllbare Sehnsucht nach der geheimnisvoll lockenden Ferne. Und trotz der Unerreichbarkeit sehnt sich der Mensch, und es zieht ihn unwiderstehlich in die Ferne. Es muß also ein tief innerliches, für den Menschen in seinem Wesen bezeichnendes Lebensverhältnis sein, das in diesem Zug zur Ferne zum Ausdruck kommt.

Was sucht der Mensch also in der Ferne? Bei den Romantikern, am deutlichsten vielleicht bei Novalis, fällt es auf, wie stark die Sehnsucht in die Ferne mit dem „geheimnisvollen Weg nach innen“ verbunden ist, wie es das letzte Ziel der Sehnsucht ist, nach Hause zurückzukehren. Heimweh nach Hause und Sehnsucht in die Ferne berühren sich so stark, daß man sich fragen muß, ob beides nicht im Grunde dasselbe ist. Es ist das innerste Wesen des Menschen selbst, das er so weit außer sich in der Ferne sucht.

Von da aus begreifen wir vielleicht die Entstehung der Sehnsucht. Denn wie kann der Mensch weit außer sich in der Ferne suchen, was doch sein eigenstes

---

[120] L. Tieck, Gedichte. Dresden 1821. 1. Bd. S. 115f.

Wesen ist? Erst wenn er sich im Getriebe des Alltags verloren hat, wenn er in seinem Hause nicht mehr „zu Hause“ ist, wenn ihm die Heimat zur Fremde geworden ist, scheint in diesem unbefriedigenden Zustand der Selbstentfremdung der direkte Weg zur Erneuerung seines eignen Wesens verwehrt zu sein, und dann erscheint ihm in der dämmernden Ferne das Bild seiner verlorenen Heimat. Die Sehnsucht in die Ferne ist in der Tat das Verlangen nach dem verloren gegangenen Ursprung, in dem das Leben noch echt war.

Darum kann es für das Tier (wenn wir sein schematisch konstruiertes Bild gebrauchen, daran verdeutlichend das Wesen des Menschen abzuheben) keine Sehnsucht in die Ferne geben; denn es ist in seiner Umwelt geborgen, es wurzelt fest in seiner Heimat und nimmt diese mit sich, selbst wenn es große Entfernungen auf der Erde zurücklegt. Nur weil der Mensch seinem Wesen zufolge der Heimatlosigkeit ausgesetzt ist, kann er dann auch in der Ferne die verloren gegangene Heimat suchen. Nur für den Menschen gibt es darum echte Ferne.

Eine solche Wesensbestimmung der Ferne hat Kunz in seinem tiefgründigen Buch über die „anthropologische Bedeutung der Phantasie“[121] überzeugend herausgearbeitet. Wir können aus dem dort entwickelten vielschichtigen Zusammenhang an dieser Stelle leider nur mit einer gewissen Gewaltsamkeit den für uns unmittelbar wichtigen Gedankengang herauslösen. Die Ferne entsteht für ihn aus dem Verlust der Nähe, aus dem Verlust einer ursprünglichen Heimat, insbesondre aus dem im Menschenleben unvermeidbaren Verlust der zu Beginn des Lebens erfahrenen bergenden Nähe der Mutter. Die verloren gegangene Nähe schlägt in die wehmütig lockende Ferne um, und in dieser sucht er jene wiederzufinden. Darum ist die Ferne kein irgendwie objektiv feststellbarer räumlicher Bereich, sondern sie wurzelt als räumliche Bestimmung im Wesen des Menschen selber. „So wohnt die Ferne“, wie Kunz es formuliert, „in der innersten Mitte des existenten Menschen.“[122]

Im alltäglichen Leben ist die Ferne verdeckt. Sie ist also nicht jederzeit in derselben Weise gegeben, sondern damit der Mensch ihren Ruf vernehmen kann, bedarf es erst eines besonderen, uns aufweckenden Ereignisses, das Kunz als den „Ferneeinbruch“ bezeichnet. Wir erläutern es am besten mit seinen eignen Worten: „Der Ruf des Waldkauzes im frühen Februar, der aus den alten Pärken der Stadt kommt; der Wachtelschlag mitten in der Nacht oder während des hohen Mittags, wenn der Sommer über den reifenden Kornfeldern brütet; ein verhallendes Lied in den nächtigen Straßen: solche ... Ereignisse ... können sich in einen Schimmer von Ferne hüllen, die einen unsagbaren Zauber auf uns ausübt.“[123] Immer ist es für Kunz das Verhallende, Verschwebende, die „entgleitende Nähe“ dessen, was uns so seltsam angeht und doch nicht zu fassen ist, was aus der Fremdheit Ferne entstehen läßt. Immer ist es dabei zugleich ein leichter

[121] H. Kunz, Die anthropologische Bedeutung der Phantasie. 2 Bände. Basel 1946.
[122] S. 297.
[123] S. 288f.

Hauch des Todes, der uns anweht: „Wenn über das entrückte Nahe die Möglichkeit des Vergehens als des allgemeinsten Sinnbildes des Sterbens kommt, geschieht der Einbruch der Ferne.“[124]

Nur ein Wesen, das wie der Mensch durch die tiefen Erschütterungen des Nichts und des Todeswissens aus der natürlichen Sicherheit der vertrauten Lebensbezüge, aus der ursprünglichen Heimat seiner Kindheit herausgerissen ist und sich der Heimatlosigkeit überantwortet fühlt, vermag die Stimme der Ferne zu vernehmen. Wenn der Mensch so, in seinem Innersten betroffen, dem kaum besessenen und sogleich wieder entschwindenden Ruf nachhängt, dann entsteht in ihm die Sehnsucht als das Verlangen, diesem Ruf zu folgen, und die aus dieser Sehnsucht entsprungene und von ihr gelenkte Phantasie schafft ein neues Bild der verloren gegangenen Heimat. Denn das Werk der Sehnsucht ist für Kunz im letzten „das Bilden von Heimat“,[125] und zwar nach der unwiderruflich verloren gegangenen realen Heimat der Kindheit als einer neuen, nur im Traum verwirklichten idealen Heimat. Ihr Wirken ist insofern ein „kosmogonisches Geschehen, mittels dessen sich der Mensch die andere, irreale, ‚überirdische‘ Heimat ... zu sichern versucht“,[126] wobei nur zu beachten ist, daß diese „überirdische“ Heimat nicht in einem vom existierenden Menschen abgelösten Jenseits zu denken ist: „Sie bleibt unlösbar in ihm als das seine Innerlichkeit durchwaltende Schweben verwurzelt.“[127]

Mehr kann an dieser Stelle nicht gesagt werden, ohne uns von dem in neue Tiefen führenden Kunzschen Gedankengang aus unserm eignen, den besonderen räumlichen Phänomenen nachgehenden Zusammenhang herausreißen zu lassen. Jedenfalls zeigt sich eine enge Verknüpfung der im Raum erfahrenen Ferne zum innersten Wesen des Menschen selbst. Wir lassen den Gedanken hier noch einmal in einer gewissen Offenheit, weil wir ohnehin sogleich von einer andern Seite, bei der Behandlung des Wanderns, darauf zurückkommen müssen.

2. Der Weg und die Straße

1. Die Erschließung des Raums

Wir versuchen jetzt, das Vordringen in die Weite des Raums genauer zu untersuchen. Wenn der Mensch sein Haus verläßt, dann kann er sich nämlich nicht beliebig im Gelände bewegen, sondern ist an bestimmte vorgezeichnete Möglichkeiten gebunden. Das Gelände bietet als solches ein Hindernis für die Fortbewegung im Raum, und der Mensch muß sehen, wie er am vorteilhaftesten in ihm vorankommt. In unsern Lebensverhältnissen sind die Fälle sehr selten, wo er

124 S. 297.
125 S. 294.
126 S. 308f.
127 S. 309.

sich in einem unberührten Gelände seinen Weg erst suchen muß. Das ist im Hochgebirge oder im Urwald der Fall, wo er ohne gebahnten Weg und unter äußersten Schwierigkeiten und nur sehr langsam vorwärts kommt. Sonst aber findet er in der Landschaft schon bestimmte vorgezeichnete Wege vor, und er bewegt sich auf diesen Wegen und nicht etwa im freien Gelände fort, weil er auf ihnen sein Ziel sehr viel leichter, ja größtenteils nur auf ihnen erreichen kann, ganz davon abgesehen, daß er in der modernen Kulturlandschaft schon durch die bestehenden Besitzverhältnisse auf diese Wege angewiesen ist und nicht einmal, selbst wenn er wollte, von ihnen abweichen darf, ohne mit den Rechtsansprüchen der Landbesitzer in Konflikt zu kommen.

Die öffentlichen Straßen, das Wort zunächst in einem ganz allgemeinen Sinn genommen, erweisen sich also als das Mittel, mit dessen Hilfe der Mensch sich im Gelände fortbewegt. Diese Straßen können ihrerseits noch sehr verschiedener Art sein, als schmaler Fußpfad, als Fahrweg, der sich in ausgefahrenen Wagengeleisen durch die Felder bewegt, als ausgesprochene Landstraße oder Chaussee, als moderne Autobahn. Auch Steg und Brücke gehören in diesen Zusammenhang, weil sie den Übergang über bestimmte Hindernisse, die Flüsse und Bäche, bedeuten. Andere Möglichkeiten des die Entfernungen überbrükkenden Verkehrs sind die Eisenbahnlinien, an denen vielleicht noch stärker die Bindung an bestimmte, vorgezeichnete Routen sichtbar wird. Von den Wasserstraßen können wir vielleicht vorläufig noch absehen, von den Flüssen, Kanälen und Meeren, und ebenso von den modernen Luftverkehrswegen. Ich gehe auf diese Unterschiede nicht weiter ein und spreche allgemein von Wegen. Überall ist es so, daß es bestimmte Wege auf der Erde gibt, die den Verkehr auf der Erdoberfläche an sich ziehen und in bestimmten Bahnen kanalisieren.

Der Weg gewinnt damit eine besondre Funktion für die Erschließung des Außenraums. „Der Weg erschließt den Raum", sagt Linschoten in seiner ausgezeichneten, leider bisher nur als erste Hälfte erschienenen Arbeit „Die Straße und die unendliche Ferne."[128] Er beruft sich dabei zugleich auf die Arbeit Dardels „L'homme et la terre", der entsprechend formuliert: „Die wirkliche oder mögliche Bewegung, die im Weg impliziert ist, wirkt sich als eine ‚Eröffnung' des Raumes aus."[129]

2. Die Entstehung der Wege

Überall, wo sich Menschen im Gelände bewegen, bilden sich durch Gewohnheit bestimmte Wege, und diese ausgetretenen Wege erweisen sich als sehr viel bequemere Verbindungsmittel als die ungebahnten Flächen dazwischen. Solche ausgetretenen Wege gibt es nicht erst in der menschlichen Welt. Auch das Tier

---

128 J. Linschoten, Die Straße und die unendliche Ferne, in: Situation. S. 235ff., S. 258.

129 E. Dardel, L'homme et la terre. Paris 1952. S. 41, zitiert bei Linschoten, S. 258.

kennt sie. Es sind die bekannten Wildwechsel, und die Zoologen berichten, daß es in der Urlandschaft oft durch Jahrhunderte hindurch dieselben Wechsel sind, auf denen sich Generationen von Tieren nacheinander bewegen. Auch der Mensch findet sich, wenn er sich im Urwald bewegen will, bald auf die ausgetretenen Nilpferd- und Elefantenpfade angewiesen.

Auch in der menschlichen Welt beobachten wir, wie sich neue Wege bilden, wo sich, beispielsweise bei einem Neubau, neue Verkehrsbedürfnisse herausgebildet haben. Kaum ist an einer neuen Stelle ein Neubau begonnen, so brauchen nur wenige Tage zu vergehen, bis sich ganz bestimmte Pfade bilden, an denen das Gras niedergetreten ist, und die Handwerker beschränken sich bald auf diese eingespielten Wege und vermeiden die dazwischen befindlichen Grasflächen. Es ist so gewissermaßen ein Adernsystem, in dem sich die täglichen notwendigen Gänge vollziehen und an dem man das Strukturgefüge der Arbeitsfunktionen ablesen kann. Und so ist die ganze Welt, soweit sie von Menschen bewohnt ist, von einem System solcher Verkehrsbeziehungen, von einem Wege- und Straßennetz durchzogen. In seiner ursprünglichsten Form ist es vielleicht an den zahlreichen Abkürzungswegen eines Waldes zu erkennen.

Solche Wege werden nicht vorsätzlich angelegt. Sie bilden sich, indem sie begangen werden. Wo ein Einzelner ein einzelnes Mal geht, bildet sich vielleicht noch kein Weg. Aber wenn sich der Einzelne in einem noch ungebahnten Gelände bewegt, da kommt er doch in der Regel von einem häufiger wiederkehrenden Ausgangspunkt, seinem Haus oder seinem Dorf, und er geht wieder zu einem typisch wiederkehrenden Ziel, einem andern Dorf oder der Stätte seiner Arbeit. Und wo der eine mehr oder weniger unbewußt den bequemsten Weg gegangen ist, da folgen ihm dann die andern nach, aber korrigieren zugleich die Ungeschicklichkeiten, die der erste vielleicht noch gemacht hat, und schaffen so den günstigsten Weg. So sind bald bevorzugte Verbindungslinien da, die durch das Ausgetreten-werden bald den Vorzug vor dem nicht ausgetretenen Gelände gewinnen.

3. Der Bau der Straßen

Der einmal geschaffene Weg zieht bald den Verkehr an sich und leitet ihn in ein vorgegebenes Bett. Mit wachsendem Verkehr aber nehmen auch die Ansprüche an den Weg zu. Er genügt bald nicht mehr so, wie er sich im Gehen (oder Fahren) bildet, sondern fordert einen kunstmäßigen Ausbau. Der Weg wird zur Straße, wobei die Formen des Ausbaus je nach dem Stand der Technik wechseln. Dabei löst sich die Straße in zunehmendem Maß von der ursprünglich engen Bindung an das Gelände, sie greift willkürlich in die Landschaft ein und unterwirft sie dem menschlichen Gestaltungswillen. Auch hierdurch erweist sich der Mensch als Beherrscher der Natur. Ebenso ursprünglich wie er Häuserbauer ist, ist er auch Straßenbauer. Und darin liegt ein wesentlicher Unterschied zum Tier:

Auch das Tier hat, wie wir sagen, seine Wechsel, aber erst der Mensch baut planmäßig seine Straßen.

Die großen Lehrmeister im Straßenbau waren die Römer. Die Römerstraßen sind durch die Jahrhunderte hindurch auch nördlich der Alpen die Grundlage des Straßensystems gewesen. Aber grade bei den Römern erkennt man einen Zug, der untrennbar mit dem systematischen Straßenbau zusammenhängt: Landwege können sich von selbst bilden, große und gepflasterte Straßen zu bauen ist dagegen eine so große Arbeit, daß sie nur von einer umfassenden staatlichen Organisation geleistet werden kann. Und so verstehen wir den Zusammenhang des römischen Straßensystems mit dem römischen Imperium. Es ist ein machtvolles Herrschaftssystem, das diese Straßen hervorbringt. Sie sind zunächst einmal Militärstraßen, um die Truppen in den unterworfenen Gebieten schnell von einem Punkt zum andern werfen zu können. So faßt Linschoten zusammen: „Europa ... lernte im militanten, administrativen und fortschrittlichen Rom gehen – und marschieren. Die Straßen dienten der Befestigung, Erhaltung und Ausbreitung des Imperiums; von Rom ausstrahlend brachten sie Ordnung und Struktur, sorgten sie für eine schnelle, sichre und ökonomische Verwaltung. Sie bilden den Stramin des überall in der Gewalt der Legionen stehenden Reiches; sie sind die Kanäle der römischen Herrschaft.“[130]

Wir erkennen an diesem Beispiel den inneren Zusammenhang zwischen einem planvollen Straßenbau und einer starken politischen Zentralgewalt. So entstanden unter Napoleon III. in Paris die großzügigen Straßendurchbrüche, die rücksichtslos das in Jahrhunderten gewachsene, enge und winklige Straßennetz zerschnitten.[131] Noch heute gehört es zu den Reizen dieser Stadt, das Nebeneinander der beiden Straßennetze zu verfolgen. Ein Gang um eine Straßenecke, und man lebt in einem andern Jahrhundert. Aber auch in Deutschland konnte nur das diktatorische System des Nationalsozialismus den Bau der Autobahnen so gewaltsam vorantreiben. Über die instruktiven Sonderfälle der politischen Diktatur hinaus erkennt man die beiden Prinzipien, die hinter jedem ausgreifenden Straßenbau stehen: die Herrschaft und die Planung. Nicht nur die Völkerschaften, auch die Landschaft wird im Straßensystem unterworfen und nach rationalen Gesichtspunkten gestaltet.

---

[130] J. Linschoten, S. 241, vgl. J. Vogt, Raumauffassung und Raumordnung in der römischen Politik, in: Das neue Bild der Antike, hrsg. von H. Berve. 2. Bd. 1942. S. 109.

[131] F. Stahl, Paris. Eine Stadt als Kunstwerk. 9. Aufl. Berlin 1928. 5. Kap. S. 160ff. sowie W. Waetzoldt, Paris. Die Neugestaltung des Stadtbildes durch Baron Haussmann. Leipzig 1943.

4. Das Straßennetz

Die Straße ist zunächst die Verbindung von einem Ort zum andern. Sie erfüllt ihre Funktion aber nur dann, wenn sie sich mit andern Straßen zu einem Straßennetz verbindet, das es erlaubt, von einem beliebigen Ort des betreffenden Gebiets zu einem beliebigen andern Ort zu gelangen. Und insofern erschließen die Straßen wirklich den Raum. Dieses Straßensystem kann nun eine verschiedene Struktur haben. In Ländern mit einer starken Zentralgewalt breiten sich die Straßen strahlenförmig von einem beherrschenden Mittelpunkt aus, wie heute noch nicht nur das französische Landstraßensystem, sondern auch das französische Eisenbahnnetz. Die Querverbindungen zwischen den großen Straßen sind wenig ausgebaut, und oft geht die schnellste Verbindung zwischen zwei Orten der Peripherie den Umweg über die Mitte. Noch deutlicher tritt dieses strahlenförmige System innerhalb der größeren Städte im Verhältnis der großen Ausfallstraßen zu den schwach entwickelten Querverbindungen hervor. Auch hier führt der bequemste Weg oft über das Zentrum. In andern Ländern, wie etwa in Deutschland, fehlt eine solche beherrschende Mitte, es entwickelt sich vielmehr ein richtiges Netz mehrfach miteinander zusammenhängender Straßen. Diese Straßen erschließen ihr Gebiet nicht anders als das Adernsystem eines Pflanzenblatts: ein Netz von großen Straßen, von denen die kleineren abzweigen, von denen wiederum noch kleinere ausgehen, bis schließlich auch der kleinste Ort, ja das einzelstehende Haus erreicht ist, wenn es auch manchmal, vor allem im Gebirge, nur noch eine einzige Ader ist, mit der dieser Ort an das Straßennetz angeschlossen ist.

Dieses Straßennetz gilt es jetzt zu betrachten. Es verbindet die Ortschaften des Landes, die großen Städte durch große Durchgangsstraßen, die kleineren Dörfer durch kleinere Landwege usw., je nach der Bedeutung der Ortschaften. Das ist also das einfachste Bild: Wir haben zunächst die Ortschaften und bauen dann die verbindenden Straßen. Aber dieser Satz erfährt bald seine Umkehrung, und darin zeigt sich dann die Bedeutung der Straßen. Schon wenn wir den Historiker fragen, warum die heutigen Städte grade an diesen Orten angelegt sind, erfahren wir in vielen Fällen, daß es mit Rücksicht auf die günstige Verkehrslage geschehen ist. Es waren also erst die Verkehrslinien und insbesondre die Kreuzungen zweier Verkehrslinien, an denen dann die Städte entstanden. Viele der alten Verkehrswege sind älter als die heutigen Städte. Wir erfahren es aber auch in der neueren Geschichte an der Veränderung des Raums durch die Anlage der Eisenbahnen. Zuerst verbanden die Eisenbahnen die großen Städte, bald aber entstanden auf diese Weise Kreuzungspunkte, die nicht mit den bestehenden größeren Städten zusammenfielen, an denen sich aber nachträglich neue Orte entwickelten, die erst durch das Verkehrsnetz entstehen oder wenigstens ihre größere Bedeutung gewinnen konnten. Auch an den im 19. Jahrhundert entstehenden Eisenbahnen wird deutlich, wie der Raum durch sie einen ganz neuen inneren Zusammenhang erhält, der heute infolge des wachsenden Autoverkehrs wieder an Bedeutung verliert.

Dabei ist aber weiterhin interessant, daß sich auch hier das Straßennetz immer weiter verselbständigt. Waren es zunächst die Städte, die durch die Straßen verbunden wurden, so wurden mit der Entwicklung des modernen Verkehrs die bestehenden Städte mit ihren oft engen Ortsdurchfahrten zu einem Hindernis, und die Straßen machten sich selbständig, indem erst die kleineren Orte durch Umgehungsstraßen vermieden und damit für den Durchgangsverkehr weitgehend ausgeschaltet wurden, bis dann auch die großen Städte in Autoringen umgangen wurden. So bilden schließlich die großen Straßen ein selbständig gewordenes Netz, das die Städte vermeidet und das man erst verlassen muß, wenn man einen bestimmten Ort aufsuchen will.

5. Die Veränderung des Raums

a) Die Homogenisierung des Raums

So gewinnt das Straßennetz eine zunehmende Autonomie und schafft seinen eignen Raum, der anders ist als der, der sich um die natürliche Mitte des Hauses gliederte. Zwei Züge sind es vor allem, die sich hier für die allgemeine Betrachtung des Raums herausheben. Das eine ist die Homogenisierung der Landschaft durch die Straße. Sie hebt Linschoten heraus, indem er betont: „Die Wege rekonstruieren und organisieren nicht nur den Raum, sie schaffen einen neuen, unkultivierten. Damit aber homogenisieren sie die Welt."[132] Das zeigt sich schon, wenn ich das eigne Haus verlasse und mich auf die Straße begebe (oder vielleicht noch deutlicher, wenn ich mich mit einem Fahrzeug auf die Straße begebe oder die Eisenbahn benutze): ich füge mich in ein Netz von Straßen und Wegen ein, das nicht mehr auf mein Haus als auf seine Mitte bezogen ist. Ich trete in einen andern, überindividuellen Raum ein, wobei es dahingestellt sein mag, ob dieser in einem bestimmten Verkehrszentrum noch einen eignen Mittelpunkt hat – der ja nicht mehr der meine ist – oder ob er überhaupt eines bestimmten Mittelpunkts ermangelt. Sobald ich das eigne Haus verlasse und mich der Straße überantworte, trete ich in einen meiner Mitte gegenüber (relativ) neutralen Raum ein (ich füge hinzu: relativ, weil es in der engeren Umgebung des Hauses noch gewisse Übergangsformen gibt), in dem ich mich jeweils an einer beliebigen Stelle befinde, ohne an einer bestimmten zu Hause zu sein. Der Raum bekommt eine Objektivität, indem er zum gemeinsamen Beziehungssystem wird. Die an den Dingen haftenden, mit Gefühlswerten der verschiedensten Art getränkten Beziehungen der Nähe und Ferne verblassen zu der je nach dem jeweiligen Aufenthalt wechselnden Entfernung.

---

[132] J. Linschoten, S. 259.

Wenn wir sagten: „Die Straße erschließt den Raum“, so ist es ein andrer Raum als der private Raum, den der Mensch in seinem Hause vorfindet. Es ist von vorn herein ein überindividueller und neutraler Raum, der Raum des „Verkehrs“. Das Straßennetz bildet das Adernsystem, durch das der „Verkehr“ pulsiert. Der Einzelne wird, wenn er sich der Straße überläßt, mitgenommen von diesem Verkehr. Er geht in ihm auf. Zu Hause war er vielleicht ein Individuum, auf der Straße aber wird er anonym.

Aber auch die Landschaft selber verändert sich im Gefüge der Straßen. Sie verliert ihren Eigencharakter, die Individualität der besondern Stelle. Die Landstraße fragt nicht, ob sie durch Wald oder Feld führt. Und darum spricht Linschoten auch von einem „unkultivierten“ Raum. „Der Weg“, so sagt er, „ist nicht nur indifferent mit Bezug auf die Landschaft, sondern macht diese Landschaft auch selber indifferent, indem er die innige Vertraulichkeit des Ländlichen durchbricht, es veräußerlicht und den Schwerpunkt ins Unendliche verlegt.“[133]

Was auf der Straße zählt, ist nicht die Eigenart des Geländes, durch das sie führt, sondern nur die größere oder geringere Eignung zum Verkehr, der „Straßenzustand“, die Steigung usw. Und je mehr die Straße sich vollendet, bleiben nur noch die nach Kilometern zu messenden Entfernungen wichtig. Noch heute stehen z.T. die Meilensteine der römischen Straßen oder haben sich in Ortsnamen (wie Quinten oder Ventimiglia) erhalten. Auch an der heutigen Straße sind die Kilometerangaben überall genau bezeichnet. Der Fahrer kann sich jeden Augenblick vergewissern, wie viel Kilometer er schon zurückgelegt hat und wie viele noch vor ihm liegen. Besonders das Schildersystem an einer heutigen großen Straßenkreuzung bringt dies Netz bloßer Entfernungen sinnfällig zum Ausdruck. Das aber bedeutet eine grundsätzliche Verarmung des Raums; denn so wird durch die Straße der individuelle Raum objektiviert, indem sie den in seinen verschiedenen Gegenden qualitativ verschiedenen ursprünglichen Raum einer quantitativen Behandlung zugänglich macht. Der Raum ist mathematisierbar geworden. So ist der Straßenbau (mit der dazu erforderlichen Vermessungstechnik) zum mindesten einer der entscheidenden Vorgänge, die zur Ausbildung eines mathematischen Raumbegriffs hinführen.

b) Der exzentrische Raum

Damit verbindet sich ein zweiter Zug. Die Straße hat kein Ende; denn hinter jeder Stadt, zu der eine Straße führt, beginnt eine neue Straße zu einem neuen Ziel. Mochten die römischen Straßen noch ihr Ende an den Grenzen des römischen Imperiums finden, so ist das moderne Straßensystem im Sinne des die Ländergrenzen überschreitenden Verkehrs wesensmäßig unbegrenzt;

133 S. 259.

denn jede Straße führt ans End' der Welt.[134]

Linschoten bringt es in Zusammenhang mit dem, was wir früher über den Zug in die Ferne gesagt haben: „Der Weg ist das Merkmal einer unendlichen Ferne. Er setzt die statische Landschaft in Bewegung, eine Bewegung auf den Horizont hin. Nichts offenbart uns in der Landschaft so sehr die perspektivische Anziehung des Fernen als die konvergierende Parallelität von Weg und Eisenbahn, die dem Auge keineswegs am Horizont aufzuhören scheinen, sondern diesen unsichtbar überschreiten."[135]

Im Unterschied zum zentrierten Raum des Wohnbereichs ist der Raum der Straße, mit Linschoten gesprochen, ein „exzentrischer Raum". Er hat keine Mittelpunkte, sondern zieht den Menschen unwiderstehlich in die unendliche Ferne. Die Straße reißt den Menschen mit sich fort. Der Weg ist, mit Linschoten, „der Ausdruck einer exzentrischen Räumlichkeit, nämlich einer Welt, in der der Mensch nie mehr ganz bei sich selber ist."[136]

Hier setzt Linschoten mit seiner letzten Sinndeutung an: In seinem über jedes erreichbare Ziel hinausweisenden Zug in die Unendlichkeit ist der Weg der Ausdruck der Transzendenz des Menschen selbst. In diesem Sinne faßt er seine Betrachtungen zusammen: „So wie sie (der Weg und die Eisenbahn) sich durch die Landschaft ziehen, so zeichnen sie den Menschen in seinem Wesen – auf der Durchreise. Von dem Dasein des Menschen leitet der Weg seine Bedeutung her. Seine ‚Natur', d.h. das Prinzip, das über seine Entstehung und seine Entwicklung herrscht, ist keine andere als die menschliche Natur. Seine Erscheinung ist die zu Landschaft gewordene menschliche Intention, die Verkörperung seiner transzendierenden Zielsetzungen."[137]

So weit Linschoten. Was er entwickelt, ist sicher eine tief gesehene Erkenntnis. Der Weg als Sinnbild des menschlichen Lebens ist, wie wir schon sahen, eines der uralten Symbole der Menschheit, das im tao der Chinesen zum metaphysischen Urwort wird. Und trotzdem zögern wir, diese Erkenntnis für die volle und ganze Wahrheit zu nehmen. Schon das Symbol des Lebensweges hat einen völlig andern Charakter als das Lebenssymbol, das uns in der modernen Landstraße entgegentritt. Es zeigt den Menschen als den Wanderer, der – leider – keine bleibende Stätte finden kann; es hat aber nichts von dem berauschenden Zug in die Ferne, der die moderne Straße und ihre Benutzer kennzeichnet. Hier zeichnet sich schon die Notwendigkeit des Wohnhaft-werdens in dem schützenden Bereich des Hauses ab, auf die wir im folgenden Teil noch ausführlicher eingehen müssen. Wie diese beiden Bestimmungen des Menschen, als

---

134 F. Schiller, Wilhelm Tell. VII 248.

135 J. Linschoten, S. 260. Das gilt natürlich nur von der modernen gradlinigen Straße. Der einfache Landweg kennt diesen Zug noch nicht. Er macht seine Windungen und verschwindet schon vorher aus dem Blick, ehe er den Horizont erreicht. Nie wird bei ihm ein natürlicher Fluchtpunkt sichtbar.

136 S. 259.

137 S. 260.

eines Wandernden und eines Wohnenden, eines zentrierten und eines exzentrischen Wesens, zusammengehen, das erst ist die tiefere, weiterführende Frage.

6. Der Mensch auf der Straße

In der Straße wird also aus der zweidimensionalen Erdoberfläche ein eindimensionales Gebilde herausgeschnitten, eben die nach Kilometern zu messende Linie des Weges. Unter dem Gesichtspunkt des erlebten Raums fragen wir nach dem Verhalten des Menschen, der sich auf einer solchen Straße bewegt. Wie ist die innere Verfassung des Menschen, die dem Verkehr auf der Straße angemessen ist, die gewissermaßen durch die Straße induziert wird? Und wie ist umgekehrt der Raum, der sich für den Menschen auf der Straße aufschließt? Welches ist der erlebte Raum des Straßenbenutzers? Es zeigt sich hier in einem besonderen Maß der enge Zusammenhang zwischen dem Raum und dem sich im Raum bewegenden Menschen, dem wir in späterem Zusammenhang noch gesondert nachgehen müssen.

a) Der Zug nach vorn

Im einzelnen gibt es, der verschiedenen Größe der Straße entsprechend, verschiedene Formen der Fortbewegung auf ihr: das Gehen – auch das Marschieren, auf das Straus und Lipps[138] der in ihm vorliegenden eigentümlichen Raumerfahrung wegen hingewiesen haben – das Reiten und vor allem das Fahren auf den verschiedenen Fahrzeugen, vom Pferdefuhrwerk bis zum Automobil. Von den Sonderfällen der Schienenwege und Wasserstraßen sehen wir auch hier ab.

Auf allen diesen Straßen ist es das Entscheidende, daß es auf ihnen nur eine einzige sinnvolle Bewegungsrichtung gibt, die nach vorn. Seitlich kann sich der Fahrende nur ganz wenig bewegen, nur so weit als es erforderlich ist, einem Entgegenkommenden auszuweichen oder einen Überholenden vorüberzulassen. Wollte er weiter zur Seite, so müßte er aussteigen und seinen Wagen verlassen. Und rückwärts gehen hieße überhaupt umkehren. Das würde den Sinn des Weges aufheben. So bleibt nur die eine Richtung nach vorn, und auf diese Richtung hin ist die Straße abgestellt. Es gibt nur ein sinnvolles Verhalten auf ihr: nach vorn und immer weiter nach vorn zu gehen, bis das Ziel endlich erreicht ist. Vorher aufzuhören würde dem Sinn der Reise widersprechen. Es ist nur als Rast zu betrachten, d.h. als vorübergehende Unterbrechung zur Wiederherstellung der eignen Kräfte oder zur notwendig gewordenen Reparatur des Fahrzeugs. Die Straße ist ein technisch hergestelltes Mittel zur Erreichung des Zielorts, und man

[138] E. Straus, S. 160, sowie H. Lipps, Die Wirklichkeit des Menschen. Frankfurt a.M. 1954. S. 171.

reist, um dort anzukommen – falls dann nicht ein neuer Grund zu neuer Reise zwingt. Die Straße dient dem Verkehr, d.h. dem Wechsel von einem Ort zum andern. Der Mensch wird auf ihr zum „Verkehrsteilnehmer“, der sich den Regeln des Verkehrs anzupassen hat. Und dieser Verkehr will „rollen“, d.h. zirkulieren wie das Blut in den Adern.

Die Straße ist kein Ort zum Verweilen, „denn hier ist keine Heimat“, sondern sie treibt den Menschen nach vorn. Es gibt nur ein einziges sinnvolles Verhalten auf ihr: dem Ziel auf dem kürzesten Wege und in der kürzesten Zeit zuzustreben. Der Mensch ist auf ihr immer sich selber vorweg auf das zu erreichende Ziel gerichtet. Von da her stammt die eigentliche Gewalt, die die Straße auf den sich auf ihr Bewegenden ausübt: Sie treibt ihn beständig vorwärts. Im Wesen der Straße selber ist diese Tendenz auf Hast und auf Eile notwendig angelegt und zwingt den Menschen unter ihren Bann: nur nicht zögern und stehen bleiben! nur immer vorwärts und möglichst schnell vorwärts! Niemand kann sich dieser Versuchung entziehen. Den Eisenbahnreisenden regt es auf, wenn sein Zug Verspätung hat, auch wenn er weiß, daß er nichts versäumt und ihm ein unangenehmer Aufenthalt nur verkürzt wird.

Linschoten hat in dem schon mehrfach benutzten Aufsatz eine Beschreibung des Verhaltens auf der Straße gegeben, die zwar zunächst an der Auffassung des Kranken entwickelt ist, die aber darüber hinaus ihr Wesen allgemein in einer schlagenden Weise kennzeichnet: „Auf der Straße geht man, und zwar nach vorne; man hat es immer eilig, man ist gehetzt, der eine kann gegenüber andern zurückbleiben, einer kann den andern überholen, es tritt ein Wettkampf der Bewegung in die Zukunft ein“. Und damit tritt zugleich die symbolische Bedeutung der Straße hervor. „Die Straße ist die Zukunft. Diese bietet eine verwirrende Fülle sich verschiebender Einzelheiten, alles fließt, man ist unterwegs in Eile und Hast, man kommt zu spät oder man muß warten, man muß sein Tempo nach anderen richten und richten können.“[139] Und weiterhin wird dann die Selbstentfremdung des Menschen, seine Unterwerfung unter den Sog der Straße, noch ausdrücklich hervorgehoben: „Der Mensch in diesem Dasein der Straße ist nicht mehr er selber; er wird von der allgemeinen Bewegung mitgenommen und von dem immer unerreichbaren Ziel, dem Schnittpunkt der parallelen Geraden vor sich dauernd angezogen. ‚Die Straße zieht‘.“[139]

Was so vom Menschen auf der Straße allgemein gilt, das gilt insbesondre vom Autofahrer: „Die Straße zieht“. „Die Autostraße ... verlangt die große Geschwindigkeit, die Wildheit, den Rausch, sie schenkt ein neues Weltgefühl“, heißt es bei Hausmann.[140] Die Bewegung, die Geschwindigkeit wird zum Selbstzweck. Der Mensch verwandelt sein Wesen in diesem Sog der Autostraße, und es ist niemand, der sich dieser Versuchung entziehen kann.

---

[139] R. Kuhn, Daseinsanalyse eines Falles von Schizophrenie. Monatsschr. f. Psychiatrie u. Neurologie, 112. Jahrg. 1946, S. 240, zitiert bei Linschoten, S. 238.

[140] M. Hausmann, Einer muß wachen. Frankfurt a.M. 1950. S. 44, zitiert bei Linschoten, S. 248.

b) Der Verlust der Breitendimension

Für den, der sich auf der Straße bewegt, verwandelt sich aber zugleich der ganze Raum, und wir erfahren hier besonders eindringlich die allgemeine Korrelation zwischen seelischer Verfassung und erlebtem Raum. Diese Verwandlung vollzieht sich schrittweise, je nach der erzielten Geschwindigkeit der Fortbewegung. Sie beginnt schon beim Fußgänger. Sobald sich überhaupt die Straße als geebnete durch einen eignen Belag zubereitete Bahn vom Gelände abhebt und durch einen nur mit einer gewissen Anstrengung zu überschreitenden Graben von der Landschaft getrennt ist, entfernt sich die Landschaft. So gab es schon unter den jugendbewegten Wanderern, soweit sie sich an die Landstraße hielten, den bedauernswerten Typ des „Kilometerfressers", der blind wurde für die Landschaft, durch die er wanderte, dem es nur auf die zurückgelegte Entfernung ankam, mit der er prahlen konnte. Aber der sich hier nur schwach abzeichnende Vorgang steigert sich, sobald der Mensch ein Fahrzeug benutzt und nimmt bei den großen Geschwindigkeiten des modernen Automobils immer krassere Formen an. Darum genügt es, sich an diesem extremen Beispiel zu orientieren.

Für den, der auf der Landstraße fährt, gibt es nur eine Dimension, das ist die Straße und die nach Kilometern zu messenden Entfernungen. Sie allein hat eigentliche Realität. Die ganze Aufmerksamkeit ist auf das schmale Band der Straße konzentriert, denn das ist das allein Lebenswichtige, der Bereich der Bedrohungen, der Gefahren, aber auch der Möglichkeit, durch Überholen schneller voran zu kommen. Nach dieser Dimension gewinnt der Raum im Rausch der Geschwindigkeit eine gesteigerte, zum Brechen erfüllte Realität. Ihr ist der Fahrer mit seiner ganzen Seele verhaftet. Sie hat nach dieser Richtung die unendliche Weite, die den menschlichen Ausgriff in den Raum hervorlockt. Hier liegt das entscheidende und keineswegs von vorn herein zu verurteilende Raumerlebnis des Autofahrers. Die Breite seines Raums mißt nur die wenigen Meter bis zum Straßenrand. Sie hat hier auch noch unmittelbare Realität; denn es ist der Bereich, in dem es darauf ankommt, ob der „Raum" noch ausreicht, an einem Hindernis vorbeizukommen, einem entgegenkommenden Wagen auszuweichen usw. Es ist ein Bereich, in dem Enge und Weite unmittelbar lebenswichtig sind.

Aber was dahinter liegt, jenseits des Straßenrands, ist nicht mehr Raum im eigentlichen Sinn. Es hat seine sinnvolle Wirklichkeit verloren und versinkt in einer eigentümlichen Bildhaftigkeit. Es ist ein unerreichbarer Bereich, nicht viel anders als der Mond am Himmel und die unbesteigbaren Berge. Der Autofahrer bewegt sich nicht mehr in der Landschaft, wie der Wanderer, sondern die Landschaft bewegt sich an ihm vorbei. Sie wird zum bloßen Panorama. Und zwar vollzieht sich diese Entwirklichung des landschaftlichen Hintergrunds um so stärker, je mehr die Geschwindigkeit des Fahrzeugs wächst, bis er schließlich ganz verschwindet.

Ich besinne mich, in einer Zeitung einmal eine kurze Erzählung gelesen zu haben, in der diese Entwicklung ins Groteske gesteigert war. Es kommt bei diesem Rausch der Geschwindigkeit ja nicht mehr auf den Ort an, den man erreichen will, sondern die Bewegung weist über jeden konkreten Endpunkt hinaus. Sie weist über sich selbst hinaus ins Unendliche. Darum ist im Prinzip nichts geändert, wenn sie wieder zum Ausgangspunkt zurückkehrt. Und so wurde in dieser Erzählung ein utopisches Bild gezeichnet: Die ideale Autostraße – das sind drei große Schleifen, die alle zum Ausgangspunkt zurückkehren, unterschieden nur durch die Geschwindigkeit, für die sie gebaut sind. Die Menschen fahren auf diesen Schleifen und genießen den Reiz der unendlichen Fortbewegung. Zu Anfang, so wurde berichtet, hätte man die Landschaft noch als Film vor dem Blickfeld der Menschen projiziert, die so die Illusion hatten, durch schöne Landschaften zu fahren. Aber bald hätte man dies wieder aufgegeben. Die Menschen hätten keinen Wert darauf gelegt, weil es sie ja nur am Eigentlichen gehindert hätte, dem reinen Fahren als solchem. Und so wären sie seitdem mit der nötigen Geschwindigkeit durch die Schleifen gerast, hätten den Rausch des Fahrens erlebt, ohne sich im Endergebnis doch von der Ausgangsstelle zu entfernen. Ist es nur ein groteskes Zerrbild? Nein, es ist nichts andres als der treffende Ausdruck der Verwandlung, die den Menschen zwangsläufig auf der Autobahn befällt.

Es braucht natürlich nicht bis zu diesem Extrem zu kommen. Man kann sich auch bei langsamem Fahren an der Landschaft freuen. Es gibt sogar bevorzugte Aussichtsstraßen. Aber auch hier bewegt man sich nicht in der Landschaft als einer lebendigen Wirklichkeit. Eigentliche Realität hat auch hier nur die Straße. Die Landschaft bleibt im Raum des Unbetretbaren, und die faktische Unerreichbarkeit – daß ich den Wagen nicht so leicht verlassen kann, ohne den Verkehr zu stören – bedingt das Realitätsbewußtsein. Die Landschaft bleibt auch hier, wo ich mich durchaus an ihr freue, ein bloßer Ausblick. In diesem Sinn sprachen wir von einem Panorama. Erst wenn ich aussteige und den Wagen verlasse, trete ich damit auch in den vollen Raum zurück, wo sich der Ausblick wieder zur leibhaftigen Wirklichkeit verwandelt.

c) Die Flüchtigkeit des menschlichen Kontakts

Zusammen mit der Veränderung des Raums ergibt sich auch eine entsprechende Veränderung der menschlichen Bezüge. Man kann sinnvoll gradezu von einer eignen Soziologie der Landstraße sprechen, die dann wiederum in der Soziologie der Autofahrer extrem gesteigerte Formen annimmt. Schon bei Schiller heißt es, sicher noch unter sehr viel geruhsameren Verhältnissen:

> Denn hier ist keine Heimat – jeder treibt
> sich an dem andern rasch und fremd vorüber
> und fraget nicht nach seinem Schmerz ...

Sie alle ziehen ihres Weges fort
an ihr Geschäft .... [141]

Die Straße bedingt eine ganz eigne Form des menschlichen Umgangs. Auf der einen Seite gibt es eine selbstverständliche Kameradschaft der Straßenbenutzer. Man grüßt einander, wenn man aneinander vorbeigeht. Es gibt eine gewisse Höflichkeit des Umgangs, selbst noch unter Autofahrern (trotz der verbreiteten Flegelei). Man nimmt selbstverständliche Rücksicht aufeinander. Man ist – bis zu einem gewissen Grade – auch hilfsbereit, bezeichnenderweise grade unter Berufsfahrern.[142] Und doch bleibt die ganze Freundlichkeit und Rücksicht in einer gewissen Anonymität. Man „fraget nicht nach seinem Schmerz". Es entsteht keine bleibende Verbundenheit, sondern man löst sich ebenso schnell, wie man sich gefunden hat, und kennt einander nicht mehr, wenn man sich zufällig wieder findet, ja es wird fast als eine Taktlosigkeit empfunden, wenn man auf eine frühere Begegnung zurückkommt und daraus Ansprüche ableiten möchte. Es ist ein leichter, glatter, aber ebenso flüchtiger Kontakt, ohne aufbauende Gemeinsamkeit.[143] Das ist hier ganz und gar nicht tadelnd gemeint, sondern ebenso wie das Haus mit der Welt der Familie seine besondern Formen der Gemeinsamkeit hat, so auch die Landstraße, deren Gemeinschaftsformen man in ihrem Eigenwesen erkennen muß.

3. Der Wanderpfad

1. Das Wandern

Von der großen Autostraße und den auf ihr gegebenen Fortbewegungsmöglichkeiten wenden wir uns jetzt, ohne auf die verschiedenen Zwischenformen der Landstraße und des Fahrwegs näher einzugehen, dem entgegengesetzten Extrem zu, dem schmalen Wanderpfad und der diesem zugeordneten Form des Gehens. Unter den verschiedenen Formen eines gemächlichen Gehens zu Fuß, dem Spazierengehen, dem Promenieren, dem Wandeln und Lustwandeln (wie eine idyllische Zeit das Promenieren hat übersetzen wollen), dem Schlendern, Bummeln usw. hebt sich diejenige, die uns hier besonders beschäftigen soll, das Wandern heraus. Unter Wandern versteht man, wenn wir zur vorläufigen Orientierung eine ungefähre Bestimmung vorausschicken wollen, eine zu Fuß ausgeführte gemächliche, nicht von Eile getriebene und nicht durch einen äußeren Zweck veranlaßte, größere zusammenhängende Bewegung von einem Ort zum andern.

---

[141] F. Schiller, Wilhelm Tell. VII 248.

[142] Ich benutze gern die Gelegenheit, der guten Kameradschaft bei einer Kraftfahrereinheit während des Krieges dankbar zu gedenken.

[143] D.J. van Lennep, Psychologie van het chaufferen, in: Person und Welt. Festschrift für F.J.J. Buytendijk. Utrecht 1953. S. 165ff., zitiert bei Linschoten, S. 242.

Nicht zu allen Zeiten sind die Menschen im heutigen Sinn gewandert. Der wandernde Handwerksbursche einer vergangenen Zeit oder die fahrenden Schüler wanderten nicht in unserm Sinn. Sie zogen in die Fremde, um dort zu lernen, sicher auch mit einer Freude am Abenteuer verbunden, um die Welt kennen zu lernen. Und sie gingen zu Fuß, weil es das Einfachste war und ihre Mittel ihnen keine andre Beförderung erlaubten. Das Wandern im heutigen Sinn, das Wandern um seiner selbst willen, ist erst ein Ergebnis der modernen Kulturkritik. Die Romantik hat es zuerst entdeckt, und erst im „Wandervogel" des beginnenden 20. Jahrhunderts ist das Wandern gradezu zur Lebensform entwickelt worden.

Auch Wege sind zunächst nicht eigens für das Wandern angelegt. Selbst der bescheidenste Fußpfad ist, wie jeder Weg, auf ein Ziel bezogen, zu dem er hinführt. Er dient als Verbindungsweg. Darum bedient sich der Wanderer zunächst der schon bestehenden Wege, die von einem Ort zum andern führen. Nur sind diese für seinen Zweck mehr oder weniger geeignet; denn sie haben zunächst ihren eigentlichen Zweck, dem Verkehr zwischen den Ortschaften zu dienen, und der Wanderer ist auf ihnen sozusagen nur geduldet. Das mag in früheren Zeiten wenig Schwierigkeiten gehabt haben, wo der Verkehr nur spärlich und langsam vor sich ging und immer noch für einen Wandersmann Platz war, wenn auch die Klagen über die „staubige Landstraße" schon alt sind.

Das änderte sich aber, je mehr der moderne motorisierte Verkehr sich vervollkommnete, die Fahrzeuge schneller und damit zugleich rücksichtsloser wurden und die Straßen ihren Bedürfnissen immer mehr angepaßt wurden. Die moderne Autostraße ist ungeeignet zum Wandern. Die Autobahnen sind für den Fußgänger überhaupt gesperrt, aber auch auf den andern Landstraßen wird ihm das Wandern immer mehr erschwert. Der Wanderer würde nicht nur sein eignes Leben aufs Spiel setzen oder zum mindesten durch die vorbeifahrenden Autos so sehr behindert werden, daß er die am Straßenrand zurückzulegende Strecke (vorsichtig auf der linken Straßenseite bleibend) gern auf ein Mindestmaß beschränkt. Aber er würde auch seinerseits den Verkehr behindern. Er gehört einfach nicht dahin.

Darum zieht sich der Wanderer von den großen Routen des Verkehrs zurück. Er hat ein andres Verhältnis zum Weg und zur Landschaft, allgemein zum Raum. Der Wanderer benutzt die stilleren, weniger befahrenen Wege, er bevorzugt die Fußwege, die ihn zugleich tiefer in das Innere der Landschaft hineinführen. In diesem Zusammenhang beginnt auch die Schaffung besondrer Wanderwege, etwa im Schwarzwald, die von den großen Wandervereinigungen angelegt werden und die nicht nur den Wanderer von den Belästigungen der Fahrstraße befreien, sondern die ihn auch in Gegenden führen, die auf größeren Straßen schwer erreichbar wären, und zu Höhepunkten landschaftlicher Schönheit, die abseits von den zweckgebundenen Verbindungslinien liegen. (Man könnte auch an die von den Kurorten angelegten Spazierwege denken, obgleich diese, ihrem besonderen Zweck entsprechend, kein eigentliches Wandern erlauben). Aber trotz aller eigens geschaffener Wege bleibt der Wanderer in den meisten Fällen auch weiterhin auf die schon bestehenden Wege angewiesen, wenn er sie auch auf seine besondre Weise benutzt.

Darum fragen wir vom Menschen her: Welches ist die besondre, von den übrigen Formen des Reisens verschiedene Eigenart des Wanderns? Welches ist die ihm entsprechende Eigenart des Wanderpfads? Und welches ist die Art, in der sich beim Wandern der Raum erschließt? Das eine nahmen wir schon voraus: Der Wanderer wandert nicht, um ein bestimmtes Ziel auf dem schnellsten Weg zu erreichen, sondern er wandert um des Wanderns willen. Das Wandern ist Selbstzweck. Das heißt nicht, daß er sich nicht auch ein Ziel setzt, einen Berg zu ersteigen, einen Aussichtspunkt zu besuchen und abends ein Gasthaus zu erreichen, aber diese Ziele dienen nur dazu, seiner Wanderung einen Inhalt zu geben. Auch mag es vorkommen, daß jemand, der eines bestimmten Ziels wegen aufgebrochen ist, unterwegs vom Zauber der Landschaft ergriffen, in die Haltung des Wanderers hineingekommen ist. Aber dann hat er sein Ziel vergessen und hat einen Umschlag seiner inneren Verfassung erfahren.

Mit der Ziellosigkeit verbindet sich das zweite: Der Wanderer hat keine Eile. Er bleibt stehen, wo eine Aussicht oder ein Anblick ihn erfreut, immer zur stillen Betrachtung bereit. Ja er bleibt auch ohne äußeren Anlaß stehen, nur weil er in seinen Gedanken versunken ist. Der Wanderer ist immer zur Träumerei geneigt.

2. Der Pfad

Dem entspricht auch die Form seines Weges, der eigentliche Wanderpfad. Wir vergegenwärtigen uns sein Wesen am besten, wenn wir ihn von der Landstraße, besonders der modernen Autostraße, abheben. Die Landstraße ist künstlich angelegt. Sie ist für ihre Zwecke besonders hergerichtet, indem sie aus der sonstigen Landschaft herausgeschnitten wird. Die Unebenheiten des Geländes werden beseitigt, die Hindernisse aus dem Wege geräumt. Der Boden wird gepflastert und neuerdings sogar asphaltiert. Man kann auf ihr marschieren, und das bedeutet, ohne auf die Bodenbeschaffenheit zu achten, in die Welt hineinstoßen. Die Hindernislosigkeit des ebenen Bodens ist immer schon vorausgesetzt, nicht anders als beim Bürgersteig der Städte. Die Straße ist ein durch und durch künstlich hergestelltes Ding. Sie wird darum in Heideggers zugespitzter Sprache mit Recht als „Zeug zum Gehen“[144] und mehr noch als Zeug zum Fahren bezeichnet. Sie ist als Werk der Technik durch eine scharfe Grenze aus der Natur herausgehoben. Der Straßenbelag trennt den Fuß vom Erdboden. Der Straßenrand zeichnet sich scharf ab: Was jenseits liegt, ist für den, der die Straße benutzt, eine andre Welt, ein wie durch eine gläserne Wand von ihm getrennter bloßer

[144] M. Heidegger, Sein und Zeit. S. 107.

Anblick und verblaßt mit steigender Fahrgeschwindigkeit immer mehr zum bloßen Panorama.

Der Wanderpfad ist in allem das Gegenteil. Er will nicht sein Ziel auf dem nächsten Wege erreichen. Er windet sich durch die Landschaft, weicht einem Hindernis aus und schmiegt sich den Geländeformen an, wo der Straßenbauer sie durch einen entschiedenen Eingriff vergewaltigt hätte. Hier ist der Boden nicht künstlich zubereitet. Das Äußerste sind ein paar Steine, die über eine sumpfige Stelle gelegt sind, um trocken darüber hinweg zu kommen, oder ein Steg über einem Bach. Darum muß sich der Wanderer dem Boden anpassen. Er kann nicht mehr im gleichmäßigen Schritt, taktmäßig, wie beim Marschieren, darüber hinweggehen. Linschoten hat dies sehr glücklich dargestellt: „Der Sand, der Felsenpfad, der natürliche Boden nehmen schon deshalb den Wanderer auf, weil sie ihn zwingen, den Schritt jeden Augenblick zu wechseln, den Fuß dem Boden anzuschmiegen. Der Wanderer paßt sich geschmeidig an, er fügt sich der Landschaft; wer im Gehen den Fuß verrenkt, hat die Landschaft nicht richtig verstanden. Kurze oder lange Schritte macht man je nach der Beschaffenheit des Bodens und in lebendiger Einheit mit diesem. Das Wandern fließt unregelmäßig wie ein Bach über das unebene Flußbett hin.“[145] Darum aber ist der Wanderer nicht mehr von der Landschaft getrennt, sie ist nicht mehr ein Bild, das an ihm vorüberzieht, sondern er wandert wirklich durch die Landschaft hindurch, er wird ein Teil von ihr, wird ganz in sie aufgenommen.

3. Ziellosigkeit und Zeitlosigkeit

Darin sind die Wesenszüge des Wanderns schon deutlich herausgehoben. Das eine ist die Zweckfreiheit. Der Mensch will wandern. Er will heraus aus seiner sonstigen Alltagswelt. Er sucht sich die Gegend aus, in der er wandern will, aber nicht das Ziel, zu dem er wandert (oder dies doch wenigstens erst sekundär). Die Zweckentbundenheit ist der beherrschende Wesenszug des Wanderns. Der Wanderer will wandern, unterwegs sein, aber er will nicht irgendwo hin gelangen. Ich erinnere an den Anfang von Eichendorffs „Taugenichts«, als dieser in den frischen Morgen hineinzieht: „Ich hatte recht meine heimliche Freude, als ich da alle meine alten Bekannten und Kameraden rechts und links wie gestern und vorgestern und immerdar, zur Arbeit hinausziehen, graben und pflügen sah, während ich so in die freie Welt hinaus strich. ... Mir war es wie ein ewiger Sonntag im Gemüte.“[146] Es ist die Befreiung von den Mühen und Sorgen des Alltags, der Gegensatz zwischen der geregelten zweckhaften Arbeit des Alltags und dem sorgenfreien unbeschwerten Wandern. Und als ihn dann die beiden Damen im Wagen fragen, wohin er schon so früh hinauswolle, „da schämte ich mich, daß

---

145 J. Linschoten, S. 254.
146 J. Freiherr v. Eichendorff, II 349f.

ich das selber nicht wußte, und sagte dreist ‚Nach Wien'", worauf sie ihn dann prompt in ihrem Wagen nach Wien mitnehmen.

Mit dieser Zwecklosigkeit des Wanderns verbindet sich sodann die Ziellosigkeit. Er wandert, ohne von einem Ziel zu wissen, so wie er denn auch sagt:

> Wem Gott will rechte Gunst erweisen,
> den schickt er in die weite Welt ... .[147]

Erst die von außen unvermutet an ihn gerichtete Frage macht ihm diese Ziellosigkeit bewußt, und er gibt die erste beste Auskunft, nur um nicht dumm dazustehen. Stenzel zitiert in seiner noch genauer zu erwähnenden Arbeit über „die anthropologische Funktion des Wanderns"[148] eine treffende Stelle aus Manfred Hausmann, der von dieser Seite her das zweckgebundene Reisen vom bloßen Wandern abhebt: „Der Wunschtraum eines jeden Reisenden ist die Ankunft. Das Unterwegssein ist nebensächlich, ja überflüssig, ja geradezu verwünscht. Der Wanderer dagegen weiß von keiner Ankunft und von keinem Ziel. Ob er durch Norwegens windstille Täler oder durch die Schrebergärten einer Stadt schlendert ... Er weiß von keinem Warum und von keinem Wohin. Wandern ist unsachlich, zwecklos und ungewiß. Für den Wanderer ist hier nicht die Ankunft wichtig, sondern das Wandern, das Unterwegssein, die Straße."[149]

Das Wandern ist, vom vernünftigen Menschen her gesehen, unvernünftig. Ich gebe als Gegenbeispiel, von der aufklärerisch-vernünftigen Lebenshaltung her gesehen, ein Zeugnis aus Abraham a Santa Claras „Huy und Pfuy der Welt", jenem schönen pädagogischen Bilderbuch mit Lehren für alle Lagen des Lebens. Da heißt es:

> Der anmutvolle Steig reizt oft die Wandersleute,
> der sie doch nebenaus und nicht nach Heimat führt.

Und dem wird dann mit stolzem Nachdruck der Satz entgegengestellt:

> Die Landstraß trüget nicht.[150]

Dieser Satz ist sehr bezeichnend für die Auffassung des „gesunden Menschenverstandes": „Die Landstraß trüget nicht". Ihr können wir uns ruhig überlassen, denn sie führt sicher zum Ziel. Aber auf die Nebenwege soll man sich nicht ein-

---

[147] J. Freiherr v. Eichendorff, I 10.

[148] A. Stenzel, Die anthropologische Funktion des Wanderns und ihre pädagogische Bedeutung, in: Erziehung und Leben, hrsg. von O.F. Bollnow. Heidelberg 1960. S. 96ff.

[149] M. Hausmann, S. 42, zitiert bei Stenzel, S. 102.

[150] Abraham a Santa Clara, Huy und Pfuy der Welt. Nürnberg 1707. S. 43. Vgl. dazu H. v. Einem, Ein Vorläufer Caspar David Friedrichs. Zeitschr. des Deutschen Vereins für Kunstwissenschaft. 7. Bd. 1940. S. 156ff.

lassen, denn sie können sich zu leicht als Abwege erweisen und führen den Menschen in die Irre.[151]

Ganz anders ist es natürlich, wenn man gar keinen Wert darauf legt, ein bestimmtes Ziel in der kürzesten Zeit zu erreichen. Dann können auch Umwege nicht ärgerlich sein; denn sie führen nur tiefer in die Landschaft hinein. Und letztlich ist es ja gleichgültig, wie schnell man weiter kommt. Darum kann man selbst von einem Verirren nicht sinnvoll sprechen, solange der Wanderer abends nur wieder zu einer Unterkunft findet. Sich verirren kann nur, wer von einem bestimmten Weg abirrt. Wer aber nicht auf ein bestimmtes Ziel aus ist, der kann auch keinen Weg verfehlen.

Wenn aber der Wanderer so imstande sein soll, sich ohne Ungeduld den Windungen des unbestimmt verlaufenden Wanderwegs zu überlassen, dann muß er sich selber in einem entsprechenden Zustand befinden, in einem Zustand fehlender Zielstrebigkeit und ruhigen Verweilens im Augenblick. Darin liegt zugleich der zweite Wesenszug, den wir beim Wandern herausgehoben haben: das veränderte Verhältnis zur Zeit. „Der Landweg kennt keine Eile und geht, wie es sich gerade fügt“, sagt Linschoten,[152] und wer sich ihm überläßt, der darf ebenfalls keine Eile haben. Er muß vielmehr Zeit haben, Zeit, sich in die Schönheiten zu versenken, die Blumen und Farne zu betrachten, den kriechenden Käfern und huschenden Eidechsen, den flatternden Faltern und schwirrenden Libellen nachzusehen, den sommerlichen Duft des Thymians oder des Harzes der Kiefernwälder genießerisch einzusaugen, auf das ferne Hämmern des Spechts zu achten oder den Ruf des Kuckucks mitzuzählen, sich vom Plätschern des Bachs oder dem Rauschen der Baumwipfel einschläfern zu lassen usw. Ich brauche die Bilder nicht zu beschwören, die wohl jeder aus der beglückenden Erinnerung ähnlicher Erfahrungen an solchen Wandertagen mitbringt. Zeit und Welt versinken in einem Glück der reinen Gegenwart. Wir erinnern noch einmal an den „Taugenichts“, für den es ein „ewiger Sonntag“ war. Vielleicht wäre es schon zu viel, zu sagen, daß die Zeit überhaupt aufgehört habe, aber sie hat ihren unruhigen, vorwärts ziehenden Charakter verloren. Die Uhr mahnt nicht mehr, indem sie an bevorstehende Forderungen erinnert. Nur am Tageslauf, am Gang der Sonne und der Gestirne, ist die Zeit noch gegenwärtig. Aber das ist im Unterschied zur Hast der Landstraße ein andrer, ruhiger und beruhigender Rhythmus, von dem der Mensch hier aufgenommen wird.

---

151 Das hängt noch mit etwas zusammen, was man die Vernunft der Straße nennen könnte. Sie weiß am besten, wie man ein Ziel erreicht. Auch wenn sie scheinbar einen großen Umweg macht, hat sie schon ihre Gründe. Und mancher, der ein schönes Stück Weges hat abschneiden wollen, indem er einen vermeintlichen Abkürzungsweg einschlug, hat es schon sehr bedauert; denn er stieß dabei auf Hindernisse, mit denen er vorher nicht gerechnet hatte, kam nur mühsam durch oder mußte sogar umkehren. Die Landstraße hatte es eben besser gewußt, und ihr hätte er sich anvertrauen sollen.

152 J. Linschoten, S. 255.

4. Das Glück des Aufbruchs

Damit sind wir von der Beschreibung der Phänomene zu der Frage zurückgeführt: Warum wandert überhaupt der Mensch? Was ist es, das ihn so unwiderstehlich zum Wandern verlockt? Und woran liegt es, daß grade der moderne Mensch diese Lust am Wandern verspürt? In der Beschreibung hatten sich immer die Züge der Ziellosigkeit, der Zweckfreiheit, der Zeitlosigkeit aufgedrängt. Von hier aus verstehen wir am besten die Lebensfunktion des Wanderns, grade für den modernen zivilisatorischen Menschen. Das Wandern ist die Form, in der der Mensch aus der übergroß gewordenen Zweckhaftigkeit seines Daseins auszubrechen versucht. Das Wandern ist, so können wir ruhig sagen, schon eine Flucht: Weil der Mensch aus der Enge der Städte, aus der Hast des zivilisatorischen Daseins herausstrebt, darum beginnt er zu wandern. Und insofern ist es kein Zufall, daß grade in der Großstadt Berlin um die Jahrhundertwende der Wandervogel entstanden ist.

Wandern ist Befreiung aus der Enge, Durchbruch ins Freie. Darum singt der Wanderer im Bewußtsein seiner überlegenen Leichtigkeit:

> Da bleibe, wer Lust hat, mit Sorgen zu Haus!

Die Welt der Sorgen, die Welt des ermüdenden beruflichen Alltags hat er hinter sich gelassen. Er verachtet den „Spießer". So fühlte sich schon der „Taugenichts" über die an ihre gewohnte Arbeit ziehenden Kameraden erhaben. Wandern ist ein Abschütteln der Fesseln. So voller überquellender Lebenslust heißt es bei Eichendorff:

> Das soll ein Reisen werden
> durch Wald und grünen Plan.
> Das heißt ein herrlich Leben! ...
> Die Welt ist auf getan.[153]

Dieses letzte Wort bezeichnet sehr glücklich das Raumgefühl einer sich morgendlich neu eröffnenden Weite. „Die Welt ist auf getan". Es liegt am Menschen, im Bewußtsein seiner überquellenden Kraft in diese Weiten vorzustoßen.

5. Die Rückkehr zum Ursprung

Aber Wandern ist mehr als dieses morgendliche Gefühl der Freiheit, und in der Beschreibung des sich schlängelnden Pfades hatte sich die Zweckentbundenheit des Wanderns schon in einem tieferen Sinn offenbart. Es ist nicht eigentlich das Glück eines in die unendliche Ferne strebenden Aufbruchs. Der Wanderer ist gar nicht mehr so eilig in die Ferne, sobald er einmal von der Landschaft aufgenom-

---

153 J. Freiherr v. Eichendorff, zitiert nach Stenzel, S. 108.

men ist. Linschoten, dessen tief gesehener Deutung wir uns hier nähern, verweist auf Rilkes „chemins qui ne mènent nulle part",[154] auf seinen

> chemin qui tourne et joue
> le long de la vigne penchée,[154]

um in seiner eignen Beschreibung fortzufahren: „Der Waldweg, der Pfad sind bei sich heimisch, sie verlängern sich nicht, sondern kreisen um ihren Kern. Sie umfassen die Landschaft, so wie umgekehrt die Landschaft sie einschließt ... Der Landweg ist ein organischer Teil der Landschaft und ist in der Immanenz eines Ganzen eingeschlossen, das nicht sich selbst flieht, nicht an sich vorbeigeht, weil es keine Ziele stellt und sich deshalb nicht von sich selbst entfernen kann. Die Landschaft erblüht, ohne je die eigenen Grenzen zu überschreiten."[155] Das Wesen der Straße, in die unendliche Ferne weiter und immer weiter zu ziehen, ihre über jedes konkrete Ziel hinausweisende „Transzendenz" berührt den Wanderer nicht mehr. Seine Wege sind „bei sich heimisch", sie „verlängern sich nicht, sondern kreisen um ihren Kern". So heißt es an einer andern Stelle: „Wandern ist Kreisen um den Gleichgewichtspunkt der durch die Landschaft hindurch sich offenbarenden Innigkeit."[156] Und wiederum, „daß der Landweg sich in der Innigkeit der Landschaft verwirklicht". Er spricht von der „Häuslichkeit der Landschaft."[157]

In immer neuen Wendungen versucht er das eigentliche Glück des Wanderns zu umschreiben, und immer wieder drängt sich dabei das Wort „Innigkeit" auf. Was dieses Rätselwort bedeutet, wird nicht mehr genauer erläutert. Sicher hängt es eng mit dem zusammen, was Kunz als die „Inständigkeit der Ferne" bezeichnet hatte,[158] wie wir uns überhaupt in einer großen Nähe zu den Gedankengängen von Kunz befinden. Innigkeit meint jedenfalls so etwas wie eine herzliche Vertrautheit. Aber es wird hier nicht einfach das Verhältnis zur Natur als innig bezeichnet, sondern der Landschaft selber wird die Innigkeit zugesprochen. Innig, herkommend von „inne" heißt zunächst im wörtlichen Sinn so viel wie inwendig. Es bezeichnet also die Heimlichkeit, in der die Landschaft in sich selbst ruht. Und doch fährt Linschoten fort: „Die Innigkeit, das traute Heim, dem man entgegenstrebt, liegt nicht im Bereich der wandernden Füße."[159] Das bedeutet: das Ziel des Wanderns ist überhaupt nicht im Raum zu erreichen. Das heißt gewiß nicht, daß das Ziel überhaupt unerreichbar wäre, nur in der ewig unerfüllten Sehnsucht anzustreben. Das Ziel liegt vielmehr im Menschen selber, in seiner befriedeten Seelenverfassung. In ihr gründet das Glück des Wanderns.

---

[154] R.M. Rilke. Gedichte in französischer Sprache. 1949. S. 65, S. 59.
[155] J. Linschoten, S. 252f.
[156] S. 255.
[157] S. 253.
[158] H. Kunz, S. 293.
[159] J. Linschoten, S. 255.

Hier entspringt dann der tiefsinnige Satz: „Es ist im richtigen Wandern etwas wie eine Rückkehr zum uralten innigen Glück, wie dies nur in der Wolke der Erinnerung, dann aber zugleich als Vorbote einer künftigen Erfüllung erscheinen kann. Die auf den eigenen geheimen Mittelpunkt zentrierte Landschaft offenbart sich nur dem, der im Wandern zurückkehrt zum ‚Grund aller Dinge'."[160] Und Linschoten fährt an anderer Stelle fort: „Wenn das Wandern eine Rückkehr ist zur Stille und Ruhe der Natur, und im tiefsten Sinne eine Einkehr in die Immanenz der Landschaft, so ist der Fußweg ein Weg-Zurück, ein Weg, auf dem man in das traute Heim zurückkehrt."[161] Wir achten hier auf die eine Bestimmung, die in verschiedenen Wendungen mehrfach anklingt: Die „Rückkehr zum uralten innigen Glück", die Rückkehr zum „Grund aller Dinge", der „Weg-Zurück", der in das „traute Heim" führt. Es ist das uralte romantische Grundproblem, das von Novalis herkommend wieder durchbricht, der Weg zurück, der Weg zum Ursprung, zu den Ursprüngen des menschlichen Lebens. Aber was dort als unerreichbares Ziel der Sehnsucht vorschwebt, hier ist es erfüllt, der Mensch ist zurückgekehrt. Darum kann hier von einem „trauten Heim" die Rede sein.

Aber auf der andern Seite ist diese Form der Rückkehr nicht räumlich zu verstehen. Es ist eine Rückkehr im Menschen selber, eine Rückkehr zu den Ursprüngen des Seins und zum „Grund aller Dinge". Wenn dabei notwendig auch die Erinnerungen an die Kindheit anklingen, so ist es darüber hinaus doch die Rückkehr zu einer tieferen Wesensschicht, wo der Mensch noch „vor" der technischen Weltbewältigung und der in ihr vollzogenen Trennung von Subjekt und Gegenstand, noch „vor" der rationalen Durchdringung, noch „vor" der Welt des Berufs und der Technik lebt – mit einem Wort: noch vor der Selbstentfremdung, noch vor der Erstarrung und Verfestigung. Es ist eine Verjüngung seines ganzen Wesens, die der Mensch im Wandern erfährt.

6. Die Funktion des Wanderns

Daher rührt die ungeheure Bedeutung des Wanderns für das menschliche Leben. So wie der Antäus der griechischen Sage in der Berührung mit der Mutter Erde immer neue Kraft gewinnt, so verjüngt sich der Mensch im Wandern. Und weil der Mensch allgemein ein Wesen ist, das nur in einer beständig wiederholten Verjüngung sein Wesen erfüllen kann,[162] so gewinnt das Wandern eine ungeheure „anthropologische" Bedeutung. Indem der Mensch im zeit- und zweckenthobenen Wandern ganz aus der ständig vorwärts drängenden Hast seines All-

160 S. 256.

161 S. 257.

162 Zu Fröbels „Erneuung des Lebens" vgl. O.F. Bollnow, Von Arndt bis Fröbel. Die Pädagogik der deutschen Romantik. Stuttgart 1942. S. 222f., sowie H. Lenzen, Verjüngung als pädagogisches Problem, nach Herders Lebenswerk. Diss. Mainz 1953.

tagslebens zurücktritt, gewinnt er wieder Kontakt mit einem tieferen, im Zeitlosen ruhenden Lebensgrund.[163]

Das hat Stenzel in seiner schon genannten Arbeit sehr schön herausgearbeitet: Indem der Mensch aus dem differenzierten und spezialisierten und darum weitgehend veräußerlichten Dasein seines Berufslebens in diesen noch undifferenzierten, aber (noch) lebendigen Grund zurückkehrt, wird er nicht nur selber verjüngt, sondern gewinnt auch zur Welt ein neues, innigeres Verhältnis, und die im technischen Zeugzusammenhang erstarrten Dinge offenbaren sich wieder in ihrem eignen Leben. Das ist der Sinn der Linschotenschen „Innigkeit". So faßt auch Stenzel zusammen, was als „Freude an der Natur" meist viel zu äußerlich gefaßt wird: „Es handelt sich beim Erleben der Natur, wie es sich im Wandern vollzieht, nicht mehr um den wissenschaftlichen Bezug zur Natur, sondern um ein viel ursprünglicheres Verhältnis von mehr ästhetischem Charakter". Und er schränkt auch das sogleich ein: „Allerdings trifft auch die Bezeichnung ‚ästhetisch' nur eine Äußerlichkeit an diesem Verhältnis. Vielmehr können wir sagen, daß es sich in diesem Bezug um ein unmittelbares Seins- und Wirklichkeitsverhältnis handelt. So fällt von hier aus wieder auf die Leistung der ‚Rückkehr zum Ursprung' neues Licht. Wenn der Mensch aus den Untergründen und Ursprüngen des Lebens heraus lebt, so erhält all das, was vorher als totes und veräußerlichtes Dasein erschien, neues, nunmehr echtes Leben, es wird ‚verinnerlicht', indem es ständig in Beziehung zum innersten, ursprünglichen Untergrund des Lebens, aus dem es herausgewachsen ist, gesehen wird."[164]

Der Frage des sich im Wandern erschließenden Naturverhältnisses dürfen wir hier, wo es sich nur um das Raumproblem handelt, nicht weiter nachgehen. Aber in dieser Beziehung ist eben wichtig, wie ein bestimmtes Verhalten im Raum und zum Raum, nämlich das Wandern auf dem stillen Pfad, sich auf die Gesamtverfassung des Menschen auswirkt, so daß wir auch hier wieder auf die enge Verbindung zwischen innerem Wesen und räumlicher Befindlichkeit des Menschen stoßen, ein neuer Hinweis darauf, wie raumbezogen von vorn herein das Wesen des Menschen ist.

Doch ist hier eine Ergänzung notwendig, damit der Hinweis auf die hohe Bedeutung des Wanderns nicht mißverstanden wird. Die hier beglückend erfahrene Rückkehr zum Ursprung kann nicht bedeuten, daß der Mensch in diesem Ursprungsstadium verharren sollte und daß alle weitere Entwicklung nur als Abfall von seinem ursprünglichen Wesen zu verstehen sei. Wenn hier von der hohen anthropologischen Bedeutung des Wanderns gesprochen wird, so kann das nicht heißen, daß der Mensch jetzt sein Leben lang ziellos in der Welt herumwandern sollte, daß also der Vagabund das Ideal des menschlichen Lebens sei. Damit wäre die Sphäre der Arbeit und des Berufs und der sich aus ihnen erge-

---

163 Vgl. O.F. Bollnow, Neue Geborgenheit. Das Problem einer Überwindung des Existentialismus. 2. Aufl. Stuttgart 1958.

164 A. Stenzel, S. 116f.

benden modernen technisierten und industrialisierten Welt, aus der der Mensch gar nicht mehr heraus kann und heraus soll, gründlich verkannt. Es wäre überhaupt der eigentliche Ernst des Lebens verfehlt. Der Mensch würde sich selber entgleiten. Hier hat die Jugendbewegung vielfach geirrt, indem sie das Wandern als einen Dauerzustand nahm. Aber wie das Wandern von Anfang an nur als Gegenbewegung gegen eine verfestigte Lebensordnung entstanden war, so bleibt es auch später in seinem Wesen auf diese bezogen. Das bedeutet, etwas zugespitzt ausgedrückt: Das Wandern ist eine Ferienbeschäftigung, d.h. eine wesensmäßig vorübergehende Entlassung aus dem Ernst des Berufslebens. In dieser Rückkehr zum Ursprung, die das Wandern in der Tat seinem tiefsten Wesen zufolge ist, soll der Mensch sich regenerieren, sich verjüngen, aber eben so sehr soll er dann auch verjüngt wieder zurückkehren in den Ernst seines Lebens, um dort seine Aufgaben zu erfüllen. Worauf es ankommt, ist die Polarität zwischen den beiden Möglichkeiten und innerhalb dieser Polarität das oft verkannte Recht der Muße zu sehen, die eben nicht nur Entspannung und Erholung ist, sondern Wesenserfüllung des Menschen in seinem tieferen Sein. Innerhalb der sinnvoll verstandenen Muße enthält dann auch das Wandern seine große Bedeutung im Gesamtzusammenhang des menschlichen Lebens.

III. Die Geborgenheit des Hauses

1. Die Bedeutung des Hauses

1. Das Haus als Mitte der Welt

Ausgehend von der Grunddynamik des menschlichen Lebens im Fortgehen und Zurückkehren hatten wir uns (in einseitiger, aber unvermeidbarer Abstraktion) zunächst dem einen Bereich des dadurch gegliederten Raums zugewandt: der Welt da draußen in ihrer ganzen Weite, mit ihren Grundrichtungen und Weltgegenden, mit ihren Wegen und Straßen, und hatten einige Grundzüge ihrer Gliederung zu entfalten versucht. Aber in dieser Welt allein kann der Mensch nicht leben. Er würde seinen Halt verlieren, wenn er nicht einen festen Bezugspunkt hätte, auf den alle seine Wege bezogen sind, von dem sie ausgehen und zu dem sie zurückkehren. Damit rückt das Problem der Mitte des erlebten Raums, das wir nach den ersten einleitenden Überlegungen zeitweilig fast aus dem Auge verloren hatten, erneut in den Vordergrund. Der Mensch braucht eine solche Mitte, in der er im Raum verwurzelt ist und auf die alle seine Verhältnisse im Raum bezogen sind.

Aber es ist hier nicht anders als bei der Frage nach den Weltgegenden: Die mythische Auffassung, die in einem „objektiven" Sinn die Mitte der Welt in den Wohnsitz des eignen Volkes verlegte und sie dort in einem sakral herausgehobenen Punkt unmittelbar anschaulich symbolisierte, konnte sich nur so lange behaupten, als die Kenntnis der Erdoberfläche verhältnismäßig beschränkt war. Sie ließ sich nicht mehr aufrecht erhalten, als die neuen Kontinente entdeckt und die Kugelgestalt der Erde offenbar geworden war. Denn da ist kein Land mehr vor dem andern ausgezeichnet, und alle Punkte der Erdoberfläche (wenn wir die Pole als praktisch außerhalb des erlebten Raums gelegen beiseite lassen) sind grundsätzlich gleichberechtigt. Aber wenn so eine als objektiv bestehend angenommene Mitte des Raums verloren gegangen ist, so bleibt das Leben des Menschen doch weiterhin auf eine solche Mitte bezogen. Das ist der Ort, wo er in seiner Welt „wohnt", wo er „zu Hause" ist und wohin er immer wieder „heimkehren" kann. Und wie bei der Frage nach den Weltgegenden allgemein ist es auch hier bei der Mitte: Die mythischen Anschauungen zeigen uns in einem vergrößerten Maßstab, was in kleinerer und darum schwer erkennbarer Form auch im Aufbau unsres eignen erlebten Raums enthalten ist. Auch er ist heute noch auf eine Mitte bezogen und von einer Mitte her aufgebaut, auch wenn diese Mitte heute stärker auf den einzelnen Menschen bezogen ist. Es ist das Haus, in dem er wohnt. Sein Haus wird zur konkreten Mitte seiner Welt.

Sehr schön heißt es in einer nachdenklich machenden Hausinschrift, die Hermann Broch einmal entworfen hat:

In der Mitte aller Ferne
steht dies Haus,
drum hab es gerne.[165]

Zur Begründung für das Gernhaben, also den menschlichen Wert des Hauses wird angeführt, daß es in der Mitte aller Ferne steht. Das bedeutet zunächst in dem hier entwickelten Sinn, daß das Haus in der Mitte der Welt steht. Es bezeichnet den Bezirk des Nahen und Vertrauten, um den sich rings die Ferne lagert. Das Haus selber steht im Gegensatz zur Ferne, als das eigenst Zugehörige, und darum soll man es lieben. Aber das Wort hat zugleich einen tiefen Doppelsinn: Die „Mitte aller Ferne", das kann zugleich bedeuten: dort, wo die Ferne am dichtesten, am „fernsten" ist, im eigentlichen Herz der Ferne. Das eigne Haus, scheinbar das Nächste und Selbstverständlichste, ist in Wirklichkeit schon das Fernste, und weil man im Bewohnen des Hauses selber schon in der Ferne ist, darum ist es verwundbar und bedarf des Gernhabens.

Allerdings ist der heutige Mensch, wenn er sein Haus als die Mitte der Welt betrachtet, dem mythischen Weltbild gegenüber in einem erheblichen Nachteil. Für den mythischen Menschen war die Mitte der Welt objektiv verwurzelt durch den Bezug auf die feststehende Mitte des Raums überhaupt. Für ihn war daher das Wohnen kein Problem. Seitdem aber diese objektive Mitte verloren gegangen ist, fällt auch die Verankerung in einem objektiven System fort. Es entsteht die Gefahr der Entwurzelung. Der Mensch wird heimatlos auf der Erde, weil er an keinen Ort mehr besonders gebunden ist. Er wird zum ewigen Flüchtling in einer bedrohlich auf ihn eindringenden Welt. Das ist in der Tat die Gefahr des modernen Menschen. Aber daraus entsteht auch umgekehrt wieder seine Aufgabe. Wenn es wichtig ist, daß der Mensch in seinem Raum wieder eine solche Mitte findet, wenn, wie noch zu zeigen ist, die Erfüllung seines Wesens an das Vorhandensein einer solchen Mitte gebunden ist, dann findet er diese Mitte nicht mehr als etwas Gegebenes vor, sondern er muß sie erst schaffen und sich von sich aus in ihr begründen und sie gegen jeden Angriff von außen verteidigen. Diese Mitte zu schaffen wird so zur entscheidenden menschlichen Aufgabe. Und diese erfüllt er im Errichten und Bewohnen seines Hauses. Dazu aber genügt nicht der äußere Besitz einer Wohnung. Es kommt vielmehr auf das innere Verhältnis zu ihr an, damit sie diese ihre haltgebende Leistung erfüllen kann. Das ist, was Heidegger im Auge hat, wenn er einmal sagt, daß die Menschen das Wohnen erst lernen müssen.[166] Damit rückt jetzt das Problem des Hauses und des Wohnens in den Mittelpunkt unsrer Untersuchungen über den erlebten Raum.

---

165 H. Broch, Gedichte. Zürich 1953. S. 68.

166 M. Heidegger, Bauen, Wohnen, Denken, in: Vorträge und Aufsätze. Pfullingen 1954. S. 145ff., S. 162.

2. Das Wohnen

Die Weise, wie der Mensch in seinem Hause lebt, bezeichnen wir als wohnen. Und so werden wir zunächst diesem Begriff nachgehen müssen, wenn wir das Verhältnis des Menschen zu seinem Haus bestimmen wollen. Das Wohnen ist eine Grundverfassung des menschlichen Lebens, die erst langsam in ihrer vollen Bedeutung erkannt wird. Der Mensch wohnt in seinem Hause. Er wohnt in einem allgemeineren Sinn auch in der Stadt. Aber Wohnen ist mehr als bloßes Sein oder Sich-befinden; denn diese beiden stehen zum Raum nur in einem äußeren Verhältnis. Der Existentialist, wenn wir uns an ihm eine äußerste Möglichkeit des menschlichen Daseins verdeutlichen, kennt kein Wohnen. In die Welt „geworfen", wie der bezeichnende Grundbegriff heißt, findet er sich an einer grundsätzlich beliebigen Stelle, die er sich nicht ausgesucht hat und die ihm wesensfremd bleibt. Er kennt die Welt nur als Druck der beengenden Situation. So bleibt er auf der Erde ein ewiger Fremdling, an keinen Ort besonders gebunden, immer unterwegs, aber niemals am Ziel.

Wohnen aber heißt, an einem bestimmten Ort zu Hause sein, in ihm verwurzelt sein und an ihn hingehören. Darum ist es in der Entwicklung der geistigen Bewegung der Gegenwart, insbesondre in ihrer Auseinandersetzung mit dem Existentialismus, so wichtig, wie der Begriff des Wohnens neuerdings in den Vordergrund drängt, wie er von verschiedenen Autoren aufgenommen wird, zum Teil vielleicht sogar ihnen selber unbewußt in ihren Sprachgebrauch eingeht und dabei oft eine weitere Bedeutung gewinnt, die nicht mehr auf das Wohnen in einem Haus beschränkt ist. Eben darum scheint dieser Begriff aber auch besonders geeignet, eine tiefgreifende allgemeine Veränderung im Raumgefühl zu bezeichnen, die aus der Auseinandersetzung mit dem Existentialismus hervorgeht. Der Mensch lernt wieder in seiner Welt zu wohnen.

Als erster hatte wohl Saint-Exupéry in seiner „Citadelle", der „Stadt in der Wüste", die Bedeutung des Wohnens hervorgehoben. „Ich habe eine große Wahrheit entdeckt", so heißt es dort, nämlich „zu wissen, daß die Menschen wohnen, und daß sich der Sinn der Dinge für sie wandelt je nach dem Sinn ihres Hauses."[167] Das Wohnen ist hier also nicht mehr eine beliebige Tätigkeit neben manchen andern, sondern ist eine Wesensbestimmung des Menschen, die über sein Verhältnis zur Welt im ganzen entscheidet. Mit Stolz sagt hier der fiktive Held seiner Betrachtungen: „Vor allem bin ich einer, der wohnt",[168] denn nur im Wohnen kann der Mensch, wie hier gezeigt wird, zur Erfüllung seines wahren Wesens gelangen.

Saint-Exupéry begegnet sich hier mit Heidegger, der in seinem Darmstädter Vortrag über „Bauen, Wohnen, Denken", von einer ganz andern Seite herkom-

---

[167] A. de Saint-Exupéry, Citadelle. Paris 1948. Die Stadt in der Wüste, übers. von O. v. Nostitz. Bad Salzig und Düsseldorf 1951. S. 36.

[168] S. 36. Gegenüber der Übersetzung ist der für uns wichtige französische Begriff habiter = wohnen wiederhergestellt.

mend, formuliert: „Mensch sein, heißt: als Sterblicher auf der Erde sein, heißt: wohnen.“[169] Das Wesen des Menschen im ganzen wird hier also vom Wohnen her bestimmt.

Seitdem hat Bachelard in seiner „Poetik des Raumes“ der „Urfunktion des Wohnens“, so wie er sie im Hause verkörpert sieht, eine eindringliche Untersuchung gewidmet, die wir im einzelnen noch aufzunehmen haben.

Vor allem aber ist hier Merleau-Ponty zu nennen, bei dem das Wort wohnen (habiter) gradezu als Schlüsselwort erscheint, in dem sich sein Weltverhältnis im ganzen abspiegelt. Und zwar gebraucht er es nicht nur, um das Verhältnis des Menschen zu seinem Haus zu bezeichnen, sondern er benutzt zugleich das darin gewonnene Verständnis, um das Verhältnis des Menschen zur Welt im ganzen zu bezeichnen. So spricht er davon, daß wir die Welt und die Dinge in ihr, aber in einem allgemeineren Sinn auch den Raum und die Zeit und das Sein überhaupt bewohnen. Darum müssen wir fragen: Welches ist dieses neue Verhältnis zur Welt, zu dessen Bezeichnung sich der Begriff des Wohnens aufdrängt?

Für das Verständnis der Wortbedeutung von „wohnen“ ist zunächst wieder ein Hinweis auf die Sprachgeschichte hilfreich. Das Wort hat sich nämlich erst nachträglich aus der allgemeinen Grundbedeutung im Sinn von „sich behagen, zufrieden sein“ zu der räumlichen Bestimmung als „verweilen, bleiben, sich befinden“ entwickelt, und auch dabei war zunächst die heutige Grundbedeutung im Sinne eines bleibenden Wohnsitzes noch selten, sondern das Wort bezeichnete zunächst nur das Verweilen an einem bestimmten Ort in einem allgemeinen Sinn. So ist das Wohnzimmer der Raum, in dem sich die Familie den Tag über aufzuhalten pflegt. Ähnlich kann das Wort zugleich im christlichen Bereich wichtig werden, wenn es heißt: „Das Wort ward Fleisch und wohnte unter uns.“[170] Im Wohnen wird auch hier das vertraute, enge Verhältnis bezeichnet. Diese Bedeutung ist auch im Kompositum „innewohnen“ enthalten. So wird auch das Wort „Wohnung“ zunächst in einem abstrakten Sinn gebraucht. Es bezeichnet den Aufenthalt, den der Mensch an einer bestimmten Stelle nimmt, und wird erst nachträglich auf den konkreten Raumkomplex, in dem er wohnt, übertragen. In diesem Sinn bedeutet das Wort „Wohnung“ dann heute zumeist den von einer Familie bewohnten, in sich abgeschlossenen Teil eines Hauses. In einem größeren Haus gibt es verschiedene Wohnungen.

Das Wohnen berührt sich so eng mit dem Aufenthalt. Auch in diesem Fall ist ein kurzer Hinweis auf die Wortgeschichte aufschlußreich. Aus der Vorsilbe „ent“, die u.a. so viel wie „wider“ bedeuten kann, erklärt sich „sich enthalten“ im Sinn von „Widerstand leisten“, und das wird dann verdeutlicht zu einem „sich aufenthalten“ als „aufrecht bleiben, ohne Wanken widerstehen“. Diese Wendung bezieht sich zunächst auf das Verhalten eines Einzelkämpfers, der sich nicht zu

---

[169] M. Heidegger, S. 147.

[170] Johannes 1, 4.

Fall bringen läßt, dann auch auf eine Kämpferschar und endlich auf eine Burg, die sich ihrer Feinde erwehrt. So heißt es etwa bei Dürer: „ein fest Schloß zu bauen, daraus man sich in der Not der Feinde erwehren und aufenthalten möge."[171] Der Aufenthalt ist also zunächst der Ort, an dem man sich gegen den Feind behaupten kann, und erst von da aus in einem abgeblaßten Sinn ein Ort, an dem man längere Zeit verweilt. Auch dies ist ein nützlicher Hinweis, denn er macht darauf aufmerksam, daß das Verweilen am Ort dem Menschen nicht ohne weiteres geschenkt wird, sondern erst gegen einen andrängenden Feind behauptet werden muß. Das ist eine Bedeutung, die heute dann weitgehend auf das Wort „wohnen" übergegangen ist.

Das bedeutet dann: Damit der Mensch auf der Erde an einem festen Ort wohnen kann, genügt es nicht, sich flüchtig nur irgendwo niederzulassen, sondern es bedarf erst einer besonderen Anstrengung. Der Mensch muß sich an diesem Punkt im Boden gründen, er muß sich hier gewissermaßen festkrallen, um sich gegen den Ansturm der Welt, die ihn dort wieder verdrängen will, behaupten zu können. Das ist das Moment, das in der Sprachgeschichte des Wortes Aufenthalt zum Ausdruck kam. Diese Seite hat Saint-Exupéry in dem genannten Werk mit aller Schärfe herausgearbeitet. „Ich bin ein Städtebauer", so heißt es da, „ich habe die Karawane auf ihrem Wege angehalten. Sie war nur ein Samen im Treiben des Windes ... Ich aber widerstehe dem Wind und grabe den Samen in die Erde ein, damit die Zedern zum Ruhme Gottes emporwachsen."[172] Damit ist das Entscheidende klar ausgesprochen: Nur in der Verwurzelung an einem bestimmten Ort kann der Mensch die Festigkeit gewinnen, die es ihm erlaubt, sich gegenüber dem Ansturm der „Wüste", d.h. der alles zerstörenden Zeit, zu behaupten.

Wohnen heißt also: eine feste Stelle im Raum haben, an diese Stelle hingehören und in ihr verwurzelt sein. Damit aber der Mensch an dieser Stelle verweilen, damit es ihm hier behagen kann, darf der „Ort" des Wohnens nicht als ein bloßer Punkt aufgefaßt werden, so wie wir zunächst von einem natürlichen Mittelpunkt des erlebten Raums gesprochen hatten, auf den alle seine Wege bezogen seien. Um dort in Muße wohnen zu können, bedarf diese Stelle einer gewissen Ausdehnung. Der Mensch muß sich dort in einem gewissen Bereich bewegen können. Das Wohnen erfordert einen bestimmten Wohnraum. Ich spreche in diesem Sinn von einer Wohnung, ohne damit über die Art dieser Wohnung mehr auszusagen, als daß sie der räumliche Bereich des Wohnens sei.

---

171 Beleg aus dem Trübnerschen Wörterbuch.

172 A. de Saint-Exupéry, S. 32.

3. Der Raum der Geborgenheit

Damit aber der Mensch in seiner Wohnung zu wohnen vermag, damit er gegenüber dem Ansturm der Welt hier einen festen Halt, seine Sicherheit und seinen Frieden finden kann, dazu bedarf es der Sicherung dieses Bereichs durch geeignete Mittel. So heißt es auch bei Saint-Exupéry, daß feste Dämme notwendig sind, ohne die sich nicht leben läßt. Und so hängt ja auch im Gebrauch der deutschen Sprache, worauf schon Heidegger hingewiesen hat, der „Frieden", in dem man wohnt, mit der „Umfriedung" des Wohnbereichs zusammen. So bedarf es, um in Frieden wohnen zu können, der schützenden Mauern und des bergenden Dachs. Dadurch wird die bloße Wohnung zum Haus im eigentlichen Sinn. Aber mit dem Haus verbinden sich sogleich, was wir für den Augenblick beiseite lassen, die befestigte Stadt und jeder befestigte Raumbereich überhaupt, und zu den Mauern und Dächern treten Zäune und Hecken. Wir beschränken uns zur Vereinfachung zunächst auf das Haus.

Das Haus also ist es, was dem Menschen die Geborgenheit gewährt, und das Problem des Wohnens verdichtet sich zu dem des Hauses. Die Wortgeschichte gibt in diesem Fall wenig zum Verständnis her. Das Haus ist zunächst allgemein ein Mittel zum Bergen, ein Unterschlupf, und verengt sich dann auf das vom Menschen bewohnte Haus. Sprichwörtlich wird es gern in der alliterierenden Wendung von „Haus und Hof" zusammengenommen.

> Ein Haus ist ein gut Sicherheit,
> ein Zuflucht beid zu Freud und Leid,[173]

so heißt es bei Fischart. Hier kann der Mensch sich frei und unbefangen bewegen, hier kann er in Frieden zu sich selber kommen.

Mit den das Haus begrenzenden Mauern, mit den Begrenzungen des Wohngebiets überhaupt entsteht im erlebten Raum ein Element der Unstetigkeit, auf das wir schon einleitend aufmerksam gemacht hatten. Der Raum wird jetzt in zwei scharf geschiedene Bereiche zerlegt. Durch die Mauern des Hauses wird aus dem großen allgemeinen Raum ein besondrer, privater Raum herausgeschnitten und so ein Innenraum von einem Außenraum getrennt. Der Mensch, der nach Simmel allgemein durch die Fähigkeit bestimmt ist, Grenzen zu setzen und zugleich diese Grenzen wieder zu überschreiten, setzt diese Grenzen am sichtbarsten und unmittelbarsten in den Mauern seines Hauses. Diese Doppeltheit von Innen- und Außenraum ist grundlegend für den weiteren Aufbau des gesamten erlebten Raums, ja für das menschliche Leben überhaupt.

Beide Räume haben einen völlig verschiedenen Charakter. Der Außenraum ist der Raum der Tätigkeit in der Welt, in der es stets Widerstände zu überwinden und sich der Gegner zu erwehren gilt, das ist der Raum der Ungeborgenheit,

---

[173] Fischart, Beleg aus dem Grimmschen Wörterbuch, Orthographie dem heutigen Gebrauch angeglichen.

der Gefahren und des Preisgegebenseins. Und gäbe es nur ihn allein, so hätten die Existentialisten recht und der Mensch bliebe in der Tat der ewig gehetzte Flüchtling. Darum braucht er den Raum des Hauses. Das ist der Bereich der Ruhe und des Friedens, in dem der Mensch seine ständig wache Aufmerksamkeit auf eine mögliche Bedrohung aufgeben kann, ein Raum, in dem der Mensch sich zurückziehen und sich entspannen kann. Diesen Frieden dem Menschen zu geben, das ist die oberste Aufgabe des Hauses. Und so sondert sich der Raum der Geborgenheit von dem Raum der Bedrohtheit.

Diese zunächst noch sehr vorläufigen Bestimmungen müssen nach mehreren Seiten hin ergänzt werden, die wir, ohne der späteren Behandlung vorzugreifen, hier wenigstens in einer vorläufigen Weise andeuten:

1. Wenn wir hier in einer zusammenfassenden Weise vom Haus sprechen, so braucht das natürlich kein eigenes Haus im Sinne des Einfamilienhauses zu sein. Es kann unter modernen städtischen Verhältnissen ebensogut eine Etagenwohnung in einem größeren Mietshaus sein. Haus und Wohnung können in diesem Sinn gleichbedeutend gebraucht werden. Ja, es genügt zur Not auch irgend ein bescheidener Winkel. Wie dies Haus oder diese Wohnung im einzelnen aussieht, kann sich unter verschiedenen historischen Verhältnissen wiederum sehr verschieden abwandeln.[174] Das Wesentliche ist die Verfügung über einen dem Menschen zugehörigen Eigenraum, der einen verläßlichen Schutz gegen die Unbilden der Witterung wie gegen die unerwünschte Annäherung fremder Menschen bietet. In diesem Sinn kann auch Zutt, der sich von der medizinischen Seite her mit dem Wohnen beschäftigt hat, zusammenfassen: „Wenn das Fremde feindlich und gefährlich herandrängt, sucht man Schutz und Geborgenheit dort, wo man den gewohnten Frieden hat ... In der gewohnten Wohnung haben wir das Höchstmaß räumlicher Geborgenheit."[175]

2. Wenn wir bisher in einer abstrakten Weise von „dem" Menschen gesprochen haben, der ein Haus nötig hat, so darf man dabei nicht an den einzelnen Menschen denken. Ebensowenig wie ein einzelner Mensch genügt, um das Haus zu bauen, ebensowenig genügt ein einzelner Mensch, um das Haus zu bewohnen. Man wohnt zu mehreren, man wohnt in der Familie, mit den „Seinen", aber getrennt von den „Anderen", den „Fremden."[176]

3. Damit die Wohnung das Gefühl der Geborgenheit vermitteln soll, braucht sie nicht nur nach außen den Schutz, der den Eindringling abwehrt, sondern sie muß auch nach innen hin so durchgeformt sein, daß sie den Bedürfnissen des darin Wohnenden entgegenkommt, so daß ein Geist der Ruhe und des

---

[174] Wie bei Nomadenvölkern auch im vorübergehend aufgeschlagenen Zelt eine solche (wenn auch mit wandernde) Mitte geschaffen wird und wie sich hier die Verhältnisse abwandeln, würde eine eigne Untersuchung erfordern.

[175] J. Zutt, Über Daseinsordnungen. Ihre Bedeutung für die Psychiatrie. Der Nervenarzt. 24. Jahrg. 1953, S. 177ff., S. 184.

[176] Vgl. unten S. 208ff.

Friedens von ihr ausstrahlt. Es entsteht die Frage nach der Wohnlichkeit der Wohnung.[177]

4. Wenn wir bisher von einem scharfen Gegensatz zwischen Innen und Außen, zwischen Haus und Fremde ausgegangen sind, so schieben sich in Wirklichkeit vermittelnde Glieder dazwischen. Wenn der Mensch die Tür seines Hauses oder die Grenzen seines Besitzes verläßt, so kommt er noch nicht in das schlechthin Fremde, sondern er kommt in die gewohnte Straße, in das vertraute Dorf oder die vertraute Stadt. Und auch wenn er diese verläßt, bleibt er zunächst in bekannten Gegenden, ehe er langsam in das ganz Fremde kommt. Das Haus im engeren Sinn liegt also noch eingegliedert in ein größeres Ganzes, in die Heimat, die etwa wie ein erweitertes Haus ist. Haus und Heimat gehören eng zusammen. Aber wenn sich so Zonen der Vertrautheit um das Haus herum und dieses gewissermaßen erweiternd ausbilden, so schaffen sie zwar ein verwickelteres Gefüge, ohne dabei aber den unstetigen Charakter, mit dem sich der Innenraum des Hauses von der Außenwelt abscheidet, aufheben zu können. So ist es berechtigt, wenn wir vereinfachend diese Gliederung beiseite lassen und uns auf das Haus beschränken.

4. Das Glück des Wohnens bei Bachelard

Insbesondre Bachelard hat in seiner schon genannten „Poetik des Raumes" die schützende Funktion des Hauses überzeugend herausgearbeitet. Die „glücklichen Räume", die „geliebten Räume", denen seine Darstellung gilt, das sind die „Besitzräume", d.h. die vom Menschen besessenen und „gegen feindliche Kräfte verteidigten Räume."[178] Das sind die „bewohnten Räume", also die verschiedenen Formen, in denen sich das Haus abwandelt; denn „jeder wirklich bewohnte Raum trägt in sich schon das Wesen des Hausbegriffes."[179] Wohnen und Haus entsprechen bei ihm einander, wenn wir nur den Begriff des Hauses weit genug nehmen. Als erwünschte Bestätigung wie als Erweiterung des bisherigen Ergebnisses sei daher die Bachelardsche Auffassung ein wenig ausführlicher dargestellt, zumal sie zugleich auf eine Fülle von Zeugnissen bei uns sonst verhältnismäßig unbekannter französischer Dichter gestützt ist.

Das Haus hat für Bachelard in erster Linie die Funktion des Bergens und des Schützens. Er spricht von einem „Schutzwert" des Hauses.[180] Das Haus bildet im Leben des Menschen ein „Zentrum der Geborgenheit."[181] Es bildet in sich eine geordnete Sphäre, in der das Chaos der Außenwelt beseitigt ist. „Im Leben

---

177 Vgl. unten S. 117ff.

178 G. Bachelard, Poetik des Raumes. S. 29.

179 S. 37.

180 S. 29.

181 S. 71.

des Menschen schließt das Haus Zufälligkeiten aus."[182] Im Unterschied zum ruhelos schweifenden Leben des Flüchtlings ermöglicht das Haus eine tiefere Stetigkeit im Leben. Es ist ein beharrendes Element. „Es vermehrt seine Bedachtheit auf Kontinuität. Sonst wäre der Mensch ein verstreutes Wesen".[182] Es vermag das Zerstreute zu sammeln und damit den Menschen selber zur Sammlung zu bringen. Bachelard betrachtet es als „eine der großen Integrationsmächte" im Leben des Menschen.[183] So gibt das Haus einen Halt gegenüber allen Angriffen der Außenwelt. „Es hält den Menschen aufrecht durch alle Gewitter des Himmels und des Lebens hindurch."[184] Insbesondre erlaubt es dem Menschen, was für Bachelard die „wertvollste Annehmlichkeit des Hauses" ausmacht, den Träumen der Einbildungskraft nachzugehen. „Das Haus beschützt die Träumerei, das Haus umhegt den Träumer, das Haus erlaubt uns, in Frieden zu träumen."[185] Und aus den Träumen der Einbildungskraft entsteht wiederum das „Traumhaus", jene „Krypta des Elternhauses",[186] in dem sich die Erinnerung an die verschiedenen Wohnungen, in denen der Mensch gelebt hat, vor allem die ersten Erfahrungen des Wohnens im elterlichen Haus zu einem Urbild des Hauses verdichten. „Unser Haus, in seiner latenten Traumgestalt", so faßt er zusammen, „ist ein Nest in der Welt."[187]

Das Urgefühl des Lebens, das das Haus dem Menschen vermittelt, ist nach Bachelard das des Behagens in der Geborgenheit. Er fühlt sich in einem ganz unmittelbaren Sinn wohl in der Wärme seines Nests, dieses gibt ihm ein ganz elementares „Glück des Wohnens", in dem sich der Mensch mit dem Tier verwandt fühlt. Voller Zustimmung führt er einen Ausspruch Vlamincks an: „Das Behagen, das ich vor dem Feuer empfinde, wenn das schlechte Wetter sich draußen austobt, ist eine ganz tierische Empfindung. Die Ratte in ihrem Loch, das Kaninchen in seinem Bau, die Kuh im Stall müssen glücklich sein wie ich."[188] Er preist in diesem Sinn die warme „Mütterlichkeit des Hauses."[189] Er betont in der Auseinandersetzung mit den Existentialisten, daß dies die ursprüngliche Erfahrung des Menschen sei, der gegenüber die Bedrohtheit und Feindlichkeit der äußeren Welt erst etwas Abgeleitetes und zeitlich Späteres sei: „Das Leben beginnt gut, es beginnt umschlossen, umhegt, ganz warm im Schoße des Hauses."[190] Insbesondre die Vorstellung des Winters mit seinem Schnee und Eis steigert den „Intimitätswert" des Hauses. Er zitiert in diesem Zusammenhang Bau-

182 S. 39.
183 S. 38.
184 S. 39.
185 S. 38.
186 S. 48.
187 S. 131.
188 S. 119f.
189 S. 40.
190 S. 39.

delaire: „Vermehrt der Winter nicht die Poesie des Wohnens."[191] Der Träumer „wünscht sich vom Himmel jedes Jahr so viel Schnee, Hagel und Frost wie nur möglich. Er braucht einen kanadischen, einen russischen Winter. Sein Nest wird dadurch wärmer, weicher, liebevoller."[192]

Auf der andern Seite warnt Bachelard davor, in der hier entspringenden „Dialektik von Haus und All" das Kampfmoment zu übersehen, das sich im Widerstand gegen die Naturgewalten offenbart. Unter den vielen dichterischen Zeugnissen, die er zur Stütze seiner Darstellung anführt, ist eines von Henri Bosco besonders fruchtbar, das ein bescheidenes Haus in der Camargue im Kampf mit den Elementen schildert. Die Wichtigkeit für den gegenwärtigen Zusammenhang erfordert es, aus dem dort Zitierten einige Sätze noch einmal anzuführen. „Das Haus kämpfte tapfer", so heißt es hier, „es hielt stand ... (Das Dach) wölbte seinen Rücken und klammerte sich an das alte Balkenwerk. ... Sicherlich hielt es sich im Boden der Insel mit unzerreißbaren Wurzeln fest. ... Das bereits menschliche Wesen, das meinen Körper beschützte, wich nicht vor dem Sturm. ... In dieser Nacht war es wirklich meine Mutter."[193] Es kommt hier also zur „dynamischen Gemeinsamkeit von Mensch und Haus."[194] So hebt es Bachelard heraus: „Das Haus, gegen diese Meute (der Stürme) gestellt ... wird zum eigentlichen Wesen einer reinen Menschlichkeit, das Wesen, das sich verteidigt, ohne jemals für einen Angriff verantwortlich zu sein. (Dieses Haus) ist der Widerstand des Menschen, die Résistance. Es verkörpert den menschlichen Wert, die Größe des Menschen."[195] Das Haus ist also nicht nur äußerer Schutz, sondern auch zugleich Symbol des menschlichen Lebens und bekommt hier eine erzieherische Bedeutung. Es ist „eine feste Burg des Mutes geworden für den Einsamen, der hier lernen soll, seine Furcht zu besiegen."[196] So spendet das Haus nicht nur nach innen hin Wärme und Behaglichkeit, sondern gibt auch nach außen hin dem Menschen die Festigkeit und die Kraft, sich in der Welt zu behaupten. „Ein solches Haus ... ist ein Werkzeug, dem Kosmos die Stirn zu bieten. ... Das Haus hilft uns, zu allem und gegen alles zu sagen: ich werde ein Bewohner der Welt sein, der Welt zum Trotz ."[197]

Zur vollen Entfaltung des Hauses gehört aber nicht nur seine horizontale, sondern auch seine vertikale Ausdehnung, d.h. es muß neben den eigentlichen Wohnräumen sich auch in die Tiefe und in die Höhe hinein fortsetzen, es muß einen Keller und ein Dach besitzen. „Die Vertikalrichtung ist gesichert durch die Polarität von Keller und Dachboden."[198] „Das dreiteilige (Haus), das einfachste

---

[191] S. 70.
[192] S. 71.
[193] S. 76f.
[194] S. 78.
[195] S. 76.
[196] S. 77.
[197] S. 78.
[198] S. 50.

hinsichtlich der notwendigen Höhe, hat einen Keller, ein Erdgeschoß und ein Dachgeschoß."[199] Es wiederholt sich dabei innerhalb des Hauses, was wir schon an früherer Stelle über die zugleich symbolische Bedeutung von Oben und Unten gesagt hatten. Auch dieser Gliederung geht Bachelard im einzelnen nach. Die Treppe, die zum Keller hinabgeht, hat einen andern Charakter als die zum Speicher hinaufführt. Vor allem ist es bei ihm der Keller, durch den das Haus im tieferen, aber zugleich unheimlichen Untergrund der Erde und des Felsens verankert ist. So entwickelt er an einem andern Roman des schon einmal genannten Henri Bosco ein „Haus mit kosmischer Wurzel":[200] „Das Haus ist ein Naturwesen geworden. Es ist mit dem Berg und den Wassern, die in der Erde arbeiten, brüderlich verbunden."[201] Die Häuser der Großstadt, so betont er an andrer Stelle, sind keine echten Häuser mehr. „In Paris gibt es keine Häuser. Die Bewohner der Großstadt wohnen in übereinandergestellten Schachteln."[202] „Unvorstellbar für einen Hausträumer: Die Wolkenkratzer haben keinen Keller."[203] Diesen Häusern fehlt die „Wurzel", und es fehlt ihnen damit zugleich die tiefere kosmische Verbundenheit. Die wirklichen Häuser aber, in der Tiefengliederung ihrer Wohnfunktionen, sind mehr, als sich in geometrischen Raumvorstellungen fassen läßt. So hebt auch Bachelard das Haus als einen konkreten erlebten Raum scharf vom abstrakten mathematischen Raumbegriff ab: „Das erlebte Haus ist keine leblose Schachtel. Der bewohnte Raum transzendiert den geometrischen Raum."[204] Er nimmt gefühlsmäßige, menschliche Qualitäten an.

Und dennoch muß auch Bachelard zugleich darauf aufmerksam machen, wie schnell der Mensch aus der Geborgenheit seines Hauses wieder fortstrebt. „Warum war man so rasch gesättigt von dem Glück, die Wohnung zu bewohnen?"[205] Man könnte zunächst darauf antworten, daß der Mensch in der „Dialektik von Haus und All", der „Dialektik des Draußen und des Drinnen"[206] im Haus nur die eine Seite ergreift, die immer wieder nach der Ergänzung in der andern Seite verlangt. Aber Bachelard meint es tiefer, nicht als vorübergehendes Verlassen des Hauses, um dahin wieder zurückzukehren, sondern als endgültiges Ungenügen mit jedem bestimmten Haus. „Irgendetwas, das mehr ist als die Wirklichkeit, hat zur Wirklichkeit gefehlt. In dem Haus haben wir nicht genug geträumt."[207] Das in seiner Vollkommenheit erträumte Haus ist in keinem wirklichen Haus zu erreichen. „In meinem realen Haus bin ich um die Freiheit des Wohnens geprellt. Man muß immer eine Träumerei von einem Anderswo offen

---

199 S. 58.
200 S. 55.
201 S. 56.
202 S. 59.
203 S. 60.
204 S. 78.
205 S. 87.
206 S. 242ff.
207 S. 87.

lassen."[208] Das zielt auf die Verschlingung von Haus und Ferne, auf jenes letzte Heimweh, das den Menschen sehnsüchtig in die Ferne hinauszieht. „Überall einquartiert, aber nirgends eingeschlossen", so formuliert Bachelard den „Wahlspruch des Wohnträumers."[209] Wir lassen es hier als Hinweis auf den schon bei Kunz[210] berührten Zusammenhang, daß der Mensch eine letzte Heimat nur in dem aus seiner Sehnsucht geborenen Schaffen der Phantasie erreichen kann und stellen die Frage beiseite, ob mit dem „Überall" nicht schon zu viel von der Festigkeit des Wohnens preisgegeben ist.

5. Die anthropologische Funktion

Nach diesem bestätigenden Hinweis kehren wir zur eignen Untersuchung zurück. Aus dem Entwickelten ergibt sich, was man als die anthropologische Funktion des Hauses bezeichnen könnte, seine Leistung im Gesamtzusammenhang des menschlichen Lebens: Um sich in der Welt erhalten und dort seine Aufgaben erfüllen zu können, braucht der Mensch einen Raum der Geborgenheit und des Friedens, in den er sich zurückziehen, in dem er sich entspannen und wieder zu sich selber kommen kann, wenn er sich im Kampf mit der Außenwelt aufgerieben hat. Der Vorgang dieser Entspannung und neuen Sammlung gehört nicht in den Umkreis dieser dem Raum gewidmeten Untersuchung. Aber wichtig ist, daß dieser Vorgang der Selbstwerdung des Menschen ganz bestimmte räumliche Voraussetzungen hat. Nur als ein Wohnender, nur im Besitz eines Hauses, nur in der Verfügung über einen solchen von der Öffentlichkeit abgesonderten und „privaten" Bereich kann der Mensch sein Wesen erfüllen und im vollen Umfang Mensch sein. Der Mensch braucht, um überhaupt leben zu können, einen solchen Bereich der Geborgenheit. Nimmt man ihm sein Haus – oder vorsichtiger: den Frieden seiner Wohnung –, so ist auch die innere Zersetzung des Menschen unausbleiblich.[211]

Gegen diese Behauptung scheint sich ein gewichtiger Einwand zu ergeben: Grade in unsrer Zeit ist es das Schicksal unendlich vieler Menschen, aus ihrem Haus und ihrer Heimat vertrieben zu sein. Das ist gewiß ein grausames Schicksal. Aber sollte man ihnen darum die Möglichkeit einer letzten menschlichen Wesenserfüllung absprechen? Das wäre eben so grausam wie ungerecht. Und hat bei der starken Fluktuation der heutigen Menschen der Bezug zur alten Heimat noch das Gewicht, das er früher einmal gehabt haben mag? Der Mensch kann in

---

[208] S. 92.

[209] S. 92.

[210] Vgl. oben S. 70f.

[211] Wie wichtig die Bewahrung einer solchen Eigensphäre in unsrer durch das Eindringen der Öffentlichkeit auch in den privatesten Bereich gekennzeichneten Zeit ist, habe ich an andrer Stelle ausführlicher entwickelt: Maß und Vermessenheit des Menschen. Göttingen 1962. S. 55ff.

der Tat die Wohnung wechseln (wenn es in manchen Fällen auch bis zur seelischen Erkrankung führen kann), und der Mensch kann nach dem Verlust der alten eine neue Heimat finden. Aber wenn auch die bestimmte Wohnung und die bestimmte Heimat wechseln, so wird die grundsätzliche Wichtigkeit von Haus und Heimat dadurch nicht berührt, um so wichtiger wird vielmehr die Aufgabe, die Ordnung des Wohnens und die Geborgenheit des Hauses am neuen Ort neu zu begründen.[212]

Hier sei an Goethe erinnert, der an einer Stelle im „Faust" vom „Flüchtling" spricht, vom „Unbehausten", dem „Unmensch ohne Zweck und Ruh";[213] denn wenn der „unbehauste" Mensch ein „Unmensch" ist, also das eigentliche Wesen des Menschen verfehlt hat, so folgt daraus umgekehrt, daß der Mensch nur als „behauster" wahrer Mensch sein kann.

Diese anthropologische Funktion des Hauses ist heute wieder neu zu entdecken; denn nach so vielen Zusammenbrüchen aller sicher scheinenden überkommenen Ordnungen ist dem heutigen Menschen alles verdächtig geworden, was nach Geborgenheit aussieht, und wer die Unentbehrlichkeit des Hauses im menschlichen Leben vertritt, wird leicht zum Spießer gestempelt. Allerdings darf man diese Erkenntnis auch nicht in dem Sinn verstehen, als ob der Mensch sich in seinem Hause verkriechen und dort ein untätiges und behagliches Leben führen sollte. Dann würde der Wohnhafte wirklich zum Spießer, über den die Romantiker spotteten:

> Beatus ille homo,
> qui sedet in sua domo
> et sedet post fornacem
> et habet bonam pacem.[214]

Nein, der Mensch muß hinaus in die Welt, um dort seine Aufgaben zu erfüllen, wie es bei Schiller heißt:

> Der Mann muß hinaus ins feindliche Leben,[215]

und bei den Geschäften der Welt muß er sich den damit notwendig verbundenen Gefahren aussetzen. Aber wenn er seine Aufgaben in der Welt erfüllt hat, dann muß er auch die Möglichkeit haben, in den Schutz seines Hauses zurückzukehren. Beide in polarer Spannung aufeinander bezogenen Seiten sind gleich notwendig, und auf dem Gleichgewicht der beiden Seiten, der Arbeit in dem Außenraum der Welt und der Ruhe in dem Innenraum des Hauses, beruht die innere Gesundheit des Menschen. Und darum hat der Mensch die unabdingbare Auf-

---

212 Wie verhängnisvoll sich in der gegenwärtigen Wohnungsnot der Verlust der eignen Wohnung, insbesondre des eignen Herdes, für die seelische Gesundheit des Menschen auswirkt und geradezu zur Quelle der Kriminalität wird, hat Zutt in dem genannten Aufsatz überzeugend gezeigt. Vgl. auch O.F. Bollnow, Neue Geborgenheit. S. 169f.

213 J.W. Goethe, Faust, Erster Teil. V 247.

214 J. Freiherr v. Eichendorff, Wanderlied der Prager Studenten. I 48.

215 F. Schiller, Das Lied von der Glocke. I 49.

gabe, diesen Raum der Geborgenheit zu schaffen, indem er sein Haus baut und gegen den Angriff verteidigt.

6. Die Verletzlichkeit des Hauses

Trotzdem wäre es verkehrt, anzunehmen, daß je ein Haus dem Menschen eine endgültige Sicherheit geben könnte. „Jedes Heim ist bedroht",[216] so betont Saint-Exupéry. Und Kafka schildert in seiner Erzählung „Der Bau"[217] die Hoffnungslosigkeit des Versuchs, ein unangreifbares Sicherungssystem zu errichten. Jede Bemühung um eine erhöhte Sicherung erfordert komplizierte Vorrichtungen und schafft damit zugleich eine erhöhte Verwundbarkeit. Sobald der Mensch das verkennt und die Geborgenheit in seinem Haus für etwas Endgültiges nimmt, wird er in der Tat zum verächtlichen Spießer, und irgendwann, spätestens bei seinem Tode, muß diese Illusion zusammenbrechen. Darum muß der Mensch in jedem Hause zugleich die innere Freiheit bewahren, dies Haus auch wieder verlassen zu können. Er muß wissen, daß es ein Letztes in ihm gibt, das auch durch den Verlust des Hauses nicht getroffen werden kann. Wir nennen es heute seine Existenz im prägnanten Sinn der Existenzphilosophie. Auf der andern Seite aber befreit das Wissen von der Verletzlichkeit der menschlichen Wohnung und von den Gefahren der Verfestigung in seinem Gehäuse den Menschen nicht von der Aufgabe, mit allen Mitteln der planenden Vernunft sein Haus zu bauen, in ihm die Ordnung seines Lebens zu schaffen und diese immer wieder in unablässigem zähem Kampf gegen das Andringen der chaotischen Mächte zu verteidigen. Nur in einem solchen immerwährenden Kampf kann sich die Insel der Geborgenheit erhalten.

Und endlich ein letztes: Wenn es die Aufgabe des Menschen ist, sein Haus zu bauen und nach allen Zerstörungen immer wieder neu zu bauen, so würde er dazu gar nicht imstande sein, wenn er dabei nicht von einem letzten Vertrauen zur Welt und zum Leben getragen würde. Er muß trotz aller unvermeidlicher Enttäuschungen das Gefühl bewahrt haben, daß sich seine Anstrengung in irgendeinem Sinn doch lohnt.[218] Rilke hat in den schweren Jahren des ersten Weltkriegs einen Hausspruch entworfen, in dem es heißt:

> Neunzehnhundertvierzehn
> bin ich erbaut,
> habe, von Menschenstürmen umweht,
> werdend immer vorausgeschaut.

---

216 A. de Saint-Exupéry, S. 61.

217 F. Kafka, Der Bau, in: Beschreibung eines Kampfes. S. 173ff.

218 Vgl. E. Spranger, Der unbekannte Gott. Stuttgart 1954. S. 24.

Habe vertraut:
wer vertraut, besteht.[219]

Damit ist ein entscheidender Zug getroffen: Ohne ein solches letztes Vertrauen zu dem, was die Zukunft bringt, würde der Mensch gar nicht die Kraft aufbringen, ein Haus zu bauen; es würde ihm angesichts der überall drohenden zerstörenden Mächte von vornherein als sinnlos erscheinen.

Vor allem Bachelard hat diese Seite des Raumproblems mit Nachdruck herausgehoben: „Würde der Vogel sein Nest bauen", so fragt er einmal in seiner „Poetik des Raumes", „wenn er nicht ein instinktives Vertrauen zur Welt hätte?"[220] Und was vom Vogel gilt, das gilt in entsprechender Weise auch vom Menschen. „Unser Haus", so fährt er fort, „ist ein Nest in der Welt. Wir leben darin mit einem angeborenen Vertrauen."[220] Wir berühren dabei in Bachelard zugleich den tieferen Hintergrund, vor dem sich der vorhin schon einmal zitierte Satz abhebt. Ohne den Hintergrund eines solchen letzten Seins- und Lebensvertrauens ist keinerlei menschliches Leben, insbesondre kein Bauen und kein Wohnen möglich.[221]

2. Der sakrale Raum

1. Die Rückwendung zum mythischen Denken

Selbst in unsrer profanen Zeit behält das Haus noch immer einen gewissen sakralen Charakter, den jeder spürt, der einmal auf diese Dinge aufmerksam geworden ist. So sehr man seinerzeit von einer „Wohnmaschine" (le Corbusier) gesprochen hat, um den Gestaltungswillen des Maschinenzeitalters auch auf die Funktion des Wohnens auszudehnen, so spürt man doch bald das Unangemessene einer solchen Übertragung. Das menschliche Wohnen läßt sich eben doch nicht in die Rationalisierung der modernen technischen Welt auflösen. Es bleiben in ihm vielmehr gewisse nicht auflösbare Reste des archaischen Lebens erhalten, die von einem rationalen Zweckdenken aus nicht mehr verständlich sind. Das Haus des Menschen ist auch heute noch ein geheiligter Bezirk. Selbst der, der mit dem Eigentum eines andern Menschen verhältnismäßig unbekümmert umzugehen gewohnt ist, spürt doch eine gewisse Scheu, ungebeten in das Haus eines andern Menschen einzudringen. Wir finden den rechtlichen Niederschlag dieser Sonderstellung des Hauses im Begriff des Hausfriedensbruchs, der als „widerrechtliches Eindringen oder Verweilen in einer fremden Behausung" bestimmt ist.[222] Auch hier fällt es auf, daß dieses Delikt „unverhältnismäßig" hoch bestraft wird, jeden-

[219] R.M. Rilke, Gedichte 1906–1926. S. 343.
[220] G. Bachelard, S. 131.
[221] Vgl. O.F. Bollnow, Neue Geborgenheit. S. 139ff.
[222] E. Osenbrücken, Der Hausfrieden. 1857.

falls höher, als von einer rein rationalen Betrachtung her durchsichtig wäre. In der Unverletzlichkeit der Wohnung – im Zusammenhang übrigens mit einem allgemeinen Schutz der „Intimsphäre" des Menschen, im Postgeheimnis usw. – klingt ein eigentümlich sakraler Charakter an.

Um diesen besondern Gefühlswert, der auch heute noch unserm Haus anhaftet, sichtbar zu machen, ist es zweckmäßig, aus unsrer, dem Religiösen schon weitgehend entfremdeten Zeit zurückzublicken auf frühere Formen der Menschheit und zu sehen, was Völkerkunde und Religionsgeschichte uns über das ursprüngliche Verhältnis des noch mythisch bestimmten Menschen zu seinem Hause zu sagen haben. Wir können hier natürlich auf die weit verzweigten Einzelforschungen nicht eingehen und halten uns im wesentlichen an die neueren zusammenfassenden Darstellungen, wobei wir ebenfalls aus dem verwickelteren Ganzen nur wenige für uns entscheidende Züge herausheben können. Nach den früheren Arbeiten von Cassirer[223] und van der Leeuw[224] ist neuerdings Eliade[225] diesen Fragen erfolgreich nachgegangen. Dabei macht es für unsre Fragestellung wenig aus, ob wir das vom einzelnen Menschen bewohnte Haus oder den Tempel als das Haus eines Gottes betrachten. „Haus und Tempel sind wesentlich eins",[226] sagt der niederländische Religionsphilosoph van der Leeuw; denn auch das Haus ist seinem Ursprung nach ein geheiligter Bezirk. Aber es gilt auch weiterhin von der geordneten menschlichen Siedlung, von der Stadt im ganzen. Überall erfolgt Gründung und Planung nach denselben, einem mythischen Denken entnommenen Prinzipien.

2. Der heilige Raum

Eliade geht in seinem Buch über „das Heilige" von der Feststellung aus, daß es für den religiösen Menschen keinen homogenen Raum gibt: „Er weist Brüche und Risse auf; er enthält Teile, die von den übrigen qualitativ verschieden sind."[227] Dabei ist gleich hier anzumerken, daß in gewisser Hinsicht der religiöse Mensch mit dem urtümlichen Menschen des mythischen Bewußtseins gleichzusetzen ist; denn jeder urtümliche Mensch ist notwendig religiös. Der Gegensatz dazu ist der moderne säkularisierte Mensch, der sich von diesem Grund gelöst hat. Aber selbst dieser hat sich immer nur bis zu einem gewissen Grade gelöst, und gewisse Restbestände des Religiösen – das Wort noch in dieser ursprünglichen Bedeutung genommen – sind auch bei ihm noch erhalten, beispielsweise, was uns hier interessiert, in einer gewissen noch erhaltenen Ahnung von der

223 E. Cassirer, Philosophie der symbolischen Formen. 2. Bd.

224 G. van der Leeuw, Phänomenologie der Religion. 2. Aufl. Tübingen 1955.

225 M. Eliade, Das Heilige und das Profane. Vom Wesen des Religiösen. Rowohlts Deutsche Enzyklopädie. 31. Bd. Hamburg 1957.

226 G. van der Leeuw, S. 448.

227 M. Eliade, S. 13.

Würde des Hauses. So kann auch Eliade betonen, daß „es eine wirklich vollkommen profane Existenz nicht gibt.“[228]

Eliade unterscheidet, was die räumlichen Verhältnisse angeht, insbesondre zwischen einem „heiligen, d.h. kraftgeladenen, bedeutungsvollen Raum“ und ihm gegenüber einem profanen Raum. Der profane Raum ist im Unterschied zum heiligen Raum homogen und strukturlos, so wie es uns vom geometrischen Raum her bekannt ist. Wir würden vielleicht vorsichtiger unterscheiden zwischen diesem homogenen mathematischen Raum, der eine abstrakte Konstruktion ist, und dem hier als homogen erfahrenen profanen Raum, der nur dem heiligen Raum gegenüber als homogen erscheint, wobei aber über dessen mögliche eigne Gliederung noch nichts ausgesagt ist. Wesentlich ist hier nur die Unterscheidung zwischen den heiligen und den profanen Bereichen und der Hinweis auf die sie scheidenden „Brüche und Sprünge“, die als solche notwendig mit zur Struktur des ursprünglichen Raums gehören. Die Inhomogenität, von der wir einleitend als einem wesentlichen Unterscheidungsmerkmal zwischen dem erlebten und dem mathematischen Raum gesprochen hatten, erscheint hier also in der auffälligen Form als der scharfe Bruch zwischen dem heiligen und dem profanen Raum.

Das religiöse Urerlebnis, von dem Eliade ausgeht, besteht nun in der Erfahrung, daß sich innerhalb des großen grenzenlosen Raums ein besondrer Bereich ausbildet, ein heiliger Raum, der durch die Wirksamkeit des Numinosen ausgezeichnet ist. Wir müssen vielleicht (worauf Eliade nicht eingeht) davon ausgehen, daß ein solcher heiliger Raum oder heiliger Bezirk nicht notwendig in einem vom Menschen künstlich errichteten Gebäude zu bestehen braucht. Man findet ihn auch in der Natur, im heiligen Hain oder auf dem heiligen Berg oder an andern herausgehobenen Stätten. Wie diese sich aus dem übrigen, profanen Raum herausheben, hat von seiner Seite aus van der Leeuw sehr scharf hervorgehoben und damit die Inhomogenität des ursprünglichen Raums in ein neues Licht gerückt. „Die Teile des Raums“, so schreibt er, „haben ... einen eigenen und selbständigen Wert. ... Sie sind ‚Stätten‘. Zu Stätten aber werden sie, indem sie ‚herausgenommen‘ werden aus der großen Ausgedehntheit der Welt. Ein Teil des Raums ist überhaupt kein ‚Teil‘, sondern ein Ort, und ein Ort wird ‚Stätte‘, indem der Mensch sich darauf hinstellt, darauf steht. Er hat die Macht des Orts erkannt, er sucht sie oder meidet sie, trachtet sie zu stärken oder abzuschwächen, aber in jedem Fall nimmt er den Ort als Stätte heraus.“[229]

So können sich die heiligen Räume schon ohne menschliches Zutun in der Natur vorfinden. Ich gebe statt andrer Belege ein schönes Zeugnis aus Seneca, das van der Leeuw anführt: „Wenn du einem Haine nahest, der durch zahlreiche alte und ungewöhnlich hohe Bäume ausgezeichnet ist ... die schlanke Höhe der Bäume, das geheimnisvolle Dunkel des Orts ... rufet in dir den Glauben an eine

---

[228] S. 14.

[229] G. van der Leeuw, S. 445.

Gottheit wach ... und manchen Seen hat schattiges Dunkel oder unergründliche Tiefe Heiligkeit verliehen.“[230] So kann van der Leeuw zusammenfassend definieren: „Heiliger Raum ist ein Ort, der zur Stätte wird, indem sich an ihm die Wirkung der Macht wiederholt oder vom Menschen wiederholt wird.“[231] Daß auch christliche Kirchen vielfach am Ort älterer heidnischer Heiligtümer liegen, das ist in einer solchen sogar unabhängig von der Verschiedenheit der Religionen empfundenen Heiligkeit des Orts begründet.

Ebenso sehr können es aber auch unheimliche, verruchte und bedrohliche Orte sein, an denen es den Menschen schaudert und die er daher zu meiden sucht. So hat der Galgenberg, obgleich er schon seit Jahrhunderten nicht mehr als Richtstätte dient, seinen unheimlichen Charakter bewahrt, und an der Stelle, wo einmal ein Mord geschehen ist, geht man immer noch mit einem dunklen Bangen vorbei. Der Volksglauben weiß auch heute noch viel davon zu berichten. Unter den Dichtern hat Bergengruen vieles von dieser unheimlichen Macht gewisser Orte gewußt. So heißt es einmal bei ihm:

> Jeden schauert es verstohlen,
> den sein Gang des Weges führt,
> so, als hätten seine Sohlen
> jäh das eigne Grab berührt.[232]

3. Das Haus als Bild der Welt

In besonderem Maße zeigt sich der durch scharfe Grenzen unstetig herausgehobene Charakter des sakralen Raums natürlich bei den vom Menschen planvoll angelegten Heiligtümern, mag dies nun ein Tempel, eine Stadt oder auch nur ein einzelnes Haus sein. Auch in diesem Fall kann der Mensch den Ort nicht willkürlich wählen, sondern er muß auf die Zeichen der Götter achten, in denen sich die Heiligkeit des Ortes bekundet. Die Götter müssen ein Zeichen geben, daß an dieser Stelle eine Stadt, ein Tempel usw. gebaut werden soll, und es ist die Gabe des begnadeten Menschen, ein solches Zeichen als göttlichen Wink zu erkennen. Auch in den Gründungssagen vieler christlicher Kirchen ist ja diese Anschauung noch überliefert.

In jedem Fall beginnt der Aufbau damit, daß zunächst aus dem chaotischen Raum ein bestimmter Bereich herausgeschnitten und als heiliger Bereich von der übrigen Welt unterschieden wird. In diesem Sinn betont Cassirer in seiner „Philosophie der symbolischen Formen“: „Die Heiligung beginnt damit, daß aus dem Ganzen des Raumes ein bestimmtes Gebiet herausgelöst, von anderen Gebieten

---

230 Zitiert bei van der Leeuw, S. 447.

231 G. van der Leeuw, S. 446.

232 W. Bergengruen, Die heile Welt. Zürich 1950. S. 74. Vgl. meine Darstellung in: Unruhe und Geborgenheit im Weltbild neuerer Dichter. 2. Aufl. 1958.

unterschieden und gewissermaßen religiös umfriedet und umhegt wird.“[233] Im lateinischen Wort templum, das ja wörtlich zunächst das „Herausgeschnittene“ bezeichnet, kommt dies schon sprachlich klar zum Ausdruck, wobei das Wort bekanntlich ursprünglich gar nicht das Gebäude bezeichnet, sondern das für die Wahrsagung aus dem Vogelflug herausgeschnittene Stück des Himmels und erst nachträglich auf den als Gebäude errichteten Tempel übertragen wurde.[234]

Bedeutungsvoll sind aber weiterhin die Formen, in denen sich in solchen urtümlichen Zeiten der Bau des Hauses – wie der des Tempels, wie der der Stadt – vollzieht. Jeder Hausbau ist die Gründung eines Kosmos in einem Chaos. Ich halte mich hier vor allem an Eliade, der in seiner Darstellung ein reiches völkerkundliches Material zusammenfaßt. Jedes Haus, so betont er, ist ein Bild der Welt im ganzen, eine imago mundi. Die Welt im ganzen spiegelt sich im Hause. Und darum ist jeder Hausbau, und erst recht natürlich jeder Tempelbau, eine Wiederholung der Weltschöpfung, ein Nachvollzug des zu Urbeginn von den Göttern geleisteten Werks. Darum ist jede menschliche Raumordnung „nur die Wiederholung einer urzeitlichen Tat: der Umwandlung des Chaos in Kosmos durch den göttlichen Schöpfungsakt.“[235] Das gilt insbesondre vom menschlichen Haus: „Die Wohnung ... ist das Universum, das der Mensch sich baut, indem er die beispielhafte Schöpfung der Götter, die Kosmogonie, nachbildet.“[236] Darauf beruht das tief begründete Spiegelungsverhältnis zwischen Weltschöpfung und Hausbau: „Wer einen Raum ordnet, wiederholt das exemplarische Werk der Götter.“[237]

Aber umgekehrt ist dieses von den Göttern geschaffene Werk, diese Welt, auf das Tun der Menschen angewiesen, sie besteht nur, wenn der göttliche Schöpfungsakt vom Menschen symbolisch wiederholt wird. „Um in der Welt leben zu können“, so betont Eliade, „muß man sie gründen.“[238] Der Hausbau bedeutet also im tiefsten eine weltschaffende und welterhaltende Tätigkeit, die nur nach geheiligten Riten möglich ist. Daher sind die Riten so aufschlußreich, die seit altersher zur Gründung eines solchen Hauses gehören.

Dieser Hausbau geschieht nach dem Vorbild des Kosmos, dessen Erschaffung ja in ihm symbolisiert werden soll. „Die Erschaffung der Welt wird zum Archetypus für jedes menschliche Schöpfungswerk.“[239] „Das Haus ist eine imago mundi.“[240] Es würde hier viel zu weit führen, auch nur anzudeuten, wie sich dies bei den verschiedenen Völkern in einer typisch wiederkehrenden Weise abwandelt. Einzelne herausgerissene Beispiele müssen genügen. So berichtet Eliade von

233 E. Cassirer, II 123.
234 H. Nissen, Das Templum. Antiquarische Untersuchungen. Berlin 1869.
235 M. Eliade, S. 19.
236 S. 34.
237 S. 20.
238 S. 13.
239 S. 27.
240 S. 32.

gewissen Indianerstämmen: „Die Sakralhütte, in der ihre Initiation vollzogen wird, stellt das Universum dar. Ihr Dach symbolisiert die Himmelskuppel, der Boden die Erde, die vier Wände die vier Richtungen des kosmischen Raums. Die rituelle Konstruktion des Raumes wird durch den dreifachen Symbolismus der vier Türen, vier Fenster und vier Farben betont, die alle die vier Himmelsrichtungen vertreten. Die Errichtung der Sakralhütte wiederholt die Kosmogonie, denn dieses kleine Gebäude verkörpert die Welt.“[241]

Genau dasselbe aber gilt unter sehr viel entwickelteren Verhältnissen auch noch von der christlichen Kirche. So faßt Sedlmayr etwa die Symbolik der byzantinischen Kirchen folgendermaßen zusammen: „Die vier Teile des Kircheninneren symbolisieren die vier Weltrichtungen. Das Innere der Kirche ist das Weltall. Der Altar ist das Paradies, das nach Osten verlegt wurde. ... Demgegenüber ist der Westen das Gebiet der Finsternis, des Grauens, des Todes, das Gebiet der ewigen Wohnungen der Verstorbenen, welche der Auferstehung und des Gerichts harren. ... Die Mitte des Kirchengebäudes ist die Erde. ... Die vier Teile des Kircheninneren symbolisieren die vier Weltrichtungen.“[242] Das Kircheninnere symbolisiert also die Welt im ganzen, und jeder Bereich in ihm hat, wie es sich noch im einzelnen durchführen läßt, seine besondre Bedeutung. Es genügt hier, die beiden aus völlig verschiedenen Bereichen stammenden Zeugnisse nebeneinanderzustellen, um das allgemeine Gestaltungsprinzip hervortreten zu lassen.

4. Die Stadt

Ganz ähnliche Verhältnisse finden wir auch bei der Stadt; denn die Stadt ist ja nichts anderes als ein Haus im großen. Darum kehren bei ihrer Gründung dieselben Probleme wieder wie beim Bau des Hauses oder der Errichtung des Tempels. Auch die Stadt ist ja nicht durch eine beliebige Anhäufung von Häusern entstanden, sondern aus einer bewußten Gründung hervorgegangen. Es ist in diesem Zusammenhang nicht möglich, auf den weit ausladenden Fragenkreis der Stadtgründung näher einzugehen. Es muß genügen, auf das eine, bekannteste Beispiel kurz hinzuweisen: die Gründung Roms, wie sie in dem Bericht Plutarchs überliefert ist.[243] Ich hebe nur das für unsern Zusammenhang Wichtigste hervor:

1. Zuerst wurde eine runde Grube angelegt, in die man alles zum Leben Notwendige hineinlegte. Diese Grube, mundus genannt, bezeichnete, nach Eliade, den Nabel der Welt, zugleich aber ist sie „Abbild des Kosmos und exemplarisches Modell der menschlichen Siedlung.“[244] Diese Grube wurde dann mit einem

---

241 S. 28, weitere Belege bei E. Cassirer.

242 H. Sedlmayr, Die Entstehung der Kathedrale. Zürich 1950. S. 115. Vgl. vor allem J. Sauer, Symbolik des Kirchengebäudes. 2. Aufl. Freiburg i. Br. 1924.

243 Zitiert bei O.W. v. Vacano, S. 28.

244 M. Eliade, S. 28.

Stein verschlossen, der der Seelenstein, der lapis manalis hieß und der nur an drei heiligen Tagen aufgehoben werden durfte, an denen ihm dann die Manen, die Geister der Verstorbenen, entstiegen. So verbindet die Grube zugleich die Welt der Lebenden mit der der Toten.

2. Sodann zog der Erbauer mit einem mit einem Stier und einer Kuh bespannten Pflug eine tiefe Furche an der Grenzlinie, an der später die Mauer errichtet werden sollte. Nur über die für die Tore vorgesehenen Stellen hob man den Pflug hinweg, und Plutarch fügt erläuternd hinzu: „Aus dieser Ursache hält man die ganze Mauer, nur die Tore ausgenommen, für heilig; sollten aber auch die Tore als heilig gelten, so mußte man sich ein Gewissen machen, Dinge, die zwar notwendig, aber nicht rein sind, durch sie ein- und auszuführen."[245] Wie sehr damit ein typisch wiederkehrendes Verfahren getroffen ist, geht daraus hervor, daß Frobenius in seiner „Kulturgeschichte Afrikas" bis in die Einzelheiten hinein dasselbe Verfahren bei afrikanischen Stadtgründungen berichtet.[246]

3. Hinzu kommt weiterhin das Achsenkreuz zweier sich rechtwinklig überschneidender Hauptstraßen, in genauer Entsprechung zu den beiden sich kreuzenden Grundrichtungen, wie sie der römischen Wahrsagetechnik zugrunde lagen. Dieses Straßensystem ist also auch wieder sakral gebunden, und aus ihm stammt die Bezeichnung der Roma quadrata, des in vier Quadranten geteilten (nicht etwa quadratischen) Roms. Dieses Achsensystem kehrt dann bekanntlich in jedem römischen Lager, dem Castrum, wieder, wo jetzt auch die Umwallung eine vom Achsensystem bestimmte streng rechteckige Form bekommt. Aber auch hierin handelt es sich um einen weit über den römischen Einflußbereich hinausgehenden Typus. Werner Müller hat in seinem Buch über „die heilige Stadt"[247] ein reiches und zu weiterer Betrachtung verlockendes Material für das Vorkommen dieses Stadttypus ausgebreitet.

Sehr interessant ist hier auch ein Hinweis von Brunner, nach dem es in der ägyptischen Schrift eine eigenartige Hieroglyphe für „Stadt" gibt: einen Kreis mit einem diagonal darin liegenden Kreuz. Brunner bemerkt: „Zweifellos stellt dies Zeichen einen Stadtgrundriß dar, und zwar in kreisrunder Form, wobei die Masse der Häuser durch zwei sich im Mittelpunkt rechtwinklig kreuzende Straßen in vier Viertel geteilt wird."[248] Das ist um so interessanter, als die Ägypter selbst ihre Städte nicht nach diesem Schema gebaut haben, daß ihnen also ohne Zusammenhang mit der Alltagswelt dieses Idealbild einer Stadt gegenwärtig war.

So erscheint auch die römische Stadt, wie vorhin das Haus und der Tempel, als Spiegelbild der Weltordnung und durch ihre Ordnung in die größere Ordnung der Welt und der Götter eingefügt. In diesem Sinn faßt v. Vacano zusammen: „Diese Raumaufteilung ... bestimmt ... begrenzend und sakrale Bezogenheit vermittelnd das Standortgefühl des einzelnen wie der Bevölkerung überhaupt.

---

[245] Zitiert bei v. Vacano, S. 28.
[246] L. Frobenius, S. 177, S. 179.
[247] W. Müller, Die heilige Stadt. Stuttgart 1961.
[248] H. Brunner, S. 618.

Die nach solchen Prinzipien ‚rite', kultisch richtig, angelegte Stadt ist nicht in erster Linie das Gehäuse eines Wohn- und Wirtschaftsverbandes, sondern geheiligte Mitte einer von Göttern gefügten und gehaltenen Welt."[249]

5. Das Ergebnis

Wir können diese an sich hoch interessanten Perspektiven hier nicht weiter verfolgen. Sie hatten hier nur den Zweck, am reineren und ursprünglicheren Fall zu verdeutlichen, was in abgeblaßter, aber trotzdem immer noch wirksamer Form auch im heutigen Hausbau erhalten ist und uns so beim Verständnis unsres eignen Hauses behilflich sein kann; denn auch unser heutiges Wohnen wurzelt noch in diesen Fundamenten. Nicht durch Zufall haben sich ja stärker als in anderen Bereichen hier die handwerklichen Bräuche erhalten, die in Grundsteinlegung, Richtfest und Einweihung den Bau des Hauses begleiten. Wir können von hier aus zurückblickend vielleicht einige Züge schärfer erkennen, die uns zuvor in der Analyse des häuslichen Wohnens aufgefallen waren:

1. Das Haus bleibt auch weiterhin die „Mitte" der Welt, nur ist diese Mitte weniger scharf hervortretend und darum schwerer zu erkennen. Was dort in „objektiver" Weise über den Aufbau der mythischen Welt galt, ist jetzt in die Struktur des „subjektiv" erlebten und gelebten Raums zu übernehmen.

2. Das Haus behält auch heute noch einen Eigencharakter, den wir nur in der Analogie zum Sakralen richtig begreifen. Von dort her verstehen wir die unverhältnismäßig schwere Bewertung des Hausfriedensbruchs, denn er behält, wenn auch unausdrücklich, den Charakter eines Sakrilegs. Von dort her begreifen wir auch die noch im heutigen Leben erhaltene, wenn auch in früheren Zeiten sehr viel bedeutungsvollere Unverletzlichkeit des Gastrechts. Der Gast genießt überall den Schutz des Hauses, und der Hausherr wacht darüber, daß ihm hier kein Leid angetan wird.

3. So ist das Haus auch heute noch in einem tiefen Sinn ein unverletzlicher Bereich des Friedens, in dieser Weise scharf geschieden von der friedlosen Welt da draußen. Und wenn es auch keine feindlichen Dämonen mehr sind, die den Menschen außerhalb seines Hauses bedrohen und die durch Zaubermittel am Eindringen gehindert werden müssen, der bedrohliche Charakter dieser Außenwelt ist, wenn auch in andrer Form, auch heute nicht verschwunden.

4. So ist das Haus auch heute noch ein Bild der Welt, eine kleinere Welt, die in ihrer Ordnung in einer Entsprechung steht zur größeren Welt da draußen. Ich führe hier noch einmal ein Wort von Bachelard an: „Das Haus ... ist unser erstes All. Es ist wirklich ein Kosmos. Ein Kosmos in der vollen Bedeutung des Wor-

---

[249] O.W. v. Vacano, S. 27.

tes."[250] „Es ist die erste Welt des menschlichen Seins."[251] Haus und Welt entsprechen einander. Für das kleine Kind ist das Haus noch die ganze Welt, und nur weil es im Haus verwurzelt ist, kann es in die Welt hineinwachsen. Nur weil der Mensch im Hause wohnt, kann er dann auch in der Welt zu Hause sein, auch in der Welt wohnen.

3. Die Wohnlichkeit

Wir hatten bisher den vom Menschen gebauten Raum als den Bezirk des Bergenden und Schützenden herauszuarbeiten versucht. Diesen besondren Charakter hat der menschliche Wohnraum nicht erst auf Grund von Überlegungen, indem der Mensch sich gedanklich klar macht, daß ihn hinter den Mauern seines Hauses kein Feind angreifen kann, sondern er ist in dem bewohnten Raum unmittelbar anschaulich gegenwärtig. Es gibt einen unmittelbar anschaulichen Charakter des bergenden Raums. Wir sprechen in diesem Sinn von der Wohnlichkeit des Wohnraums, von der Gemütlichkeit oder Behaglichkeit, die von ihm ausgeht, von seinem anheimelnden Wesen. Der Mensch soll sich wohlfühlen in diesem Raum, und wir fragen, was dazu gehört, einem Raum den Charakter der Wohnlichkeit zu geben.

Nicht alle von Menschen gebauten Räume haben diesen Charakter der Wohnlichkeit, aber sie sollen ihn auch nicht haben; denn nicht alle sind zum Zweck des „Wohnens" im strengen Sinn, eines sich darin geborgen fühlenden Aufenthalts bestimmt. Ein Kirchenraum ist nicht wohnlich, denn er soll den Menschen zur Andacht stimmen. Und ein Hörsaal ist nicht wohnlich, denn er soll den Menschen auf das Zuhören hin konzentrieren usw. Es ist also ein ganz besondrer Charakter des Innenraums, den wir als Wohnlichkeit bestimmen. Aber grade dieser ist der des Hauses im eigentlichen Sinn. Darum fragen wir: Was bedeutet Wohnlichkeit und was gehört dazu, sie zu erzeugen?

Wenn wir zunächst einen Blick auf die Bezeichnungen werfen, die die Sprache für diesen Charakter bereit hält, so führt das Wort Wohnlichkeit nicht weiter, denn es besagt ja nichts andres als die Eignung zum Wohnen. Auch das Wort „anheimelnd" fügt nichts Neues hinzu, denn es besagt auch nur, daß eine Wohnung – oder ein andres Ding – den Charakter des zum Heim Gehörigen besitzt. Etwas weiter führt schon das Wort „behaglich"; denn in ihm klingt die Vorstellung von „Hag" und „hegen", „umhegen" nach, also des Schützens durch eine umfriedende Hecke. So kann sich das Wort behaglich dann auf das Wohlgefühl im Hause mit seiner Zufriedenheit und Bequemlichkeit verengen.

Eine andre Seite fügt das Wort „gemütlich" hinzu. Das Gemüt ist zunächst (wie entsprechend das Gebirge) eine Sammelbildung von Mut, erhält aber bald

[250] G. Bachelard, S. 36.
[251] S. 39.

eine verengte Bedeutung nach der gefühlsmäßigen Seite. Gemütlich ist darum alles Verhalten, bei dem der Mensch die Anspannung des Willens und des tätigen Handelns aufgeben und sich einer entspannenden Ruhe überlassen kann. In diesem Sinn macht er es sich im Hause gemütlich, gibt es dort eine gemütliche Ecke, einen gemütlichen Aufenthalt usw. So macht die Gemütlichkeit einen wesentlichen Bestandteil der häuslichen Sphäre in ihrem Gegensatz zur Anspannung des außerhäuslichen Lebens aus, wenn auch zugleich darin die Gefahr bezeichnet wird, zu der durch Filzpantoffeln und Schlafrock symbolisierten Nachlässigkeit zu entarten.

Ein gutes altes, heute leider durch die gedankenlose Rede vom „trauten Heim" allzu abgegriffenes Wort ist „traut" oder „traulich", die beide heute in ihrer Bedeutung so eng zusammengewachsen sind, daß es uns nicht zu behindern braucht, daß beide Wörter sprachlich nicht verwandt sind. Traulich jedenfalls, etwa in der Wendung von Schillers „traulich stillen Tälern", kommt von „trauen" her und bezeichnet den Bereich, dem man sich vertrauend überlassen kann.

Minkowski ist in seinem Aufsatz „Espace, intimité, habitat" diesem Charakter der Wohnung im Umkreis des französischen Sprachgebrauchs unter der Bezeichnung Intimität nachgegangen, die allerdings schon über den räumlichen Bezirk der Wohnung in die allgemeinen menschlichen Verhältnisse hinübergreift.[252]

So also kehren wir zu der Frage zurück, was es ist, das einer menschlichen Wohnung den Charakter der Wohnlichkeit, des Anheimelnden gibt. Dabei muß von Anfang an darauf hingewiesen werden, daß es hier um die sachliche Frage geht, was eine Wohnung zum Wohnen geeignet macht, und daß die sentimentalen Gefühlsmomente, die vielen dieser Begriffe anhaften, ausgeschaltet bleiben müssen. Wir werden die Frage vielleicht am leichtesten beantworten, wenn wir an die Wohnungen befreundeter Menschen denken, weil uns die eigne Wohnung zu selbstverständlich geworden ist und wir ihre Eigenart schwerer erkennen. Einige Züge werden wir sogleich herausheben können, ohne damit freilich schon das volle Wesen der Wohnlichkeit zu erfassen:

1. Zunächst muß der Wohnraum den Eindruck der Abgeschlossenheit machen. Wenn es die Aufgabe des Hauses ist, dem Menschen Zuflucht vor der Außenwelt zu geben, dann muß dies auch in der Art des Wohnraums zum Ausdruck kommen. In einem Flur kann man sich nicht behaglich aufhalten. Auch zu große Fenster oder ganze Glaswände, die den Raum in die Außenwelt hinein öffnen, unterdrücken die Wohnlichkeit des Raums. Die Begeisterung, mit der hier manche Strömungen der neueren Architektur die modernen technischen Möglichkeiten aufnahmen, ging auf Kosten einer wirklich umfriedenden, Ruhe gewährenden Wirkung des Hauses. So vieles seinerzeit im Kampf gegen die Entartungen einer vorhergehenden Zeit berechtigt war, so darf man doch nicht aus

[252] E. Minkowski, Espace, intimité, habitat, in: Situation. S. 172ff.

Furcht vor einer falschen „bürgerlichen" Gemütlichkeit die wirkliche Aufgabe der Wohnung zerstören, ein Raum der Ruhe und des Friedens zu sein. Auch die Vorhänge an den Fenstern, die den Raum vor allem bei Nacht abschließen, haben hier ihre sinnvolle Funktion.

2. Weiterhin spielt auch die Größe des Raums eine Rolle. Große Räume wirken leicht ungemütlich. Eine gewisse Kleinheit scheint der Wohnlichkeit eher vorteilhaft zu sein, doch wirkt eine zu große Kleinheit leicht wieder beängstigend. Der Raum muß so groß sein, daß er vom darin wohnenden Menschen auch wirklich mit seinem Leben ausgefüllt werden kann. Und das ist natürlich bei den einzelnen Menschen verschieden.

3. Hinzu kommt die Weise, wie die Räume mit Möbeln ausgestattet sind. Kahle, leere Räume wirken frostig. Eine Gefängniszelle wirkt trotz ihrer Kleinheit nicht wohnlich und soll es auch nicht. Auch ein nüchterner Büroraum mit seinen sachlichen Möbeln wirkt nicht wohnlich und soll es auch nicht, weil er zu gesammelter Arbeit stimmen soll. Die Möbel müssen den Raum in einer Weise füllen, daß weder der Eindruck der Leere noch der der Überladenheit entsteht.

4. Auch eine gewisse Wärme gehört dazu. In einem ungeheizten Raum kann man sich im Winter nicht wohlfühlen. Man muß sich behaglich ausstrecken können, wozu auch Möbel gehören, die zu bequemem Sitzen einladen. Auch die Farbe der Wände gehört mit zu einer warmen Atmosphäre. Helle und zugleich warme Farben verleihen dem Raum einen Zug heiterer Behaglichkeit.

5. Man muß dem Raum auch ansehen können, daß er mit Liebe gepflegt wird. Aber wenn Unordnung und Nachlässigkeit auch störend wirken, so wirkt eine übertriebene Ordnung auch wieder bedrückend, weil man sich fürchtet, diese Ordnung zu stören. Es muß dem Raum auch anzumerken sein, daß er bewohnt ist, und dazu gehört, daß gewisse Spuren eines lebendigen Lebens – in einem aus der Hand gelegten Buch, einer angefangenen Arbeit usw. – auch darin erkennbar sind.

6. Auch den Möbelstücken, die den Raum ausstatten, muß man ansehen, daß sie mit Liebe ausgesucht und gepflegt sind. Ausgesprochene Geschmacklosigkeiten und billige Serienerzeugnisse wirken störend. Doch braucht sich dies nicht in besonders wertvollen Möbelstücken zu äußern. Alle sog. „Wohnkultur" und aller kunstgewerbliche Geschmack reichen nicht aus, der Wohnung jene Wohnlichkeit zu geben, die jeden Eintretenden sogleich gefangen nimmt. Flüchtlinge, die ihre Habe zurücklassen und „mit nichts" wieder anfangen mußten, haben oft in einer eindrucksvollen Weise gezeigt, wie auch mit den einfachsten, ja ärmlichsten Möbeln sofort eine Atmosphäre warmer Behaglichkeit erzeugt werden konnte. Es ist schon, wenn auch noch so schwer zu fassen, die Ausstrahlung eines Menschen, die einen Raum wohnlich macht.

7. So wird die Wohnung zum Ausdruck des Menschen, der sie bewohnt, ein Raum gewordenes Stück dieses Menschen selbst. Darum kann sie auch nur in demselben Maße wohnlich sein, als der betreffende Mensch zu wohnen versteht. Das muß man auch in einer fremden Wohnung jederzeit spüren können. Die

Dinge müssen durch einen pflegerischen Gebrauch eingeschmolzen werden in das Leben des betreffenden Menschen. Darum kann man auch keine Wohnungseinrichtung fertig kaufen, und was sich junge Ehepaare zum Beginn anschaffen, braucht nicht in jedem Fall eine Geschmacklosigkeit zu sein, aber es bleibt fremd und kalt, bis es durch langen Gebrauch, durch schrittweise Anschaffung neuer Stücke und Ausscheiden anderer, ja selbst durch bloße Abnutzung langsam assimiliert wird.

8. So muß die Wohnung nicht nur Ausdruck eines Menschen sein, sondern zugleich eine lange Vergangenheit widerspiegeln, wenn sie dem Menschen das Gefühl einer sicheren Stetigkeit des Lebens vermitteln soll. Dazu gehört alles, was in ihr eine „Geschichte" hat. Selbst Gebrauchsspuren und leichte Beschädigungen erhalten von hier aus einen positiven Wert. Der schrittweise Aufbau ist in einer solchen Wohnung Ausdruck der Lebensgeschichte, jedes Stück in ihr erinnert an etwas, Bilder und manche Erinnerungsstücke, für den Fremden oft unverständlich, halten ein Stück Vergangenheit lebendig. So ist die wahre Wohnung nicht künstlich geschaffen, sondern allmählich gewachsen und hat Teil an der verläßlichen Sicherheit des langsamen Wachstums.

9. Nun aber ergibt sich eine schwierige Frage, die zuerst Minkowski in dem genannten Aufsatz mit aller Schärfe gestellt hat: wie weit ein einzelner Mensch überhaupt imstande ist, eine solche Atmosphäre der Wohnlichkeit und Behaglichkeit, der Intimität, wie er sich ausdrückt, zu schaffen. Und er betont, daß dies dem einzelnen Menschen nicht gelingt. Nachdem er schon vorher darauf hingewiesen hatte, daß die Intimität eine „weibliche Gegenwart" erfordert,[253] entwickelt er diesen Gedanken folgendermaßen: „Ein wohnliches Heim (intérieur intime) ist nur eine der Ausdrucksmöglichkeiten eines Menschen oder genauer eines Menschenpaares, die nach Wohnlichkeit streben und diese um sich zu schaffen wissen. Die Wohnung eines Junggesellen könnte uns kaum noch als wohnlich erscheinen, und einem Witwer wird es niemals gelingen, ... die Wohnlichkeit zu erhalten, die dort vorher geherrscht hatte. Unausweichlich schwindet sie in diesem Fall schrittweise dahin. So sehr ist es wahr, daß man zu zweit sein muß, wie es die menschliche Bestimmung will, um das Leben aufzubauen, um eine Intimität zwischen sich und um sich zu schaffen. Und das ‚Interieur' füllt sich nun mit Büchern und unbedeutendem Kleinkram (bibelots), mit Leiden und Freuden, mit Plänen, mit dieser Anstrengung, gemeinsam dies Leben wie diese Wohnung aufzubauen, indem sie dort einen wichtigen Platz dem Klima der Intimität einräumten, der für einen kleinen Kreis sympathisierender Freunde und naher Menschen offen steht."[254]

Hier wird ein entscheidender neuer Gedanke hinzugenommen: Dem einzelnen Menschen, dem Junggesellen, ist eine wirkliche Wohnlichkeit seiner Wohnung unerreichbar, und dem einzeln Zurückgebliebenen schwindet diese

[253] S. 183.

[254] S. 180.

Wohnlichkeit wieder dahin. Es mag vielleicht einzelne Ausnahmen, vor allem alleinstehende Frauen, geben, denen die Wohnlichkeit ihrer Wohnung trotzdem gelingt, im ganzen aber wird man sagen müssen, daß sich erst im menschlichen Zusammenleben dieser Niederschlag einer gemeinsamen Lebensgeschichte im Wohnraum bildet, der diesem seine anheimelnde Atmosphäre gibt, daß also erst die Familie die Wohnlichkeit einer Wohnung hervorbringt. Diese Erkenntnis ist von weitreichender Bedeutung; denn sie zwingt uns, das Verständnis des Hauses und des Wohnens weiter zu fassen, als wir es bisher getan haben. Wir hatten das Haus als den Raum der Geborgenheit bisher nur von den schützenden Wänden und dem bergenden Dach her gesehen, d.h. als ein rein räumliches Gebilde. Wir hatten dabei in einer vorläufigen Abstraktion vom einzelnen Menschen gesprochen. Jetzt aber erkennen wir, daß man das Wesen des Hauses vom einzelnen Menschen her gar nicht hinreichend erfassen kann. Die Gemeinsamkeit der einträchtig darin lebenden Familie gehört eben so sehr dazu wie die räumliche Umfriedung durch Mauern und Dach. Wohnen ist nur als in Gemeinschaft möglich, und das wahre Wohnhaus verlangt die Familie. Haus und Familie gehören untrennbar zusammen, um menschliche Geborgenheit – soweit sie überhaupt erreichbar ist – zu schaffen. Darauf müssen wir noch zurückkommen.[255]

Ein weiterer tiefer Gedanke klang in den angeführten Sätzen Minkowskis an, den wir jetzt noch besonders herausheben müssen: Die Wohnlichkeit der Wohnung schafft nicht nur den bergenden Lebensraum für die zusammen darin lebenden Menschen. Sie schafft zugleich einen Anziehungspunkt und wird fruchtbar auch für die andern Menschen. So hieß es in den angeführten Sätzen, daß dieses Heim zugleich „für einen kleinen Kreis sympathisierender Freunde und naher Menschen offen steht". Und Minkowski fährt hier fort: „Denn die Intimität hat immer eine offene Tür, augenscheinlich nicht für jeden beliebigen. Die Intimität versichert so ihre Bedeutung für das Leben; sie fordert eine gewisse Bildung des Herzens und des Geistes."[256] Die wohnliche Wohnung eines andern Menschen nimmt uns nicht nur in ihrem Zauber gefangen, sondern sie verwandelt uns, indem wir in der Atmosphäre ihrer Intimität zu uns selbst zurückgeführt werden.

4. Tür und Fenster

1. Die Tür

Damit das Haus dem Menschen nicht zum Gefängnis werde, braucht es Öffnungen in die Welt hinein, die das Innere des Hauses in einer geeigneten Weise mit der Außenwelt verbinden. Sie öffnen das Haus für den Verkehr mit der Welt.

---

[255] Vgl. unten S. 208ff.

[256] E. Minkowski, S. 185.

Das aber leisten im Haus die Tür und das Fenster. Beides sind Verbindungsglieder, die die Welt des Drinnen zu der Welt des Draußen in Beziehung setzen. Aber beide leisten diese Aufgabe in einer sehr verschiedenen Weise.

Wir beginnen mit der Tür. Die eine Grundbestimmung der Tür ergibt sich aus dem, was man ihren semipermeablen, d.h. ihren nur halb durchlässigen Charakter nennen könnte. Genau so wie man in der Chemie bestimmte Gefäße kennt, deren Wandungen ein Lösungsmittel frei hindurchgehen lassen, bestimmte darin gelöste Stoffe aber zurückhalten, so ist es auch mit der Tür: Der ins Haus Gehörige kann frei durch sie ein- und ausgehen, und zur Freiheit seines Wohnens gehört es, daß er die von innen verschlossene Tür jederzeit öffnen und frei hindurchgehen kann, während der Fremde ausgeschlossen ist und erst besonders hereingelassen werden muß.

Der Mensch kann sich in seinem Haus abschließen, aber darum ist er noch nicht in seinem Haus eingeschlossen. Wäre das der Fall, so würde ihm sofort sein Haus zum Gefängnis werden, und das Bewußtsein, eingeschlossen zu sein, legt sich als ein quälender und gradezu unerträglicher Druck auf den Menschen. Er beginnt, an den Türen seines Gefängnisses zu rütteln, selbst wenn er von der Sinnlosigkeit seines Tuns überzeugt ist. Wie MacDougall von einem Entfesselungstrieb gesprochen hat, der sich instinktmäßig schon beim kleinen Kind regt, wenn man es festhält und in seiner Bewegungsfreiheit behindert, so sträubt sich auch der eingeschlossene Mensch gegen den Entzug seiner Freiheit. Daher auch die ganze Härte der Gefängnisstrafe.

Wer aber selber seine Tür verschließt, der bewahrt seine Freiheit, ja er erfährt gradezu darin seine Freiheit in einer besonderen Weise; denn er behält die Möglichkeit, die Tür auch jederzeit, wenn es ihm paßt, wieder zu öffnen. Simmel hat seinerzeit in seinem tiefsinnigen Essay über „Brücke und Tür" auf die hohe Bedeutung der Tür hingewiesen und dabei grade diese Funktion herausgehoben. „Es ist dem Menschen im Tiefsten wesentlich", so schreibt er dort, „daß er sich selbst eine Begrenzung setze, aber mit Freiheit, d.h. so, daß er diese Begrenzung auch wieder aufheben, sich außerhalb ihrer stellen kann."[257] Diese Freiheit aber liegt darin, daß der Mensch die Tür öffnen und durch sie den Raum verlassen kann, wenn er will.

Aber während der im Hause wohnende Mensch selber die Tür frei passieren kann, schließt sie den fremden Menschen aus. Nur mit der Zustimmung des Bewohners kann ein andrer in dessen Haus eintreten, und der Mensch gewinnt eine innere Unabhängigkeit, indem er sein Haus vor dem andern Menschen verschließen und so für diesen unerreichbar bleiben kann. Im Sinn eines solchen Schutzes ist es auch zu verstehen (und nicht etwa nur rein bautechnisch bedingt), wenn bei nordeuropäischen Blockhäusern die Tür so niedrig gehalten ist, daß der Eintretende sich zuerst tief bücken muß; denn das bedeutet, nach der

---

[257] G. Simmel, Brücke und Tür. Essays des Philosophen zur Geschichte, Religion, Kunst und Gesellschaft, hrsg. von M. Landmann, Stuttgart 1957. S. 4.

ausdrücklichen Auskunft der Bewohner, daß er sich, wenn er den Raum betreten will, zunächst in einen Zustand der Wehrlosigkeit begeben muß, wo ihn der im Raum Befindliche mühelos überwältigen könnte. Eine ähnliche Sicherung kehrt in andrer Weise vielfach auch in der Führung des Zugangswegs bei mittelalterlichen Burganlagen wieder. Und daß auch der Name Schloß für ein herrschaftliches Gebäude von dieser Möglichkeit des Verschließens herkommt, sei nur ganz im Vorbeigehen erwähnt.

Die Zustimmung, die für das Eintreten in ein Haus erforderlich ist, scheidet also den Kreis der befreundeten Menschen von den Feinden oder den bloß Fremden. In südlichen Ländern ist vielleicht noch stärker als bei uns das Haus vor den Fremden verschlossen, so daß sich der Verkehr zwischen den Menschen stärker im neutralen Bereich der Straße abspielt. Aber umgekehrt: wer einmal in das Haus eingelassen ist, der steht damit auch unter dem Schutz des Hauses, er genießt das Gastrecht, und es darf ihm in diesem Hause nichts Böses angetan werden.

2. Das Schloß

Das Mittel, die eigne Tür sicher zu verschließen, ist das Schloß oder in einfachen Verhältnissen noch der Riegel. Dieser besteht in seiner ursprünglichen kräftigen Form aus einem Balken, der als ganzer vorgeschoben wird, um die Tür gegen Einbruch zu sichern.

Weinheber, der in seinem Kalenderbuch „O Mensch, gib acht" so manches menschliche Hausgerät trefflich beschrieben hat, hat dort auch nach dem Wesen des Riegels, nach seiner tieferen Bedeutung gefragt.

> Warum (so fragt er) sind nicht die Tore
> offen bei Tag und Nacht?

so daß sich der Verkehr durch sie in aller Freiheit bewegen könnte. Er sieht in dem Bedürfnis, sich abzuschließen, nur den Ausdruck eines eigentümlichen Mangels, ein „Zeichen unsrer Schwäche" oder „ein Mal, bezeugend, daß wir zusamt unsicher sind". Es ist die Furcht und insbesondre die Furcht vor dem andern Menschen, die uns den Riegel erfinden ließ.

> Auf daß wir ruhig schliefen,
> wir, stets von Furcht verzehrt,
> bewachst du uns und Unsres.

Aber Weinheber sieht eine Verkehrung des echten menschlichen Verhältnisses darin, daß man im andern Menschen nur immer den gefährlichen Feind sieht. „Wenn wir doch besser liebten", so wendet er ein, dann würde auch der Riegel überflüssig sein, weil wir dann vom andern Menschen nichts Böses mehr zu befürchten hätten.

Darum ist die Wendung bezeichnend, mit der Weinheber sein gedankentiefes Gedicht ausklingen läßt:

> Noch hilfst du unsern Ängsten.
> Hilf manchmal auch dem Glück!
> Geh, Mädchen, schieb den Riegel
> – der Traute kommt – zurück![258]

Denn der Riegel dient nicht nur dazu, den störenden, feindlichen Besucher fernzuhalten, sondern eben so sehr dann auch dazu, den erwünschten Besucher in den vertrauten Bereich des Hauses einzulassen. Er dient in der Tat dazu, die Tür zum teilweise offenen, auslesenden Verbindungsglied zwischen Innenraum und Außenwelt werden zu lassen. So kann dann auch im übertragenen Sinn die weit geöffnete Tür zum Symbol der inneren Aufnahmebereitschaft des Menschen werden, wie dies in der ergreifenden Inschrift vom Stadttor von Siena ausgesprochen ist: Cor magis tibi Sena pandit, sein Herz öffnet dir Siena noch weiter als sein Tor, und wie es im bekannten Adventslied heißt: „Macht hoch die Tür, die Tor macht weit!"

Freilich muß man im Anschluß an Weinhebers Gedicht doch fragen, ob es richtig ist, den Gebrauch des Riegels so ausschließlich auf die Unsicherheit und die Furcht zurückzuführen. Wenn das in primitiven Verhältnissen auch sicher richtig ist, so muß man doch fragen, ob sich das Sicherungsstreben nicht inzwischen so sublimiert hat, daß es nicht mehr um den Schutz des äußeren Lebens, sondern um den der inneren intimen Sphäre des Menschen geht. Es wäre dann unabhängig von aller äußeren Bedrohung schon das Bedürfnis, mit sich selber allein zu sein, das den Menschen dazu führt, sich in sein Haus zurückzuziehen und dort zu verschließen.

3. Die Schwelle

Das Durchschreiten der Tür ist das Überschreiten der Schwelle, womit man in der Regel den unteren Türbalken bezeichnet. Die Schwelle bezeichnet darum noch bestimmter die Grenze zwischen dem Drinnen und dem Draußen. Das Überschreiten der Schwelle wird darum auch vielfach in gehobener Sprache pars pro toto für das Betreten des Hauses gebraucht. Man begrüßt den hohen Gast an der Schwelle seines Hauses.

Wir hatten die Tür bisher vorwiegend von der Seite dessen betrachtet, der unter ihrem Schutz in seiner Wohnung zu Hause ist. Ganz anders stellen sich die Verhältnisse für denjenigen dar, der, von außen her kommend, durch die Tür in den Raum eintritt; denn er tritt dadurch in den Lebensbereich des andern Menschen – oder wenn wir den analogen Fall des mit dem Hause letztlich gleichbedeutenden Tempels gleich hinzunehmen: in den Machtbereich der Gottheit ein.

---

[258] J. Weinheber, Der Riegel. Sämtliche Werke. 2. Bd. Salzburg 1954. S. 329f.

Daher rührt die hohe kultische Bedeutung, die die Schwelle bei früheren Religionen gehabt hat, von der sich auch heute noch manches im Brauchtum ländlicher Kreise erhalten hat.[259] Ihr gebührt eine besondre Verehrung. Man verneigt sich auf ihr, berührt sie fromm mit der Hand, man vermeidet es insbesondre als unheilbringendes Vorzeichen, auf ihr mit dem Fuß anzustoßen, oder man trägt auch die Braut auf den Händen über die Schwelle hinweg. Darum betont van der Leeuw allgemein in seiner „Phänomenologie der Religion": „Die Schwelle ist die sakrale Grenze, der eine besondere Mächtigkeit eignet."[260] Im selben Sinn hat neuerdings auch Eliade auf die große Bedeutung der Schwelle als der Grenze zwischen dem Heiligen und dem Profanen hingewiesen und damit wesentlich auch zum Verständnis der heutigen Bräuche beigetragen. „Schwelle und Tür", so sagt er, „zeigen auf unmittelbare und konkrete Art die Aufhebung der räumlichen Kontinuität; darin liegt ihre große religiöse Bedeutung, denn sie sind Symbole und Mittler des Übergangs in einem."[261] Darum wissen die Religionen auch vielfach von besonderen Wächtern und Hütern der Schwelle zu berichten, die das Eindringen unheilvoller Mächte verhindern, und noch nach dem heutigen Aberglauben sammeln sich an ihr allerhand Geister, die das Haus bedrängen und die durch allerhand Zaubermittel zurückgehalten werden.

Die Pforte als Ort des Durchgangs bekommt von hier aus zugleich auch eine tiefere symbolische Bedeutung: Sie ist der Durchgangsort zu einem neuen Leben, so wie es etwa in der Aufforderung des Evangeliums gemeint ist: „Tretet ein durch die enge Pforte".

4. Das Fenster

Wieder anders als bei der Tür liegen die Dinge beim Fenster, und auch hier sind es wiederum verschiedene Lebensfunktionen, die sich in diesem einfachen Bestandteil der menschlichen Lebensumgebung überlagern. Ich sehe hier, wo wir vor allem auf die Beziehung zwischen Innen- und Außenraum achten, von der einfachsten Aufgabe des Fensters, nämlich der Beleuchtung des Innenraums zu dienen, ab. Das ist in dieser Hinsicht unergiebig, auch könnte das Fenster in dieser Beziehung ja auch durch eine künstliche Beleuchtung ersetzt werden.

Zu den einfachsten Aufgaben des Fensters gehört sodann die Möglichkeit, vom Innenraum her die Außenwelt zu beobachten. Schon lange ehe man größere verglaste Fenster zu bauen gelernt hatte, gab es wenigstens das Guckloch, durch das man die Umgebung des Hauses auf die Annäherung eines möglicherweise bedrohlichen Fremden hin überblicken konnte. Dahin weisen schon die frühe-

259 Vgl. dazu L. Weiser-Aall, Handwörterbuch des deutschen Aberglaubens. 7. Bd., hrsg. von H. Bächtold-Stäubli, sowie Pauly-Wissowa, Realenzyklopädie der klassischen Altertumswissenschaft.

260 G. van der Leeuw, S. 449.

261 M. Eliade, S. 16.

ren, später durch das lateinische Lehnwort verdrängten germanischen Bezeichnungen wie „Augentor“ (d.h. eine nur für den Blick, nicht für das wirkliche Hindurchgehen bestimmte Öffnung nach draußen) für die zwischen Wand und Dachgebälk ausgesparten seitlichen Öffnungen des Hauses.[262] In Bezeichnungen wie Windauge, Ochsenauge, Bullauge und ähnlich auch in andern indogermanischen Sprachen wird das Fenster als Auge des Hauses gedeutet, wobei es noch hinzukommen mag, daß die Fenster selber – beispielsweise als Öffnungen in einer aus Weidengeflecht bestehenden Wand – ursprünglich vielfach Augenform hatten. In umgekehrter Wendung dieses Vergleichs nennt auch Keller einmal die Augen seine „lieben Fensterlein“. Solche runden Gucklöcher haben sich ja auch heute noch vielfach in städtischen Wohnungen erhalten, und die ängstliche Hausfrau wirft noch schnell einen Blick durch das kleine Loch in der Tür, ehe sie dem sich von außen meldenden Besucher öffnet.

Die schon bei der Tür hervorgehobene einseitige Durchlässigkeit der Wandöffnung ist auch beim Fenster ganz deutlich. Sehen ohne gesehen zu werden, dies Grundprinzip vorsichtiger Lebenssicherung, ist am Fenster in seiner reinsten Gestalt verwirklicht. Hatten wir schon vorhin die Funktion des Riegels als eines Werkzeugs menschlicher Furcht ins Auge gefaßt, so erfordert der Riegel in dieser Beziehung die Ergänzung durch das Guckloch, wenn der Mensch nicht blind den möglichen Angriffsvorbereitungen des Feindes preisgegeben sein will. Insofern ist auch das Guckloch ein solches Werkzeug menschlicher Besorgnis. Aber ähnlich wie früher beim Riegel dürfen wir auch hier darauf hinweisen, daß in der weiteren Entwicklung die zunächst aus Furcht geborene Beobachtung der Umwelt einer allgemeineren Beobachtungsfreude Platz macht. So hat Langeveld darauf aufmerksam gemacht, wie tief im Kind das Bedürfnis nach einem Versteck ist, von dem es, während es selbst verborgen bleibt, die Welt um sich unbemerkt beobachten kann. In einem solchen Versteck träumend, fühlt es das Glück einer schönsten Geborgenheit.[263] Was hier am Kind so unmittelbar anschaulich ist, das gilt entsprechend auch von einem tief begründeten Verlangen des erwachsenen Menschen. Auch wenn das Guckloch längst zum weiten Fenster geworden ist, fühlt er das Verlangen, aus seinem Raum der Zurückgezogenheit zugleich die Außenwelt im Auge zu behalten. Er sieht aus dem Fenster in die Welt, die in ihrer Helligkeit vor ihm ausgebreitet daliegt, aber die Welt sieht nicht ihn, der in der Dunkelheit des Zimmers verborgen ist. Durch Vorhänge und Gardinen haben die Menschen vielfach die Nichteinsehbarkeit des Fensters noch zu steigern versucht, während es für den modernen Wohnstil bezeichnend ist, daß er viel stärker durch große Glasflächen das Haus in die Außenwelt hinein öffnet. Aber umgekehrt: Wenn der Mensch des Nachts im hell erleuchteten Zimmer dem Blick des Fremden ausgesetzt ist, der vielleicht

262 Vgl. das Trübnersche Wörterbuch.

263 M.J. Langeveld, L'„endroit secret“ dans la vie de l'enfant, in: Situation. S. 124ff.

unbemerkt aus dem Dunkel hineinschaut, dann fühlt er sich unsicher und schließt gern Vorhänge und Läden.

5. Die Orientierung in der Umwelt

Wenn aber das Guckloch sich zum Fenster erweitert, das nicht mehr einen einzelnen möglichen Feind ins Auge faßt, sondern im vollen Maß das Bild der Umwelt einläßt, dann ändert sich zugleich die Funktion des Fensters. Es öffnet jetzt den Innenraum gegen die Welt im ganzen. Durch das Fenster ist der kleine Wohnraum hineingestellt in die große Welt, und das Fenster ermöglicht es, sich in dieser Welt zu orientieren. Durch das Fenster sieht man ins Freie, sieht den Himmel und den Horizont (oder doch irgend ein Stück der Außenwelt, in dem dieser, wenn er auch selbst nicht sichtbar ist, doch unsichtbar mitgegeben ist). Durch das Fenster ist also der menschliche Innenraum übersichtlich und klar in die große Ordnung von Horizontale und Vertikale hineingestellt, die im ganz geschlossenen Raum nur mittelbar durch den Fußboden und das Stehen der Dinge darauf gegeben ist.

Aus diesem Bedürfnis nach einer weiteren Orientierung rührt das Unheimliche der Bunkerräume. Der Mensch fühlt sich in ihnen gefangen, beengt. Zeitungen berichteten kürzlich davon, daß das amerikanische Militär bei solchen unterirdischen Räumen wenigstens mit Hilfe von großen Bildern die Illusion eines freien Ausblicks in die Landschaft zu geben versucht hat, um den Räumen das bei längerem Verweilen Bedrückende zu nehmen. Ähnlich ist es mit den Bedenken, moderne Hörsäle, um den Umstand häufiger Verdunklung und immer erneuter Beseitigung der Verdunklung zu vermeiden, von vorn herein fensterlos zu bauen, was mit den technischen Mitteln der Beleuchtung und Belüftung ja ohne weiteres möglich wäre. Es ist nicht eine romantische Gewohnheit, die den Menschen an den Fenstern festhalten läßt. Aus einem Bedürfnis seiner Freiheit heraus verlangt er nach dem Fenster und wehrt sich gegen das Eingeschlossensein im fensterlosen Raum.

Anders ist es natürlich, wo es sich um eine vorübergehende Abgeschlossenheit handelt, etwa bei dem Gefühl der Abgeschlossenheit und Geborgenheit, das der nächtlich beleuchtete Wohnraum mit der um die Lampe versammelten Familie bei geschlossenen Fensterläden ausstrahlt. Hier fühlt sich der Mensch darum nicht beengt, weil ihm dabei immer gegenwärtig ist, daß es sich um einen vorübergehenden Zustand handelt, der mit dem allgemeinen Rhythmus von Tag und Nacht zusammenhängt, und daß sich die Welt mit dem kommenden Tage neu erschließt. Das morgendliche Öffnen der Fensterläden ist immer zugleich ein freudiges Sichöffnen des Menschen zu einem neuen Weltkontakt. Auch der Raumeindruck etwa des römischen Pantheon, wenn die Außenwelt wie weggeschnitten ist und der Himmel nur durch das eine große Auge von oben hereinschaut, ist von hier aus zu begreifen: Der Mensch fühlt sich ganz nach innen hin gesammelt, weil der Ausblick in die sichtbare Welt ihm verwehrt ist und trotzdem ein Stück Unendlichkeit immer gegenwärtig bleibt.

6. Die entrückende Wirkung des Fensters

Und noch ein letzter Gesichtspunkt, die besondre Funktion des Fensters von der Tür abzuheben, ist hier nachzutragen, obgleich er vielleicht schon an früherer Stelle seinen passenden Ort gehabt hätte: Durch die Tür geht man hindurch, durch das Fenster sieht man hinaus. Diese einfache und allzu selbstverständlich scheinende Feststellung besagt in Wirklichkeit sehr viel über den Unterschied zwischen den beiden Öffnungen des Hauses in die Welt hinein. Durch die Tür geht man wirklich hindurch und ist dann draußen außerhalb des Hauses. Durch das Fenster dagegen (als das „Augentor") sieht man nur mit dem Auge hinaus, aber man selber bleibt dabei drinnen. Das aber bedeutet, daß die Welt in beiden Fällen in einer sehr verschiedenen Weise gegenwärtig ist: Bei der Tür liegt die Welt zum Greifen da, man braucht nur hinauszugehen, um selber leibhaftig an irgend einen Punkt zu gelangen. Beim Fenster dagegen sieht man die Welt durch die Glasscheibe, und dieses Glas, selbst wenn es scheinbar unsichtbar (oder doch fast unsichtbar) ist, verändert die Welt in einer sehr entscheidenden Weise. Ja selbst das geöffnete Fenster, also auch ohne trennende Glasscheibe, hat eine ähnlich entrückende Wirkung.

Im Blick durchs Fenster rückt die Welt in die Ferne (denn der Weg zu ihr – das ist uns im Untergrund unsres Bewußtseins doch immer mit gegenwärtig – führt erst durch die Abwendung vom Fenster hindurch weiter zu der meist erst auf längerem Weg erreichbaren Tür). Fensterrahmen und Fensterkreuz unterstreichen diese Wirkung, denn sie entrücken das durch das Fenster Gesehene, sie schneiden einen bestimmten Ausschnitt aus der Umwelt heraus und machen ihn zum „Bild". Insofern idealisiert das Fenster den dadurch ausgeschnittenen und zusammengehaltenen Teil der Welt.

Rilke, der in seinen Gedichten die entrückende und idealisierende Wirkung des Spiegels von immer neuen Seiten zu fassen versucht hat,[264] hat in dem französischen Gedichtzyklus „Les fenêtres" von hier aus auch das Wesen des Fensters zu deuten unternommen.[265] Das Fenster ist für ihn das „Maß der Erwartung", „ô mesure d'attente", das nur einen für uns angemessenen Ausschnitt aus der Welt heraushebt. Es ist insofern der „Griff, durch den das große Zuviel des Draußen sich uns angleicht", „prise par laquelle parmi nous s'égalise le grand trop du dehors". In seiner einrahmenden Wirkung ist es die vom Menschen herangebrachte Form, „unsere Geometrie", wie Rilke sagt, durch die das im Fenster Geschaute aus der unendlich fließenden Umgebung herausgeschnitten und in die

[264] Vgl. O.F. Bollnow, Rilke. 2. Aufl. Stuttgart 1956. S. 250ff.
[265] R.M. Rilke, Gedichte in französischer Sprache. S. 85ff.

Ebene reiner Bildhaftigkeit erhoben wird. Das durch das Fenster Geschaute erscheint dem Zufall entzogen: „Tous les hasards sont abolis". Es wird zum Bild, „il devient son image", und ist insofern in eine zeitlose, in eine ideale Sphäre entzogen: „Tu la rends presque éternelle", heißt es bei Rilke von der im Fenster erscheinenden Geliebten.

So ist es ein unerschöpfliches Geheimnis, das sich der sinnenden Betrachtung des Fensters offenbart. Und wie es bei Rilke an der zuletzt angeführten Stelle der geliebte andre Mensch ist, dessen ideales Bild im Rahmen des Fensters erscheint, so hat das Motiv des Menschen im Fenster durch seinen Tiefsinn immer wieder die Maler zur Darstellung gereizt: Der Mensch, der aus dem Fenster blickend nachdenklich in die Betrachtung der Landschaft versunken ist, mit der Unendlichkeit der Landschaft zusammengenommen und doch wieder durch den Abstand des Schauens aus der Landschaft herausgenommen und so dem unmittelbaren Druck der Wirklichkeit entzogen, so hat ihn vor allem die Romantik gesehen. Wir denken vielleicht auch an die Verse Eichendorffs:

> Es schienen so golden die Sterne,
> am Fenster ich einsam stand
> und hörte aus weiter Ferne
> ein Posthorn im stillen Land.[266]

Aber das würde schon über den Umkreis der gegenwärtigen Fragestellung hinausführen, die in einfachster Weise zunächst erst einmal nach der Bedeutung von Tür und Fenster, dieser Öffnungen des Hauses, für das Verständnis des menschlichen Wohnens fragen sollte.

5. Das Bett

1. Herd und Tisch als Mitte des Hauses

Wir waren davon ausgegangen, daß der vom Menschen konkret gelebte Raum sich im Unterschied zum ungegliederten mathematischen Raum um eine konkrete Mitte herum aufbaut und daß diese Mitte wiederum nicht als abstrakter mathematischer Punkt zu bestimmen ist, sondern ihrerseits einen bestimmten Raum bildet, einen Herzraum gewissermaßen, d.h. einen geschlossenen Raum der Geborgenheit und der Sicherheit gegenüber der bedrohlichen Weite der Außenwelt. Und wir hatten diesen bergenden Raum dann in einer ersten Weise im Haus gefunden, in dem durch menschliche Arbeit gebauten Haus mit seinen schützenden Mauern und seinem bergenden Dach und mit seinen Türen und Fenstern, die als vermittelnde Glieder den Verkehr mit der Außenwelt ermöglichen. Aber das Haus mit seinen verschiedenen Zimmern, mit seinem Dachboden

---

[266] J. Freiherr v. Eichendorff, Sehnsucht. I 35.

und seinen Kellern, ist seinerseits wiederum ein verhältnismäßig umfangreiches und in sich reich gegliedertes räumliches Gebilde, so daß sich an ihm die Frage wiederholt, ob man nicht innerhalb des Hauses die Mitte des Lebensraums noch genauer bestimmen kann.

Wenn man auf einfache ländliche Verhältnisse zurückgeht und sich insbesondre die antike Welt vor Augen hält, so gibt es dort eine solche gemeinsame Mitte des Hauses. Das ist im ganz wörtlichen Sinn verstanden der Herd, der damals schon räumlich in der Mitte des Hauses stand und noch eine unmittelbare sakrale Bedeutung hatte: der Herd als Altar. Auch im germanischen Bereich hatte der Herd ursprünglich in der Mitte des Hauses gestanden. Der Rauch zog durch die Dachöffnung darüber ab. Das Herdfeuer, das auch in der Nacht nicht erlosch, sondern unter der Asche sorglich gehütet wurde, war so der Mittelpunkt des Hauslebens. Auch heute noch hat der Herd einen gewissen Rest dieser sakralen Bedeutung erhalten. So werden Haus und Herd von der Sprache gern in einer geläufigen Verbindung zusammengenommen. „Eigner Herd ist Goldes wert", sagt ein verbreitetes Sprichwort, und auch Schiller spricht von „des Herdes Heiligtum", das es zu verteidigen gelte. Der Herd wird gleichbedeutend mit dem eignen Haushalt. Selbst wenn man in einem übertragenen Sinn von einem Krankheitsherd spricht, so ist damit diese Ausgangsstellung und der eigentliche Sitz der Krankheit bezeichnet. In dem Maße aber, wie in den modernen Wohnungen die Küche zum Nebenraum zusammengeschrumpft ist, hat auch der Herd diese Stellung als Mittelpunkt des Hauses verloren, bis er schließlich auch äußerlich in Gestalt des modernen Elektroherds auf die symbolkräftige sichtbare Flamme verzichten mußte.

In einem gewissen Maß ist dann der Eßtisch an seine Stelle getreten. Er ist jetzt der Ort, an dem sich und um den sich zu regelmäßigen Zeiten die ganze Familie versammelt. Auch der Tisch hat diese symbolische Bedeutung in manchen sprichwörtlichen Wendungen bewahrt. So gilt, seine Füße unter den Tisch eines Hauses zu strecken, auch heute noch vielfach als Ausdruck der Herrschaft des Hausherrn, insbesondre des Familienvaters, gegenüber seinen noch unselbständigen Kindern.

2. Das Bett als Mitte

Herd und Tisch waren in dieser Weise Symbole für die gemeinsame Mitte der Familie. In dem Maß aber, in dem sich das gemeinsame Leben der Familie aufspaltet und das der einzelnen Glieder an Selbständigkeit gewinnt, verlieren beide ihre Mittelpunktfunktion, und es entsteht die Frage, wo jetzt für den einzelnen Menschen innerhalb des Hauses eine entsprechende Mitte zu suchen sei, auf die alle seine verschiedenen Wege innerhalb und außerhalb des Hauses bezogen sind. Ich glaube nun, daß diese Mitte am besten mit dem Bett bezeichnet ist; denn das Bett ist der Ort, von dem sich der Mensch am Morgen zu seinem Tagewerk erhebt und an den er abends nach getaner Arbeit wieder zurückkehrt. Jeder Tageslauf beginnt (unter normalen Umständen) im Bett und endet wieder im Bett. Und ebenso ist es mit dem Menschenleben im ganzen: Es beginnt im Bett, und es endet (wieder normale Lebensumstände vorausgesetzt) wieder im Bett. Im Bett also schließt sich der Kreis, der des Tages wie der des Lebens. Hier kommt der Mensch im tiefsten Sinn zur Ruhe. Von hier aus ergibt sich also die Aufgabe, die Bedeutung des Betts für den Aufbau des menschlichen Lebens und insbesondre des vom Menschen gelebten und erlebten Raums zu untersuchen.

Dabei fällt es auf, in einem wie erstaunlich geringen Maß das Bett bisher das menschliche Nachdenken gereizt zu haben scheint. Wer von den Dichtern hat es in würdiger Weise gerühmt? Wer von den Denkern hat es in seiner Bedeutung für das menschliche Leben zu ergründen versucht? Es sind nur wenige Belege, die einem hier begegnen, und auch diese sind schwer zu finden, weil sie meist in andern Zusammenhängen versteckt vorkommen. Es ist schon eine seltene Ausnahme, wenn Weinheber, auf den wir sogleich noch ausführlicher zurückkommen müssen, das Bett in wirklicher Ergriffenheit preist:

> Heiliger Hausrat Bett!
> Still wird, wer dich bedenkt.[267]

Diese geringe Beachtung liegt offenbar nicht nur an der Unscheinbarkeit dieses stillen Möbelstücks, sondern auch an seiner Heimlichkeit. Es gehört einem „intimen" Bereich des Lebens an, von dem man nicht viel spricht. Außer in den Möbelhandlungen, in denen es schamlos zur Schau gestellt wird, gehört es einem privaten Bereich des Hauses an, der als solcher von dem übrigen Haus noch einmal wieder abgesondert ist. Das Schlafzimmer ist auch den Besuchern zumeist verschlossen. Und so ist es bezeichnend, daß die Sprache eine Menge von Decknamen gebildet hat, um das direkte Aussprechen des Worts zu vermeiden. Man bezeichnet es als „Klappe", als „Falle", als „Nest", als „die Buntkarierten" usw. Dahin gehören auch die weiteren in Trübners Wörterbuch angegebenen Umschreibungen wie nach Bethlehem oder nach Bettingen gehen (von Bett), nach Posen (von den Federposen), nach Liegnitz (von Liegen) usw. Als einziges von den gebräuchlichen Möbelstücken verfügt das Bett über eine solche Fülle von Umschreibungen, und schon dies ist ein Hinweis, daß es einem Bereich angehört, den man nicht gern mit seinem Namen ausdrücklich zu nennen wagt.

3. Sprach- und kulturgeschichtliche Hinweise

Einen ersten Hinweis auf die Lebensfunktion des Betts geben wiederum die sprachgeschichtlichen Zusammenhänge. Man vermutet für das Wort Bett eine indogermanische Urbedeutung im Sinn von „in den Boden eingewühlte Lager-

[267] J. Weinheber, Das Bett. II 281.

stätte, im Boden ausgehobene Schlafgrube."[268] In diesem Sinn gibt es ja auch ein Flußbett und – was sprachlich auf dasselbe Wort hinauskommt – ein Gartenbeet. Das ist in unserm Zusammenhang insofern interessant, als sich damit das Wort Bett in seiner Urbedeutung unmittelbar mit derjenigen von Raum berührt, die, wie wir seinerzeit schon hervorgehoben hatten, ja so viel wie die aus dem Waldesdickicht herausgeschlagene Lagerstätte, die Rodung bedeutete. Das scheint auf einen tieferen inneren Zusammenhang hinzuweisen: Das Bett wiederholt gewissermaßen im kleineren Maßstab dieselbe Funktion, die der gerodete Lagerplatz im großen hatte, nämlich einen umschließenden Raum der Geborgenheit zu schaffen, einen ausgehöhlten Raum, in dem sich der Mensch frei bewegen kann. Bedeutsam ist übrigens auch, daß das Wort „Weile" sich eng mit dieser Grundbedeutung berührt. Die Philologen bringen es in Zusammenhang mit den altnordischen Wörtern hvila gleich Bett und hvild gleich Ruhe. Das Bett meint also den Ort, an dem man im eigentlichen Sinn weilt und verweilt, d.h. seinen gewohnten Aufenthalt hat.

Hier ist nicht der Ort, auf die vielschichtige Kulturgeschichte des Betts näher einzugehen.[269] Wir gehen ohne nähere Differenzierung von den Wohnsitten der modernen europäischen Kultur aus. Aber es ist wichtig, im Auge zu behalten, daß ein Bett, wie wir es heute verstehen, ein Holzgestell mit darin befindlichen Kissen, noch jung ist. Es ist erst spät aus dem Süden nach Mittel- und Nordeuropa gekommen. Die meisten außereuropäischen Völker, z.B. auch die Kulturen des fernen Ostens, kennen es überhaupt nicht. Auch die alten Germanen schliefen auf Tierfellen, und erst später kamen bei ihnen Schlafbänke an den Wänden der Wohnräume hinzu. Seitdem aber hat sich die südländische Bettform so sehr durchgesetzt, daß seit dem Mittelalter ein Bett ohne Bettgestell nur noch bei den Armen oder den Büßern im Gebrauch war. Und es sei nur im Vorübergehen kurz daran erinnert, daß das Bedürfnis, sich innerhalb des Hauses im Bett einen besonderen Raum vollendeter Abgeschiedenheit zu schaffen, zur Ausbildung verschiedener bezeichnender Bettformen geführt hat. Man trennte es gern durch Vorhänge ab oder sonderte durch einen auf Pfosten befestigten Betthimmel noch ausdrücklich einen besonderen Bettraum ab, ja man verlegte das Bett überhaupt in verschließbare Schränke und Kojen.

Bezeichnend für das Verlangen des Menschen, sich im Bett einen unerschütterlichen festen Halt innerhalb der Welt zu verschaffen, ist der in früheren Zeiten offenbar weit verbreitete Brauch fest eingebauter, also unverrückbar feststehender Betten. Einen schönen Beleg dafür gibt der Bericht Homers vom Bett des Odysseus. Als Penelope bei seiner Heimkehr, um ihn zu prüfen, die Bemerkung

---

[268] Trübners Deutsches Wörterbuch. Auf die einschlägigen Wörterbücher sei an dieser Stelle erneut verwiesen.

[269] Das Buch von Mary Eden und Richard Carrington, The Philosophy of the Bed, London 1961, war mir leider nicht zugänglich, so habe ich mich an die leichter zugänglichen Nachschlagewerke halten müssen.

fallen läßt, sie habe während seiner langen Abwesenheit das Bett an einen andern Ort bringen lassen, antwortet Odysseus:

> Weib, wahrhaftig, da sagst du mir gar bittere Kränkung.
> Wer denn stellte mein Bett mir anders? Selbst wer es verstände,
> Täte es nur mit Müh; ihm müßte denn einer der Götter
> Nahn, um leicht an anderen Platz das Lager zu bringen.
> Aber keiner der lebenden Menschen, so stark er auch wäre,
> Hübe es leicht hinweg. Denn ein gewaltiges Zeichen
> Trägt das künstliche Bett.[270]

Und er berichtet, wie er einen fest im Boden verwurzelten Stamm eines Ölbaums genommen und aus ihm, nachdem er die Krone abgeschlagen und den Stamm sorgfältig geglättet habe, den Grundpfosten seines Betts geschaffen und erst um dieses herum das weitere Schlafgemach geschaffen habe. Unverrückbar im Boden verwurzelt, so ist hier der Pfosten des Betts die feste Achse der Welt, zu der der Held nach langen Irrfahrten endlich zurückkehrt, ein großartiges Symbol dieses festen Bezugspunkts.

4. Die Geborgenheit im Bett

Überall verleiht das Bett mit seiner Wärme und seiner Behaglichkeit dem Menschen ein Gefühl des Friedens und der Geborgenheit. Schon Hiob „gedachte, mein Bett soll mich trösten, mein Lager soll meinen Jammer erleichtern."[271] „Es ist der sprichwörtlich geborgene Aufenthalt", heißt es im Trübnerschen Wörterbuch, und es zitiert aus dem Schwäbischen das Sprichwort: „Wer sich fürchtet, der ist im Bett nicht sicher", d.h. der fühlt sich selbst an diesem sichersten Ort noch unsicher. So hat es starke Männer gegeben, die sich einfach ins Bett flüchteten, wenn ihnen die Schwierigkeiten des Lebens über den Kopf zu wachsen drohten. So betont von ärztlicher Seite auch Fraenkel, „daß auch bei seelisch Normalen ein Schreckerlebnis durch nichts besser abreagiert wird, als durch einen Tag Bettruhe."[272] Wenn der Mensch sich die Bettdecke über den Kopf zieht, erlebt er etwas Ähnliches, wie er es fälschlich dem Vogel Strauß nachsagt. Aber es ist billig, mit bloßem Spott über solche Formen der Selbsttäuschung hinwegzugehen. Das Problem liegt tiefer. Es hängt mit der notwendigen Lebensfunktion zusammen, die das Bett als Raum der Geborgenheit im menschlichen Leben zu erfüllen hat. Thomas Mann zitiert einmal aus den Lebenserinnerungen Tolstois die Stelle, wo dieser von dem Schmerz spricht, den er empfand, „als das Ende der Kindheit sich dadurch bezeichnete, daß er aus der Obhut der Frauen

---

270 Odyssee. 23. Buch, Vers 183ff., übers. von T. v. Scheffer.

271 Hiob 7,13.

272 A. Fraenkel, Über das Bett als Therapeutikum, in: Pathologie und Therapie der Zirkulationsstörungen. Leipzig 1930. S. 69ff., S. 76.

zu seinen älteren Brüdern in das untere Stockwerk übersiedelte". Hier heißt es: „Ich trennte mich schwer von dem Gewohnten (seit Ewigkeit Gewohnten). Ich war betrübt, ... weniger weil ich mich von Menschen, der Pflegerin, den Schwestern, der Tante, als weil ich mich von meinem kleinen Bett trennen mußte, mit seinem Vorhang, seinen Kissen, und mir bangte vor dem neuen Leben, in das ich eintrat."[273] Das Bett wird hier also zu innerst als der Ort empfunden, in dem sich die verläßliche Festigkeit des Lebens verdichtet.

Diese große, die innere Ruhe vermittelnde Bedeutung des Betts auch im Leben des erwachsenen Menschen hat Weinheber in schönen Versen treffend herausgehoben:

Kranksein, Leiden und Kampf
kommen zu dir: Machs gut!
Und du lösest den Krampf,
träufelst Heilung ins Blut;
gibst uns, die von dem Ziel
abirrn und schwanken im Wind,
selig ein schmales Gefühl,
daß wir geborgen sind.[274]

Im Bett also löst sich die Bedrängnis des Lebens in einem, wie es hier einschränkend heißt, „schmalen Gefühl" der Geborgenheit, „schmal" insofern, als diese Geborgenheit nur für die Dauer einer Nacht gewonnen wird und danach wieder ein neuer Tag mit neuer Gefährdung wartet.

Derselbe Wesenszug, der hier bei Weinheber in dichterischer Form ausgesprochen ist, wird aber zugleich auch von der Seite phänomenologisch-psychologischer Beobachtung bestätigt. So heißt es bei van den Berg für den gesunden Menschen – im Unterschied zu der ganz andern Situation des Kranken –: „Für ihn ist das Bett das Attribut der Nacht. Er findet sich darin aufgenommen jeden Abend mit der gleichen Süße", und er faßt seine Überlegungen in dem Satz zusammen: „Für den gesunden Schläfer ist die Welt Schweigen, schweigende Erwartung, daß alles gut werden wird."[275] In einem ähnlichen Sinn betont auch Linschoten: „Es ist ... der Wesenszug der Geborgenheit, der mir (zu ergänzen: im Bett) das Einschlafen ermöglicht."[276]

---

[273] Th. Mann, Goethe und Tolstoi, in: Leiden und Größe der Meister. Fischer-Bücherei. Nr. 167. 1957. S. 58.

[274] J. Weinheber, II 282.

[275] J. H. van den Berg, ‚Garder le lit', essai d'une psychologie du malade, in: Situation. S. 68ff., S. 83f.

[276] J. Linschoten, Over het inslapen. Tijdschr. Philos. 1952, in deutscher Fassung: Über das Einschlafen. Psychologische Beiträge. 2. Bd. 1955. Heft 1 und 2. S. 274.

5. Die aufrechte Haltung

Darum müssen wir jetzt weiter fragen, was es ist, das innerhalb der vom Menschen gestalteten Umwelt ausgerechnet dem Bett diese ausgezeichnete Bedeutung eines Orts letzter Geborgenheit zuweist. Es kann nicht einfach darauf beruhen, daß das Bett der Ort zum Schlafen ist; denn um schlafen zu können, muß sich der Mensch schon zuvor im Gefühl der Geborgenheit befinden. Es muß schon vorher mit dem Vorgang des Sich-hinlegens selber zusammenhängen; denn im Bett liegt der Mensch, während er sich im sonstigen Leben, wenn auch in verschiedenen Abwandlungen, aufrecht verhält. Um das zu verstehen, muß man das Verhältnis zwischen dem aufrechten Stehen (oder Gehen) und dem bloßen Liegen mit einbeziehen. Diesen Gegensatz zwischen Stehen und Liegen kennt zwar schon das Tier, aber erst in der aufrechten Haltung des Menschen, d.h. im Übergang vom vierbeinigen zum zweibeinigen Gang, tritt er in voller Schärfe hervor (doch wollen wir hier bei diesem Unterschied nicht weiter verweilen). Um zu verstehen, was es bedeutet, daß sich der Mensch in einem Bett hinlegt, müssen wir zunächst zu erfassen versuchen, was es bedeutet, daß er aufrecht steht.

Wenn der Mensch sich hinlegt, um einschlafen zu können, so ist das nicht einfach eine Bewegung innerhalb des Raums, wobei der Raum feststünde und der Mensch sich in ihm bewegte, sondern es ändert sich dabei von Grund auf das Verhältnis des Menschen zum Raum und damit (im Sinn unsrer einleitenden Betrachtungen) der erlebte Raum selbst. Das beruht auf dem tiefgreifenden Unterschied zwischen dem Stehen bzw. dem Sich-aufrecht-verhalten und dem Liegen. Das Stehen erfordert immer eine beständige Anspannung, um dem Zug der Schwerkraft Widerstand leisten zu können. Dabei wäre im einzelnen natürlich noch zu unterscheiden zwischen dem vierbeinigen Stehen des Tiers und der aufrechten Haltung des Menschen, sowie beim Menschen wiederum zwischen den verschiedenen Formen des Stehens, Sitzens, Sich-bückens usw., doch soll von allen diesen Unterschieden hier nicht weiter die Rede sein. Wir sprechen in einem allgemeinen Sinn von einer aufrechten Haltung des Menschen. Bei diesem Begriff müssen wir etwas verweilen; denn bei genauerer Betrachtung ist überhaupt nur die aufrechte Haltung eine „Haltung“ im strengen Sinn. Beim Stehen muß der Mensch im wörtlichen Sinn sich halten, d.h. er muß in einer beständigen Anstrengung sich aufrecht erhalten, und das ist immer eine eigne Leistung gegenüber den natürlichen Kräften der Schwere. Das aufrechte Stehen ist also eigentlich ein immer erneutes Sich-aufrichten, das jeden Augenblick neu den Kräften der Schwere abgerungen wird.

Diese Haltung ist nicht als etwas nur Körperliches zu begreifen, sondern sie bedingt und durchdringt das ganze Verhältnis des Menschen zu seiner Welt. Das hat E. Straus in seiner grundlegenden Arbeit über „die aufrechte Haltung“ sehr überzeugend herausgestellt. In dieser Haltung löst sich der Mensch von der unmittelbaren Umweltgebundenheit, und die Richtung nach oben schließt zugleich die übertragene Bedeutung dieses Begriffs mit ein. „Die aufrechte Haltung", so betont Straus, „weist nach aufwärts, fort vom Boden. Sie ist Gegenrichtung gegen die bindenden, fesselnden Kräfte der Schwere. Im Aufrichten machen wir einen Beginn, uns von der unmittelbaren Herrschaft physikalischer Kräfte zu befreien."[277] In der aufrechten Haltung realisiert sich also der Mensch in seiner Freiheit und stellt sich frei der Umwelt entgegen. Der Mensch gewinnt in ihr zu den Dingen der Welt einen deutlichen Abstand. Der Raum um ihn herum wird zum Feld seines freien Überblicks. „Es ist viel Raum um den aufrechten Menschen", betont Straus.[278] Und infolge dieses Abstands wird ihm dann die Welt zum Gegenstand, zu dem er sich in Freiheit verhalten kann. „Im Aufrichten", so fährt Straus fort, „gewinnt der Mensch einen Stand in der Welt; er gewinnt die Möglichkeit, sich der Welt gegenüber selbständig zu verhalten, die Welt und sich selbst zu gestalten."[279] Das Spannungsverhältnis zwischen Mensch und Welt kennzeichnet so den Menschen in seiner aufrechten Haltung.

Hiermit gewinnt der Begriff der Haltung einen betonten, weit über das Leibliche hinausgehenden Sinn. Linschoten, auf dessen schon einmal herangezogene Arbeit über das Einschlafen wir noch ausführlicher zurückkommen müssen, hat dies deutlich hervorgehoben, indem er betont: „‚Haltung' deutet nicht nur auf die Körperstellung, sondern auch auf das Benehmen der Person, das wir innere Haltung heißen können."[280] Darüber hinaus hat Hans Lipps in seinem Buch über „die menschliche Natur"[281] den Begriff der Haltung in einem allgemeinen, das, was Linschoten als „innere Haltung" versteht, noch ausweitenden Sinn entwickelt, und ich habe, daran anknüpfend, in meinem Buch über „das Wesen der Stimmungen"[282] diesen Begriff in einen umfassenden anthropologischen Zusammenhang einzuordnen versucht. Im Unterschied zur Stimmung, die den Menschen überkommt und seine Welt gleichmäßig durchzieht, ist die Haltung ganz allgemein eine bestimmte innere Formung, die sich der Mensch selber gegeben hat und die dann auf sein Verhältnis zur Welt, zu den andern Menschen und allgemein zu den Fragen des Lebens zurückwirkt. Im Unterschied zum unreflektierten „Verhalten" in der Welt setzt die Haltung immer schon ein ausdrückliches Verhalten zu sich selbst und damit eine innere Freiheit voraus, in der er sich selbst seinem natürlichen Zustand gegenüberstellen kann. Und eben dies ermöglicht auch der Welt gegenüber einen klaren Abstand. Hier liegt ein wesentlicher Unterschied zum Tier. Das Tier hat keine Haltung, weil es noch „das ungebrochene Verhältnis zu seiner Natur"[283] hat. Die Haltung aber setzt

---

277 E. Straus, Die aufrechte Haltung, eine anthropologische Studie, jetzt in: Psychologie der menschlichen Welt. S. 244ff., S. 226.

278 S. 230.

279 S. 226.

280 J. Linschoten, S. 279.

281 H. Lipps, Die menschliche Natur. Frankfurt a.M. 1941. S. 18ff.

282 O.F. Bollnow, Das Wesen der Stimmungen. 3. Aufl. Frankfurt a.M. 1956. S. 154ff.

283 H. Lipps, S. 19.

immer ein Selbstbewußtsein und damit den Abstand, die Spannung zur Welt voraus. „Haltung haben", sagt darum Lipps, „bedeutet überlegene Distanz; sich selbst wahrt man darin."[284]

6. Das Liegen

Dies Verständnis der Haltung ist jetzt entscheidend für das Verständnis dessen, was mit dem Menschen geschieht, wenn er sich hinlegt. Es scheint nämlich ein Wesenszusammenhang zu bestehen, demzufolge auch die innere Haltung nur zusammen mit der äußeren Haltung aufrecht erhalten werden kann, d.h. daß der Mensch nur in der Gespanntheit seiner leiblichen Haltung auch innerlich Haltung haben kann, daß er aber im liegenden Zustand die Möglichkeit der inneren Haltung verliert. In diesem Sinn heißt es bei Linschoten, wenn auch bei ihm gleich auf die folgende Stufe, das volle Einschlafen bezogen: „Einschlafen heißt die Haltung preisgeben. Das gilt nicht nur für den Leib, sondern für die Person als Ganzheit."[285] Dieser Verlust der Haltung geschieht aber nicht erst im Vorgang des Einschlafens, sondern unmittelbar spürbar schon im bloßen Liegen. Wir müssen also zwischen den beiden Zuständen unterscheiden, die in der Literatur meist ununterschieden zusammengenommen werden. Sicher ist es richtig, was Straus einmal betont: „Nur im Wachsein kann der Mensch sich aufrecht halten",[286] aber daraus folgt noch nicht umgekehrt, daß der Mensch sogleich schlafen muß, wenn er die aufrechte Haltung aufgibt. Schon der liegende Mensch hat ein andres Verhältnis zur Welt als der aufrecht stehende. Ja, es gilt bis zu einem gewissen Grade schon vom bloßen Sitzen. Man braucht sich nur in einen bequemen Sessel fallen zu lassen, um zu spüren, wie die Gespanntheit der Haltung von einem abfällt und wie man „friedlicher" wird und weniger aktiv auf die Reize der Umwelt reagiert.

Das bedeutet für unsern Zusammenhang, daß beim liegenden Menschen das Spannungsverhältnis zur Welt verloren gegangen ist, also genau das, was wir als bezeichnend für die innere Haltung hervorgehoben hatten. In diesem Zusammenhang betont Vetter: „Der Übergang aus der aufgerichteten Haltung in die Waagerechte des Bodens ist eine Preisgabe der Entgegenstellung überhaupt, die der Mensch im Wachsein einnimmt."[287] Dabei wird allerdings auch hier Wachsein mit aufrechter Haltung gleichgesetzt, während uns vorläufig erst die Zustände beschäftigen, in denen der Mensch, noch ohne zu schlafen, sich in liegender Haltung, insbesondre im Bett befindet. Aber schon für diese gilt das meiste von dem, was in der Literatur vom Einschlafen festgestellt wird. Dahin gehört etwa die Feststellung Linschotens: „Alles was die aufrechte Haltung uns

---

284 H. Lipps, S. 23.
285 J. Linschoten, S. 279.
286 E. Straus, S. 225.
287 A. Vetter, Die Erlebnisbedeutung der Phantasie. Stuttgart 1950, S. 118.

bedeutet: die Entgegenstellung von Person und Welt, das Aufrichten und das Greifen nach dem, was über uns ist, der Zugang zur Ferne, die greifbare Nähe der Dinge um uns herum, die Übersichtlichkeit des Raumes, in dem wir uns befinden, die freie Ortswahl, das alles wird beim Einschlafen preisgegeben."[288] Ähnlich heißt es auch schon bei Straus: „daß wir, indem wir uns zum Schlafen niederlegen, uns ausstrecken, uns ganz der Welt gefangengeben; wir hören auf, uns der Welt gegenüber zu behaupten."[289] Das gilt jetzt, wie gesagt, weitgehend schon vom bloßen Liegen, wenn dann selbstverständlich im Einschlafen noch ein weiterer Schritt in der Aufhebung der Entgegensetzung geschieht.

Daraus folgt, jetzt auf unser konkretes Problem angewandt: Der im Bett liegende Mensch hat ein andres Verhältnis zum Raum, oder besser, er hat einen andern Raum als der sich aufrecht bewegende. Das gilt schon in einem ganz äußerlichen Sinn: Wenn in der gewöhnlichen Welt des sich aufrecht bewegenden Menschen die Entfernung der Dinge und ihre Ordnung untereinander durch ihre Erreichbarkeit bestimmt ist, d.h. durch die (virtuelle) Bewegung, die notwendig wäre, um sie zu ergreifen, so rücken sie für den, der im Bett liegt, in eine sehr viel größere Ferne, weil er sie, ohne das Bett zu verlassen, nicht mehr erreichen kann. Und dies erfordert immer einen erheblichen inneren Kraftaufwand. Ich kann mich hier noch einmal auf die schon erwähnte Arbeit van den Bergs beziehen, in der diese Veränderung der Umwelt folgendermaßen geschildert wird: „Die Welt hat sich verkleinert auf die Ausmaße meines Schlafzimmers, besser noch: meines Betts. Denn schon wenn ich nur die Füße auf die Erde setze, habe ich den Eindruck, in eine unbekannte Zone einzudringen. Mich zur Toilette zu begeben, wird zu einer Art ungewohnter Exkursion. ... Wenn ich von dort zurückkomme, habe ich in dem Augenblick, wo ich mir die Decke über den Kopf ziehe, das Gefühl, wieder zu Hause zu sein."[290]

Das gilt zugleich in einem allgemeineren Sinn. Nicht nur die Dinge sind wie fortgerückt, in eine ferne Welt, die mir nicht nur schwer erreichbar ist, sondern die mich auch innerlich nichts mehr angeht, auch die Anforderungen, die diese Welt an mich stellt, dringen nur noch verworren, wie aus unbestimmter Ferne, auf mich ein. Sie gehen mich nicht mehr unmittelbar an, und die Sorgen, die mich eben noch so sehr bedrängten, sind jetzt schon leichter geworden. Selbst das Telephon läutet anders, wenn ich im Bett liege. Ich fühle mich nicht mehr zur ständigen Bereitschaft verpflichtet, auf jeden Anruf auch antworten zu müssen, ich kann es ruhig läuten lassen und freue mich, wenn es von allein wieder aufhört. Und so ist es ganz allgemein.

Ich verhalte mich nicht mehr bewußt zu einer mir gegenständlich entgegentretenden Welt, sondern ich fühle mich im Einklang mit einer warmen und wohligen Umgebung. Wie ich im leiblichen Sinn durch keinen harten Gegenstand

---

[288] J. Linschoten, S. 275.
[289] E. Straus, S. 225.
[290] J.H. van den Berg, S. 70.

zum Widerstand gezwungen werde, so brauche ich auch allgemein meinen Willen nicht mehr anzuspannen. Ich bin wieder eins mit meiner Welt. Und daher stammt das Gefühl einer unendlichen Geborgenheit, das mich im Bett umfängt. „Du träufelst Heilung ins Blut“, hieß es bei Weinheber, und das trifft genau den Tatbestand. Im Bett liegend finde ich den Zustand der Geborgenheit, der es mir erlaubt, mich fallen zu lassen und wirklich einzuschlafen.

Von hier aus erfahren wir am tiefsten die notwendige Funktion des Betts im Ganzen des menschlichen Lebens. Gewiß kommt der Schlaf auch außerhalb des Betts. Er kann den Menschen auch sonst im Zustand der Erschöpfung überfallen. Aber das ist nur das jähe Abbrechen der Aufmerksamkeit, weil die Kraft zum weiteren Wachsein nicht mehr ausreicht, das ist nicht der wahre, erlösende Schlaf, dem sich der Mensch im Gefühl wohligen Behagens ruhig überläßt. Für diesen tiefen und eigentlichen Schlaf die äußeren Vorbedingungen zu schaffen, nämlich einen Bereich vollendeten Geborgenseins, das eben ist die Aufgabe des Betts. Das Bett ist ein Raum solcher schützenden Abgeschiedenheit, und insofern die letzte Steigerung in der Geborgenheit des Hauses.

6. Das Aufwachen und das Einschlafen

Die Veränderung der menschlichen Bewußtseinshaltung im Liegen führt somit notwendig weiter zu den tieferen Problemen des Schlafs und der Übergangsvorgänge vom wachen zum schlafenden Zustand, dem Einschlafen und dem Aufwachen. Das ermüdete Sichhinlegen ist vielfach nur eine Vorstufe zum Einschlafen, und darum waren die beiden Vorgänge in den bisher herangezogenen Zeugnissen auch vielfach gar nicht unterschieden. Schon nach den bisherigen Überlegungen über die liegende Haltung ließ sich vermuten, daß man den Wechsel zwischen Wachen und Schlafen nicht so auffassen kann, als ob ein in seinem Wesen gleichbleibendes Ich sich im Wachen und im Schlafen durchhält oder daß die Stetigkeit der erlebten Zeit jede Nacht nur durch den Schlaf unterbrochen wird und morgens dann einfach wieder da anknüpft, wo sie am Abend durch den Schlaf unterbrochen war. Das Ich selber verwandelt sich vielmehr in diesen Vorgängen, und mit ihm zugleich die es umgebende Welt. Der Mensch taucht jeden Abend in eine größere Tiefe ein, in der sich sein bewußtes Ich in einem umfassenderen Medium auflöst, und jeden Morgen baut sich dieses Ich – zusammen mit seiner umgebenden Welt – neu wieder auf. Das mag zunächst als ziemlich gewagte Behauptung erscheinen, als irgendeine luftige Spekulation, und doch ist es nichts andres als der Schluß, der sich notwendig aus den konkreten Erfahrungen ergibt, die sich im Menschen jeden Tag beim Einschlafen und beim Aufwachen vollziehen.

Die Vorgänge des Einschlafens und des Aufwachens gewinnen so eine besondre philosophische Bedeutung; denn man kann hoffen, in ihnen Zusammenhänge ans Licht zu heben, die in dem gewöhnlichen wachen Bewußtsein schon wieder verdeckt sind. So erhebt sich für uns die Frage: Was geschieht eigentlich im Menschen, wenn er einschläft und wenn er wieder aufwacht? Diese Vorgänge vollziehen sich im Menschen jeden Tag mit der größten Selbstverständlichkeit, und doch ist es ungeheuer schwer, etwas Verläßliches darüber auszumachen. Denn sie entziehen sich weitgehend der planmäßigen Beobachtung. Auf der einen Seite gehört es zu ihrem Wesen, daß das Bewußtsein in ihnen noch nicht oder nicht mehr gegenwärtig ist. Sie liegen am Rande des verdämmernden Bewußtseins. Es ist im wesentlichen nur die Erinnerung, die dann, wenn das volle Bewußtsein erreicht ist, im Rückblick noch die verschwimmenden Schatten festzuhalten vermag, also nachträglich ins Bewußtsein hebt, was im Augenblick des Erlebens selber noch gar nicht bewußt war. Das aber gelingt nur in einem beschränkten Maß, und diese Fixierung wird weiterhin noch dadurch erschwert, daß es sich um sehr schnelle Vorgänge handelt, deren einzelne Phasen außerordentlich schnell aufeinander folgen, ineinanderzufließen scheinen und sich nur schwer voneinander sondern lassen. Darum gebietet es hier die methodische Vorsicht, auf eigne, zu diesem Zweck anzustellende Beobachtungen zu verzichten; denn diese könnten zu leicht von der systematischen Fragestellung und den herangetragenen Erwartungen beeinflußt werden. Es ist verläßlicher, sich auf fremde Zeugnisse zu stützen, wenn diese infolge der Flüchtigkeit und Unscheinbarkeit der hier zur Rede stehenden Vorgänge auch selten sind und nur wenigen, fein empfindenden Beobachtern gelungen sind. Wir sind dankbar für jedes dieser Zeugnisse. Wenn an ihnen die einzelnen Momente erst einmal auseinander gelegt sind, wird es möglich sein, an ihrem Leitfaden die Aussagen auch durch eigne Beobachtungen zu überprüfen und zu bestätigen.

A. Das Aufwachen

Wir beginnen zweckmäßigerweise mit dem Vorgang des Aufwachens; denn dieser hat den Vorteil, daß sich der Mensch danach sogleich im Zustand des vollen Bewußtseins befindet und sich noch aus frischer Erinnerung darauf besinnen kann. Hier haben wir zwei Zeugnisse von einer unerhörten Sensibilität, die sich wechselseitig stützen und glücklich ergänzen: Das eine ist die dichterische Darstellung, die Marcel Proust auf den Eingangsseiten seiner „Suche nach der verlorenen Zeit“[291] entwickelt, das andre sind die psychologischen Beobachtungen, die Graf Dürckheim in seinen schon genannten „Untersuchungen zum gelebten Raum“[292] mitteilt und durch diese Fragestellung sogleich in den hier entscheidenden Zusammenhang hineinstellt, die Frage nach dem erlebten Raum. Wir werden uns im folgenden auch bei der Befragung dieser sehr komplexen Vor-

---

[291] M. Proust, Der Weg zu Swann, übertragen von R. Schottländer. Berlin 1926. Ich halte mich hier an die ältere Übersetzung.

[292] Graf K. v. Dürckheim, Untersuchungen zum gelebten Raum, a.a.O.

gänge auf diese eine Seite zu beschränken versuchen: auf die Frage, was sie für das Verständnis des erlebten Raums auszusagen wissen.

1. Das unbestimmte Gefühl des Daseins

Wenn wir beide Darstellungen vergleichend zusammennehmen, so handelt es sich darum, daß der Mensch sich im Augenblick des Aufwachens noch nicht sogleich in seinem vertrauten Raum vorfindet. Er findet sich vielmehr zunächst noch in einem Zustand völliger Raumlosigkeit. Erst in mehreren Schritten baut sich für ihn der Raum auf, und erst das Ergebnis dieser vermittelnden Schritte ist es, daß er sich endlich in seinem gewohnten Raum wiederfindet. Parallel damit geht zugleich ein andrer Vorgang: Er findet sich auch noch nicht als dieses konkrete, individuelle Ich vor. Auch dieses stellt sich erst – und zwar in strenger Korrelation zum Aufbau der räumlichen Umwelt – schrittweise wieder ein. Damit aber gewinnt dieser Vorgang in unserm Zusammenhang eine besondre Bedeutung; denn wir werden hoffen können, hier einen Einblick in die Vorgänge zu gewinnen, in denen sich überhaupt für den Menschen ein Raum aufbaut, und die Schichten auseinanderzulegen, in denen sich dieser Aufbau vollzieht.

Das eine Merkmal, das hier hervorgehoben wird, ist die außerordentliche Kürze des Vorgangs. Graf Dürckheim spricht von „Augenblicken“, Proust von „immer nur wenigen Sekunden, die diese Vorgänge dauerten“.

Den ersten Augenblick des Erwachens schildert Proust jetzt folgendermaßen: „Wenn ich mitten in der Nacht aufwachte, war ich nicht nur ohne eine Ahnung, wo ich mich befand – ich wußte im ersten Augenblick nicht einmal, wer ich war; ich hatte nur in aller Ureinfachheit das Gefühl des Daseins, wie es zittern mag im Innersten der Kreatur; entblößter war ich als der Höhlenmensch; aber dann kam die Erinnerung ... und zog mich aus dem Nichts, aus dem ich ganz allein nicht hätte herauskommen können.“[293] Jenseits der Bestimmungen eines bestimmten Wo-seins und Wer-seins ist es ein noch undifferenziertes Zustandsgefühl, das Proust als „das Gefühl des Daseins, wie es zittern mag im Innersten der Kreatur“, bezeichnet. Erst die Erinnerung hebt den Menschen schrittweise aus dieser Unbestimmtheit wieder heraus.

Ich folge in der Unterscheidung dieser Stufen der in dieser Hinsicht ausführlicheren Beschreibung bei Graf Dürckheim. Dieser schreibt an der angegebenen Stelle: „Jeder erinnert sich an Augenblicke des Erwachens, in denen ihm ‚alle Orientierung‘ fehlt. Hiermit meint man noch nicht Orientierung als Bescheidwissen, wo man sich eigentlich befindet, sondern denkt an jene eigentümlichen Fälle, in denen man erwacht, vielleicht in einer unglücklichen Stellung, und sich für einen Augenblick überhaupt nicht ‚zurecht hat‘. Man weiß nicht, wo oben und wo unten ist, besser gesagt: es fehlt einem das Oben und Unten, man

[293] M. Proust, S. 10.

hat es noch nicht. Es fehlt jede Richtungsbestimmtheit des Subjekts und damit jede Raumbestimmtheit überhaupt. Es sind Augenblicke eines seltsam wesenlos-unzentrierten Im-Nichts-Hängens. Es ist ein gewichtloser, körperloser, raumloser, weder in sich gefestigter noch gerichteter dahinfließender Gesamtzustand ohne Raumbewußtsein und – bedeutsamerweise ohne eigentliches Selbstbewußtsein."[294] Auch Proust macht darauf aufmerksam, daß es vorwiegend Fälle sind, wo man zu ungewohnter Zeit in einer ungewohnten Stellung eingeschlafen ist, bei denen sich diese Erfahrungen besonders eindringlich abzeichnen. Was bei Graf Dürckheim deutlicher herauskommt, ist die nähere Bestimmung dessen, was mit der Aussage gemeint ist, daß man noch nicht weiß, „wo" man ist. Dieses bloße „Gefühl des Daseins", von dem Proust spricht, ist nicht nur ein Nichtwissen, an welchem Punkt des Raumes man sich befindet, sondern darüber hinaus das Fehlen der räumlichen Richtungen überhaupt. Man weiß nicht, was oben und was unten ist, und in diesem Sinn ist es ein „seltsam wesenlos-unzentriertes Im-Nichts-hängen". Und bezeichnenderweise wird auch hier zugleich auf das Fehlen eines eigentlichen Selbstbewußtseins hingewiesen. Am Anfang, als erste Stufe des eben beginnenden Erwachens, steht also ein Zustand, der sich am ehesten als ein noch unbestimmtes, noch unräumliches und noch nicht eigentlich ichhaftes Daseinsgefühl bezeichnen läßt.

2. Das Innesein der eigenen Lage. Der Aufbau des Nahraums

Dann kommt die zweite Stufe, die als solche nur bei Graf Dürckheim von der ersten scharf abgehoben wird. Es ist auch jetzt noch nicht die konkrete Ortsbestimmtheit, sondern davor erst eine allgemeine Richtungsbestimmtheit, die sich hier ausbildet. Das Erste ist dabei die durch das Aufliegen auf einer Unterlage gegebene Orientierung von Oben und Unten durch das Innewerden der eignen Lage im Raum. Ich lasse wieder den Verfasser selber sprechen: „Das erste, was in der Regel aus diesem Zustande (der Unbestimmtheit) befreit, ist das ruckartige Erlebnis des ‚Bodens', das Erlebnis eines ruckartigen Sich-Findens und gleichzeitigen Auseinandertretens von aufruhender Körperfläche und Unterlage. Man hat ein Lageinnesein gewonnen."[295] Man weiß, wo oben und wo unten ist und ist in diesem Sinn in einer ersten Weise im Raum orientiert.

Der erste Schritt zum Aufbau einer räumlichen Orientierung ist also die Erfahrung des Oben und des Unten, die Feststellung einer Vertikalachse also, und erst von hier aus baut sich dann die weitere Raumorientierung auf. Als nächstes ist es die Lage der Glieder und um sie her die ersten Stücke des umgebenden Zimmers. So heißt es etwa bei Proust: „Mein Leib, zu erstarrt, um sich zu rühren, suchte dann, je nach der Form seiner Müdigkeit, die Lage seiner Glie-

[294] Graf K. v. Dürckheim, S. 400.
[295] S. 400.

der festzustellen, um von da aus die Richtung der Wand, den Platz der Möbel zu erschließen, und die Stätte, wo er sich befand, zu rekonstruieren und zu benennen."[296] Graf Dürckheim geht grade den ersten Stufen dieses Aufbaus noch genauer nach. „In diesem Augenblick", so schließt er an den eben angeführten Vorgang an, wo der Mensch sein „Lageinnesein" wiedergefunden hat, „schnappt dann in der Regel die ganze Raumorientiertheit ein. Bisweilen aber liegt als besondere Phase noch ein Zustand dazwischen, in dem man sich noch nicht rührt, obwohl man schon das Unten, den Boden hat; man hat aber noch nicht das unmittelbare Herum. Man ist schon ‚selbst' da, aber gleichsam punktuell festgenagelt. Es fehlt die Bestimmtheit der Bewegungsnahzone. Man ‚hat' noch nicht, wo ‚Wand', wo Bewegungsfreiheit ist, und nicht, wie der Boden weiter beschaffen ist. So hält auch die für den genannten Zustand kennzeichnende Unbeweglichkeit an. ... Aber mit der hier bereits vage vorhandenen, nur an das Lageinnesein geknüpften Richtungsbestimmtheit geht doch schon eine gewisse Zentriertheit und damit ein fragmentarisches Selbstsein zusammen, das vorher fehlte."[297] Manchmal, so meint er, ist hier gleich die volle Orientiertheit im Raum gegeben. Dann ist der Vorgang für unsre Beobachtung zu schnell abgelaufen. Aber wichtig sind für uns besonders die andern Fälle, wo er sich weiter zerlegt und sich hier noch eine vorläufige Stufe einschiebt, wo sich zwar schon eine allgemeine Richtungsbestimmtheit im Bereich des Leibes eingestellt, aber diese bei unbeweglichem Leib noch nicht die darum befindliche Nahzone der räumlichen Umgebung aufgebaut hat.

Auf dieser Stufe ist also mit der Gegebenheit des eignen Körpers, auch bei noch bewegungslosem Daliegen, eine gewisse Gliederung der räumlichen Richtungen gegeben, aber noch kein Aufbau eines außer dem Menschen befindlichen Raums.

Dazu ist, wenn auch die Übergänge fließend sind, noch ein weiterer Schritt erforderlich, und dieser geschieht, wenn wir weiter der Darstellung Graf Dürckheims folgen, mit der ersten unwillkürlichen Bewegung. Mit ihr erweitert sich der gegebene Raum über den Bereich des Leibes hinaus zu seinem „Herum": „Erst aber wenn eine unwillkürliche Bewegung einem das Herum erleuchtet, oft schlagartig wiederbringt im bekannten Raum, so wenn z.B. eine tastende Bewegung die nächsten Verhältnisse plötzlich erhellt, ist zugleich mit einer gewissen Ordnung des Ganzen die zentrierte und zugleich richtungsgeklärte Bewegungsfähigkeit da, und damit zugleich das Selbst erst ganz da, zu dessen ‚Ganz-Dasein' also offenbar Zentriertheit und Richtungsbestimmtheit gehört."[298] Die erste eigne Bewegung, noch im Bett liegend, erschließt also einen gewissen Umraum. Damit ist nach dieser Darstellung der Vorgang des Aufwachens beendet. Graf Dürckheim spricht gradezu von einem „Einschnappen", also von einem plötzli-

[296] M. Proust, S. 11.

[297] Graf K. v. Dürckheim, S. 401f.

[298] S. 401.

chen Vorgang, mit dem, wenn die Entwicklung diesen Punkt erreicht hat, die ganze räumliche Orientierung wieder da ist. Dabei ist immer wieder wichtig, wie in unteilbarer Einheit mit dem Aufbau des umgebenden Raums auch die Ausbildung des eigentlichen Selbstbewußtseins durch die verschiedenen Stufen hindurch Hand in Hand geht. Aufbau des Außenraums und Aufbau des inneren Selbst entsprechen also einander beständig.

3. Die Identifizierung des Orts

Aber grade hier, wo Graf Dürckheim etwas hastig weitergeht, setzt Proust ergänzend wieder mit sehr viel genaueren Beobachtungen ein. Mit dem ungefähren Aufbau eines räumlichen Herum verbindet sich zugleich die Lokalisierung an einem bestimmten Ort. Die Ungewißheit, an welchem Ort man sich befindet, kann sich gelegentlich beim Erwachen quälend über den Menschen legen. Das ist der Augenblick, wo sich im prägnanten Sinn die Frage aufdrängt: Wo bin ich eigentlich? Wohl jeder kennt die Erfahrung, auf die hier Proust anspielt und die vorhin auch bei Graf Dürckheim berührt war: Man ist unsicher und fragt sich in diesem ersten Orientierungsversuch, wo ist die Wand? Besonders beim Aufwachen in einem ungewohnten Zimmer, etwa im Hotelzimmer in den Ferien, fragt man sich, habe ich sie zur rechten oder zur linken Seite? habe ich rechts oder links freien Raum? wie steht überhaupt das Bett im Zimmer? Es geht hier nicht mehr um den Aufbau des Nahraums, von dem schon auf der vorhergehenden Stufe die Rede war, sondern die Erkenntnis dieses bestimmten Umraums dient zur Identifizierung dieses bestimmten Zimmers und damit zur Identifizierung meiner gegenwärtigen Lebenssituation überhaupt. Erst damit habe ich mich zugleich endgültig wiedergefunden. Wenn die Erinnerung nicht schnell genug wieder einsetzt, muß man sich durch Tasten zu orientieren versuchen. Man streckt den Arm aus, ob er auf den Widerstand einer Wand stößt. Man weiß noch gar nicht, ob man sich im gewohnten oder in einem fremden Zimmer befindet, und es kann erst längere Zustände eines unsicheren Nachdenkens dauern, bis man den Anschluß an den Ort, wo man am vergangenen Abend eingeschlafen war, wiedergefunden hat.

Diese Erfahrung schildert Proust sehr anschaulich: „Sein (d.h. des Leibes) Gedächtnis ... stellte ihm so manche Zimmer, in denen er geschlafen hatte, nacheinander vor Augen, während rings um ihn die unsichtbaren Wände, richtungwechselnd mit jeder neuen Vision eines Zimmers, in der Finsternis taumelten."[299] Die Erinnerung, die den Raum wieder aufbaut, versetzt den Menschen nach Proust „noch nicht an den Ort, wo ich war, sondern an einige, die ich einst bewohnt oder wo ich hätte sein können."[300] Proust, der in seiner ungewöhnli-

[299] M. Proust, S. 11.
[300] S. 10.

chen Sensibilität für diese Grenzerfahrungen des wachen Bewußtseins besonders zugänglich war, beschreibt, wie hier wechselnde Bilder vorüberziehen: gleich wird meine Mutter kommen, mir gute Nacht zu sagen – es war das Bett seiner Kindheit – oder: ich habe die Zeit verschlafen, ich muß mich beeilen, um noch zum Essen zu kommen – es war im späteren Alter auf Besuch bei Freunden auf dem Lande. Grade „wenn er in einer noch ungeschickteren und abweichenderen Lage einschlummert, etwa nach dem Essen in einem Sessel sitzend, dann wird es ein vollendetes Durcheinander in den aus ihrer Bahn geschleuderten Welten geben, der Zaubersessel wird ihn im Eiltempo in die Zeit und in den Raum reisen lassen, und im Augenblick, da er die Lider öffnet, wird er glauben, einige Monate früher in einer andern Gegend zu sein."[301]

Erst beim völligen Aufwachen, sobald man also etwa beim Griff an die Wand des Zimmers dieses bestimmte wiedererkennt, hört dieser Wirbel auf, „und der gute Engel der Gewißheit hatte alles um mich angehalten, hatte mich unter meine Bettdecke und in mein Zimmer gelegt und meine Kommode, meinen Kamin, das Fenster, das auf die Straße ging, sowie die beiden Türen bei aller Dunkelheit an ihren annähernd richtigen Platz gestellt."[302] Allerdings gelingt diese Ordnung der Umwelt, solange die Dunkelheit anhält, nur in einer ungefähren Weise. Proust spricht mit Bedacht von einem „annähernd richtigen Platz". Zu einer endgültigen Fixierung ist die Helligkeit des Tages erforderlich. Erst das volle Tageslicht, „weiß und berichtigend wie ein Kreidestrich",[303] bringt das annähernd Geordnete an seinen definitiv richtigen Platz: „Das blasse Zeichen, das der erhobene Finger des Tages über den Gardinen markierte, hatte sie (die Wohnung, die ich mir in der Finsternis aufgebaut hatte) in die Flucht getrieben."[303]

Erst mit der beendeten Lokalisierung im Raum ist dann der Mensch im vollen Sinne wieder er selbst. Den Raum zurückgewinnen bedeutet also zugleich das Selbst zurückgewinnen. Daraus ergibt sich die entscheidende Wichtigkeit des Raums für die Konstitution des Selbst. Die verbreitete Anschauung von der selbstverständlichen und für den Aufbau einer Erfahrungswelt grundlegenden Identität des Ichs kehrt sich gradezu um. Man könnte sich gar nicht fassen, weil man sich selber im ständigen Wandel gegeben ist. Erst durch die Lokalisierung an einer bestimmten Stelle im Raum kann auch das Ich diejenige Festigkeit gewinnen, sich selbst als etwas Identisches festzuhalten. Darum ist der Raum die unentbehrliche Vorbedingung für die Ausbildung eines sich in Freiheit zu sich selbst verhaltenden Ich.

Darum spricht Lipps sehr treffend davon, daß man im Erwachen in einem betonten Sinn „zu sich selbst" erwacht: „Daß man sich dabei der Wirklichkeit des Nächstliegenden, Greifbaren versichert, daß man weiß, daß man nicht

301 S. 10.
302 S. 15.
303 S. 263.

träumt, läßt einen noch nicht zu sich selbst kommen. Sondern dies, daß man ... sich wieder ergreift in seiner Lage. Dadurch daß man darüber mit sich selbst ins Reine kommt."[304] Damit erst ist der Vorgang des Aufwachens abgeschlossen.

B. Das Einschlafen

Das Einschlafen ist jetzt der umgekehrte Vorgang. Während das Aufwachen aus dem Dunkel eines schwer erfaßbaren Zustands in die Helligkeit des Bewußtseins hinüberführt, leitet das Einschlafen aus der Helligkeit wieder zurück in dieses geheimnisvolle Dunkel. Aber das Einschlafen ist noch sehr viel schwerer zu beobachten als das Aufwachen, denn während man sich dort sogleich in der vollen Klarheit des Bewußtseins befindet und aus ihr heraus die noch frischen Erinnerungen oder besser die noch nachklingenden Erlebnisse (im Sinne etwa der Husserlschen Retention) festzuhalten vermag, versinkt man beim Einschlafen in den Schlaf, und bis zum erneuten Wachwerden sind in der Regel schon viele Stunden vergangen, so daß die Erinnerung über die trennende Zeit des Schlafs hinweg diese Vorgänge nicht mehr ergreifen kann. Man muß schon die (für unsern Zweck) günstigen Ausnahmen zu benutzen suchen, wo man aus irgendwelchen Gründen schon im Augenblick des Einschlafens wieder aufwacht und so sich des eben vollziehenden Vorgangs in dem noch frischen Nachklingen vergewissern kann.

Wieder ist es vorsichtiger, statt an eigne Beobachtungen sich an fremde Zeugnisse zu halten, die den Sachverhalt unabhängig von unsrer Fragestellung wiedergeben. Hier sind wir in der glücklichen Lage, uns auf die ausgezeichnete und sehr eingehende Untersuchung Linschotens stützen zu können,[305] aus der wir dasjenige herauszulösen versuchen, was für unsre Zwecke, nämlich die sich daraus ergebende Einsicht in den Aufbau des erlebten Raums, wichtig ist.

1. Die Rückkehr zum Seelengrund

Linschoten deutet das Einschlafen als „das Stillewerden des reflektierenden ‚Geistes' und die Rückkehr des Erlebens zum tiefsten ‚Seelengrunde'."[306] Das Einschlafen bedeutet den Verzicht auf die Aktivität,[307] obgleich diese Feststellung sogleich eine nähere Erläuterung erfordert; denn die Aufgabe der Aktivität ist selber wieder eine Handlung des Menschen, wenn auch eine Handlung beson-

---

[304] H. Lipps, Die menschliche Natur. S. 46.
[305] J. Linschoten, Über das Einschlafen, a.a.O.
[306] S. 71.
[307] S. 266ff.

drerer Art.[308] Es ist ein Akt des Sich-loslassens, der Hingabe, in dem sich der Mensch dem Schlaf überläßt.

Die Preisgabe der Aktivität bedeutet zugleich ein Aussetzen der Reflexion, des „Geistes", in dem besonderen Sinn von Klages, dem sich Linschoten hier weitgehend anschließt, und damit die Wiederherstellung eines durch die reflektierten Akte nicht unterbrochenen Erlebnisstroms. Das ist der Zustand, in dem der Mensch in der Zwischenphase vom Wachen ins Schlafen hinübergleitet. „Die Erlebnissphäre rundet sich", so stellt Linschoten es dar, „wird frei und fließend, der reine Erlebnisstrom wird nicht mehr unterbrochen durch die trennenden reflexiven Akte."[309] Der vom Bewußtsein gestiftete Faden löst sich auf, aber gleichzeitig erwachen die „Bilder" – wieder im Sinn von Klages genommen – zum Eigenleben.

Als wesentliche Momente dieses Zustands treten die Dunkelheit und die Stille hervor. Aber Linschoten macht mit Recht darauf aufmerksam, daß man nicht einfach sagen kann, Dunkelheit und Stille erzeugen den Schlaf. Es ist kein Kausal-, sondern ein Wesenszusammenhang, der sie verbindet.[310] Darum kann man auch nicht sagen, daß der Mensch im Schlaf die Verbindung mit der Welt aufgibt. Es ist keine Absonderung von der Welt, sondern die Welt selber wird eine andre. Die Welt selber verwandelt sich für den schlafenden Menschen in eine gleichsam schlafende Welt. Und was im Menschen geschieht, diese Verwandlung des Bewußtseins im Schlaf, spiegelt sich in dieser schlafenden Welt und läßt sich vielleicht von dieser her leichter erfassen als durch unmittelbare Selbstbeobachtung. Eine schöne Bestätigung für diese Erfahrung von der selber gleichsam einschlafenden Welt findet sich wiederum bei Proust. Er schreibt an der schon ausführlich herangezogenen Stelle über das Aufwachen: „Ich ... hatte manchmal noch kurze Wachaugenblicke, gerade lang genug, um ... mit geöffneten Augen das Kaleidoskop der Dunkelheit anzustarren und, dank einem Augenblickleuchten des Bewußtseins, zu spüren, wie der Schlummer um die Möbel, um das Zimmer, um dies ganze Reich flutete, von dem ich nur ein kleiner Teil war und in dessen Unempfindlichkeit ich rasch wieder einging."[311] Die Welt selber schläft ein und nimmt den Schlafenden gefangen. Er selber löst sich auf und wird ein Teil der schlafenden Welt.

Im einzelnen sind dabei dieselben Vorgänge zu beobachten, die wir schon vom Aufwachen her kennen, nur natürlich in umgekehrter Reihenfolge: Die räumliche Orientierung geht verloren. Wir wissen nicht mehr, wo wir uns befinden. So schildert es z.B. einmal Claudel: „Die Nacht nimmt uns unsre Beweisstücke, wir wissen nicht mehr, wo wir sind. ... Unser Blick hat nicht mehr das Sichtbare als Grenze, sondern das Unsichtbare als Gefängnis, homogen, unmit-

308 S. 276.
309 S. 89.
310 S. 80.
311 M. Proust, S. 8f.

telbar, indifferent, kompakt.“[312] Der Mensch entgleitet dem übersichtlich um ihn ausgebreiteten Raum. Gleichzeitig entschwindet die Zeit: Wir leben einschlafend in einer gleichsam zeitlosen Zeit, einer Zeit, die sich im gegenwärtigen Augenblick verliert. Auch das Wissen vom eignen Leib entgleitet. Linschoten beschreibt den Vorgang folgendermaßen: „So löst sich der Leib beim Einschlafen auf, Arme und Beine verlieren ihren Platz, die Kenntnis von der Körperlage verliert sich“ usw.[313] Und damit verschwindet auch die Möglichkeit einer aktiven Stellungnahme. Die Welt entgleitet unserm Griff. Aber eben damit löst sich zugleich auch das individuelle Ich auf. „Beim Einschlafen bleibe ich nicht mehr bei mir selbst, ich werde anonym und existiere nur noch in den sich mir zeigenden Dingen.“[314] Sehr schön wird hier auch Lévinas zitiert: „Das Wachen (in der Nacht) ist anonym. Es ist nicht meine Wachsamkeit während der Nacht, in der Schlaflosigkeit. Es ist die Nacht selbst, die wacht. Es wacht. In diesem anonymen Wachsein bin ich ganz ausgeliefert an das Sein; alle Gedanken, die meine Schlaflosigkeit füllen, sind im Nichts aufgehängt. Sie sind ohne Halt. Ich bin, wenn man will, mehr Objekt als Subjekt meines anonymen Denkens.“[315] Es ist ein seltsam unpersönlicher Zustand, in dem der Mensch mit der eigentümlich leeren Welt der Nacht verschmilzt, sich ohne eignes Zentrum in ihr auflöst.

2. Das Gefühl der Geborgenheit

Soweit die Darstellung dieser Vorgänge. Wir müssen jetzt fragen, was sie für unsern Zweck, d.h. das Verständnis des erlebten Raums, besagen. Wir knüpfen dazu noch einmal an den besonderen Charakter dieser einschlafenden Welt an. Auch einschlafend, so sagten wir, ist die Welt noch da. Und nicht nur dies: Sie muß einen bestimmten Charakter haben, damit der Mensch in ihr einschlafen kann, den Charakter des Bergenden, des Vertrauenswürdigen, dem der Mensch sich ohne Vorbehalt hingeben kann. „Einschlafen“, so betont Linschoten, „gelingt uns nur in der Ruhe einer friedlichen und wohlbehüteten Umgebung. Zum Einschlafen muß ich mich sicher wissen oder vielmehr, ich muß die Sicherheit der Situation in ihrem einhüllenden und schützenden Charakter erleben. Ich muß vor dem feindlich auf mich Eindringenden geborgen sein, um mich zu entspannen und in die Vergessenheit des Schlafes zu versinken. Darum finden wir in der Schlafsituation immer die Merkmale der Behaglichkeit und Geborgenheit wieder. Auch das Dunkeln und Stillewerden haben hier eine Funktion.“ Kurz, „es ist der ... Wesenszug der Geborgenheit, der mir das Einschlafen ermöglicht.“[316] Nur im Bewußtsein der Geborgenheit kann sich der Mensch dem Schlaf

312 Zitiert bei Linschoten, S. 84.
313 J. Linschoten, S. 278.
314 S. 283.
315 Zitiert bei Linschoten, S. 283.
316 S. 273f.

überlassen. Und um diese Geborgenheit herbeizuführen, dazu helfen wiederum Dunkelheit und Stille, die die ferne Welt um den Menschen abschneiden und gleichsam einen engeren Raum um ihn bilden. Dazu gehört weiterhin auch eine gewisse Wärme, die es dem Menschen erlaubt, sich dem wohligen Behagen hinzugeben. Der Raum selber wird um den Schlafenden eine schützende Hülle, die sich um den Menschen zusammenzieht.

Alle diese äußeren Umstände können die Geborgenheit begünstigen. Aber sie reichen von sich aus nicht aus. Dunkelheit und Stille können auch etwas Beunruhigendes haben, und der Mensch kann in angstvoller Aufmerksamkeit auf das kleinste Geräusch achten. Wir zitierten ja auch schon das Sprichwort, daß, wer sich fürchtet, sich auch im Bett nicht sicher fühle. Um sich im Einschlafen wirklich dem Gefühl der Geborgenheit überlassen zu können, muß ihm im Menschen selber etwas entgegenkommen, eine vertrauende Haltung zur Welt und zum Leben. Der Mensch muß so aus sich selber die Bedingungen hervorbringen, die ihm das Einschlafen ermöglichen.

Das ist wiederum wichtig für die Auseinandersetzung mit dem Existentialismus. Weil für den Existentialisten die Welt zum Raum des Unheimlichen geworden ist, darf er nicht einschlafen, wenigstens nicht mit gutem Gewissen, sondern nur widerwillig aus reiner Erschöpfung. Denn der Existentialist muß immer auf der Hut sein vor der Bedrohung, die jeden Augenblick über ihn hereinbrechen kann. Das betont von andrer Seite her auch Linschoten: „Weh dem, der wähnt, nur in der Aktivität leben zu können! Er muß in Furcht vor dem Einschlafen geraten ... er fürchtet, den sicheren Halt der Wachheit zu verlieren.“[317]

Einschlafen aber ist ein Sich-fallen-lassen, Sich-preisgeben an den über einen kommenden Schlaf. Wir „fallen“ im wörtlichen Sinn in den Schlaf. „Der Boden weicht, die Welt schwindet, und der Einschlafende gleitet zurück in die Bewußtlosigkeit.“[318] Um sich aber so fallen zu lassen, dazu ist ein Vertrauen notwendig, ein Vertrauen zur Zukunft, ein Vertrauen, so hörten wir schon, daß alles gut werden wird. „Nun schlafe getrost“, heißt es darum auch in einem der schönsten Gedichte Bergengruens,[319] denn nur der Getroste ist überhaupt des echten Schlafs fähig. Die getrost der Zukunft entgegensehende Hoffnung, so können wir zusammenfassen, und zwar nicht die einzelne bestimmte Hoffnung, sondern das allgemeine hoffnungsvolle Vertrauen zur Zukunft ist darum die notwendige Voraussetzung des Schlafs.

---

317 S. 263, vgl. S. 81.

318 S. 267.

319 W. Bergengruen, Die heile Welt. S. 203.

3. Der tiefe Schlaf

So mündet das Einschlafen endlich in den vollen Schlaf. Von ihm wissen wir nicht mehr, denn in ihm ist das Bewußtsein ausgelöscht. Aber wenn wir die beglückenden Erfahrungen des Einschlafens wie die entsprechenden des erquickten Aufwachens vorsichtig weiterdenken, dann wird man den Schlaf als einen Zustand vollendeter Raumlosigkeit denken müssen, oder besser vielleicht als einen Zustand, wo der Raum nicht mehr als ein Zusammenhang gegenständlich erfaßbarer Dinge dem Menschen gegenübersteht, wo vielmehr die Spannung zwischen Selbst und Welt völlig verschwunden ist. Und dieser Zustand wäre zugleich als der eines letzten Geborgenheitsgefühls zu verstehen. Der Mensch braucht sich nicht mehr mühsam zu behaupten. Er fühlt sich aufgenommen in einem tieferen Sein. Der „Seelengrund", von dem in dem einen Zeugnis die Rede war, verschmilzt mit dem Seinsgrund selbst.

In dem Gefühl der Geborgenheit, in dem sich der Mensch dem Schlaf hingibt, ist er wehrlos, jedem Angriff preisgegeben. So spricht Shakespeare einmal von dem „arglos heil'gen Schlaf, dem unbeschützten."[320] Aber eben daraus entspringt auch die Scheu, dem Schlafenden ein Leid zu tun.[321] Es ist die Ehrfurcht vor dem Verletzlichen, die sich wie ein Schutz um den Schlafenden legt.

Aber wie wir schon einmal betonten, daß es nicht einseitige Kausalbeziehungen sind, sondern sich wechselseitig auswirkende Wesenszusammenhänge, so sind es nicht nur die Geborgenheit gewährenden äußeren Umstände, die den Schlaf ermöglichen, sondern der Schlaf wirkt auch seinerseits heilend und besänftigend auf den Menschen. Darum sehnt sich der Mensch nach den Mühen und Sorgen seines wachen Daseins nach der Erlösung im Schlaf. Man preist den süßen, den holden, ja den heiligen Schlaf. Der Schlaf wird als Glück gepriesen, obgleich der Schlafende selber ja von seinem Glück nichts weiß, aber schon der Fortfall der Qualen des wachen Lebens erscheint als Glück. „Schlaf ist mir lieb",[322] so ruft schon Michelangelo in der Verzweiflung seines von vergeblichen Mühen zerquälten Lebens. Aber meist wird dies Glück nur negativ bestimmt, als Vergessen der quälenden Sorgen in einem Zustand der Fühllosigkeit. Bezeichnend ist hierfür schon die Fortsetzung bei Michelangelo: „doch über alles preise ich, Stein zu sein", d.h. den Zustand voller Gefühllosigkeit zu erreichen. So heißt es auch bei Homer vom Schlaf:

> läßt doch alles, Freud und Leid, vergessen,
> sobald er die Wimpern umdämmert,[323]

und ähnlich spricht Shakespeare an der bereits angeführten Stelle vom

---

320 W. Shakespeare, Macbeth, in Schillers Übersetzung. IX 37.
321 Vgl. F. Schiller, Wallensteins Tod. V 362.
322 Michelangelo, übers. von Rilke. VI 214.
323 Odyssee. 20. Buch. Vers 85f.

Schlaf, der den verworrenen Knäul der Sorgen
entwirrt, der jedes Tages Schmerz und Lust
begräbt und wieder weckt zum neuen Morgen.[324]

Doch dürfte eine solche bloß negative Auffassung dem tieferen Wesen des Schlafs wenig gerecht werden. Näher an seinen positiven Charakter führt schon das Goethewort im „Egmont“: „Du lösest die Knoten der strengen Gedanken, vermischest alle Bilder der Freude und des Schmerzens, ungehindert fließt der Kreis innerer Harmonien, und eingehüllt in gefälligen Wahnsinn, versinken wir und hören auf, zu sein.“[325] Hier wird das Untersinken nicht nur als Schweigen des Schmerzgefühls, sondern als eigner, beglückend erfahrener Zustand gefaßt, in dem sich der Mensch einbezogen fühlt in den „Kreis innerer Harmonien“. Und diese Auffassung dürfte auch mehr den Erfahrungen entsprechen, die sich aus der genaueren Beschreibung des Einschlaf-Vorgangs ergeben.

Schon mehrfach war bisher der Gedanke vom Schlaf als einer Heimkehr angeklungen, als einer „Rückkehr zum tiefsten Seelengrunde“. Und die Wechselbeziehung des Vor und Zurück war es ja überhaupt, die uns, wenn auch auf Umwegen, zu dem Problem des Schlafs geführt hatte. Ich gebe zur Bestätigung noch ein letztes Zeugnis, das ich wiederum der Arbeit Linschotens entnehme. Bei dem Hegelschüler Erdmann heißt es einmal: Der Schlafende ist ruhig, „weil er selig ist und befriedigt, d.h. weil seine Seele in sich zurückgekehrt ist aus den Plackereien des Lebens, weil sie in die eigne Befriedigung heimgekehrt ist und nicht mehr mit Fremdem zu tun hat, weil sie aus der Zerstreuung sich gesammelt hat und in dieser Sammlung dem tiefen See gleicht, der, weil die Stürme schweigen, eine spiegelhelle Oberfläche darbietet.“[326] Wir achten besonders auf die hier sich häufenden Begriffe: zurückgekehrt, heimgekehrt, befriedet, nicht mehr in der Fremde. Das führt in der Deutung des Schlafs auf eine tiefere Frage, die sich mit den vorhin beim Wandern entwickelten Problemen berührt.

Das gewöhnliche Verständnis nimmt den Schlaf als eine Erholungspause zwischen den Zeiten des der Arbeit gewidmeten wachen Daseins, als eine Pause, die notwendig ist, um nach der Ermüdung wieder arbeiten zu können. Der Schlaf hat hier also seinen Sinn nur, insofern er zu neuem Wachsein vorbereitet und stärkt. Damit ist durchaus vereinbar, daß im Zustand des Lebensüberdrusses der Schlaf als Vergessen der Leiden positiv gewertet wird. Jetzt aber drängen sich Bestimmungen auf, die sich zwar mit dem Preisen des vergessen-machenden Schlafs berühren, aber trotzdem das Verhältnis von Wachen und Schlafen ganz anders auffassen, es gradezu umkehren: Das Wachsein erscheint als ein Leben in der Fremde, als Entfremdung des Menschen von seinem eigentlichen Wesen. Der Schlaf erscheint dem Menschen so als das Ziel des Wachseins und der eigentliche Sinn des Lebens. Das wäre in der Tat eine sehr weit reichende Folge-

---

[324] W. Shakespeare, Macbeth, in Schillers Übersetzung. IX 37.
[325] J.W. Goethe, Egmont. VI 99.
[326] J.E. Erdmann, Psychologische Briefe. Leipzig 1882. S. 116, zitiert bei Linschoten, S. 92.

rung. Aber wir zögern, diesen letzten Schritt zu vollziehen. Auch Linschoten, der selber das Einschlafen als „Rückkehr des Erlebens zum tiefsten Seelengrunde“ bezeichnet hatte, schreckt hier zurück: „Der Schlaf ist fraglos ein Ruhepunkt. Ist er aber das eigentliche Leben? die Bestimmung des Menschen?“[327] Die ganze Problematik einer romantischen Rückkehr zum Ursprung tut sich hier auf.

4. Die Doppelbewegung des Lebens

Die räumliche Doppelbewegung des Lebens im Fortstreben und Wiederkehren, von der wir seinerzeit ausgegangen waren, ohne schon ihre volle Tragweite zu ahnen, verschlingt sich hier mit der tieferen, nicht mehr räumlich zu verstehenden Doppelbewegung des Aufwachens und des Einschlafens. Die romantische Haltung besteht in der Bevorzugung der zu den Ursprüngen heimkehrenden Bewegung, die zugleich der Weg zu den unbewußten Gründen der Seele und der Tiefe des Schlafs ist. Aber so viele Gründe für eine solche Rückkehr aus der Veräußerlichung des Lebens und der Verlorenheit an den leeren Betrieb entspringen – das ist das ganze Problem der Kulturkritik –, so würde es doch ein Widersinn sein, ein Heimkehren zu wollen, ohne vorher fortgegangen zu sein, und das Leben wäre darin ausgelöscht. Eine Heimkehr ist sinnvoll nur als Gegenbewegung, wenn eine große ausgreifende Bewegung in die Fremde vorausgegangen ist. Und diese zweite muß daher, wenn überhaupt von einem Vorrang gesprochen werden kann, als die erste bezeichnet werden.

Die Doppelbewegung, die sich uns schon beim Wandern und bei der Erörterung des Hauses aufdrängte, tritt uns hier also erneut entgegen. Wie der Mensch aus dem Hause fortstreben mußte, um in der Welt seine Arbeit zu leisten, so muß der Mensch auch immer wieder im Gefühl morgendlicher Frische zu wachem tätigem Leben drängen, um erst nach erfüllter Arbeit sich dem Schlaf überlassen zu dürfen. Beide Bewegungen gehören untrennbar zusammen wie das Ein- und das Ausatmen. Aber erst in der in die Ferne ausgreifenden Bewegung erschließt sich dem Menschen die volle Weite des Raums, während er sich im Einschlafen wieder daraus zurückzieht. Um also zulänglich verstehen zu können, was Heimkehr ist, müssen wir uns zuerst der andern Seite zuwenden und dem Weg, der aus der Enge des Hauses in die Weite der Welt und aus der Befangenheit des Schlafs und des vertrauten engeren Bereichs in ein kraftvoll tätiges Leben hinüberführt.

---

[327] J. Linschoten, S. 91.

IV. Aspekte des Raums

1. Der hodologische Raum

1. Die Entfernung

Nachdem wir uns bisher im wesentlichen mit den Charakteren des Raums im ganzen beschäftigt haben, kommt es jetzt darauf an, tiefer in seine innere Gliederung einzudringen. Auch hierfür geht man zweckmäßigerweise noch einmal vom Vergleich mit dem mathematischen Raum aus. Man kann den uns umgebenden Raum bekanntlich durchaus erfolgreich mathematisch erfassen. Man kann ihn exakt vermessen, die Abstände zwischen den einzelnen Punkten in Metern und Zentimetern genau angeben und das ganze auf einem Plan oder einer Karte maßstabgerecht darstellen. So entsteht der Grundriß eines Gebäudes mit seinen Wänden, Fenstern und Türen und gegebenenfalls den einzelnen Möbelstücken darin oder der Plan einer Stadt mit ihren Straßen und Plätzen, die Karte eines Landes mit Gebirgen, Städten und Flüssen und schließlich der Globus als das Bild der gesamten Erdkugel. Überall sind die Lagebeziehungen, insbesondre die Entfernungen, genau dargestellt, und man kann sie, wenn man ihrer bedarf, aus der Karte ablesen. Die Karte als maßstabgerechtes Abbild erlaubt die Orientierung im Gelände.

Und trotzdem erfährt jeder Kartenbenutzer, beispielsweise der Wanderer im Gebirge, auch bald die Grenzen einer solchen geometrischen Darstellung des Raums; denn die im wirklichen Leben beim Durchschreiten des Raums erfahrenen Entfernungen stimmen nicht mit der auf der Karte zu entnehmenden Luftlinie, auch nicht mit der sorgfältig ausgemessenen Straßenentfernung, oder allgemeiner, sie stimmen überhaupt nicht mit dem in Metern ausgedrückten Abstand zwischen zwei Punkten überein, sondern sie hängen außerdem sehr stark von der Erreichbarkeit des betreffenden Zielpunkts ab, von den größeren oder geringeren Schwierigkeiten, die dabei zu überwinden sind, wenn man dorthin gelangen will, und von der Kraft, die man dabei aufwenden muß. Schon der Aufstieg vom Tal zum Berg ist ein andrer als „derselbe“ Weg in umgekehrter Richtung vom Berg zum Tal. Insbesondre ist zu bedenken, daß die grade Linie keineswegs die kürzeste Verbindung zwischen zwei Punkten darstellt, daß Umwege notwendig oder zweckmäßig sein können, um ein Ziel zu erreichen. Die wirkliche, lebensmäßige Entfernung muß auch diese Umwege einbeziehen. So kann es kommen, daß geometrisch ganz nahe Stellen schwer oder gar nicht erreichbar sind, also weit oder sogar unendlich weit entfernt sind, während andre, geometrisch viel weiter entfernte Punkte sehr viel leichter zu erreichen sind. Die konkrete Nähe und Ferne der Dinge kann also nicht nach einem geometrischen Maßstab berechnet werden.

Man kann sich die Verhältnisse vielleicht an folgender, etwas abstrakt überspitzter Frage überlegen: Wie groß ist die konkrete (erlebnismäßige) Entfernung zwischen einer Stelle an einer an ein Nachbarhaus grenzenden Wand meiner Wohnung von der entsprechenden Stelle jenseits der Wand in der fremden Wohnung? Abstrakt, mathematisch gesehen, wären es, je nach der Stärke der Wand, wenige Zentimeter, konkret genommen aber ist es sehr viel weiter; denn um an diesen Punkt zu gelangen, um diese Wand von der „andern Seite" zu betrachten, müßte ich mein Zimmer und meine Wohnung verlassen, durch die Haustür auf die Straße hinaustreten und über die Straße zum Nachbarhaus gehen und mich dort wieder bis an die „andre Seite" meiner Wand hindurchfinden. Aber selbst abgesehen von den Schwierigkeiten, die es machen würde, mit Hilfe des Plans „dieselbe Stelle" wiederzufinden, würden vermutlich die Bewohner des fremden Hauses meine Absicht gar nicht verstehen und bei meiner Bitte so erstaunte Gesichter machen, daß ich vorzöge, sie gar nicht erst zu fragen. Das bedeutet: die Stelle in der fremden Wohnung, deren Vorhandensein ich mir natürlich abstrakt klar machen kann, ist für den erlebten Raum unendlich weit entfernt, sie existiert hier gar nicht.

2. Der Höhlencharakter des Wohnraums

Ähnliche Betrachtungen drängen sich auf, wenn man den in einer Wohnung gegebenen Raum – ich beschränke mich zur Vereinfachung auf die zweidimensionale Wohnfläche – objektiv zu erfassen versucht. Wir brauchen dabei nicht darüber zu reflektieren, ob die ursprüngliche Behausung des Menschen eine Höhle gewesen sei. Im erlebten Raum ist jedenfalls auch heute noch die Wohnung eine Höhle im Berg (und ist es vielleicht um so mehr, je mehr die modernen Großstädte sich zu künstlichen Zementgebirgen entwickeln). Die Wohnung hat eine Öffnung, durch die allein sie mit dem umgebenden Raum in Verbindung steht. Das ist die Tür, durch die man eintritt. Von hier aus entfalten sich die Bewegungsmöglichkeiten wie ein System von Kraftlinien, das sich von innen her über die Flure und Treppen in die Zimmer hinein ausbreitet. Aber sie stoßen überall auf ihre Grenzen an den Wänden der Wohnung. Hier ist der Raum zu Ende. Was außerhalb dieser Wände liegt, ist von innen her nicht mehr erreichbar. Es ist praktisch nicht vorhanden; (denn was sich dem Blick aus dem Fenster darbietet, hat, wie wir sahen, keine unmittelbare Realität mehr). So ist es bei einer Wohnung im Haus wirklich nicht wesentlich anders, als wenn ich mich in eine Höhle begebe, in der ja auch Menschen leben können. Wie es aber bei einer Höhle ganz deutlich ist: daß sie von innen her eine Grenze hat, dort nämlich, wo die Höhlung ans Gestein stößt, und dahinter nicht etwa ein andrer Raum, sondern ein Nicht-Raum beginnt, nämlich die amorphe Masse des Felsgesteins, etwas also, in dem schlechterdings kein Raum ist, so ist es auch bei den Wohnungen innerhalb der gebauten Häuser. Am deutlichsten ist es, wo sich in einem

Mietshaus mehrere Wohnungen von einem gemeinsamen Treppenhaus abzweigen. Für das konkret erlebende Raumbewußtsein ist es nicht anders als bei einem System von Höhlen, die in einen Fels geschlagen sind. Ob sie sich im objektiven Raum berühren oder eine viele Meter dicke Schicht des Nicht-Raums dazwischen liegt, das spielt für das konkret erlebende Raumbewußtsein gar keine Rolle.

Ein Beispiel, das diese Verhältnisse sehr schön verdeutlicht, gibt Kusenberg in seiner phantastischen Erzählung „Die Himmelsschenke".[328] Er berichtet hier von einem Gebäude, das Kirche und Wirtshaus zugleich sei. Je nach dem Eingang, durch den man das Gebäude betrat, war es ein Gasthaus oder eine Kirche, und zwar jedesmal ganz, so daß man, wenn man durch den entsprechenden Eingang in eines der beiden Gebäude eingetreten war, dieses so geräumig fand, daß es das ganze von den Außenwänden umschlossene Raumvolumen einzunehmen schien und man gar nicht begreifen konnte, wie innerhalb derselben Mauern noch Platz für andre Räume übrig bleiben könne. Das wird nun in einer grotesken Erzählung im einzelnen durchgeführt, wie sich die einzelnen Lebenskreise plötzlich durchdringen, wie plötzlich in der Kirche Wirtshausbesucher oder im Wirtshaus Chorknaben und Kirchgänger auftauchen. Aber das betrifft mehr die dichterische Durchführung. Trotzdem liegt der phantastischen Vision eine ganz konkrete Raumerfahrung zugrunde und verdeutlicht noch einmal sehr schön den eigentümlichen Höhlencharakter des Wohn- und Lebensraums im Hause.

Es ist einfach nur ein abstrakt geometrisches Denken, das auf dem Grundriß die Zimmer eines Hauses mit ihren Ausmaßen so verteilt, daß sie (bis auf die erforderliche Wandstärke) restlos ineinander passen. Das entspricht zwar der Perspektive des Architekten, aber nicht der des Bewohners. Dieser bringt vielmehr die einzelnen Zimmer und Räume je nach ihrer Erreichbarkeit und ihrem inneren Zusammenhang in ein Netz konkret erfahrener Beziehungen, aber er gibt sich keine Rechenschaft darüber, wie sie „an sich" ineinander passen. Schon die berühmten „geheimen Zimmer" in alten Schlössern deuten an, daß es für den in einem komplizierten Gebäude Wohnenden gar nicht möglich ist, sich die geometrisch-räumlichen Verhältnisse voll zu vergegenwärtigen, und daß es immer möglich ist, ohne die Gefahr entdeckt zu werden, im Grundriß solche geheimen Zimmer auszusparen. So weist auch die Erzählung Kusenbergs auf die Diskrepanz zwischen dem geometrisch zur Verfügung stehenden und dem erlebnismäßig gegebenen Raum hin. Es zeigt sich dabei allgemein die Schwierigkeit, sich den konkreten Lebensraum in einem mathematischen Grundriß zu vergegenwärtigen. Er geht niemals in einem solchen zweidimensionalen Schema auf, und wenn wir, von einem notwendigen Bedürfnis nach rationaler Klarheit geleitet, trotzdem nach einer grundrißmäßigen Darstellung suchen, geraten wir bald in Schwierigkeiten.

---

[328] K. Kusenberg, Die Himmelsschenke, in: Mal was andres. Hamburg 1954. S. 59ff.

Es kann natürlich Ereignisse geben, durch die mir die angrenzende Wohnung plötzlich sehr viel näher gerückt wird. So etwas geschieht, wenn beispielsweise die Bewohner der fremden Wohnung durch Hämmern oder andre störende Geräusche in den Umkreis meiner Aufmerksamkeit eintreten. Dann stelle ich fest, wer der Störenfried ist, und darauf begründet sich wieder neu die konkrete Entfernung. Die fremde Wohnung ist also näher gerückt, wenn sie durch die Störung in meinen Lebensbereich eindringt.

Eine völlig umwälzende Veränderung würde aber geschehen, wenn ich ein Loch in die Wand schlagen würde oder eine Verbindungstür zwischen zwei bisher unverbundenen Räumen herstellen ließe; denn dadurch würde sich das gesamte Entfernungsschema von Grund aus ändern. Ein andres Beispiel ist mir aus eigner Erfahrung in guter Erinnerung: Ein Loch in einem zwei Grundstücke trennenden Zaun, als Durchschlupf für die Kinder gedacht, der ihnen den weiten Weg über die Straße ersparen soll, rückt nicht nur räumlich die beiden Häuser sehr viel enger aneinander, sondern die „private", „heimliche" Verbindung zwischen den Grundstücken außerhalb des öffentlichen Zugangs verbindet dann auch die beiden Familien sehr viel enger miteinander, als es vordem gewesen war.

Entsprechend ist es auch mit den Verhältnissen zwischen den Stockwerken eines Hauses. Ich besinne mich aus meiner Kindheit, mit einer wie bestürzenden Entrüstung ich es aufnahm, daß ich (bei einem Ferienaufenthalt) durch meinen Lärm meinen im Zimmer darüber schlafenden Großvater aufgeweckt habe. Ich war gar nicht auf den Gedanken gekommen, daß so etwas möglich sei; denn für mich waren die beiden Zimmer viel zu weit voneinander entfernt, als daß der Schall von einem zum andern dringen könnte: durch mehrere Zimmer hindurch, dann über die Treppe hinauf und dort wieder bis zum Schlafzimmer meines Großvaters. Es war erst eine Umschaltung, eine wirkliche Entdeckung, als mir plötzlich klar wurde, daß der Schall durch die Decke hindurch einen andern und sehr viel näheren Weg gehabt hatte als denjenigen, der meine eigne erlebte Entfernung bestimmte.

3. Der hodologische Raum bei Lewin

In diesem Zusammenhang erweist sich der von Lewin eingeführte und seitdem von Sartre aufgenommene Begriff des hodologischen Raums und der hodologischen Entfernung als überaus klärend und fruchtbar. Herkommend vom griechischen Wort ὁδός = Weg bezeichnet es den durch die Wege eröffneten Raum, so wie wir ja schon früher bei der Behandlung der Wege (im Anschluß an Linschoten) gesagt hatten, daß der Weg den Raum erschließt, und die auf diesen Wegen zurückzulegenden Entfernungen. Man könnte, wenn es sprachlich nicht zu hart wäre, im Deutschen auch von einem „Wegeraum" sprechen. Dieser hodologische Raum ist schon durch seinen Ansatz dem abstrakten mathematischen Raum entgegengestellt. Im mathematischen Raum ist der Abstand zwischen zwei Punkten allein durch deren beider Koordinaten bestimmt, ist also eine von der Struktur des dazwischenliegenden Raums unabhängige, objektive Größe. Der hodologische Raum bedeutet demgegenüber die Veränderung, die im konkret gelebten und erlebten Raum durch das hinzu kommt, was wir bisher schon als die verschiedene Erreichbarkeit der räumlichen Ziele bezeichnet hatten. Dabei tritt an die Stelle der geraden Linie als der kürzesten Verbindung zwischen zwei Punkten das, was Lewin den „ausgezeichneten Weg" nennt. Dabei kann wieder, was ein „ausgezeichneter Weg" ist, etwas sehr Verschiedenes sein. Das hängt von den verschiedenen Anforderungen ab, die der Mensch an diesen Weg stellt. Lewin formuliert es folgendermaßen: „Der ausgezeichnete Weg mag etwa als der ‚billigste', der ‚am schnellsten zurücklegbare', der ‚am wenigsten unangenehme' oder der ‚sicherste' Weg interpretiert werden."[329] Das sind also bestimmte Minimalforderungen: die kleinste Zeit, die geringste Mühe usw. Man kann die Auszeichnung gelegentlich auch als Maximalforderung formulieren, wenn man etwa nach dem genußreichsten Weg sucht, also etwa bei den Spazierwegen eines Kurorts den sucht, der in einer gegebenen zeitlichen Spanne die meisten schönen Aussichtspunkte verbindet.

Darum ist auch der ausgezeichnete Weg in einem bestimmten Gelände nicht ein für allemal festgelegt, sondern hängt von der zugrunde gelegten Extremalbedingung ab. Der bequemste Weg ist nicht notwendig der kürzeste und dieser wiederum nicht notwendig der schnellste usw. Das hängt von den jeweils das „Feld" bestimmenden Faktoren ab. Lewin betont: „Struktur, Richtung und Entfernung im Lebensraum sind nur relativ zu den zugrunde gelegten Prozessen bzw. zu den maßgebenden Auswahlprinzipien zu bestimmen."[330] Die Verhältnisse liegen noch verhältnismäßig einfach, wo schlechthin unüberwindliche Hindernisse vorhanden sind, wie feste Mauern, die zu einem bestimmten Umweg zwingen. Die Verhältnisse werden aber wesentlich verwickelter, wo es sich um größere oder kleinere relative Behinderungen handelt. Wenn ich, um ein sehr einfaches Beispiel zu wählen, einen auf einem Sturzacker gelegenen Punkt erreichen will, so werde ich zuerst den diesem Ziel am nächsten gelegenen Punkt am Ackerrand aufsuchen, damit das beschwerliche Wegstück möglichst kurz wird. Ist dagegen der Unterschied in der Begehbarkeit der Felder kleiner, so wird sich der ausgezeichnete Weg immer mehr der geraden Linie nähern. Und so ist die Bestimmung des hodologischen Weges, mathematisch gesprochen, ein Variationsproblem. Bei Fortfall aller Inhomogenitäten geht der hodologische Raum, wie schon erwähnt, in den Grenzfall des euklidischen Raums über, und der ausgezeichnete Weg ist die gradlinige Verbindung.

In diesem Sinn bestimmt Lewin auch die hodologische Richtung und den hodologischen Abstand. Die hodologische Richtung deckt sich nicht mit der, die

---

[329] K. Lewin, Der Richtungsbegriff in der Psychologie. Der spezielle und allgemeine hodologische Raum. Psychologische Forschung. 19. Bd. 1934. S. 249ff., S. 265.

[330] S. 285.

durch die geometrische Verbindungslinie bestimmt ist, also der, in der ich den Gegenstand sehen würde, wenn er nicht durch etwas anderes verdeckt wäre, sondern es ist die Richtung, die ich mit dem ersten Schritt einschlagen muß, wenn ich den betreffenden Punkt auf dem hodologischen Weg erreichen will. Sie kann von der geometrischen Richtung weitgehend abweichen, wenn ich das betreffende Ziel nur auf einem Umweg erreichen kann. Entsprechend ist auch der hodologische Abstand vom geometrischen Abstand verschieden. Er ist bestimmt durch die Länge des ausgezeichneten Wegs, den ich vom einen zum andern Punkt durchlaufen muß. Lewin zeigt u.a., daß auch hier das Dreiecksaxiom gilt: die Summe der ausgezeichneten Wege von A nach B und von B nach C ist größer oder gleich dem ausgezeichneten Weg von A nach C, und zwar tritt das Gleichheitszeichen ein, wenn B auf dem ausgezeichneten Weg von A nach C liegt.

Dabei ist, wie Lewin ausdrücklich betont, der ausgezeichnete Weg nicht nur aus den gegenständlichen Verhältnissen her zu bestimmen, sondern hängt eben so sehr von der seelischen Verfassung des betreffenden Menschen ab. „Die Geometrie des Lebensraumes, einschließlich der Richtungen in ihm, hängt ... von dem Zustand der betreffenden Person ab.“[331] Wenn ich beispielsweise fürchten muß, auf dem an sich kürzesten Weg einen mir unangenehmen Menschen zu treffen, so mache ich einen Umweg und schlage einen andern Weg ein, der jetzt zum ausgezeichneten Weg wird. Wenn ich dagegen ein anderes Mal in großer Eile bin, so nehme ich die unangenehme Begegnung in Kauf, und so verschiebt sich, was jeweils der ausgezeichnete Weg ist. Es verändert sich weiter nach dem Zustand der Müdigkeit und Frische. Und damit ändern sich auch die Entfernungen. Wo bei morgendlicher Frische ein Ziel schnell und leicht zu erreichen ist, da ist „für müde Füße jeder Weg zu lang“.[332] Aber es verändert sich auch die Führung der Wege selbst. Im Zustand körperlicher Erschöpfung vermeide ich wegen seiner Beschwerlichkeit den sonst gewohnten zeitsparenden Abkürzungsweg. Ebenso vermeidet der Herzkranke, wie Plügge hervorhebt, die für ihn anstrengenden Höhendifferenzen selbst auf Kosten erheblicher Umwege[333] usw.

4. Die Fortführung bei Sartre

Von hier aus hat Sartre in einer inzwischen wesentlich veränderten philosophischen Situation den Begriff des hodologischen Raums aufgenommen und damit den fast vergessenen Ansatz Lewins zu neuem Leben erweckt. So betont Sartre unter ausdrücklicher Bezugnahme: „Der wirkliche Weltraum ist der Raum, den

[331] S. 286, vgl. S. 254.

[332] G. Büchner, Léonce und Lena. Werke und Briefe. Neue Ausgabe. Insel-Verlag 1940. S. 130.

[333] H. Plügge, Über das Befinden von Kranken nach Herzinfarkt, in: Wohlbefinden und Mißbefinden. Beiträge zu einer medizinischen Anthropologie. Tübingen 1962. S. 231ff.

Lewin als ‚hodologisch' bezeichnet."[334] Oder an andrer Stelle: „Der sich mir entdeckende ursprüngliche Raum ist der hodologische; er ist von Wegen und Straßen durchfurcht, er ist instrumental und ist der Ort der Werkzeuge",[335] wobei er ganz im Sinn unsrer früheren Betrachtung hinzufügt: „Es gibt Sperren und Hindernisse in meinem hodologischen Raum."[336]

Sartre dehnt darüber hinaus aber den Begriff des hodologischen Raums in einer sehr interessanten Weise aus. Schon der Hinweis auf den instrumentalen Charakter dürfte über das von Lewin Gemeinte hinausgehen. Darauf müssen wir noch zurückkommen. Doch vorläufig sei noch ein andrer Gedanke hervorgehoben. Der Mensch „situiert sich", wie Sartre in einer sprachlich etwas harten Wendung sagt, durch das System der Wege, die von seinem Aufenthaltsort ausgehen. Diese Wege sind aber über das bisher Ausgeführte hinaus insbesondre auf durch die Anwesenheit andrer Menschen bedeutungsvoll gewordene Orte bezogen: „Ein Mensch", sagt Sartre, „wird nicht durch seine Beziehungen zu den Orten situiert, durch seinen Längen- und Breitengrad: er situiert sich in einem menschlichen Raum."[337] Die Gegenwart der betreffenden Person ist es, „welche die Entfaltung jenes ‚hodologischen' Raumes ermöglicht, in dem er sich situiert."[337] Indem er beispielsweise an seinen Vetter in Marokko denkt, entwirft er in seinen Gedanken das, was man die Straße nach Marokko nennen könnte. Und so ist die Lage des Menschen in der Welt durch die Vielzahl der Wege bestimmt, die ihn mit den ihm im Geist gegenwärtigen andern Menschen verbinden.

So fruchtbar dieser Gedanke ist, so ist doch der Hinweis erforderlich, daß damit der ursprüngliche Lewinsche Gedanke eine nicht unerhebliche Verschiebung erfährt, durch die er nicht nur an Inhalt gewinnt, sondern auch an Prägnanz verliert. Bei Lewin handelt es sich um einen konkreten, durch eine bestimmte Minimalforderung eindeutig festgelegten Weg im Gelände, den man sich als solchen auch deutlich vorstellen kann. Bei Sartre aber blaßt der Gedanke ab zu einer irgendwie unbestimmt gedachten Beziehung zu einem räumlich entfernten Menschen (oder Ding). Der konkrete Weg, auf dem man zu diesem Vetter nach Marokko gelangen könnte, und die Frage, welche der verschiedenen Möglichkeiten er bei einer Reise wählen würde, spielen dabei gar keine Rolle. Damit aber verschwindet auch die Bevorzugung eines bestimmten „ausgezeichneten Wegs", und damit verliert der Gedanke das spezifische Hodologische, wie Lewin es verstanden hatte.

[334] J.-P. Sartre, Das Sein und das Nichts. Vollständige deutsche Ausgabe, übers. von J. Streller, K. A. Ott u. A. Wagner. Hamburg 1962. S. 404.

[335] S. 420.

[336] S. 427.

[337] S. 392f. Bei Übersetzungen aus dem Französischen gestatte ich mir gelegentlich kleinere Abweichungen.

5. Die hodologische Gliederung der Landschaft

Ehe wir uns hier zu einer grundsätzlichen Erweiterung entschließen, ist es zweckmäßig, das von Lewin vielleicht etwas abstrakt (nämlich auf seine mathematische Formulierbarkeit hin) gefaßte Prinzip des Hodologischen an einigen Beispielen in seiner Anwendung auf die Gliederung der Landschaft sich etwas anschaulicher zu vergegenwärtigen.[338] Ein solches extremes Beispiel einer nach dem hodologischen Prinzip strukturierten Landschaft wird von Lewin schon in einer früheren Arbeit (und darum noch ohne Verwendung seiner erst später entwickelten Begrifflichkeit) gezeichnet: an der Kriegslandschaft, wie er sie aus der Erfahrung des ersten Weltkriegs, aus der durch den damaligen Stellungskrieg bedingten Situation, sehr anschaulich schildert. Lewin unterscheidet die Besonderheit dieser Landschaft von einer normalen „Friedenslandschaft". Diese erstreckt sich gleichmäßig in die Weite. „Die Landschaft ist rund, ohne vorne und hinten."[339] Demgegenüber wird die Kriegslandschaft durch zwei wesentliche Merkmale gekennzeichnet: sie ist einseitig gerichtet, nämlich durchgehend orientiert auf die „Front" hin, und sie ist begrenzt, nämlich durch diese „Front". Auf sie ist alles bezogen, aber dahinter hört es auf.

Die Landschaft zeigt schon bei der Annäherung, d.h. wenn man aus dem Hinterland kommt, diese Orientierung: „Sie kennt ein Vorn und Hinten, und zwar ein Vorn und Hinten, das nicht auf den Marschierenden bezogen ist, sondern der Gegend selbst fest zukommt. Es handelt sich auch nicht um das Bewußtsein der nach vorn wachsenden Gefährdung und schließlich der Unzugänglichkeit, sondern um die Veränderung der Landschaft selbst. Die Gegend scheint da ‚vorne' ein Ende zu haben, dem ein ‚Nichts' folgt."[339] „Nach der Frontseite hin scheint die Gegend irgendwo aufzuhören; die Landschaft ist begrenzt."[339] Und zwar wächst die Strukturiertheit der Landschaft, je mehr man sich der Front nähert. Dabei bildet sich ungefähr parallel zur Grenze eine besondre „Gefahrenzone" aus, wenn auch nicht gleichmäßig, sondern mit herausgehobenen „Gefahrenpunkten", die ihrerseits je nach der Gefechtslage wechseln. Diese Zone verdichtet sich nach vorn hin noch einmal zur „Stellung". Auf die Einzelheiten dieser Landschaft kommt es hier nicht so sehr an. Wichtig ist dagegen, daß an einem extremen Fall etwas verdeutlicht wird, was auch in andern Fällen wiederkehrt und was man in diesen andern, vielleicht weniger ausgeprägten Fällen leichter erkennt, nachdem man es sich zuvor an einem solchen Grenzfall verdeutlicht hat.

Ähnlich ist es auch in tief eingeschnittenen Hochgebirgstälern. Der konkrete Raum gliedert sich nach den Verkehrsmöglichkeiten auf den Straßen und

[338] Auf die von Lewin betonte Komplikation, daß der ausgezeichnete Weg nur in einem völlig „durchstrukturierten" Raum eindeutig bestimmbar ist, gehe ich hier nicht ein, wie ich überhaupt aus dem gedankenreichen Aufsatz nur das heraushebe, was im gegenwärtigen Zusammenhang unmittelbar weiterführt.

[339] K. Lewin, Kriegslandschaft. Zeitschr. f. angewandte Psychologie. 12. Bd. 1917. S. 440ff.

Wegen, und diese folgen wiederum, wie auch die Wasser, dem Lauf der Täler. Die durchgehende Verkehrsader ist durch die Talsohle bestimmt, die Nebenstraßen durch die Seitentäler, wobei sie am Talschluß jeweils blind enden. Die hohen Berge nehmen, ähnlich wie vorher die Front, den Charakter einer solchen Grenze an, auf die der aufwärts gerichtete Lauf der Wege bezogen ist. Diese Grenzen sind, bis auf wenige Paßstraßen, für den Wagenverkehr überhaupt unüberwindbar. Das in der Luftlinie oft nur wenige Kilometer entfernt liegende Dorf kann Tage weit entfernt sein. Es gehört schon einer andern Welt an und kann für die Talbewohner in einer praktisch unerreichbaren Ferne liegen. Der geringe Kulturaustausch zwischen benachbarten Alpentälern verdeutlicht dies aufs beste.

Entsprechend ist es bei einer Küstenlandschaft am Meer. Wenn die Grenze hier vielleicht nicht ausgeprägt ist und die Orientiertheit einen andern Charakter annimmt, so handelt es sich doch auch hier um eine durch die Küste begrenzte Halblandschaft. Man lebt auch hier auf das Meer zu, und wenn dieses auch kein schlechthinniges Nichts bedeutet, so ist es doch ein Bereich grundsätzlich veränderter Zugangsmöglichkeiten, der wohl dem Fischer, aber nicht dem Landbewohner zugänglich ist.

Wieder anders, aber doch vergleichbar liegen die Verhältnisse, wenn ein großer Fluß eine Stadt in zwei Teile trennt. Der Fluß ist auch hier eine Grenze, und nur eine Brücke (wenn wir uns auf diesen einfachsten Fall beschränken) vermittelt den Zusammenhang. In ihr laufen fächerförmig alle Verkehrswege zusammen und wieder auseinander, so daß (ähnlich wie bei den Alpentälern) zwischen zwei am Ufer einander gegenüberliegenden Punkten oft ein großer Umweg über die Brücke erforderlich ist. So gelingt trotz der Brücke nicht die völlige Verschmelzung, und die beiden Stadthälften bleiben einander trotz der räumlichen Nähe fern. In vielen Fällen kann die eine Seite auch Jahrhunderte hindurch den Charakter der Minderwertigkeit nicht abwerfen.

Entsprechend ist es natürlich auch bei den Landesgrenzen, die nur an bestimmten Zollstationen überschritten werden können, vor allem in Zeiten, wo der Übergang größere Formalitäten erfordert. Besonders eindringlich wird dies, wenn nach Kriegen die Ländergrenzen neu festgelegt werden; denn dabei zeigt sich, daß nicht nur ein Gebiet neu aufgeteilt wird, sondern unzählige lebenswichtige Verkehrslinien, eben ein ganzes hodologisches System zerschnitten wird und sich erst mühsam wieder nach den neuen Gegebenheiten aufbauen muß.

Und endlich ein letztes Beispiel, das verdeutlichen soll, wie wenig der wirklich erlebte Landschaftszusammenhang mit dem Bild der Landkarte übereinstimmt: die Fahrt mit dem Schiff auf einem Fluß; denn der Fluß ist ja im Sinn Lewins in besonders ausgeprägtem Maß ein solcher „hodologischer Weg". Ich denke, wenn ich von meinen eigenen Erfahrungen ausgehen darf, an die Rheinfahrt von Mainz nach Koblenz, wie ich sie seinerzeit oft mitgemacht habe. Es ist oft schwer, die Gliederung der Landschaft, so wie sie sich vom Schiff aus darstellt, mit dem „wirklichen" Bild in Übereinstimmung zu bringen, wie die Karte es wiedergibt. Besonders eindringlich wird es, wenn man dann zu Fuß auf die Höhe hinaufsteigt und auf der andern Seite wieder denselben Rhein vor sich sieht, den man eben erst hinter sich gelassen hatte. Man ist dabei erstaunt, daß die Rheinschleifen „in Wirklichkeit" sehr viel stärker gekrümmt sind, als man es von der Fahrt auf dem Fluß her erwartet hatte. Der vom Schiff her erlebte Rhein streckt sich sehr viel stärker. Nicht daß man ihn als schlechthin gradlinig empfunden hätte; man sieht ja, wie sich der Flußlauf nach rechts und nach links wendet, aber während das Schiff in die Schleifen hineinfährt, schwächen sich diese ab und erscheinen als weniger gekrümmt. Im wesentlichen formt sich also das Bild einer praktisch als gradlinig empfundenen Fahrtbewegung. Die Ufer schieben sich vorbei mit den dahinter liegenden Orten und Bergen, und es hat schon etwas Erregendes, wenn ein hervorragendes Merkmal, ein hoher Schornstein etwa, von verschiedenen Seiten her in den Blick kommt.

Übrigens gilt etwas Ähnliches auch von der Landstraße und von der Eisenbahn. Es behält immer etwas Verwirrendes wenn man dieselbe Stadt bald auf der rechten und bald auf der linken Seite aus dem Fenster des Wagens sehen kann, und man kann daraus vielleicht die allgemeine Gesetzmäßigkeit ableiten, daß ein hodologisch ausgezeichneter Weg, wenn man sich im Gelände auf ihm bewegt, sich für den Eindruck der geraden Linie anzunähern strebt.

2. Der Handlungsraum

1. Die Erweiterung des hodologischen Raumbegriffs

So fruchtbar sich auch der Begriff des hodologischen Raums erwiesen hat, um eine bestimmte innere Gliederung des erlebten Raums durchsichtig zu machen, so gibt er auf der andern Seite doch nur einen bestimmten Aspekt des erlebten Raums, der bestimmte Zusammenhänge in diesem überzeugend aufhellt, aber er kann nicht ohne weiteres mit diesem selbst gleichgesetzt werden. Darum müssen wir versuchen, uns aus der Einseitigkeit der Betrachtung, in die wir zu geraten drohten, wieder zu lösen, indem wir andre, nicht minder wichtige Aspekte hinzunehmen und dadurch das Verständnis der inneren Gliederung des erlebten Raums zu erweitern.

Eine solche Erweiterung war, wie angedeutet, stillschweigend schon in der Art und Weise enthalten, wie Sartre den Begriff des hodologischen Raums aufgenommen und mit dem des konkreten erlebten Raums gleichgesetzt hatte. Eine solche Erweiterung erscheint mir nicht ganz zweckmäßig, denn dadurch werden auf der einen Seite die klaren Züge, die Lewin mit seinem Begriff des hodologischen Raums so überzeugend ans Licht gestellt hatte, wieder verwischt, auf der andern Seite würde aber zugleich das wirklich Neue, das von andern Gesichtspunkten her in den Blick kommen kann, in seiner Eigenart nicht deutlich genug herausgehoben. Darum erscheint es mir richtiger, den Begriff des hodologischen

Raums, so wie ihn Lewin geprägt hat, in seiner ursprünglichen Strenge festzuhalten, ihn aber grade darum als einen speziellen Aspekt von dem allgemeineren Begriff des erlebten Raums zu unterscheiden und nach andern Aspekten Ausschau zu halten, die diesen Begriff in seinem größeren Reichtum sichtbar machen können.

Nach zwei Seiten scheint mir eine solche Erweiterung notwendig zu sein. Der hodologische Raum beschreibt das System der Wege, auf denen ich einzelne Stellen im Raum erreichen kann. Er ist so mit einem Netz von Kraftlinien vergleichbar, die diesen Raum durchströmen. Aber auch im physikalischen Sinn sind ja die Kraftlinien auf Ladungen oder Massen bezogen, von denen sie ausgehen. So sind auch im erlebten Raum die Wege mit ihren Richtungen und Entfernungen bezogen auf die Ziele, zu denen sie hinführen. Jeder Weg ist der Weg zu etwas oder nach etwas, und erst durch diesen Bezug ist er ein Weg. Diese Zielpunkte der Wege aber haben für den Menschen irgend eine Bedeutung, weswegen er zu ihnen hinstrebt – oder von ihnen flieht, denn es gibt nicht nur erstrebenswerte Orte, sondern auch Orte der Gefahr und des Mißbehagens, so daß auch die Fluchtwege und Auswege mit in das System der Wege einbezogen werden müssen. Die Gesamtheit der Wege, die vom jeweiligen Aufenthaltsort des Menschen ausgehen, bestimmen, wie Sartre es richtig gesehen hat, die Situation des Menschen im konkreten Raum. Die einzelnen Zielpunkte stehen aber nicht zusammenhanglos nebeneinander, sondern bilden ein geordnetes Ganzes der Dinge und Menschen im Raum. So stellt der erlebte Raum ein sinnvoll gegliedertes Ganzes dieser bedeutungsgeladenen Plätze und Stellen dar. Und diesen so geordneten menschlichen Raum als ein System solcher Plätze und Stellen müssen wir jetzt in seiner Eigenart genauer analysieren.

Hinzu kommt aber ein zweiter Gesichtspunkt, der ebenfalls über den Begriff des hodologischen Raums hinausführt: Von Wegen spricht man sinnvollerweise nur außerhalb des Hauses. Die Wege verbinden die einzelnen Orte der menschlichen Tätigkeit, die Häuser und Arbeitsstätten. Innerhalb des Hauses aber spricht man nicht von Wegen, selbst wenn die häusliche Tätigkeit mit manchen Schritten im Raum verbunden ist. Die vielen Schritte, die eine Hausfrau täglich in der Küche tut, sind keine Wege (und erst eine ihr wesensfremde rationalisierende Betrachtung kann auf den Gedanken kommen, diese Wege zu vermessen, um eine möglichst zweckmäßige Anordnung der Arbeitsstätten zu finden). Selbst die beträchtlichen Bewegungen, die der Landmann bei der Bestellung seines Ackers vornimmt, sind keine Wege. Wege sind nur die Zugangswege zur Arbeitsstätte. Der Bote, insbesondre der Briefträger, ist vielleicht der einzige Beruf, zu dessen Wesen es gehört, Wege zu machen. Sonst aber verbinden die Wege die Orte menschlicher Tätigkeit und Ruhe. Auf das, was an diesen Orten geschieht, läßt sich der Begriff des Weges nur in einem sehr gezwungenen und letztlich unangemessenen Sinn übertragen.

Und noch ein letzter Gedanke ist hier anzufügen: Der Begriff des hodologischen Raums ist von der menschlichen Tätigkeit her entwickelt, die dem sinnvollen Verhalten auf den Wegen entspricht: dem Gehen oder Fahren. Es handelt sich hier um eine verhältnismäßig großräumige Bewegung in der Landschaft, deren einzelne Stellen ich gehend oder fahrend aufsuche. Von hier aus ist auch die Struktur dieses Raums entwickelt. Ganz anders aber ist die Gliederung des Raums, in dem ich mich mit meiner Arbeit und in meiner freien Zeit aufhalte. Auch hier gibt es Unterschiede der größeren oder kleineren Erreichbarkeit. Ich suche die Dinge, wenn ich sie brauche, an ihrer Stelle. Ich fasse sie mit der Hand. Und manchmal muß ich mich von meinem gegenwärtigen Platz entfernen, um sie in die Hand nehmen zu können. Es entsteht also eine Kombination von einer mit den Füßen und einer mit der Hand zurückzulegenden Entfernung. Aber niemand (es sei denn in einer sachfremden Abstraktion) wird hier davon sprechen, daß meine Hand einen Weg zurücklegt. Und während ich mich auf dem Netz der Wege stets in einer horizontalen Ebene bewege, so daß sich das Wegenetz ja auf der Fläche kartographisch darstellen läßt, ist das Greifen und Fassen der Hände immer zugleich ein Ausgreifen nach allen Richtungen, auch nach oben und unten, so daß sich hier von vornherein ein dreidimensional ausgedehnter Raum aufbaut.

Offensichtlich herrschen hier also ganz andre Verhältnisse, und mit ihnen ergibt sich ein ganz andrer Aspekt des räumlichen Aufbaus. Ich möchte diesen Raum in Ermangelung einer besseren Bezeichnung als den Handlungsraum bezeichnen. Ich meine damit ganz allgemein jeden Raum, in dem sich der Mensch mit einer sinnvollen Tätigkeit, arbeitend oder ruhend, im weitesten Sinn wohnend aufhält.[340] Man könnte in einer sprachlich etwas ungeschickten Analogie auch von einem ergologischen oder kurz von einem Tätigkeitsraum sprechen. In der Literatur hat sich indessen der Begriff des Handlungs- oder Aktionsraums eingebürgert, und darum möchte ich an ihm festhalten, ohne mich gegen den bei den verschiedenen Autoren nicht einheitlich angewandten Sprachgebrauch im einzelnen abzugrenzen. Diesem Handlungsraum müssen wir uns jetzt in seinem Eigencharakter näher zuwenden.

2. Die Greifbarkeit der Dinge im Raum

Einen geeigneten Ansatzpunkt gibt Heideggers Analyse der menschlichen Räumlichkeit in „Sein und Zeit“, die trotz der durch die anders gerichtete Frage-

[340] So wird im Anschluß an eine von Graf Dürckheim getroffene Unterscheidung der Handlungsraum vielfach auf den im Vollzug der Handlung gegenwärtigen Raum eingeschränkt, das hier unter diesem Namen Gefaßte dagegen als Zweckraum bezeichnet. Diese Unterscheidung erschien im gegenwärtigen Zusammenhang als überflüssig. Auch die von Straus eingeführte Bezeichnung als historischer Raum, die er zur Abhebung vom präsentischen Raum einführt (vgl. unten S. 205f.), scheint mir nicht glücklich, weil mit dem eigentlichen Historischen neue, schicksalhafte Gesichtspunkte hinzukommen, die über die rein rationale Durchgestaltung des Handlungsraums hinausführen.

stellung dieses Buchs bedingten Kürze die entscheidenden Wesenszüge dieses Raums klar herausarbeitet. Ich folge ihr, ohne mich im einzelnen an den durch den Gesamtzusammenhang des Buchs bedingten Aufbau zu halten. Schon der Begriff des Zuhandenen, mit dem Heidegger die ursprüngliche Gegebenheitsweise der Dinge, in seiner Sprechweise, die des Zeugs, bezeichnet, ist in dieser Hinsicht glücklich gewählt, denn er verweist als solcher schon von vornherein auf einen Raum. Daß ein Ding „zuhanden" ist, bedeutet ja, daß es für meinen Gebrauch griffbereit daliegt, daß es mir dadurch verfügbar ist und ich nur zuzugreifen brauche, um es in die Hand zu nehmen und in der gewünschten Weise zu verwenden. Zu dieser leichten Erreichbarkeit ist zugleich eine gewisse räumliche Nähe erforderlich. Es muß bequem zu greifen sein. Ein Buch beispielsweise, das für mich auf der Bibliothek zur Abholung bereit liegt, ist für mich zwar schon verfügbar, aber noch nicht zur Hand. Dazu muß ich es erst abgeholt und in der Nähe meines Arbeitsplatzes niedergelegt haben. So bleibt das im strengen Sinn verstandene Zuhandene an einen gewissen näheren Bereich gebunden, ohne daß ich dessen Grenzen exakt anzugeben vermöchte. Schon das unterscheidet den engeren Bereich des Handlungsraums von dem weiter gespannten des Wegraums.

Damit aber ein Ding für mich griffbereit daliegen soll, muß es zugleich an seinem richtigen Platz liegen (oder stehen), an dem Platz, an den es gehört und an dem ich es, ohne viel zu suchen, auch finde. An diesem bestimmten Platz befindet sich das Ding zu mir in einem bestimmten räumlichen Verhältnis. Es liegt in einer bestimmten Richtung, in der ich greifen und notfalls auch gehen muß, und es liegt in einer bestimmten größeren oder kleineren Entfernung, die seine leichtere oder schwerere Erreichbarkeit bedingt. Wir können in demselben Sinn auch von der Stelle sprechen, an die das Ding gehört, um damit das Funktionshafte seiner Lebensaufgabe zu bezeichnen. Stelle ist vielleicht rein sprachlich insofern noch günstiger, als hierin der Zusammenhang mit der ordnenden Tätigkeit als „stellen", „hinstellen" und „aufstellen", „unterstellen" und „abstellen" deutlich zum Ausdruck kommt. Jedes Ding hat seinen Platz oder seine Stelle in der Lebensumgebung des Menschen.

Man könnte sich das Verhältnis in einem sehr vereinfachten mathematischen Modell so vorstellen, daß der Platz des Dings im Verhältnis zu mir durch Polarkoordinaten bestimmt sei, durch eine im Winkel zu messende Richtung und durch eine als Länge zu messende Entfernung. Aber dabei ist zu beachten, daß Richtung und Entfernung hier hodologisch zu verstehen sind und mit den entsprechenden geometrischen Bestimmungen nicht zusammenfallen. Bei seltener gebrauchten Dingen mag ein suchender Blick erforderlich sein, der als solcher der geometrischen Richtung entsprechen würde, obgleich das Greifen schon hier einen andern Weg nehmen kann. Aber je vertrauter mir ein Gegenstand ist, je mehr er mir wirklich zur Hand ist, desto mehr fallen solche Hilfsmittel fort, und ich greife zu, ohne daß meine Hand vom Auge geleitet zu werden brauchte. So befindet sich z.B. auch das Schlüsselbund in meiner Tasche an seinem Platz. Ich kann es jederzeit greifen, wenn ich es benötige. Es hat in dieser Weise Richtung und Abstand, ohne daß ich imstande wäre, diese auch nur annähernd geometrisch zu fixieren.

Wie wichtig dieser Satz ist, wird besonders deutlich, wenn etwas nicht an seinem Platz ist und ich es erst mühsam suchen muß. Es entsteht sogleich ein Zustand der Desorientiertheit, etwa wenn sich bei der Kontrolle die Fahrkarte dort nicht findet, wo man sie hingesteckt zu haben glaubt, und man jetzt sinnlos herumsucht.

So ist das Zur-Hand-sein eines Dings an seiner Stelle etwas ganz andres als sein bloßes Vorhanden-sein an einer geometrisch zu bestimmenden Stelle im Raum. Es ist keine bloß theoretisch wahrnehmende Haltung, in der ich es an dieser Stelle wahrnehme, sondern es hat im praktischen Handeln an dieser Stelle seine bestimmte Bedeutung; es ist ein „Lebensbezug", durch den ich mit ihm verbunden bin.

Wir bezeichnen so den Handlungsraum als die Gesamtheit der Plätze, die die Gebrauchsdinge um den arbeitenden Menschen herum einnehmen. Dabei steht wiederum kein Ding für sich allein, sondern die einzelnen Plätze sind geordnet zu einem sinnvollen Ganzen, in dem jedes einzelne Ding im Zusammenhang mit andern Dingen steht, mit denen es zusammengehört. Das Buch steht im Bücherbrett und dieses wiederum an der Wand des Arbeitszimmers, die Wäsche liegt im Schrank und die Zange im Werkzeugkasten usw. Jedes einzelne Ding steht dabei in der räumlichen Nachbarschaft zu andern Dingen, mit denen es durch einen Sinnzusammenhang verbunden ist. Heidegger spricht von der „Gegend", in der sich der Platz dieses Dinges befindet, wobei unter „Gegend" natürlich nicht das landschaftliche Gebilde gemeint ist, sondern der übergreifende Bereich der durch ihre praktische Zusammengehörigkeit verbundenen Dinge. In diese „Gegend" wende ich mich zuerst, wenn ich einen bestimmten Gegenstand suche, wegen des Tintenglases etwa in die „Gegend" des Schreibtisches, um es dann bei genauerem Hinsehen in dieser „Gegend" auch richtig zu finden. Und diese „Gegend" steht ihrerseits wiederum in einem größeren Zusammenhang. Und so baut sich vom einzelnen Ding an seinem zugehörigen Platz über die Bereiche dieser Gegenden stufenweise ein räumliches Ordnungsgefüge von immer größeren Bereichen auf, der des Hauses, der Arbeitsstätte, der Stadt usw. So ist der Raum gegliedert als ein Ganzes von Plätzen und zusammengehörigen Bereichen.

3. Das Einräumen des Raums

Das einzelne Ding aber hat seinen Platz, an dem ich es suche und finde, insofern ihm dieser vom Menschen zugewiesen ist. Der Platz ist also als solcher schon das Ergebnis eines menschlichen Ordnungsschaffens. Die Art der Zuweisung kann im einzelnen wieder sehr verschieden sein. Die Dinge sind, mit Heidegger zu sprechen, „als Zeug wesenhaft an- und untergebracht, aufgestellt, zurechtgelegt“.[341] So gibt es sehr verschiedene Formen des Bereitliegens, des Aufbewahrens usw. Ich kann das Buch im Bücherbrett für eine spätere Verwendung einordnen, ich kann es auf dem Arbeitstisch für den baldigen Gebrauch bereitlegen. Ich kann das Fahrrad im Schuppen abstellen, die Kartoffeln im Keller einlagern, die Vorräte in der Speisekammer aufbewahren. Es gibt da verschiedene Möglichkeiten, die mit dem zeitlichen Unterschied von sofortigem Gebrauch und späterer Verwendung zusammenhängen. Und dabei ergibt sich dann die weitere Unterscheidung, daß es nicht nur Plätze des Bereitliegens für den unmittelbaren Gebrauch, sondern auch Räume zum Abstellen für eine spätere Verwendung geben muß: Vorratskammern, Lager, Speicher, Bibliotheken usw.

Besonders deutlich werden diese Verhältnisse, wo ich mich nicht schon in einer geordneten Umwelt befinde, sondern die Ordnung der Dinge, die Zuweisung der Plätze erst durch mein eignes Tun herstellen muß, wo ich etwa ein neu bezogenes Zimmer oder eine neu beschaffte Kommode einräume. Einräumen heißt, daß ich jedem Ding im Raum oder in einem Behälter in bedachtem Abwägen die Stelle zuweise, an die es fortan gehören soll und an die ich es immer wieder zurücklegen will, wenn ich es zum Gebrauch von dort fortgenommen habe. Dieses Einräumen muß zweckmäßig geschehen, damit der verfügbare Raum ausgenutzt wird, das Zusammengehörige auch beisammen liegt (also nicht etwa, wie man so sagt, der Kamm bei der Butter), das häufig Gebrauchte bevorzugt an die am leichtesten erreichbaren Stellen kommt usw. So gewährt das Einräumen dem Menschen jedesmal eine eigentümliche Befriedigung, weil hier die Welt im Bereich des Aufgeräumten durch sein Tun klar und übersichtlich und beherrschbar geworden ist. Wir können von diesem Beispiel den Begriff des Einräumens zugleich auf die Weise übertragen, wie überhaupt die Menschen ihre räumliche Umwelt durch ihr zweckmäßiges Tun aufgebaut haben. Das System der Plätze und Stellen, in dem wir leben, ist in dieser Weise eine eingeräumte Welt.

Aber diese vom Menschen geschaffene Ordnung geht zugleich bei der menschlichen Tätigkeit, durch das „Leben“ selber notwendig immer wieder verloren und muß dann in ausdrücklicher Anstrengung wiederhergestellt werden. Wenn ich einen Gegenstand nach dem Gebrauch nicht wieder sogleich an seinen Platz zurücklege, sondern ihn achtlos liegen lasse, dann liegt er „irgendwo“ herum, an einem beliebigen Ort. Dieses „Herumliegen“ ist, wie schon Heidegger bemerkte, kein „pures Vorkommen an einer beliebigen Raumstelle“,[342] sondern es ist als Zeichen der Unordnung Störung meiner Ordnung und als solche von vornherein auf diese Ordnung bezogen. Was herumliegt, liegt mir bald im Wege, d.h. es nimmt andern Dingen ihren Platz weg und behindert mich in meiner Bewegung. Ich „möhle mich ein“, wie man in meiner Heimat sagt. Ich muß dann erst wieder „aufräumen“, d.h. mir durch neue Ordnung wieder Raum schaffen.

---

[341] M. Heidegger, Sein und Zeit. S. 102.
[342] S. 102.

Der Vorgang des Aufräumens ist für das Verständnis des konkreten Raums ein sehr bezeichnender Vorgang. Der Mensch schafft sich hier wieder Raum. Das bedeutet: der Raum, etwa der Raum eines bestimmten Zimmers, in dem ich lebe und arbeite, oder der Raum eines bestimmten Behältnisses, in dem ich Dinge verwahre, ist nicht in einem objektiv gegebenen Maß immer gleich vorhanden, sondern Unordnung vermindert den Raum, so daß sich der Mensch bald nicht mehr bewegen kann, und Ordnung schafft wieder neuen Raum. Das Aufgeräumte zeigt eine neu gefundene Weite, befreiend und in extremen Fällen der Pedanterie sogar ein wenig leer und kalt. Die Größe des Raums hängt also wesentlich von der menschlichen Tätigkeit ab. So könnte man das Mephisto-Wort sinngemäß abwandeln: Doch Ordnung läßt euch Raum gewinnen.

4. Die Verständlichkeit des Lebensraums

So ist der konkrete Raum des menschlichen Lebens im zweckhaften Handeln durchorganisiert, das jedem Ding in ihm seinen Platz zugewiesen hat. Diese räumliche Ordnung ist nur zum kleinsten Teil vom einzelnen Menschen selber geschaffen. Zum größten Teil findet er sie schon als eine überindividuelle Ordnung vor, in die er hineingeboren ist. Aber auch diese ist schon als das Ergebnis einer zweckmäßigen menschlichen Tätigkeit entstanden. Man hat darum mit Recht diesen Raum des menschlichen Handelns als Zweckraum bezeichnet. In dieser zweckmäßigen Gestaltung wird die Welt uns verständlich, und nur darum kann ich mich sinnvoll im Raum bewegen. Der Zweckraum ist notwendig zugleich ein verständlicher Raum.

Diesen Zusammenhang hat seinerzeit schon Dilthey sehr klar gesehen. So schreibt er an einer Stelle: „Jeder mit Bäumen bepflanzte Platz, jedes Gemach, in dem Sitze geordnet sind, ist von Kindesbeinen ab uns verständlich, weil menschliches Zwecksetzen, Ordnen, Wertbestimmen als ein Gemeinsames ... jedem Gegenstand im Zimmer seine Stelle angewiesen hat.“[343] Oder an einer andern Stelle: „Alles, was (den Menschen) umgibt, wird von ihm verstanden als Leben und Geist, die sich darin objektiviert haben. Die Bank vor seiner Tür, der schattige Baum, Haus und Garten haben in dieser Objektivation ihr Wesen und ihre Bedeutung.“[344] Auch Dilthey spricht hier von einer Stelle, die eine menschliche Tätigkeit jedem einzelnen Ding zugewiesen hat. Die Dinge sind vom Menschen in ihrem räumlichen Zueinander nach dem Plan einer einsehbaren inneren Ordnung zusammengefügt worden. Und von dieser „Stelle“ her ist alles einzelne, die geordneten Sitze im Gemach und der schattige Baum vor der Tür, verständlich. Der Mensch versteht von hier aus, als was er die Dinge zu nehmen und wie er sie in der rechten Weise zu gebrauchen hat. Die räumliche Vorfindlichkeit an dieser

[343] W. Dilthey, Gesammelte Schriften. VII 208.
[344] Dilthey, VIII 79.

bestimmten Stelle bekommt von hier aus ihre tiefere Bedeutung. Sie leitet von vornherein mein Verständnis der Dinge in ihrem Sinnzusammenhang. Die Bank vor der Tür ist eine andre als die in den öffentlichen Anlagen, und die Stühle um den gemeinsamen Eßtisch sind andre als die im Hörsaal zu Reihen geordneten.

Dilthey versteht darum diesen geordneten Raum als Objektivierung menschlichen Geistes. Der ganze gestaltete menschliche Lebensraum ist daher für ihn, so wie er den Hegelschen Begriff aufnimmt, objektiver Geist, oder wie wir im Sinne der schärferen Unterscheidung Nicolai Hartmanns heute sagen würden, objektivierter Geist. Und als dieser ist uns die räumliche Ordnung dann ein gemeinsames Medium, in dem wir uns mit Sicherheit bewegen und in dem uns alles „von Kindesbeinen an verständlich" ist.

5. Der Spielraum des Handelns

Ehe wir diesen weiterführenden Perspektiven nachgehen, ist noch eine Ergänzung und teilweise Berichtigung der bisherigen Darstellung notwendig. Dazu knüpfen wir noch einmal an den einfachsten Fall eines geordneten Platzzusammenhangs an. So überzeugend das Bild ist, in dem sich die einzelnen Plätze im Raum zu einem Ganzen zusammenfügen, so ist auf der andern Seite der Raum doch nicht mit dem Ganzen dieser Plätze identisch. Die Plätze sind Plätze für die dahin gehörigen Dinge. Aber sie brauchen nicht immer von den Dingen eingenommen zu werden. Dann stehen diese Plätze leer. Man findet an ihnen nicht, was man dort anzutreffen erwartete. Das Werkzeug liegt nicht, wo es hingehört, und in den Vorratskammern, dem Kartoffelkeller z.B., ist nichts mehr vorhanden. Ich kehre enttäuscht zurück. Oder die Plätze sind noch frei. Das ist etwas andres. Hier verfüge ich noch über die Möglichkeit, irgendein Ding dort abzulegen. Ich gebrauche beständig freien Platz, wenn ich etwas aus der Hand oder für einen späteren Gebrauch bereit legen will. Das alles bedeutet, daß die Gesamtheit der Plätze gar nicht als die von Teilen eines stetig zusammenhängenden Raumvolumens zu begreifen ist.

Aber darüber hinaus ist mein Lebens- und Handlungsraum noch grundsätzlich etwas andres als die Gesamtheit der vollen und leeren Plätze um mich her. Ich brauche zugleich Raum, um mich zwischen diesen Dingen zu bewegen und mit ihnen praktisch umzugehen, mich überhaupt zwischen ihnen und zu ihnen zu verhalten. Damit ist nicht gemeint, daß ich als leibliches Wesen selber auch einen gewissen Platz brauche – obgleich das Wort dabei schon eine gewisse Bedeutungsverschiebung erfährt: es ist nicht mehr Platz im Sinn der zugewiesenen Stelle, sondern Platz im Sinn des beanspruchten Raumvolumens. Solange ich die Verhältnisse so betrachte, sehe ich mich lediglich als Ding unter Dingen (was ich in gewisser Weise ja auch bin). Aber anders ist die Art und Weise, wie ich etwas zur Hand habe, ergreife, mit ihm etwas tue, ja es vielleicht nur betrachte; denn dazu gebrauche ich einen Raum meines Verhaltens, einen Raum, in den ich hinausgreife, einen Spielraum meiner (nicht objektivierend von außen betrachteten, sondern von innen gesehenen und von innen vollzogenen) Bewegungen. Hier bekommt das Wort Raum einen ganz andern Sinn, nämlich den, den wir bei den sprachlichen Vorbetrachtungen als den freien Hohlraum menschlichen Wohnens kennengelernt hatten. Hier erst stoßen wir auf die transzendentale Seite des Raumproblems. Heidegger hat sie im angegebenen Zusammenhang dadurch herausgestellt, daß er von der „Räumlichkeit des innerweltlich Zuhandenen“ die „Räumlichkeit des In-der-Welt-seins“[345] unterschieden hat, wobei der Nähe und Richtung der Dinge auf ihren Plätzen hier die neuen Charaktere der „Ent-fernung“ und der „Ausrichtung“ entsprechen. Ähnliches meint auch Sartre, wenn er in dem seinerzeit zitierten Satz sagt, daß der Mensch durch die hodologischen Beziehungen „sich situiere“, denn auch hier ist mit der Situation nicht die objektive räumliche Lage verstanden, sondern das von innen her entworfene Verhältnis zur Welt. So bestimmen das Ordnungsganze der Plätze auf der einen Seite und der Spielraum meines Verhaltens auf der andern Seite in genauer Korrelation zusammen meinen Handlungsraum.

6. Die Erweiterung des Begriffs des Handlungsraums

Wir hatten bisher den Handlungsraum betrachtet, soweit er ganz im zweckmäßigen menschlichen Handeln durchgestaltet ist. Das Zuhandene im strengen Heideggerschen Verstande, die Dinge des täglichen Gebrauchs sind nicht nur ordnend vom Menschen an ihre Stelle hingestellt, sie sind zuvor auch von ihm hergestellt, d.h. durch handwerkliche oder technische Fähigkeit hervorgebracht. Indem diese Gebrauchsdinge zum Ganzen der räumlichen Ordnung zusammengefügt werden, entsteht ein restlos durchorganisierter und darum auch restlos verständlicher Raum. Das ist der Arbeitsraum im engeren Sinn, der Raum, in dem nicht nur der Mensch arbeitet, sondern der darüber hinaus auch ganz durch die menschliche Arbeit aufgebaut ist. Das ist der Raum der handwerklich-technischen Welt. Dieser ist am klarsten im Innern des Hauses und der organisierten Arbeitsstätten, der Werkstätten und Fabriken wie der Verbindungsstraßen und Verkehrsmittel verwirklicht, am reinsten, wie wir in einer nachlässigen, aber verständlichen Abkürzung sagen können, in der Welt der Stadt. In diesem Raum bewege ich mich mit vollendeter Sicherheit, alles ist mir hier griffbereit und verfügbar, von der Klinke an der Tür bis zum Griff des Zigarettenautomaten. Ich weiß alles richtig zu gebrauchen. Wo es im Innern dieses Raums noch Grenzen dieser sinnvollen Ordnung gibt, da sind sie als „Unordnung“ durch menschliche Nachlässigkeit oder menschliches Versagen bedingt.[346]

---

[345] M. Heidegger, Sein und Zeit. §§ 22 und 23.

[346] Von den andern Grenzen, auf die ich stoße, wenn ich aus dem Raum meiner überlieferten Kultur heraustrete und in den ebenfalls zweckmäßig durchgestalteten Raum einer andern Kultur, in diesem Sinn aus der Heimat in die Fremde hinaustrete, spreche ich hier nicht.

Aber dieser Raum ist nicht der ganze Raum. Das ändert sich schon in einem gewissen Maße, wenn der Mensch aus dem städtisch-technischen Bereich in die Landschaft hinaustritt. Zunächst bleibt freilich die Grundstruktur erhalten. Er bleibt auf den Wegen, die er angelegt hat, zwischen den Gärten, die er gepflanzt hat, zwischen den Feldern, die er bestellt hat usw. Auch die Natur ist also einbezogen in die menschliche Raumordnung. Auch die Landschaft ist kultiviert worden. Und wenn auch die Vorgegebenheit des Geländes und die Eigengesetzlichkeit des organischen Wachstums dem menschlichen Gestaltungswillen gewisse Grenzen setzen, so bleibt im Grunde doch auch hier dasselbe Ordnungsgefüge von Plätzen und Stellen erhalten, in dem ihm der Raum verständlich wird. Auch die Landschaft ist Kultur, ist menschlicher Arbeits- und Wohnraum geworden.

Erst an den Grenzen menschlicher Bebauung und für den heutigen Menschen schon schwer erreichbar tut sich die wirklich unberührte Landschaft auf. Für sie gelten die bisherigen Bestimmungen nicht mehr. Sie ist nicht mehr nach menschlichem Gestaltungswillen geformt. Vielleicht kann man auch hier noch, außerhalb des Bereichs angelegter Wege, von einem hodologischen Raum sprechen, auch wenn man sich den Weg nach den Gegebenheiten des Geländes erst jeweils bahnen muß. Aber hinter den erreichbaren Zielen liegen andre Punkte, steile Berge etwa, zu denen kein möglicher Weg mehr führt. Und weiterhin sind hier auch keine festen Plätze für verfügbare Dinge mehr. Es fehlen also die Bestimmungen des menschlich gestalteten Handlungsraums. Aber hört die Landschaft damit auf, Raum zu sein? Wir werden die Frage nicht anders beantworten können, als daß wir hier in einen andern Raum eintreten. Dem andern Verhalten des Menschen entspricht hier auch ein andrer Raum, sei es der schon weitgehend theoretisierte geographische Raum des Forschungsreisenden, sei es der ästhetische Raum des betrachtend aufnehmenden Menschen, sei es auch einfach die unendliche Weite als Spielraum menschlicher Abenteuerlust. Und von diesen andern Räumen fällt dann zugleich auch ein neues Licht auf den engeren Raum des täglichen Lebens in der zivilisierten Welt.

3. Der Tagraum und der Nachtraum

1. Das Verhältnis der beiden Räume

Wir hatten in der Darstellung des Handlungsraums vor allem das rationale Moment herausgearbeitet, das sich in einer solchen vom Menschen geschaffenen und darum dem Menschen verständlichen Gliederung des Raums auswirkt. Aber wir haben damit in einer methodisch bedingten einseitigen Zuspitzung nur einen bestimmten Aspekt des Raums isolierend herausgehoben und damit andre Aspekte vorläufig zurückgestellt, die wir jetzt ebenfalls in den Umkreis unsrer Betrachtungen einbeziehen müssen. Daß es solche ganz andersartigen Aspekte gibt, war uns besonders eindringlich schon bei der Betrachtung des Einschlafens und des Aufwachens aufgefallen; denn dabei hatten wir erkannt, daß hier nicht einfach der Raum verschwindet und wieder aufgebaut wird, sondern daß im Dunkel der Nacht ein ganz andrer Raum hervortritt, der während des Tages verborgen war und der ganz andre, eigne Charaktere hat als der helle und durchlichtete Raum des Tages und durch diese seine andern Charaktere imstande ist, den einschlafenden Menschen in der dargestellten Weise bergend zu umfangen.

Erst durch solche Erfahrungen werden wir darauf aufmerksam gemacht, wie sehr wir in unsern alltäglichen Raumvorstellungen von einem ganz bestimmten Raum geleitet sind, nämlich dem klaren und übersehbaren Raum des Tages, und daß manche Eigenschaften, die wir unbesehen dem Raum als solchem beizulegen gewohnt sind, keineswegs dem Raum schlechthin zukommen, sondern nur spezifische Charaktere des Tagraums sind. Dahin gehört vor allem die Voraussetzung, die wir im bisherigen als selbstverständlich stillschweigend zugrunde gelegt hatten, die in Wirklichkeit gar nicht selbstverständlich ist, nämlich daß wir im Raum sehen können. Nur in einer sichtbaren Welt gibt es z.B. einen Horizont und eine Perspektive, so wie wir sie mit scheinbarer Selbstverständlichkeit in die Darstellung der elementaren Grundstruktur des Raums einbezogen hatten. Aber wenn man nicht mehr sehen kann, dann verschwinden auch Horizont und Perspektive. Dazu braucht der Mensch nicht einmal gleich völlig blind zu sein. Jeden Abend mit dem Einbruch der Dunkelheit verschwindet die Sichtbarkeit der Dinge im Raum. Und trotzdem bleiben wir im Raum. Nur hat dieser Raum einen völlig andern Charakter. Wir wollen ihn im Unterschied zum hellen Tagraum den Nachtraum nennen und müssen den mit diesem gegebenen neuen Aspekten jetzt unsre Aufmerksamkeit zuwenden.

In der Gegenüberstellung der beiden Räume drängt sich sogleich auf, wie stark der Tagraum durch das Sehen erfaßt wird, also primär ein Sehraum ist. Das Sehen hat in ihm die Führung, und die andern Sinne, das Tasten und das Hören, treten nur ergänzend hinzu, während sie bei Nacht die Führung übernehmen und das Sehen zwar nicht ganz ausscheidet, aber doch bis auf einen geringen Rest zurückgedrängt wird. Daher liegt es nahe, den Anteil der einzelnen Sinne am Aufbau des Gesamtraums zu untersuchen und die ihnen entsprechenden Raumformen, den Sehraum, den Hörraum und den Tastraum zu unterscheiden. (Das Riechen und Schmecken können hier außer Betracht bleiben.) So hat sich die Psychologie in der Tat der Erforschung dieser verschiedenen Sinnesräume zugewandt, und ihre Ergebnisse sind auch für uns von höchster Bedeutung. Trotzdem geht es uns vorerst nicht um diese künstlich herausgeschnittenen Partialräume, die sich nur in der Abstraktion trennen lassen, sondern zunächst erst einmal um den erlebten Raum im ganzen, wie er sich unter den verschiedenen Bedingungen modifiziert. Das ist hier der Unterschied zwischen dem Tagraum und dem Nachtraum mit den sich zwischen ihnen einschiebenden Übergangsformen, und nur als gedankliche Hilfskonstruktion werden wir gelegentlich die verschiedenen Sinnesräume heranziehen.

2. Der Tagraum

Der Tagraum hat für die Erfahrung des Raums einen Vorrang. Unsre geläufigen Raumvorstellungen sind dem Tagraum entnommen, und wenn wir den Nachtraum in seinem Eigenwesen erkennen wollen, müssen wir ihn zunächst vom Tagraum abheben. Und zwar werden es zunächst Ausfallserscheinungen sein, durch die wir den Nachtraum charakterisieren, also das Fortfallen von Momenten, die an die Sichtbarkeit gebunden sind. Erst hinterher werden wir imstande sein, auch die positiven Züge des Nachtraums zu entdecken. So muß die Betrachtung notwendigerweise beim Tagraum anfangen, um von ihm den Nachtraum abzuheben, wobei wir uns auf die Züge beschränken können, die für den Unterschied der beiden Räume bestimmend sind.

Das Wesentliche des Tagraums liegt darin, daß ich ihn in seiner ganzen Ausdehnung „übersehen“ kann. Ich habe nicht nur einzelne Gegenstände, sondern ich habe sie schon immer eingegliedert in das Ganze des Raums. Wenn wir uns für den Augenblick der Abstraktion der Sehfläche bedienen, d.h. der Projektion aller räumlichen Erscheinungen auf eine zur Blickrichtung senkrechte Ebene, unter Absehung von ihrer Entfernung, so erscheinen die einzelnen Gegenstände klar gegeneinander abgegrenzt, mit bestimmten Konturen. Immer aber ist es so, daß die Sehfläche stetig mit Farben und Helligkeiten ausgefüllt ist. Sie ist immer als Kontinuum gegeben, d.h. sie hat keine Löcher. Selbst der „blinde Fleck“ im Auge, der ja eine Lücke im Sehfeld bilden müßte, oder irgendwelche Skotome werden immer zum geschlossenen Kontinuum zusammengezogen.[347]

Aber auch die Sehfläche war hier nur als eine vorläufige Vereinfachung eingeführt. In Wirklichkeit sehe ich die Dinge von vorn herein in ihrer vollen Räumlichkeit, d.h. unter Einbeziehung auch der Sehtiefe. Es kommt uns hier nicht darauf an, wie die Erfahrung der Sehtiefe genetisch zustande kommt. Uns geht es nur um das rein Phänomenale, in dem die Sehtiefe schon immer gegeben ist. In ihr ist das, was vorläufig als das die Zwischenräume ausfüllende Kontinuum erschien, der Durchblick an den näheren Gegenständen vorbei in den Raum der ferner liegenden Dinge. Hier wird das die Geschlossenheit der Sehfläche herstellende Kontinuum zum freien Raum, der die näheren Gegenstände von den ferneren trennt. Das Eigentümliche des Tagraums und das, was ihn von andern Raumformen unterscheidet, ist es, daß auch der Zwischenraum zwischen den Dingen, also dieses scheinbare Nichts, in ihm wahrgenommen wird.

Die übersichtliche Tiefengliederung des Sehraums beruht auf der hier nicht im einzelnen zu analysierenden Verknüpfung von Wahrnehmung und Bewegung,[348] d.h. auf der Art, wie sich der Blick in dem hinteren Raum verschiebt, wenn ich an den vorderen Gegenständen vorbei „visiere“. Die physikalische Voraussetzung für diese Möglichkeit ist die Gradlinigkeit des Lichtstrahls, wie man

[347] Vgl. H. Lassen, S. 80ff.

[348] Vgl. V. v. Weizsäcker, Der Gestaltkreis. Leipzig 1940.

überhaupt im Auge behalten muß, daß nur im optischen Raum die Gradlinigkeit (und der darauf gegründete Begriff einer ebenen Fläche) einen Sinn hat. Nur infolge der durch den Sehstrahl gegebenen Möglichkeit des „Visierens", d.h. der Möglichkeit, drei Punkte auf eine gerade Linie zu bringen, beruht das, was Lassen die „Gefügtheit des Sichtbaren"[349] genannt hat, aus der er die Wesensverwandtschaft von Raum und Gesicht ableitet. Das soll bei ihm bedeuten, daß der Raum, wie wir ihn zunächst verstehen, der durch das Auge erfaßte Raum ist, daß die andern Sinne, vor allem das Tasten, zwar mitwirken, aber keinen eignen Raum hervorbringen.

Diese Übersichtlichkeit des sichtbaren Raums hat Minkowski in seinem „Temps vécu", in dem er einen Tag- und einen Nachtraum, einen hellen und einen dunklen Raum unterscheidet, klar hervorgehoben: Der Tagraum öffnet sich, wenn ich die Augen öffne, in seiner ganzen Weite vor mir. Ich sehe die Gegenstände mit ihren scharfen Konturen, aber ich sehe auch die Abstände, die sie trennen. Ich sehe nicht nur die Dinge, sondern auch den leeren Raum, der sich zwischen ihnen befindet. Es gibt hier ebensowohl deutlich ausgefülltes Volumen als auch freien Raum. Das Entscheidende ist dabei die Übersichtlichkeit, die alles zur Einheit zusammenfügt. „Alles in diesem Raum", sagt Minkowski, „ist klar, bestimmt, natürlich, problemlos".[350] Es ist auch der „geistige" Raum, der durch Licht, Helligkeit, Klarheit und Bestimmtheit gekennzeichnet ist. Minkowski fügt hinzu, daß dieser helle Raum von Anfang an als ein gemeinsamer Raum gegeben ist, den ich mit andern Menschen teile. „Der helle Raum ist sogleich ein sozialisierter Raum im weitesten Sinn des Wortes."[350] Wenn ich mich dieser Gemeinsamkeit nicht ganz ausliefern will, muß ich mir in ihm private Bereiche, Schlupfwinkel, schaffen, die mir allein gehören und in die ich mich aus der Öffentlichkeit des Raums zurückziehen kann.

3. Verdämmernde Räume

Ehe wir uns dem Nachtraum mit seiner vollen Dunkelheit zuwenden, werfen wir einen Blick auf die schon genannten Übergangserscheinungen, in denen die Klarheit und Übersichtlichkeit des Tagraums und mit ihr die Gegebenheit des Horizonts schrittweise verloren gehen. Dahin gehören die Dämmerung und der Nebel und andre damit verwandte Erscheinungen. Ich spreche zusammenfassend kurz von verdämmernden Räumen.

---

349 H. Lassen, S. 59ff.
350 E. Minkowski, S. 393.

a) Der Wald

Unter diesen verdämmernden, horizontalen Räumen möchte ich vorbereitend auch den Wald nennen, obgleich hier, streng genommen, von einer Dämmerung nicht die Rede sein kann (oder doch nur in einem sehr beschränkten Maß durch ein gewisses Waldesdunkel, das sich mit dem verschwommenen Rauschen der Bäume verbindet). Im Unterschied zu den andern Übergangserscheinungen handelt es sich hier nicht um eine Behinderung der Sichtbarkeit durch dazwischentretende Medien, durch Nebel oder durch Dunkelheit. Die Dinge sind hierbei in ihren Formen durchaus deutlich erkennbar; es ist vielmehr die Behinderung des Blicks durch die Dinge selbst, durch die Baumstämme und Sträucher, durch die Zweige und Blätter, die den Menschen in einen engen Bereich, fast wie in eine Art von Innenraum, einschließen. Der Blick dringt so nur wenige Meter in den Wald ein und verliert sich dann zwischen den Baumstämmen.

Der Wald hat insofern eine Art von Zwischenstellung zwischen dem Innen- und dem Außenraum. Auf der einen Seite ist er kein freier Raum mit seiner echten Weite. Er hat keinen Ausblick und er hat vor allem keinen Horizont mit seinem klaren Abschluß. Der Mensch ist eingeschlossen in die Umhüllung des Waldes. Aber dieses Eingeschlossensein ist sehr viel anders und gewissermaßen materieller, weil es ja keine bloße Behinderung des Blicks durch Nebel und andre unfaßbare Medien ist (von denen noch die Rede sein soll), sondern eine Behinderung der Bewegungsfähigkeit selbst durch faßbare materielle Dinge wie Bäume und Sträucher. Aber auf der andern Seite sind es wiederum keine festen Mauern, die eine undurchdringliche Grenze bezeichnen. Der Mensch ist an einen engen Raum gebunden, ohne daß dieser eine feste, angebbare Grenze hätte. Er kann sich in einem gewissen Maß frei bewegen. Er kann durch den Wald hindurchgehen. Aber sobald er nach der einen Seite hin in ihn eindringt, entgeht er nicht der Gefangenschaft seines Blicks und gewinnt nicht das Freie, sondern der enge übersehbare Bereich wandert mit ihm mit, wie sein Schatten; er wird seine Enge nicht los, sondern bleibt darin eingeschlossen. Dieser paradoxe Charakter des Waldes wird bei einem von Bachelard zitierten modernen französischen Dichter so ausgesprochen: „Die Eigenart des Waldes besteht darin, zu gleicher Zeit geschlossen und allseitig geöffnet zu sein.“[351] Daher sein unheimlich bedrängender Charakter.

Verwirrend ist dabei, daß in dieser „Welt ohne Grenze“[352] keine Richtung vor der andern ausgezeichnet ist. Darum verliert der Mensch leicht seine Orientierung, wenn er sich nicht von den durch den Wald hindurchführenden Wegen leiten lassen kann, und selbst diese führen ihn nicht sicher, weil der Mensch ihren unübersichtlichen Windungen ausgeliefert ist und in ihnen keine klare Richtung bewahren kann. Auch auf den Wegen wird er blind geführt. Der

---

[351] G. Bachelard, S. 282.
[352] S. 215.

Mensch verliert sich also leicht im Walde. Das kann gradezu etwas Beunruhigendes haben. Der Mensch gewinnt nie das sichernde Feld des freien Blicks. Hinter jedem Gebüsch kann ein Feind lauern. Die Dämmerung, d.h. die halbe Klarheit gehört mit zum Wesen des Waldes. Die einzelnen Dinge verlieren ihre scharfen Konturen und lösen sich auf in einem alles durchflutenden Medium. Und das verbindet sich im Bereich des Hörbaren wiederum mit dem Rauschen, in dessen Unbestimmtheit sich die einzelnen Stimmen zu einem verdämmernden Gesamteindruck zusammenschließen.

Bei Eichendorff ist dies im Sinne der romantischen Auffassungen von immer neuen Seiten ausgesprochen worden:

> Im Walde, in dem Rauschen,
> ich weiß nicht, wo ich bin,[353]

so heißt es bei ihm im Sinn dieses romantisch-pantheistischen Aufgenommenseins in einem umfassenden Ganzen. Aber diese Wirkung kann sich, wo der romantische optimistische Lebensenthusiasmus verloren gegangen ist, auch bis zur Unheimlichkeit steigern, und der Wald wird dann als eine übergewaltig drohende Macht empfunden, die (wie der tropische Urwald so manche Stätte einer früheren Kultur wieder verschlingt) alle menschliche Raumgestaltung wieder vernichtet.

> Der Wald hat viel Gewalt,[354]

so heißt es bei Bergengruen, der noch ein starkes Empfinden für diese elementaren Mächte hat.

b) Der Nebel

Dieses Entschwinden der Einzeldinge in einem gemeinsamen Ganzen, das sich schon im Walde durch die verwirrende Vielzahl der sich hintereinanderschiebenden Formen vorbereitete, vollendet sich, wo der Blick nicht mehr durch greifbare einzelne Dinge, sondern durch die atmosphärischen Verhältnisse im ganzen behindert wird. Das zeigt sich besonders eindrucksvoll im Nebel; denn der Nebel zeigt gegenüber der übersichtlichen Welt des Tages eine völlig veränderte Welt. Die Dinge verlieren in ihm ihre Greifbarkeit, sie entgleiten ins Unfaßbare und gewinnen grade dadurch eine neue Bedrohlichkeit, stärker noch als die, die wir schon am Walde hervorhoben. Sie tauchen auf aus dem Nebel und verschwinden wieder, und beides plötzlich, ohne daß ich sie habe kommen und wieder gehen sehen. Ich kann mich also auf ihre Annäherung nicht innerlich vorbereiten; plötzlich stehen sie vor mir und sind gefährlich nahe. Es gibt in dieser

[353] J. Freiherr v. Eichendorff, In der Fremde. I 34.

[354] W. Bergengruen, Die Rose von Jericho. Zürich 1946. S. 9, S. 14.

Welt keine allmähliche Abstufung der Entfernungen mehr, sondern es gibt nur – ähnlich wie beim Walde, aber sehr viel stärker ausgeprägt – eine ganz eng begrenzte Nahzone, hinter der sich sogleich das weiße Nichts auftut. Bezeichnend spricht man im Ostfriesischen von einer „kleinen Welt", wenn man vom Nebel spricht; die Beschränkung auf diese kleine Nahzone ist darin klar zum Ausdruck gebracht. Darum trifft mich, was mir im Nebel begegnet, sogleich in der Nähe einer unmittelbar drohenden Berührung, eines direkten Zusammenstoßes. Die gewöhnliche „Vor-sicht", in der ich die Dinge an mich herankommen lasse, ist hier unmöglich geworden und muß durch eine um so größere Wachsamkeit ausgeglichen werden.

Hermann Hesse hat diese Erfahrung einmal ergreifend als Erlebnis menschlicher Einsamkeit geschildert: „Das ist immer wunderlich ergreifend zu sehen, wie der Nebel alles Benachbarte und scheinbar Zusammengehörige trennt, wie er jede Gestalt umhüllt und abschließt und unentrinnbar einsam macht. Es geht auf der Landstraße ein Mann an dir vorbei, er treibt eine Kuh oder Ziege oder schiebt einen Karren oder trägt ein Bündel ... Du siehst ihn herkommen und sagst grüß Gott, und er dankt; aber kaum ist er an dir vorbei und du wendest dich und schaust ihm nach, so siehst du ihn alsbald undeutlich werden und spurlos ins Graue hinein verschwinden."[355] Die Einsamkeit wird dadurch noch bedrückender, daß die andre Welt zwar noch hörbar, aber nicht mehr sichtbar ist: „Du hörst in nächster Nähe Menschen und Tiere, die du nicht sehen kannst, gehen und arbeiten und Rufe ausstoßen. Alles das hat etwas Märchenhaftes, Fremdes, Entrücktes, und für Augenblicke empfindest du das Symbolische darin erschreckend deutlich. Wie ein Ding dem andern und ein Mensch dem andern, er sei wer er wolle, im Grunde unerbittlich fremd ist, und wie unsere Wege immer nur für wenige Schritte und Augenblicke sich kreuzen und den flüchtigen Anschein der Zusammengehörigkeit, Nachbarlichkeit und Freundschaft gewinnen." Hesse bringt es auf die bekannten Verse:

> Seltsam, im Nebel zu wandern!
> Einsam ist jeder Busch und Stein,
> kein Baum sieht den andern,
> jeder ist allein. ...
> Seltsam, im Nebel zu wandern!
> Leben ist Einsamsein.
> Kein Mensch kennt den andern,
> jeder ist allein.[355]

Vielleicht ist es schon eine besondre Auslegung Hesses, wenn er so sehr auf die menschliche Einsamkeit abzielt. Wenn wir uns an das unmittelbar Gegebene halten, das in seinen Sätzen so deutlich hervortritt, so ist es mehr das eigentümlich bedrängende Aufgehängtsein im leeren Raum. Und das ist wiederum um so

[355] H. Hesse, Nebel I 635f.

bedrängender, je heller, je weißer der Nebel wird, so daß sich über alle mögliche Gefährdung hinaus ein Gefühl der Wesenlosigkeit, eines Schwebens im leeren Raum aufdrängt. Bedrängender noch als das Schweigen der unendlichen Räume, von denen Pascal sprach,[356] wird hier die Leere unmittelbar aufsässig.

c) Der Schneefall

Ähnlich gespensterhaft schildert Stifter im „Bergkristall" den Weg zweier Kinder durch den dicht fallenden Schnee, der für sie die umgebende Welt verschwinden läßt: „Es war", so schreibt er, „rings um sie nichts als das blendende Weiß, ... das aber selber nur einen immer kleineren Kreis um sie zog, und dann in einen lichten streifenweise niederfallenden Nebel überging, der jedes weitere verzehrte und verhüllte, und zuletzt nichts anderes war als der unersättlich niederfallende Schnee", und dann, ein wenig später: „Es war wieder nichts um sie als das Weiß, und ringsum war kein unterbrechendes Dunkel zu schauen. Es schien eine große Lichtfülle zu sein, und doch konnte man nicht drei Schritte vor sich sehen; alles war, wenn man so sagen darf, in eine einzige weiße Finsternis gehüllt, und weil kein Schatten war, so war kein Urteil über die Größe der Dinge, und die Kinder konnten nicht wissen, ob sie aufwärts oder abwärts gehen würden, bis eine Steilheit ihren Fuß faßte und ihn aufwärts zu gehen zwang."[357]

Es ist wieder das Gefühl eines Schwebens im leeren Raum, dem Raum des Nebels vergleichbar, und doch in eigentümlicher Weise wieder davon verschieden. Stifter spricht von einer „großen Lichtfülle", von einer „einzigen weißen Finsternis". Der Skiläufer im Gebirge kennt diese Erfahrung. Es ist die übergroße Helligkeit, die „weiße Finsternis", verbunden mit der Unmöglichkeit, irgend etwas Bestimmtes zu erkennen, die den Menschen viel mehr dem bedrängenden Nichts ausliefert, als je die schwarze Finsternis der Nacht es vermöchte. Es ist die völlige Entstofflichung der Umwelt. Der Mensch hat das Gefühl, ins Nichts abstürzen zu müssen, weil er nichts Festes um sich sieht, an das er sich halten könnte. Er meint zu schweben und ins Nichts zu fallen. Dabei sind wiederum noch Stufen zu unterscheiden, je nachdem ob es sich bloß um die Entkörperlichung im trüben Schneefall handelt oder ob zugleich ein wirklicher Nebel hinzukommt, der durch die intensive Sonnenstrahlung von oben zu der genannten weißen Lichtfülle gebracht wird.

Es ist wiederum ein völlig horizontloser Raum, und wie es hier sehr deutlich hervorgehoben wird, ist dadurch die Grundlage der menschlichen Orientierung, die Unterscheidung von senkrecht und waagerecht, zwar nicht gleich ganz aufgehoben (denn sie bleibt in dem Gefühl der Schwere), aber doch in einer beunruhigenden Weise unsicher gemacht. Man sieht keine Höhenunterschiede, man

[356] Vgl. oben S. 63.

[357] A. Stifter, Bergkristall, in: Bunte Steine. Winkler-Verlag. München 1951. S. 188f.

sieht keine Grenze von Himmel und Erde, und erst wenn der vorsichtig vorantastende Fuß größere Höhenunterschiede wahrnimmt, erst wenn die Bewegung vom Gehen in das Steigen übergeht, merkt man an der veränderten Muskelempfindung, daß das Gelände ansteigt.

d) Die Dämmerung

Ähnlich wie beim Nebel liegen auch die Verhältnisse, wenn die Dämmerung hereinbricht und sich schließlich zur vollen Finsternis der Nacht verdichtet. Die beiden Erscheinungen verbinden sich oft, denn grade die Zeit der Dämmerung ist es ja, zu der in besonderem Maß der Nebel aufzusteigen beginnt. Nur hat dieser aus der Dämmerung aufsteigende und im Dunkeln verschwindende Nebel einen ganz andern Charakter als der vom vollen hellen Licht durchflutete. Es ist nicht so sehr das Gefühl eines zehrenden Nichts, das gewissermaßen am Menschen saugt, so daß er glaubt, ins Leere fallen zu müssen, sondern im Gegenteil etwas gleichsam Stofflichkeit Annehmendes und bedrohlich auf ihn Eindringendes. Wo die Grenzen zwischen Wahrnehmung und Sinnentrug verschwimmen, entsteht eine nie zu fassende, ständig im Wandel befindliche, gespenstisch drohende Welt. Jeder im Halbdunkel verschwimmende Busch verwandelt sich in eine bedrohliche Gestalt. Überall lauert eine in ihrer Ungreifbarkeit stets gegenwärtige Gefahr, und ein Gefühl tiefer Verängstigung ergreift den Menschen.

In Goethes „Erlkönig" hat diese gespenstische Wirkung der Dämmerung ihren dichterischen Ausdruck gefunden.[358] Der „Nebelstreif", der in dürren Blättern säuselnde Wind, die grauen alten Weiden genügen, eine solche unheimliche und gefährliche Welt aufzubauen. Bei Goethe ist überhaupt diese bedrohliche Kraft der Dämmerung in verschiedenen Gedichten gut formuliert worden. So heißt es beispielsweise in den „Chinesisch-deutschen Jahres- und Tageszeiten":

> Dämmrung senkte sich von oben,
> schon ist alle Nähe fern ...
> Alles schwankt ins Ungewisse,
> Nebel schleichen in die Höh;
> schwarzvertiefte Finsternisse
> widerspiegelnd ruht der See.[359]

Wichtig ist hieran vor allem das Zusammenschrumpfen und zugleich das Abrükken der Umgebung zu einer „kleinen Welt": „Schon ist alle Nähe fern ..." Die nahe Umweltzone verengt sich um den Menschen, weil das bisher noch nahe Scheinende in die Ferne gerückt ist. Oder schärfer zugespitzt vielleicht noch in »Willkommen und Abschied":

---

[358] J.W. Goethe, Erlkönig. I 115f.
[359] J.W. Goethe, Chinesisch-deutsche Jahres- und Tageszeiten. II 53.

Schon stand im Nebelkleid die Eiche
ein aufgetürmter Riese, da,
wo Finsternis aus dem Gesträuche
mit hundert schwarzen Augen sah.[360]

Die „hundert schwarzen Augen" der Finsternis sind ein treffender Ausdruck dieser Unheimlichkeit, die aus der verdämmernden Welt über den Menschen herfällt. Er fühlt sich hilflos einem Blick ausgeliefert, der ihn zwar sieht, den er aber selber nirgends fixieren kann.

Die Nacht schuf tausend Ungeheuer,

so heißt es hier weiter. Es sind die Erzeugnisse der menschlichen Furcht.

Es darf allerdings nicht übersehen werden, daß diese selbe Dämmerung dem Menschen auch ganz anders und sehr viel weniger bedrohlich erscheinen kann. So spricht Matthias Claudius in dem bekannten Abendlied von „der Dämmrung Hülle", in der die Welt „so traulich und so hold" sei. Die Verkleinerung der Welt zu einem engeren Bereich durch den Fortfall der ferneren Zonen wird auch hier empfunden, aber in dem Maße, wie diese in der Dunkelheit verschwinden, verschwindet mit ihnen auch die feindlich drohende Welt, während der engere Umkreis jetzt, von keinen äußeren Mächten mehr bedroht, als eine bergende Hülle, gradezu als zum Menschen zugehörig empfunden wird. Es ist eine einschlafende Welt, die auch den Menschen zum Einschlafen einlädt.

Der Mensch kann also mit völlig entgegengesetzten Gefühlen auf diese Räume antworten. Es war zunächst das Gefühl des Unheimlichen, Beängstigenden, ja gradezu gespenstisch Bedrohlichen, das den Menschen bei Nebel und in der Dämmerung überfiel. Es sind die Räume der Furcht, in denen der Mensch in einem Gefühl der Unsicherheit und Verlorenheit gequält wird. Und doch konnte dieselbe Dämmerung etwas „Trauliches", den Menschen Umschließendes gewinnen. Und dieses Gefühl vollendet sich dann in der Nacht.

Wie aber ist es möglich, daß die gleichen oder doch höchstens gradweise verschiedenen Umstände eine so völlig entgegengesetzte Wirkung hervorbringen können? Das liegt offenbar an der verschiedenen Einstellung des Menschen. Wir waren beim Vorgang des Einschlafens darauf aufmerksam geworden, daß der Mensch sich fallen lassen muß, um in den Schlaf zu sinken, die wache Aufmerksamkeit des Tages gewissermaßen entlassend. So ergreift ihn zunächst die lähmende Angst, wenn ihm der Tagraum mit seiner Übersichtlichkeit und seinen darauf gegründeten Möglichkeiten vorsichtig sichernder Selbstbehauptung entgleitet. Der Mensch fühlt sich unsicher, und so entsteht das dargestellte Gefühl des Preisgegebenseins. Dunkelheit ist Fehlen des Lichts und damit Fehlen der Möglichkeiten eines zweckhaften Handelns in der Welt. Erst wenn der Mensch auf die Orientierung in der hellen Welt des Tages verzichtet und sich ungesichert der Dunkelheit anvertraut, kann sie sich in ihrem eignen Wesen entfalten. Und

[360] J.W. Goethe, Willkommen und Abschied. I 49.

dann erwachsen die tieferen Erfahrungen des den Menschen bergenden Nachtraums. Darum müssen wir uns diesem jetzt in seinem vollen Eigenwesen zuwenden.

4. Der Nachtraum

a) Der Gang durch die Nacht

Die Weise, wie sich der vertraute sichtbare Raum unter veränderten atmosphärischen Verhältnissen modifiziert, vollendet sich in der Nacht. Wenn wir jetzt die beiden Extreme einander gegenüberstellen, so hebt sich der dunkle Raum der Nacht von dem klaren und übersichtlichen, aber auch nüchternen und problemlosen Tagraum durch eine völlig veränderte Struktur ab. Ich meine damit nicht die abstrakte Konstruktion eines reinen Tast- und Hörraums, wie er in der Welt der Blinden verwirklicht sein mag, sondern die konkrete Erfahrung des Raums, wie er uns allen in der Nacht gegeben ist und wie wir sie im regelmäßigen Wechsel zum hellen Raum des Tages immer wieder machen. Vielleicht ist überhaupt nur ein Wesen, das die helle Welt des Tages kennt, imstande, den Eigencharakter des dunklen Raums voll zu erfassen.

Ich verdeutliche es, um ein anschauliches Bild zu haben, an einem Gang auf einer nächtlichen Landstraße. Auch dieser Raum bedeutet nicht das völlige Fehlen der Sichtbarkeit. So wie die Geräusche an mich herandringen, das Bellen der Hunde auf einem fernen Gehöft, die Schritte eines mir näher kommenden Menschen, so gibt es auch gewisse Restbestände der Sichtbarkeit, wenn ich mich auf der nächtlichen Straße bewege: etwa die Sterne über mir oder das verhangene Licht des Mondes hinter den Wolken, die Lichter einer entfernten Siedlung, ich erkenne auch den Weg ein paar Schritte vor mir, wie er sich vom dunkleren Gras daneben abhebt. In allem aber ist es nur eine vage Nahzone, die hier für mich erkennbar ist. Dahinter aber verschwindet die Welt in einer gleichmäßigen Finsternis. Selbst die wenigen Lichter, die zu mir durchdringen, haben keine bestimmte Entfernung. Darum fällt es schwer, beim nächtlichen Wandern abzuschätzen, wie weit ein auftauchendes Licht noch entfernt ist, wie weit man noch im Zustand der Ermüdung gehen muß.

Das bedingt zugleich meine veränderte Bewegung in der Dunkelheit. Weil ich diesen Raum nicht „übersehe“, habe ich in ihm nicht den Spielraum einer freien, selbstverständlichen Bewegung. Und wenn es gar so finster ist, daß man „die Hand nicht vor den Augen sieht“, kann man sich nur vorsichtig tastend in diesem Raum bewegen. Man muß jeden Augenblick fürchten, über eine Unebenheit des Bodens zu stolpern oder irgendwie schmerzhaft anzustoßen. Soweit man trotzdem noch frei ausschreitet, ist es durch das „blinde Vertrauen“ auf die solide Natur der Straße bedingt. Ebenso bewege ich mich auch im eignen Haus bei Dunkelheit mit verhältnismäßiger Freiheit, weil ich vom Tage her die Stellung aller Gegenstände kenne und mir die Bewegung zwischen ihnen zur eingeübten Gewohnheit geworden ist. Um so schreckhafter – und oft schmerzhafter – bin ich dann aber auch überrascht, wenn mir ein Gegenstand an einer Stelle, an die er nicht hingehört, in den Weg tritt und ich mich an ihm stoße. Sobald ich aber in einen unbekannten Raum trete, etwa ohne Weg im Walde, kann ich mich nur vorsichtig mit den Füßen vorantastend und mit den Händen sichernd voranbewegen und horche bei jedem unerwarteten Geräusch auf, wo es herkommt. Ich muß die Aufmerksamkeit überall anspannen, weil die normale „Vor-sicht", nämlich die Übersicht über den vor mir liegenden Raum fehlt.

Trotzdem wäre es verkehrt, den Nachtraum nur als eine Privation des Tagraums zu nehmen, nur durch den Fortfall der vollen Sichtbarkeit und der dadurch ermöglichten Lokalisierungen bedingt. Vielmehr hat der Nachtraum einen durchaus eignen Charakter, den es zu erkennen gilt.

b) Die Beschreibung bei Minkowski und Merleau-Ponty

Minkowski, den wir schon zur Kennzeichnung des Tagraums herangezogen hatten, hat diesen Nachtraum wohl als erster in seinem Eigenwesen herauszuarbeiten versucht. Wir halten uns zunächst an dessen Beobachtungen. Die Dunkelheit, die den Nachtraum bestimmt, ist nach Minkowski nicht einfach ein Fehlen des Lichts, sondern hat einen eignen, positiv zu bestimmenden Charakter. Sie ist „mehr stofflich" als die Helligkeit. Der Raum der Dunkelheit „dehnt sich nicht vor mir aus", wie der klar erkennbare Raum des Tages, „sondern berührt mich unmittelbar, er hüllt mich ein ... Er dringt in mich ein und durchdringt mich ganz und gar ... so daß man fast sagen könnte, daß ich durchlässig bin für die Dunkelheit, während ich es für das Licht nicht bin."[361]

Der Raum hat also nicht mehr den Charakter eines Spielraums, in dem ich mich in einem gewissen Umfang frei bewegen kann, sondern er schließt mich enger ein. Er liegt gleichsam unmittelbar auf meiner Körperoberfläche auf, „er berührt mich unmittelbar". Aber auf der andern Seite ist er auch nichts Fremdes. Ich fühle mich gradezu schützend aufgenommen von diesem Raum. „Er dringt in mich ein und durchdringt mich ganz und gar." Das Ich vermengt sich so mit der Finsternis. Der Mensch verschmilzt mit seinem Raum.

Und damit verbindet sich der zweite Zug. Im Unterschied zur nüchternen Klarheit des hellen Raums ist dieser dunkle „undurchsichtig" und dadurch voller Geheimnisse. „Alles ist dunkel und geheimnisvoll in dem schwarzen Raum."[362] Man fühlt die Gegenwart des Unbekannten. So ist die Dunkelheit keinesfalls ein absolutes Nichts, im Gegenteil, sie ist voller Überraschungen und Geheimnisse. Ein Licht, ein Schimmer kann die Dunkelheit durchdringen, ein Rauschen kann

---

361 E. Minkowski, Le temps vécu. S. 393.
362 S. 394.

sich erheben, wie sie sich ganz mit diesen Schemen und Geräuschen erfüllen, so erfüllen sie auch mich.

Es gibt in diesem Raum keinen Abstand, keine Ausdehnung im eigentlichen Sinn, und doch hat er eine eigentümliche Tiefe. Aber diese Tiefe ist anders als die Tiefendimension des Tagesraums, denn sie verbindet sich nicht mit der Höhe und Breite, sondern die – sich aller Quantifizierung entziehende – Tiefe ist die einzige Dimension dieses Raums. Es ist eine dunkle und unbegrenzte Umhüllung, in der alle Richtungen gleich sind. Und während der helle Raum des Tages (nach Minkowski) von Anfang an ein gemeinsamer Raum ist, bleibt der Mensch in diesem dunklen Raum allein. Der Blick als das Mittel stillschweigenden Einverständnisses, das Lächeln als Zeichen der Verbundenheit fällt fort. Die Nacht zeigt nicht, sie kann nur reden oder schweigen.

Minkowski entwickelt seine Ergebnisse über den dunklen Raum zunächst an der Welt der Geisteskranken. Die Schizophrenen haben nach seiner Auffassung überhaupt nur einen solchen dunklen Raum. Aber diesen Nachtraum gibt es auch in der Welt der Gesunden, nur daß er hier zu der einen Form des Raums geworden ist, die mit der andern Form des hellen Raums im rhythmischen Wechsel steht. Damit ergibt sich die Frage nach dem gegenseitigen Verhältnis von Tag- und Nachtraum. Minkowski geht dabei von der Überlegung aus, daß ich, während ich in meinem Zimmer sitze, doch weiß, daß der Raum jenseits der Zimmerwände weitergeht. Diesen vom Zimmer aus nicht sichtbaren Raum setzt Minkowski nun mit dem Nachtraum gleich, der sich gewissermaßen hinter die Grenzen des erhellten Bezirks zurückgezogen hat. Der helle Raum, so sieht er es an, ist vom dunklen Raum umschlossen, der dunkle liegt hinter dem hellen Raum. Wenn es vielleicht auch nicht ganz überzeugend ist, den jenseits der Grenzen des Sichtbaren unbestimmt mitgegebenen Raum mit dem ganz konkret gefühlten dunklen Raum gleichzusetzen, so ist damit doch sicher richtig getroffen, daß man das Verhältnis zwischen beiden Räumen nicht so sehr im Sinne einer symmetrischen Entsprechung auffassen kann, sondern der dunkle Raum bildet in irgendeiner unbestimmten und noch schwer zu fassenden Weise den Grund, aus dem sich der Tagraum entfalten kann (wenn auch die Erfassung beim hellen Raum einsetzen muß).

Die Frage des Vorrangs des Nachtraums vor dem Tagraum hat Merleau-Ponty dann in seiner „Phénoménologie de la Perception“ in unmittelbarem Anschluß an Minkowski aufgenommen. Er schildert hier den Übergang von der Welt des Tages zu der der Nacht folgendermaßen: „Wenn die Welt der klaren und bestimmten Gegenstände weggenommen ist, zeichnet unser von seiner Welt abgeschnittenes wahrnehmendes Ich eine Räumlichkeit ohne Dinge. Das geschieht in der Nacht. Sie ist nicht ein Gegenstand vor mir, sondern sie hüllt mich ein, sie dringt durch alle meine Sinne, sie erstickt meine Erinnerungen, sie löscht fast meine persönliche Identität aus. Ich bin nicht mehr auf meinen Wahrnehmungsposten beschränkt, um von da aus die Umrisse der Gegenstände im Abstand an mir vorüberziehen zu lassen. Die Nacht ist ohne Umrisse. Sie berührt mich unmittelbar, und ihre Einheit (mit mir) ist die mystische Einheit des mana. Selbst Schreie oder ein fernes Licht bevölkern sie nur in einer vagen Weise. Sie ist als ein Ganzes belebt. Sie ist eine reine Tiefe ohne Schichten, ohne Oberflächen, ohne Abstand."[363]

Das geht auf der einen Seite ganz mit Minkowski zusammen, der ja teilweise nur referiert wird. Um so wichtiger ist dann die Richtung, in der er den schon bei Minkowski angesetzten Gedanken weiterführt. Dahin gehört vor allem, wie er den Begriff des mana aufnimmt, um die mystische Teilhabe an der Nacht zu kennzeichnen. Es sind „prälogische" Denkformen, die im nächtlichen Raum auftauchen, und insofern hatten dann die Romantiker durchaus recht, wenn sie sich in der Nacht den Ursprüngen des Lebens näher fühlten. Die weitgehende Auslöschung der persönlichen Identität ist dann nur die notwendige Folge der Aufhebung der Spaltung zwischen Subjekt und Objekt. Diesem urtümlichen Lebensgefühl entspricht es dann auch, daß animistische Denkformen hier wieder auftauchen, und deren Auswirkung ist es nur, was uns heute als Gespensterglaube und Gespensterfurcht entgegentritt.

Noch deutlicher wird diese Veränderung der Räumlichkeit im Schlaf und im Traum; denn wenn sich der Mensch als Wachender im nächtlichen Raum befindet, dann erscheint ihm die „Räumlichkeit ohne Dinge" zunächst als etwas Beängstigendes, als ein Fehlen des gewohnten Halts in den Dingen, und er wird demgegenüber zunächst noch die angespannte Aufmerksamkeit des Tages aufrechterhalten, bis es ihm gelingt, diese mystische Einheit zu finden, in der sich der nächtliche Raum von innen her belebt. Im Schlaf dagegen hat der Mensch endgültig die Ebene des bewußten Denkens aufgegeben und sich ganz den tieferen Untergründen seines Lebens ausgeliefert. Hier erst vollendet sich die Erfahrung des Nachtraums. „Im Schlaf", so betont Merleau-Ponty, „kehre ich zurück zu den subjektiven Quellen meiner Existenz, und die Bilder des Traums entschleiern mir noch besser die allgemeine Räumlichkeit, in die der helle Raum und die beobachtbaren Gegenstände eingelassen sind."[363] Er spricht in diesem Zusammenhang von einer „ursprünglichen Räumlichkeit" (spatialité orginaire),[364] wie sie auch in den mythischen und pathologischen Raumerfahrungen zugänglich ist. „Ursprüngliche Räumlichkeit" meint hier nicht, wie es die mißverständliche Wendung von einer „Räumlichkeit ohne Dinge" nahelegen könnte, so etwas wie eine apriorische Raumstruktur, die vor aller einzelnen Wahrnehmung im Subjekt angelegt sei, sondern die Form der Räumlichkeit, die einem ursprünglichen Zustand des menschlichen Subjekts entspricht und aus der sich dann erst die andern Modifikationen der Räumlichkeit entwickeln.

363 M. Merleau-Ponty, Phénoménologie de la perception. Paris 1945. S. 328.
364 S. 334.

4. Der gestimmte Raum

1. Das Gefühl der Enge und Weite

Bei der Betrachtung des verdämmernden und des nächtlichen Raums war deutlich geworden, daß der Raum mehr ist als das immer gleiche Feld gegenständlicher Erkenntnis und zweckhaften Handelns, daß er vielmehr aufs engste mit der Gefühls- und Willensseite, überhaupt mit der gesamten seelischen Verfassung des Menschen zusammenhängt. Schon Lewin hatte in seinem Problembereich darauf aufmerksam gemacht, daß der hodologische Raum nicht nur von den äußeren Gegebenheiten des Geländes, sondern auch vom seelischen Zustand der Person abhängt. Das gilt zugleich in einem allgemeineren Sinn vom erlebten Raum überhaupt.

Wir knüpfen dazu noch einmal an die früheren Überlegungen über die Enge und Weite des Raums an. Wir hatten diese vom Spielraum des menschlichen Lebens her zu verstehen versucht: Eng ist, was die Entfaltung des Lebens behindert, weit ist, was diesem einen hinreichenden Entfaltungsbereich freigibt. Wir sahen aber gleich, daß sich, was weit und was eng ist, niemals an einem objektiven und allgemeingültigen Maßstab feststellen läßt. Was dem einen als weit erscheint, das empfindet der andre als eben noch ausreichend oder sogar schon als beengend. Wo der eine sich zur Arbeit in eine enge Klause zurückzieht, da braucht der andre einen ganzen Saal, um sich entfalten zu können. Wo der eine die Aussicht aus dem Fenster liebt und seinen Schreibtisch nahe ans Fenster rückt, damit sein Blick zwischendurch sinnend in die Ferne schweifen kann, da wendet der andre ihn vom Fenster weg, weil für ihn nur der geschlossene Raum eine hinreichende Sammlung ermöglicht. Aber auch beim gleichen Menschen ändert sich sein Raumbedürfnis nach seiner seelischen Verfassung und nach seinen jeweiligen Bedürfnissen. Im Zustand tiefer Traurigkeit verkriecht er sich in die Enge der Höhle, im freudig gehobenen Zustand braucht er umgekehrt den Entfaltungsraum einer frei sich öffnenden Weite. So erklärt etwa Bachelard bei der Analyse der Wohnfunktionen: „Die beiden äußersten Wirklichkeiten der Hütte und des Schlosses umreißen ... unsere Bedürfnisse nach Zurückgezogenheit und nach Ausbreitung ... Um gut schlafen zu können, darf man nicht in einem großen Zimmer schlafen. Um gut arbeiten zu können, darf man nicht in einem engen Schlupfwinkel arbeiten.“[365] Und bei andern ist es vielleicht wieder anders.

Umgekehrt wirkt auch der Charakter des den Menschen umgebenden Raums auf seine Gemütsverfassung zurück. Wir haben also eine doppelseitige Beeinflussung: die seelische Verfassung des Menschen bestimmt den Charakter des umgebenden Raums, und umgekehrt wirkt der Raum dann zurück auf seinen seelischen Zustand. Jeder konkrete Raum, in dem der Mensch sich befindet, ob

---

[365] G. Bachelard, S. 95.

Innenraum oder Außenraum, hat als solcher schon einen bestimmten Stimmungscharakter, hat seine sozusagen menschlichen Qualitäten, und diese bedingen dann wieder unter anderem als die einfachsten Bestimmungen die Erfahrungen der Enge und der Weite eines bestimmten Raums.

2. Der Begriff des gestimmten Raums

Wir übernehmen zur Kennzeichnung dieser Verhältnisse am besten den erstmals von Binswanger eingeführten Begriff des gestimmten Raums,[366] wenn wir auch zur Vermeidung von Mißverständnissen hinzufügen müssen, daß der gestimmte Raum kein Raum neben möglichen andern Räumen ist, sondern nicht anders als vorher der hodologische Raum und der Handlungsraum, ein Aspekt, unter dem wir den Raum betrachten. Die Gestimmtheit ist ein Wesenszug schlechthin jedes Raums, wenn sie auch im einen Fall stärker und im andern Fall schwächer in Erscheinung treten mag. Weniger mißverständlich könnte man vielleicht sagen, daß man den Raum im Hinblick auf seinen Stimmungscharakter betrachtet.

Die Stimmung, so wie sie Heidegger seinerzeit als philosophischen Grundbegriff eingeführt hat[367] und wie ich sie sodann auf demselben Boden weiter in die Breite zu entfalten versucht habe,[368] erweist sich dadurch als ein geeigneter Ausgangspunkt, daß sie noch vor der Ausbildung einer Scheidung von Objekt und Subjekt liegt. Die Stimmung ist selber nichts Subjektives „im" Menschen und nichts Objektives, was „draußen" in seiner Umgebung vorfindbar wäre, sondern sie betrifft den Menschen in seiner noch ungeteilten Einheit mit seiner Umwelt. Eben darum aber wird die Stimmung zum Schlüsselphänomen für das Verständnis des erlebten Raums.

Wichtig ist dabei immer wieder die Doppelseitigkeit. Der Raum hat seine bestimmte Stimmung, sowohl als Innenraum wie auch als Landschaft. Er kann heiter, leicht, düster, nüchtern, feierlich usw. sein, und dieser Stimmungscharakter überträgt sich dann auf den darin weilenden Menschen. Insbesondre sind es die atmosphärischen Verhältnisse, die als heiter, strahlend, drückend usw. auf den Menschen einwirken. Und ebenso ist der Mensch selber von innen her von einer bestimmten Stimmung durchwaltet, und ist geneigt, diese dann auch auf den umgebenden Raum zu übertragen, wobei der Begriff des Übertragens nur in einem behelfsmäßigen Sinn zur vorläufigen Verdeutlichung dieser unmittelbaren Zusammengehörigkeit und Übereinstimmung gebraucht werden darf. Man spricht eben so sehr von einer Stimmung des menschlichen Gemüts wie von der Stimmung einer Landschaft oder eines geschlossenen Innenraums, und beides

---

366 L. Binswanger, Das Raumproblem in der Psychopathologie, in: Ausgewählte Vorträge und Aufsätze. 2. Bd. Bern 1955. S. 174ff. Darin: Der gestimmte Raum. S. 195ff.

367 M. Heidegger, Sein und Zeit. S. 134ff.

368 O.F. Bollnow, Das Wesen der Stimmungen. 3. Aufl. Frankfurt a.M. 1956.

sind streng genommen nur zwei Aspekte des einen einheitlichen Durchstimmtseins.

Ich versuche zunächst noch ganz locker einige Beiträge zu dieser Fragestellung zu sammeln.

3. Die sinnlich-sittliche Wirkung der Farbe

Ich brauche mich nicht dabei aufzuhalten, den Einfluß der atmosphärischen Verhältnisse auf das Erlebnis des Raums im einzelnen zu verfolgen; denn diese Zusammenhänge sind jedem aus eigner Anschauung unmittelbar gegenwärtig. Schon die einfachste räumliche Bestimmung, schon die bloße Entfernung, in der uns die Dinge im Raum erscheinen, wechselt mit den Witterungsverhältnissen. An klaren Abenden, nach vorhergegangenen Regenfällen oder besser noch bei einem bevorstehenden Regen, rücken die entfernten Berge und Häuser sehr viel näher heran. Sie liegen plötzlich „zum Greifen nahe" und gewinnen zugleich einen sehr viel größeren Grad an Plastizität. Man kann bekanntlich diese Erscheinung zur Wettervorhersage benutzen: Es ist immer ein schlechtes Vorzeichen, wenn die fernen Gegenstände zu nahe sind. Im Dunst wiederum, besonders gegen die Sonne gesehen, werden die Dinge dagegen fortgerückt. Die Berge treten immer mehr zurück und verschwinden schließlich ganz im Dunst der Atmosphäre, sie sind einfach nicht mehr vorhanden. An all das brauchte hier nur eben kurz erinnert zu werden, um den Einfluß der Witterungsbedingungen auf die Erfahrung des Raums deutlich zu machen.

Hierhin gehört weiter, daß auch die Farben den Raum enger und weiter machen. Helle Farben machen den Raum nicht nur lichter, sondern auch weiter, dunkle Farben wiederum verengen ihn. Eine schwarze Decke hat etwas Lastendes, gradezu Bedrückendes, sie kann aber zugleich den Charakter der Geschlossenheit und anheimelnden Wärme geben. Das gilt zugleich auch von den einzelnen Farbqualitäten. Schon Goethe ist dieser Wirkung unter dem Titel der „sinnlich-sittlichen Wirkung der Farbe" sorgfältig nachgegangen. „Die Erfahrung lehrt uns", so schreibt er, „daß die einzelnen Farben besondre Gemütsstimmungen geben."[369] Wir verdeutlichen daher diesen Zusammenhang am besten an seinen eignen Beobachtungen, wobei wir uns auf das rein Phänomenale zu beschränken versuchen und die Goethesche Farbenlehre möglichst beiseite lassen.

Die gelbe Farbe, so betont Goethe, „besitzt eine heitere, muntere, sanft reizende Eigenschaft ... So ist es der Erfahrung gemäß, daß das Gelbe einen durchaus warmen und behaglichen Eindruck mache ... Diesen erwärmenden Effekt kann man am lebhaftesten bemerken, wenn man durch ein gelbes Glas, besonders in grauen Wintertagen, eine Landschaft ansieht. Das Auge wird erfreut, das

---

369 J.W. Goethe, Farbenlehre. XVI 207ff.

Herz ausgedehnt, das Gemüt erheitert, eine unmittelbare Wärme scheint uns anzuwehen". Die anregende Wirkung des Gelben steigert sich, je mehr die Farbe sich zum Roten hin wandelt. Mochte das Rotgelbe (in der Goetheschen Ausdrucksweise) noch ein „angenehmes, heiteres Gefühl", das „Gefühl von Wärme und Wonne" geben, so steigert sich im Gelbroten (etwa dem Zinnoberfarbenen) die Wirkung bis zum „unerträglich Gewaltsamen". „Die aktive Seite ist hier in ihrer höchsten Energie ... Man darf eine vollkommen gelbrote Fläche starr ansehen, so scheint sich die Farbe wirklich ins Organ zu bohren." Dieses gelbliche Rot ist also die aktivste Farbe; sie rückt am stärksten auf den Menschen zu, sie verengt seinen Raum, aber sie wirkt zugleich aufreizend. Wir werden diese Kennzeichnung vielleicht, etwas abweichend von Goethe, auch auf das Rot selber übertragen können, denn was dieser unter Rot beschreibt, meint einen speziellen purpurnen, „ernst und prächtig" wirkenden Farbton, dessen Sonderstellung nur im Rahmen der Goetheschen Farbenlehre zu verstehen ist.

Blau hat dagegen ganz die entgegengesetzte Wirkung. Während das Gelbrote auf uns eindringt und so unsern Raum verengt, scheint das Blaue vor uns zurückzuweichen. Wir „sehen das Blaue gern an, nicht weil es auf uns dringt, sondern weil es uns nach sich zieht." Das Blau als die Farbe des hohen Himmels und der fernen Berge weitet also um uns den Raum. Aber auf der andern Seite gibt es uns auch „ein Gefühl von Kälte, so wie es uns auch an Schatten erinnert." Das zeigt sich auch, wo das Blau als Farbe des Innenraums auftritt. Goethe bemerkt hier: „Zimmer, die rein blau austapeziert sind, erscheinen gewissermaßen weit, aber eigentlich leer und kalt." So zeigt sich also, wenn wir den besonderen räumlichen Gesichtspunkt zusammenfassen, im gelblichen Rot eine aktive, auf den Menschen eindringende, ihn zwar belebende, aber seinen Raum beengende Wirkung, im Blau dagegen eine zurückweichende, den Raum zwar erweiternde, aber zugleich entleerende, erstarren lassende Wirkung.

Grün dagegen ist die ausgezeichnete Farbe, in der sich die entgegengesetzten Wirkungen ausgleichen und die darum weder beengend noch erweiternd, sondern in ihrer Neutralität in sich ruhend ist. Sie wird daher als besonders beruhigend gepriesen und für menschliche Wohnräume bevorzugt. „Unser Auge findet in derselben eine reale Befriedigung. Wenn beide Mutterfarben sich in der Mischung genau das Gleichgewicht halten ... so ruht das Auge und das Gemüt auf diesem Gemischten wie auf einem Einfachen. Man will nicht weiter und kann nicht weiter. Deswegen für Zimmer, in denen man sich immer befindet, die grüne Farbe zur Tapete meist gewählt wird."

Dabei ist es im Anschluß an Goethe zu erwähnen, daß diese „sinnlich-sittliche Wirkung" den Farben nicht erst durch eine Assoziation zukommt, daß das Rotgelbe darum als warm erscheint, weil es an die Flamme und den warmen Sonnenschein erinnert, das Blaue dagegen kalt scheint, weil es an kühlen Schatten und frostiges Eis denken läßt. Es sind vielmehr (wenn auch bei Goethe die beiden Gesichtspunkte ineinander gehen) Qualitäten, die schon als solche, rein phänomenal den Farben zukommen und die man darum am reinsten in ihrer durchgehenden Gestimmtheit erfährt, wenn man sie losgelöst von einem besonderen Gegenstand, etwa im Anstrich eines Zimmers, auf sich wirken läßt oder besser noch, in dem von Goethe gern gewählten Veranschaulichungsmittel, wenn man die Umwelt durch ein farbiges Glas betrachtet.

4. Innenräume

Was hier von der Wirkung der Farben gesagt wurde, vor allem wo sie als atmosphärischer Gesamtcharakter die Wirkung unsrer Umwelt bestimmen, das gilt in einer differenzierenden Weise von jedem uns umgebenden Raum: Jeder hat seinen eigentümlichen Stimmungscharakter, der sich uns aufdrängt und der unser Gemüt ergreift, so daß es sich in dieser Stimmung selber mit einstimmt. Wir halten uns zunächst an einige Beispiele von solchen Innenräumen, die von ihren Erbauern bewußt auf diese Stimmungswirkung hin erbaut sind. Wenn wir auch nur einen ganz flüchtigen Blick in die Kunstgeschichte werfen, so drängen sich uns die verschiedensten Möglichkeiten auf.

Das Dämmrige eines Kirchenraums stimmt den Menschen feierlich, auch wenn im Augenblick gar kein Gottesdienst darin abgehalten wird. Es ist der Eigencharakter des Raums selbst, der sich darin auswirkt. Ganz anders sind dagegen die reformierten Kirchenbauten des 18. Jahrhunderts, die bewußt eine aufgeklärt helle und zugleich nüchterne Stimmung hervorbringen wollen. Sie wollten den Besucher zur klaren Aufnahme der Belehrung stimmen, nicht mehr zur Teilnahme an einem sakralen Geschehen.

Man kann die ganze Architekturgeschichte betrachten im Hinblick auf den verschiedenen Stimmungsgehalt der in ihr gestalteten Innenräume. Die frühen Basiliken mit ihren dunklen geschlossenen Wänden und den mit Kerzen dämmernd beleuchteten Goldmosaiken vermitteln den Eindruck einer getragenen, dunklen und geheimnisvollen Feierlichkeit. Und ganz anders sind die freien, gotischen Kirchenbauten, wo die Mauern fast ganz in ein Gerüstsystem aufgelöst sind und durch die großen Fenster eine Fülle farbigen Lichts hereinströmt. Sedlmayr hat diesen typischen Stimmungsgehalt der gotischen Kathedrale in den Mittelpunkt seines Buchs gestellt[370] und als den auf die Erde niedergesenkten Himmel gedeutet. Wie dem auch sei, auf jeden Fall ist hier gegenüber dem schwer und düster lastenden Gewölbe eine ganz andre Leichtigkeit und Weite und Freiheit. Die Seele weitet sich in diesem Raum und wird hineingezogen in die große, aufwärts führende Bewegung.

Wieder ganz anders ist die schwebende Leichtigkeit vieler spätbarocker Kirchenbauten, die so jubilierend in ihrer Helligkeit sind, daß sie heute von vielen überhaupt nicht mehr als Sakralraum empfunden werden, was sie aus dem Geist ihrer Zeit heraus doch zweifellos sind. Auch hier herrscht die Weite der Unend-

[370] H. Sedlmayr, Die Entstehung der Kathedrale. Zürich 1950.

lichkeit, die den Menschen ergreift, aber es ist nicht mehr so sehr die Bewegung, die ihn in die Höhe über sich selbst hinaus und weg von hier fortreißt, sondern eine andre Bewegung, die ihn schon hier ganz erfüllt, indem sie ihn zu einer singenden und schwebenden Leichtigkeit stimmt, die ihn als etwas Festliches überkommt.

Auf einige dieser Beispiele werden wir noch in anderm Zusammenhang zurückkommen. An dieser Stelle sollten sie nur eben angedeutet werden, um die Vielfalt der sich hier eröffnenden Möglichkeiten sichtbar werden zu lassen.

5. Der beengende Raum des bangenden Herzens

Solche Wirkungen gehen nicht nur von den bewußt gestalteten Innenräumen aus, sondern eben so sehr auch von dem Raum der „freien" Landschaft. Wie die dunklen Gewölbe, so haben auch die schwarzen Regenwolken etwas Niederdrückendes und Lastendes, selbst wenn sie „in Wirklichkeit" dem Menschen einen hinreichenden Spielraum lassen. Sie werfen den Menschen auf sich selbst zurück und wenden ihn nach innen. Nie hätte z.B. der „Taugenichts" Eichendorffs seine Mühle an einem trüben Regentag verlassen, und nicht etwa nur darum, weil das Wandern bei Regen beschwerlicher wäre, sondern weil überhaupt nur der Sonnenschein in die Ferne lockt, während die trüben Wolken die Welt um den Menschen sehr viel enger zusammenziehen.[371]

Das gilt in der schon hervorgehobenen Wechselwirkung, ja der unteilbaren Einheit von innen und außen nicht nur als Wirkung der Welt auf den Menschen, sondern auch vom Menschen her gesehen. Um den Gequälten zieht sich der Raum zusammen, und alles wird ihm eng, so daß er schmerzhaft überall anstößt. Schon der zur Erde gesenkte Blick läßt den Horizont gar nicht erst sichtbar werden und schränkt den Menschen auf ein sehr enges Stück Raum ein.

Binswanger führt in diesem Zusammenhang ein sehr treffendes Zeugnis aus Goethe an, in dem dieser ausruft:

> O Gott, wie schränkt sich Welt und Himmel ein,
> wenn unser Herz in seinen Schranken banget.[372]

Die Angst, die ja schon dem ursprünglichen Wortsinn nach die beklemmende Enge des Herzens bezeichnet, verengt zugleich die ganze Welt um uns herum, verengt unsern Spielraum in der Welt. Und Binswanger fügt hinzu, indem er an diesem einen Beispiel zugleich das Wesen des gestimmten Raums überhaupt erläutert: „Keineswegs schwebt Goethe bei dieser Wie-wenn-Beziehung ein kausales Verhältnis vor, als ob etwa das Bangen des Herzens die Ursache davon

---

[371] Einige Überschneidungen mit den früheren Büchern „Das Wesen der Stimmungen" und „Neue Geborgenheit" waren nicht zu vermeiden, weil das dort Entwickelte unter verändertem Gesichtspunkt noch einmal wichtig wurde.

[372] J.W. Goethe, Die natürliche Tochter. VI 375.

wäre, daß Welt und Himmel sich einschränken ... In diesem Wesensverhältnis von Ich-Gestimmtheit ... und Welträumlichkeit ist nichts das genetisch Primäre oder das genetisch Sekundäre, nichts Ursache oder Wirkung, Bedingung oder Bedingtes, Induzierendes oder Induziertes, ja nicht einmal Grund oder Folge, vielmehr besteht eben gerade das, was wir Bangen des Herzens nennen, auch in einer Einschränkung von Welt und Himmel und besteht umgekehrt die Einschränkung von Welt und Himmel im Bangen unseres Herzens."[373] Binswanger fügt, indem er den Zusammenhang im Sinn unsrer Fragestellung ausdrücklich terminologisch fixiert, hinzu: „Diese ontisch-genetischen Zusammenhänge sind aber nur möglich auf Grund des phänomenologischen Wesensverhältnisses, das wir mit dem Titel gestimmter Raum belegen."[374]

In eine ähnliche Richtung führen die Beobachtungen, die H. Tellenbach über „die Räumlichkeit des Melancholischen" gemacht hat. An der von ihm beschriebenen Veränderung des erlebten Raums fällt vor allem der Verlust der räumlichen Tiefendimension auf. Die Umwelt erscheint in diesen krankhaft gesteigerten Zuständen rein flächenhaft, ohne Gliederung in die Tiefe und darum ohne Plastizität. „Es war alles eine einzige Fläche",[375] „alles ist wie eine Wand, alles ist flach",[376] so lauten die typisch wiederkehrenden Aussagen in diesem Zustand. Damit verbindet sich häufig der Eindruck, als seien die Dinge in die Ferne weggerückt. „Alles ist so weit weg von mir", heißt es einmal, „ich sehe alles so weit weg, als wenn's in einem anderen Dorf wäre".[376] Tellenbach versteht diesen Zustand im Rahmen der Heideggerschen Daseinsanalyse als den Verlust der wesensmäßig zum Menschen gehörigen „Tendenz auf Nähe": „Der Melancholische hat die Nähe im Sinne von Eingeräumtheit des Zeugs verloren."[377] „Das Weltbild der Kranken besteht aus namenlosen Hintergründen."[378] Das schließt zugleich die Entleerung von aller gefühlsmäßigen Teilnahme an den Menschen und Dingen der Umgebung ein. „Das alles war leer und öde",[379] wobei es im Sinne des gestimmten Raums bezeichnend ist, daß dieser Zustand der Öde Inneres und Äußeres gemeinsam durchzieht. Tellenbach betont, „wie die innere Verarmung zur Leere und die Verarmung der Welt zur Leere korrespondieren, wie sich der entleerte Raum in die innere Leere fortsetzt."[380] So entsteht ein Gefühl weltloser Verlorenheit, das wir am besten mit dem Zeugnis eines der Kranken verdeutlichen: „Man hat alle Zusammenhänge verloren. Man ist oder fühlt sich wie ein einzelner kleiner Stein verloren in endloses Grau zerfließender

---

373 L. Binswanger, S. 200.

374 S. 201.

375 H. Tellenbach, Die Räumlichkeit des Melancholischen. Der Nervenarzt. 27. Jahrg. 1956. S. 12ff. und S. 289ff., S. 13.

376 S. 14.

377 S. 292.

378 S. 291.

379 S. 13.

380 S. 16.

Landschaft. Das Gefühl der Kleinheit, Unsicherheit und Verlorenheit kann so groß werden, daß man etwas wie ein Weltraumgefühl hat, in dem man selbst ein preisgegebener Punkt ist, wie ein letztes dürres umhergetriebenes Blatt in einer herbstlich erstorbenen Welt.“[381]

In diesem Zusammenhang wird auch eine Beobachtung aus dem niedergehenden römischen Imperium verständlich, auf die Jakob Burckhardt in seiner „Zeit Constantins des Großen“ hinweist: „Es kam den Leuten im römischen Reiche vor, als begännen die Flüsse seichter zu werden und die Berge niedriger; auf dem Meere sah man den Ätna nicht mehr aus so weiter Ferne wie früher, und von Parnaß und Olymp verlautete dasselbe. Emsigere Naturbeobachter meinten sogar, der Kosmos sei überhaupt im Niedergang begriffen.“[382] Auch diese Beobachtung dürfte auf der für den gestimmten Raum bezeichnenden Einheit von Seele und Welt beruhen. „Das Gefühl, daß alles, was jetzt geschehe, klein sei im Verhältnis zu einer immer glanzvoller ausgemalten Vorzeit“,[383] das Bewußtsein der eignen Bedeutungslosigkeit, das die damals lebenden Menschen ergriffen hatte, wirkte sich unmittelbar darin aus, daß sie auch in der Natur außer sich alles klein sahen. Der Flachheit des Herzens entspricht die Flachheit der ihnen zugeordneten Welt.

6. Der euphorische Raum

Was hier von der Seite der Bedrückung entwickelt wurde, gilt in genau der entsprechenden Weise auch von der entgegengesetzten Stimmung. Der heitere Himmel verändert mit seinem Eindruck verlockender Weite zugleich den ganzen inneren Zustand des Menschen. Er schließt ihn auf, er wendet ihn nach draußen, und schon die Bewegungen gewinnen einen neuen Charakter des in den Raum hinein Ausgreifenden. Aber auch hier gilt dieselbe Umkehrbarkeit der Beziehung. Wenn der Mensch in der fröhlichen Gestimmtheit die Augen wieder vom Boden erhebt, dann weitet sich für ihn der Raum. Das Kraftbewußtsein des freudig erfüllten Zustands drängt über sich selbst hinaus und umspannt eine viel größere Weite.

Binswanger hat den Zusammenhang von gehobener Stimmung und der ihr entsprechenden Form der menschlichen Räumlichkeit in seiner Arbeit „Über Ideenflucht“[384] zunächst im psychopathologischen Bereich entwickelt, aber was er hier in extrem gesteigerter Form am ideenflüchtigen Kranken bei der Analyse konkreter medizinischer Fälle im einzelnen herausarbeitet, ist zum großen Teil von diesem besonderen Ausgangspunkt unabhängig und gilt in einer umfassen-

---

381 S. 290f.

382 J. Burckhardt, Die Zeit Constantins des Großen. Gesammelte Werke. Bd. I. Darmstadt 1955. S. 198.

383 S. 195.

384 L. Binswanger, Über Ideenflucht. Zürich 1933.

den Weise vom Optimisten überhaupt, ja noch allgemeiner von jedem Menschen in einer wenn auch nur vorübergehenden freudigen Gestimmtheit. Ausgehend zunächst vom Fall einer bestimmten Kranken bezeichnet er ihre Bewegungsform, im Leiblichen wie auch im Geistigen, als „springen". Er betont hier: „Eine bestimmte Art des Springens ... rührt daher, daß für die Kranke alles, Gedanken, Menschen, Dinge ‚im Raum' näher gerückt sind, so daß sie alles viel leichter ‚bei der Hand hat'. Ihr Lebensraum, ihre Welt ist eine andere geworden, und aus dieser Veränderung ihrer Welt ist die Veränderung ihres Verhaltens, ist ihr Verhalten selbst zu verstehen."[385] Der räumliche Charakter dieser Veränderung, die leichtere Verfügbarkeit über die näher gerückten Dinge, ist unmittelbar deutlich ausgesprochen.

Was hier am pathologischen Fall deutlich geworden ist, bewährt sich dann allgemein an der Welt des Optimisten. Ich hebe aus der allgemeinen Kennzeichnung, die Binswanger vom Stimmungscharakter dieser optimistischen Welt gibt, nur die Sätze heraus, die für die ihm zugeordnete Raumstruktur bedeutsam sind. „Die Sprache", so faßt Binswanger zusammen, „bezeichnet die Welt des Optimisten als rosig oder als wolkenlos, das heißt jedenfalls als licht, leuchtend oder hell. Da der Optimist ‚keine Schwierigkeiten kennt', wird auch seine Welt als leicht bezeichnet; da er sich nicht an ihr reibt und aufreibt, ist sie offenbar glatt; da er ‚leicht durchs Leben geht' ist sie überdies eben; da er ‚keine Hindernisse kennt' räumlich geweitet oder weit, da er ‚stets einen Ausweg sieht' gelichtet, da er auch auf einem harten Lager sich ‚wie auf Rosen gebettet' fühlt, weich, da er ‚das Unmögliche möglich macht' ist sie plastisch oder bildsam, ... da er von den Menschen ‚nur das Beste denkt' ist sie, als Mit-Welt, gut."[386] In dieser Schilderung der heiteren Welt des Optimisten fallen außer den Bestimmungen, die sich unmittelbar auf den räumlichen Charakter der Weite beziehen, noch andre Bezeichnungen auf, wie leicht, glatt, eben, weich, bildsam, die indirekt zur Kennzeichnung des Räumlichen mit beitragen, indem sie als Weichheit, Bildsamkeit usw. die Leichtigkeit der Bewegung in diesem Raum kennzeichnen, der eben zurückweicht, „Raum gibt", wenn der Mensch in ihn einzudringen versucht.

Das wird bei Binswanger im folgenden Absatz noch deutlicher hervorgehoben (und das ist die Stelle, derentwegen ich vor allem diesen ganzen Gedankengang hier hineingenommen habe): „Wir täuschen uns also, wenn wir glauben, die Behauptung ‚eng ist die Welt' und ‚hart im Räume stoßen sich die Sachen' habe Anspruch auf allgemeine Gültigkeit. Die Welt des Optimisten ist nicht eng, sondern weit; deswegen stoßen sich die Sachen hier nicht hart, sondern sie berühren sich weich und glatt, auch stößt ‚man' sich nicht an ihnen als an etwas Hartem, vielmehr weichen sie vor einem zurück und ‚geben sie Raum', so daß man ‚fast unberührt' und jedenfalls unverletzt durch sie hindurchgeht. Diese Verwandlungsfähigkeit, Wandelbarkeit, Zerfließbarkeit und Flüchtigkeit der Welt des

385 S. 19.
386 S. 58.

Optimisten, mit einem Wort, ihre Volatilität, ist der Wesensgrund davon, daß sie ‚nicht auf ihm lastet', ihn ‚nicht zu Boden drückt'."[387]

So ist der allgemeine Charakter dieser optimistischen Welt, daß sie den Menschen nicht beengt, daß die Dinge vielmehr dem Menschen „Raum geben", und dieser sich ungehindert bewegen kann. Diesen allgemeinen Realitätscharakter bezeichnet Binswanger mit dem Begriff der Volatilität, der Überfliegbarkeit. Und so kommen wir erneut zu den Bestimmungen des Schwebens, Fliegens oder Schwimmens in dieser Welt, die uns vordem bei der Analyse des einzelnen Falls als „Springen" begegnet waren; denn der Charakter der Welt bezeichnet zugleich eine Verfassung des sich in dieser Welt bewegenden Menschen. So betont Binswanger: „Anderseits wirkt die Tatsache der Volatilität dieser Welt auch wieder zurück auf den, der in ihr existiert ... Die Bewegungsform des Optimisten (ist) ein Schweben, Fliegen oder Schwimmen in einem Milieu, das überall und jederzeit ‚leicht nachgibt'."[388] Diese Bewegungsform wird uns als ein bedeutsames Korrelat einer spezifischen Raumerfahrung noch zu beschäftigen haben.[389] Wenn wir das Ergebnis fürs erste noch einmal ganz ausdrücklich auf unser engeres Problem zurückbeziehen, so kann man den Zusammenhang zwischen der Bewegungsform und der Raumform mit Binswanger noch einmal in dem Satz zusammenfassen: „Der springende und gleitende Modus des menschlichen Daseins läßt sich charakterisieren hinsichtlich der Räumlichkeit des In-der-Welt-seins durch das Kriterium der Weite."[390]

7. Eine dichterische Bestätigung

Wenn man Bedenken haben könnte, daß diese Wesenszüge des freudig-erfüllten Zustandes an Erfahrungen des krankhaften Geisteszustands gewonnen sind, so ist es von besondrer Wichtigkeit, daß dieselben Wesenszüge auch am gesunden Menschen bestätigt werden. Nur sind sie hier sehr viel schwerer zu beobachten, weil die Menschen in den glücklichen Augenblicken ihres Lebens selten über ihren Zustand reflektieren und sich über ihn in literarisch greifbarer Form äußern. Darum sind die dichterischen Zeugnisse von besondrer Wichtigkeit, in denen sich diese Erfahrungen überzeugend ausdrücken. Eine geeignete, schöne Stelle findet sich im „Faust", als die Geister Mephistos den Helden mit „schönen Bildern" in süßen Träumen einwiegen. Sie ist in unserm Zusammenhang darum interessant, weil sich die einzelnen Züge der von Binswanger als Volatilität bezeichneten Bewegungsform hier überzeugend bestätigen.

[387] S. 59.
[388] S. 59.
[389] Vgl. unten S. 205f.
[390] L. Binswanger, S. 192.

Hier singen die Geister:

> Schwindet, ihr dunkeln
> Wölbungen droben!
> Reizender schaue
> freundlich der blaue
> Äther herein!
> Wären die dunkeln
> Wolken zerronnen!
> Sternelein funkeln,
> mildere Sonnen
> scheinen darein ...
> Und das Geflügel
> schlürfet sich Wonne,
> flieget der Sonne,
> flieget den hellen
> Inseln entgegen,
> die sich auf Wellen
> gaukelnd bewegen,
> wo wir in Chören
> Jauchzende hören,
> über den Auen
> Tanzende schauen,
> die sich im Freien
> alle zerstreuen ...
> Andere schweben:
> Alle zum Leben,
> alle zur Ferne
> liebender Sterne,
> seliger Huld.[391]

Ich kann aus dem größeren Zusammenhang nur ganz weniges herausheben: Die „dunklen Wölbungen“ gehen auf Fausts Studierzimmer, von dem es kurz zuvor geheißen hatte:

> Weh! steck ich in dem Kerker noch?
> Verfluchtes dumpfes Mauerloch,
> wo selbst das liebe Himmelslicht
> trüb durch gemalte Scheiben bricht.[392]

Diese beengende Räumlichkeit weitet sich jetzt in einer großartigen Vision. Daß diese hier trügerisch ist, beeinträchtigt nicht die inhaltliche Wahrheit des hier

[391] J.W. Goethe, Faust. V 187.
[392] J.W. Goethe, Faust. V 156.

Geschauten: Die Wölbungen schwinden (man weiß nicht, wie), und selbst die Wolken zerrinnen, es öffnet sich die Welt zum freien Äther, aus dem mildere Sonnen hervorscheinen. Und alles äußert sich im Zustand beglückender Lebenserfüllung. Nichts ist mehr Ruhe, sondern alles befreiende und beglückende Bewegung. Wenn ich die hierher gehörigen, im angeführten Stück zur Vereinfachung zunächst beiseite gelassenen Zeilen hier noch einfüge:

Geistige Schöne ...
schwebet vorüber.
Sehnende Neigung
folget hinüber.
Und der Gewänder
flatternde Bänder
decken die Länder,
decken die Laube,
wo sich fürs Leben ...
Liebende geben ...
Stürzen in Bächen
schäumende Weine,
rieseln durch reine,
edle Gesteine ...
Und das Geflügel
schlürfet sich Wonne,
flieget der Sonne
... entgegen.

Das Bild ist überzeugend, die Jauchzenden in Chören, die Tanzenden, die Schwebenden: Es ist eine einzige durchgehende überquellende, alles beglückende Bewegung. Und wenn wir die sich drängenden Verben zusammenstellen: das Flattern und sich gaukelnd Bewegen, das Klimmen und Schwimmen, das Stürzen, Rieseln und Schäumen, das Fliegen und Tanzen, und das Schweben als das letzte, ausklingende Wort, so ist alles gehäuft, den Charakter dieser freien und leichten, über die Härten des Lebens hinweggleitenden Bewegung zu bezeichnen. Das sind genau dieselben Bewegungscharaktere, die Binswanger mit dem Begriff der Volatilität bezeichnet hatte, nur hier ganz herausgehoben aus der Sphäre krankhaft verdächtiger Zustände, hinaufgehoben zur Sphäre letzter Daseinserfüllung. Alles ist hier durchdrungen von einem einzigen Gefühl der Beglückung: im Jauchzen, Tanzen, Schweben hineingenommen in die Bewegung zur „Ferne liebender Sterne, seliger Huld". Die Befreiung zur Ferne als die Bedingung dieser letzten Seligkeit. Die entscheidende These zur Problematik des gestimmten Raums, die innere Einheit von der Weitung des Raums und der Beglückung des Menschen ist hier im dichterischen Bild überwältigend dargestellt.

Endlich sei, von der Seite der Philosophie, zur Ergänzung noch auf einige dies Bild schön bestätigende Zeugnisse Nietzsches aufmerksam gemacht. Schon in der „Geburt der Tragödie“ heißt es bei ihm vom Menschen im Zustand des dionysischen Rausches: „Singend und tanzend äußert sich der Mensch als Mitglied einer höheren Gemeinsamkeit: er hat das Gehen und das Sprechen verlernt und ist auf dem Wege, tanzend in die Lüfte emporzufliegen.“[393] Wir sehen auch hier das Singen und Tanzen gegenüber dem Sprechen und Gehen des alltäglichen Lebens, also die Erhebung über den Zustand irdischer Schwere und die Möglichkeit einer neuen Raumüberwindung.

Das bestätigt sich schön in einem Zeugnis des späteren Nietzsche über die Veränderung des Raumerlebens im Rausch: „Die Raum- und Zeitempfindungen sind verändert; ungeheure Fernen werden überschaut und gleichsam erst wahrnehmbar; die Ausdehnung des Blicks über größere Mengen und Weiten.“[394] Der Rausch als die letzte Steigerung des euphorischen Zustands läßt so auch dessen Wesenszüge in besondrer Schärfe hervortreten.

5. Der präsentische Raum

1. Der Raumcharakter des Schalles

„Singend und tanzend“, so hatten wir bei Nietzsche gehört, verschmilzt der Mensch mit der Einheit des Seins, „er hat das Gehen und Sprechen verlernt und ist auf dem Wege, tanzend in die Lüfte emporzufliegen.“ Das berührt sich unmittelbar mit dem, was Binswanger als die Bewegungsform des euphorischen Menschen hervorgehoben hatte. Das Tanzen erscheint hier als eine extreme Ausdrucksform beglückter und befreiter Bewegung, und wenn wir allgemein auf den engen Zusammenhang von Bewegungsform und Raumerleben aufmerksam geworden sind, so werden wir von diesem Fall, selbst wenn es sich um einen verhältnismäßig seltenen Grenzfall handeln sollte, einen besonderen Aufschluß erwarten können, der dann auch für das Verständnis der normaleren Verhältnisse wichtig wird. Aus diesem Grunde hat Straus in seinem klassisch gewordenen Aufsatz über „Formen des Räumlichen“ bei der Frage nach dem „Zusammenhang von Raumqualität, Bewegung und Wahrnehmung“[395] die Frage nach der Struktur des im Tanzen erlebten Raums in den Mittelpunkt gestellt. Das Tanzen erscheint ihm als das eigentliche Schlüsselphänomen zur Erforschung dieser Zusammenhänge.

---

393 F. Nietzsche, I 24.

394 F. Nietzsche, XVI 234.

395 E. Straus, Formen des Räumlichen. Ihre Bedeutung für die Motorik und die Wahrnehmung, in: Psychologie der menschlichen Welt. Gesammelte Schriften. Berlin, Göttingen, Heidelberg 1960. S. 141ff.

Straus geht davon aus, daß offenbar ein enger Zusammenhang zwischen Musik und Tanz bestehen muß. Die Versuche eines von der Musik abgelösten „absoluten" Tanzes haben nicht zu einem überzeugenden Ergebnis geführt, und Straus folgert daraus, daß zwischen Musik und Tanz ein innerlich notwendiger Zusammenhang bestehen muß. „Offenbar muß ein Wesenszusammenhang die tänzerische Bewegung an die Musik und an die durch sie geschaffene Struktur des Raumes binden."[396] Das verweist ihn zurück auf die Frage nach dem Raumcharakter der Musik, und dieser ist wiederum in dem allgemeineren Raumcharakter des Schalls begründet. Hier entwickelt Straus zunächst eine allgemeinere Analyse des Schallraums, die auch wir hier nicht nur als Voraussetzung für die folgenden Überlegungen über den Tanz heranziehen müssen, sondern die darüber hinaus als Ergänzung zu den früheren Betrachtungen über den verdämmernden und nächtlichen Raum wichtig ist; denn der Unterschied von Tag- und Nachtraum ist ja entscheidend durch die verschiedene Funktion des Sehens und des Hörens im Aufbau des Raums bestimmt.

So geht auch Straus zunächst von dem Vergleich zwischen dem optischen und dem akustischen Raum aus. Die Welt der farbigen Gegenstände charakterisiert er in demselben Sinn, wie wir es seinerzeit beim hellen und übersichtlichen Raum des Tages getan hatten. Straus sagt: „Die Richtung, in der wir die Farben ... sehen, ist genau bestimmt, wir sehen sie in einem Abstand uns dort gegenüber ... Immer sehen wir die Farben dort, d.h. in einer Richtung und Entfernung, an einer Stelle uns gegenüber, begrenzt und begrenzend; sie schließen den Raum ab, gliedern ihn in Teilräume, in ein Neben- und Hintereinander."[397] „Die Dinge lösen sich im optischen Raum mit scharfen Grenzen voneinander ab."[398]

Ganz anders dagegen ist der Raumcharakter des Schalles. Man hat vielfach angenommen, daß dem akustischen Bereich überhaupt keine ursprüngliche Raumerfahrung entspreche, daß der Mensch die akustischen Wahrnehmungen vielmehr erst nachträglich in einen anderweitig gegebenen Raum eintrage. Man weist dabei darauf hin, wie schwer es ist, die Richtung, aus der der Schall kommt, und damit den Ort im Raum, an dem er entspringt, zu bestimmen. Straus weist demgegenüber darauf hin, daß zwischen der Schallquelle und dem Schall selbst zu unterscheiden ist. Die Schallquelle ist in der Tat nur sehr unsicher zu bestimmen. Der akustische Bereich ist aber im Unterschied zum Optischen, wo die Farbe unlösbar an ihrem Gegenstand haftet, dadurch gekennzeichnet, daß sich der Schall weitgehend von der Schallquelle lösen kann, und an ihn, den Schall selbst, ist die Frage nach dem eignen Raumcharakter zu richten.

Straus geht dazu aus von der Doppelheit des Akustischen, die weitgehend mit dem Unterschied von Geräusch und reinem Ton zusammenhängt: „daß der Klang einmal auf Gegenständliches hinweisen, es anzeigen kann, dann aber, daß

---

[396] S. 141.
[397] S. 145.
[398] S. 156.

er zu einem reinen Eigendasein kommen kann".[399] Das erste ist beim Geräusch der Fall. „Das Geräusch behält den Charakter des Anzeigens und Hinweisens".[399] Dahin gehört etwa das Geräusch eines anfahrenden Autos. „Wir hören ein solches Geräusch draußen, an einer bestimmten Stelle, dort wo wir die Schallquelle lokalisieren."[399] Aber der Schall hat die Möglichkeit, sich von diesem Verweisungscharakter abzulösen und nur noch in seinem Eigenwesen als Schall zu wirken. Das geschieht im Unterschied zum hinweisenden Geräusch im reinen Ton und in der vollendeten Form in der Musik. Darum betont Straus: »Der Schall, der sich von seiner Schallquelle löst, kann zu einem reinen Eigendasein gelangen, aber erst in den Tönen der Musik wird diese Möglichkeit voll verwirklicht."[400] Der Ton selbst aber hat überhaupt keine eigne Richtung, aus der er kommt. Straus betont: „Der Ton selbst erstreckt sich nicht in einer Richtung ... Der Ton kommt auf uns zu, erreicht und erfaßt uns, schwebt vorbei, erfüllt den Raum, gestaltet sich in einem zeitlichen Nacheinander."[401] Aber es ist falsch, den Ton darum als unräumlich zu bezeichnen, es ist nur ein andrer Raum, der sich in ihm darbietet. Es ist gegenüber dem Richtungsraum des Optischen, wie Straus sich ausdrückt, ein „homogenisierter" Raum. Diesen Eigencharakter des Schallraums erkannt zu haben, ist ein bleibendes Verdienst von Straus.

Dieser Raumcharakter ist aber nicht nur bei den reinen Tönen gegeben. Es gibt von den Geräuschen her eigentümliche und sehr interessante Übergangsformen. Straus erläutert das an einem aufschlußreichen und sehr gut beobachteten Beispiel: „Befinden wir uns ... nicht in vertrauter Umgebung, sondern etwa in dem Trubel und Lärm einer nach Sprache, Sitte und Gewohnheit fremden Stadt, dann verlieren bereits die Geräusche diese spezifische Wirkung (des Verweisens auf etwas) und nähern sich in ihrer Daseinsweise dem Ton, wie ihn vollkommen nur die Musik zu erzeugen vermag. Auch das Geräusch durchdringt und erfüllt unter solchen Umständen den Raum, es erschwert, den Raum homogenisierend, die Orientierung und steigert dadurch die Verwirrung und Fremdheit. Schon ein Stimmengewirr hat ein anderes räumliches Dasein als Worte, Sätze, die wir auf einer belebten Straße auffangen, verstehen und auf einzelne Sprecher verteilen können. In dem Maße, als die Geräusche verworren werden, als sie ihre auf bestimmte Gegenstände hinweisende Funktion einbüßen, in dem gleichen Maße nähern sie sich der phänomenalen Gegebenheitsweise der Töne der Musik."[402]

Ähnliche Raumcharaktere finden wir aber auch sonst überall bei den unbestimmt verworrenen Geräuschen, etwa bei dem die Luft erfüllenden Summen in der Nähe eines Bienenstandes, bei dem Rauschen der Baumwipfel im Walde.

---

[399] S. 147. Auf den weiter von Straus herausgehobenen Unterschied, daß das Geräusch lediglich auf die es hervorrufende Quelle hinweist und erst im Rahmen eines umfassenderen Weltverständnisses richtig verstanden werden kann, während im Sehen der gesehene Gegenstand unmittelbar gegeben ist, braucht hier nicht eingegangen zu werden.

[400] S. 147.

[401] S. 146.

[402] S. 147.

Eichendorff hat mit Vorliebe diese verworrenen Geräusche beschworen, die bei ihm einen wesentlichen Teil des spezifisch romantischen Charakters seiner Dichtung ausmachen.

Am reinsten tritt dieser Raumcharakter aber in der Musik hervor. Während der Sänger noch als einzelner da ist und sich auch als einzelner darstellt, löst sich in der reinen Instrumentalmusik der Ton, wenn wir uns ihm als solchem hingeben, ganz vom Instrument. Er erfüllt und homogenisiert den ganzen Raum. Aber er wirkt in dieser Raumerfüllung eigentümlich dynamisch. „Der Ton ... dringt auf uns ein, erfaßt, ergreift, packt uns. Das Akustische verfolgt uns, wir können ihm nicht entrinnen, wir sind ihm ausgeliefert."[403] Straus weist darauf hin, daß ja schon rein sprachlich Hören mit Gehören und Gehorchen zusammenhängt.

Straus sucht diesen Zug terminologisch zu fassen, indem er die Gegebenheit des Tons als „präsentisch" bezeichnet und dementsprechend auch vom Klangraum als einem „präsentischen Raum" spricht. „Alles Hören ist präsentisch", so formuliert er: „Im Klange haben wir Geschehen präsentisch, in der Farbe erfassen wir distantes Sein."[404] Er unterscheidet die beiden Seiten auch mit einer an Klages anknüpfenden Bezeichnung als „das gnostische und das pathische Moment in der Wahrnehmung",[405] wobei das Pathische – herkommend vom griechischen πάσχειν = leiden – das eigentümliche Mitgenommen- und Ergriffensein im Hören des Schalls hervorheben soll. In diesem Sinn sind das Gnostische und das Pathische für Straus „die Modi des Räumlichen", die als „Grundformen" alle „Wahrnehmungserlebnisse" beherrschen. „Das gnostische Moment hebt das Was des gegenständlich Gegebenen, das pathische das Wie des Gegebenseins hervor."[406]

Für die Einfügung in unsern Zusammenhang ist noch ein weiterer Gedanke wichtig, den Straus hier andeutet: Dies pathische Moment ist nicht auf den akustischen Bereich beschränkt, es gibt es in gewissem Grade auch im Optischen. In der künstlerischen Darstellung, etwa im Helldunkel der Rembrandtschen Bilder, verschwindet das klare Nebeneinander der Dinge. Aber dieselbe Wirkung ergibt sich auch außerhalb der künstlerischen Gestaltung in der unmittelbaren Wahrnehmung in der Dämmerung und in der Nacht. Straus sagt: „Die Dämmerung wird traulich genannt, weil hier die Natur selbst die Grenzen, welche die Dinge voneinander trennen, den Abstand, der uns von ihnen entfernt, verschleiert. Ja noch mehr, die Dämmerung erfüllt den Raum, wie auch die Nacht es tut, und übt so dem Klang verwandte Wirkungen aus, der, den Raum erfüllend und homogenisierend, das Auseinanderstrebende eint und bindet."[407] Daraus ist für unsern Zusammenhang wichtig, daß dasjenige, was bei Straus zunächst als Kennzeichen des Schalls erschien, über diesen Bereich hinausgeht und auch die Seh-

---

[403] S. 155.
[404] S. 156.
[405] S. 150ff.
[406] S. 151.
[407] S. 157.

welt einbezieht. Das ist ein Hinweis darauf, daß diese Eigenschaft nicht im Wesen eines Sinnesbereichs als solchen begründet ist, sondern tiefer im Wesen des Raums allgemein verwurzelt ist und so in der Tat, mit Merleau-Ponty zu sprechen, auf eine jenseits der Tagesklarheit liegende „ursprüngliche Räumlichkeit" hinweist.

2. Die Zweckfreiheit des Tanzes

Dieser Zusammenhang von Schall und Raum gewinnt eine neue, umfassendere Bedeutung, wenn man über die bloße Wahrnehmung hinausgeht und auch die Bewegung mit einbezieht. Wenn die Musik den Menschen ergreift, ruft sie in ihm eine mitgehende Bewegung hervor, und zwar nicht eine Bewegung beliebiger Art, sondern eine solche, wie sie nur unter dem Einfluß der Musik möglich ist und von der des Alltagslebens scharf unterschieden ist. Straus betont: „Die Musik formt erst die Struktur des Räumlichen, in der die Tanzbewegung geschehen kann."[408] Straus erwähnt auch das Marschieren unter Musikbegleitung, vor allem aber den Tanz. Die Tanzbewegung unterscheidet sich durch ihren eigentümlichen Charakter scharf von jeder Bewegung des zweckhaften Verhaltens in der Welt, nach unsern bisherigen Bestimmungen von den dem Handlungsraum zugeordneten Bewegungen. Unter diesem Gesichtspunkt formuliert Straus seine Grundthese: „Der optische Raum ist der Raum der gerichteten und gemessenen Zweckbewegung, der akustische Raum der Raum des Tanzes. Zweckbewegung und Tanz sind nicht als verschiedenartige Kombinationen der gleichen Bewegungselemente zu begreifen; sie unterscheiden sich als zwei Grundformen der Bewegung überhaupt, die auf zwei verschiedene modi des Räumlichen bezogen sind."[409]

Aus diesem Grunde beschäftigt sich Straus mit einer genaueren Analyse der Tanzbewegung, um von ihr aus das ihr entsprechende Raumerlebnis herauszuarbeiten. Ich versuche hier nur das Wichtigste herauszuheben und dabei zugleich, obwohl ich seine sehr treffsicheren Formulierungen immer wieder im vollen Wortlaut anführe, den Gedankengang ein wenig zu vereinfachen. Wenn man das Tanzen als Nichttänzer vom Standpunkt des normalen zweckmäßigen Verhaltens in der Welt betrachtet, so fällt es auf, daß es durch eine Fülle von Bewegungen gekennzeichnet ist, durch Kreis- und Rückwärtsbewegungen und dgl., die als zweckwidrig, ja gradezu als unvernünftig erscheinen müssen. Nach dem hodologischen Prinzip sucht der Mensch sein Ziel auf dem „ausgezeichneten", bei gleichmäßigem Boden auf dem graden Wege zu erreichen. Der Tanzende aber bewegt sich in einem fort und kommt doch nicht weiter. Es sind lauter Bewegungen, die, wie Straus feststellt, „dem Fortkommen in einer

[408] S. 160.
[409] S. 160.

bestimmten Geraden nicht dienlich" sind.[410] Vom Standpunkt des vernünftigen Verhaltens im Handlungsraum ist der Tanz daher nicht zu begreifen. Weininger hat ihn darum gradezu als eine unsittliche Bewegung bezeichnet und abgelehnt.[411] Es muß sich in ihm also um etwas ganz anderes handeln. Straus betont ausdrücklich: „Wir tanzen nicht, um von einem Punkt des Raums an einen anderen zu gelangen."[410] Er verweist auch auf die Tänze der Primitiven, bei denen überhaupt keine Platzveränderung stattfindet.

Hinzu kommt ein zweites: Im Raum des alltäglichen Lebens – Straus bezeichnet ihn vereinfachend als den optischen Raum – sind Dreh- und Rückwärtsbewegungen nicht nur sinnlos, sondern auch unangenehm, und der Mensch würde sie ohne Not nicht ausführen. Die Drehbewegung ruft bald einen Schwindel hervor, und der Mensch fällt um, wenn er nicht rechtzeitig aufhört. Das Rückwärtsgehen aber beraubt ihn der Möglichkeit, mit der „Vorsicht" des Auges das Gelände zu überblicken und möglichen Hindernissen auszuweichen; er kann nur mit zögernd tastendem Fuß seinen Schritt zu sichern versuchen und muß jeden Augenblick mit einem Widerstand rechnen. Und wieder setzt hier der Unterschied ein: „Wie das Drehen als gerichtete Bewegung, ist uns das Rückwärtsgehen im optischen Raum unangenehm, wir suchen es zu vermeiden. Die anscheinend gleiche Bewegungsart wird aber im Tanz zu etwas ganz Selbstverständlichem, wir bemerken gar nichts von all den Schwierigkeiten und Widerständen, die wir verspüren, sobald wir zum Rückwärtsgehen genötigt werden." Er faßt den Unterschied dahin zusammen: „Das Rückwärtsgehen erleben wir als einen Zwang, das Rückwärtstanzen als ein spontanes Tun."[412]

Das beruht letztlich darauf, daß der Raum des zweckmäßigen Handelns, von Straus auch historischer Raum genannt, ein gerichteter Raum ist. Er hat insbesondere für das Gehen die klare Richtung nach vorn, die Richtung des Weges selbst. Straus faßt ihn unter dem Gegensatz des Kampfraums und des Fluchtraums. Die Rückwärtsbewegung ist in diesem nach vorn orientierten Raum von vornherein ein verurteilenswürdiges Verhalten. „In dem historischen Raum", so betont er, „ist die Rückwärtsbewegung darum gegen den eigentlich vom Raum ausgelösten Impuls gerichtet",[413] nämlich den Impuls nach vorn. „Beim Tanz", so fährt Straus fort, „spüren wir offenbar nichts von der Dynamik des historischen Raumes".[413] „Der Tanz ist nicht auf eine Richtung bezogen."[414]

Damit verbindet sich endlich ein Letztes. Der Raum unsres Handelns, der historische Raum hat einen bestimmten Mittelpunkt, auf den die einzelnen Bewegungen im Raum bezogen sind. „Der Raum, in dem wir leben", so heißt es, „ist ein historischer Raum." Dieser Raum ist „auf einen Mittelpunkt, auf ein fe-

---

410 S. 164.
411 O. Weininger, Über die letzten Dinge. 5. Aufl. Wien, Leipzig 1918.
412 S. 174.
413 S. 176.
414 S. 164.

stes, unverrückbares ‚Hier' hin geordnet."[415] Unter diesem Gesichtspunkt gehen wir fort und kehren wir zurück, wie wir es seinerzeit ausführlich entwickelt hatten. Wir unterscheiden gewissermaßen „ein festes und ein bewegliches Hier", „Heimat und Aufenthalt". Von alledem ist beim Tanzen nichts zu spüren. Der Tanz kennt nicht dieses Wechselspiel von Fortgehen und Zurückkehren, das wir bisher als grundlegend für den Aufbau der Bewegungen im erlebten Raum kennen gelernt hatten. „Wir bewegen uns tanzend nicht mehr in einem auf ein festes ‚Hier' gerichteten begrenzten Ausschnitt des Raumes, sondern in einem homogenen, von Richtungsdifferenzen und Ortsvalenzen freien Raum."[416] Ein Ort ist hier wie der andre, eine Richtung wie die andre. Der Tanzende bewegt sich in einem von allen diesen Bestimmungen entkleideten, ungegliederten und in sich gleichförmigen Raum.

Mit diesen Bestimmungen können wir das Verhalten des Tanzenden innerhalb seines Raums beschreiben. Man geht am besten noch einmal von dem Unterschied zum Gehen als der einfachsten Bewegung im historischen Raum aus. „Beim Gehen", sagt Straus, „legen wir eine bestimmte Entfernung zurück, gehend durchmessen wir den Raum. Der Tanz dagegen ist eine nichtgerichtete ... Bewegung."[417] Es ist darüber hinaus auch eine „nichtbegrenzte Bewegung"; denn mit dem Fortfallen eines im Raum zu erreichenden Ziels gibt es auch keinen natürlichen Abschluß der Bewegung. Sie kann ins Endlose weitergehen und muß darum, wenn sie sich nicht im Raum verlieren will, eine zyklisch in sich zurückkehrende Bewegung sein. „Es fehlt ihr, wie der Bezug auf Richtung und Entfernung, ebenso der Bezug auf räumliches Maß und auf räumliche und zeitliche Grenze."[418] Im Räumlichen äußert es sich darin, daß das Tanzen auch auf der kleinsten Fläche möglich ist und sich durch die Beschränkung auf dieses Feld nicht beengt fühlt. „Die Tanzfläche kann eine beliebige Gestalt haben. ... Gerade ihre nach Größe und Form beliebige Gestaltung läßt erkennen, daß die Tanzbewegung an den Enden der Tanzfläche ihre Schranke, nicht ihre notwendige Grenze findet." Dasselbe gilt auch von der Zeit. Die Tanzbewegung findet nicht an einem erreichten Zeitpunkt ihren notwendigen Abschluß. Auch hier sagt Straus: „Daß die Tanzbewegung keine zeitliche Grenze kennt, daß sie erst durch die Erschöpfung oder Ekstase beendet wird, das ist überall zu beobachten, wo der Tanz noch nicht zum Gesellschafts- oder Kunsttanz geworden ist."[418] Tanzen ist also eine zeitlich wie räumlich unbegrenzte Bewegung in einem richtungslosen und ungegliederten Raum.

---

[415] S. 175.
[416] S. 176.
[417] S. 164.
[418] S. 164.

3. Das veränderte Verhältnis zum Raum

Soweit die Vorgänge bisher beschrieben sind, ist sowohl das Tanzen als Bewegung wie der dieser Bewegung zugeordnete Raum gegenüber der Zweckhandlung und dem dieser zugehörigen Aktionsraum lediglich negativ gekennzeichnet worden. Es fehlen wesentliche Züge der Handlung und des Handlungsraums. Er ist also, soweit er bisher erfaßt ist, ein verarmtes Geschehen in einem verarmten Raum. Und wenn das Tanzen nichts andres wäre als dies, so wäre es nicht zu begreifen, warum die Menschen gern tanzen und warum es grade unverbildete Menschen zum Tanzen drängt. So werden wir zu der Frage geführt: Was ist es, das die Menschen zum Tanzen veranlaßt? Und so setzt Straus mit der neuen Frage ein: „Was treibt aber den Menschen dazu, Bewegungen auszuführen, die ihm höchst zuwider wären, wenn er sie als Technik seiner Fortbewegung benützen müßte?"[419] Weil die Tanzbewegung keinem äußeren Zweck dient, muß sie in sich selber etwas Angenehmes, etwas Lustvolles sein, und zwar nicht als einzelne Bewegung – denn wir können sie gar nicht aus ihrem Zusammenhang lösen –, sondern erst im Ganzen des Tanzes.

Den Grund dafür sieht Straus darin, daß der Mensch im Tanzen ein grundsätzlich verändertes Verhältnis zum Raum gewinnt, daß er im Tanzen einen neuen Raum erlebt, der sich als solcher grundsätzlich von dem seines alltäglichen Lebens unterscheidet und dessen Erlebnis ihn mit einer unsagbaren Freude erfüllt. Dazu gehört es nicht, den Tanzraum nur negativ, nämlich durch Ausfallserscheinungen vom Handlungsraum zu unterscheiden, sondern es kommt darauf an, ihn in seinem positiv zu kennzeichnenden Eigencharakter zu begreifen.

Der Mensch gewinnt im Tanz ein verändertes Verhältnis zum Raum. Das meint Straus schon mit dem Satz: „Beim Gehen bewegen wir uns *durch* den Raum, von einem Ort zum andern, beim Tanzen bewegen wir uns *im* Raum."[420] Im einen Fall ist der Raum ein uns äußerlich bleibendes Medium, durch das wir uns, innerlich unberührt, hindurchbewegen. Im andern Fall werden wir aufgenommen in diesem Raum, wir werden selber gewissermaßen ein Teil dieses Raums. Das Entscheidende ist, daß „sich in dem Erlebnis des Tanzes die Aufhebung der zwischen Subjekt und Objekt, Ich und Welt bestehenden Spannung vollzieht."[421] Der Mensch wird wieder eins mit dem Raum. Und darauf beruht die unendliche Beglückung des Tanzes. Der Tanz wird zum tiefen metaphysischen Erlebnis, in dem die Spaltung zwischen dem Menschen und seiner Welt überwunden wird und er es wieder erfährt: „Eines zu sein mit allem, was lebt."[422]

---

419 S. 166.

420 S. 164.

421 S. 166.

422 F. Hölderlin, Hyperion. Stuttgarter Ausgabe. 3. Bd. S. 9, in der Orthographie dem modernen Gebrauch angepaßt.

In diesem tieferen Sinn ist es zu verstehen, wenn es heißt: „Wenn wir uns im Tanze drehen, bewegen wir uns von Anfang an in einem gegenüber dem Zweckraum bereits völlig veränderten Raum.“[423] Dieser ist jetzt in seinem positiven Charakter gekennzeichnet. Er gewinnt eigne Qualitäten, die dem nüchternen Handlungsraum fremd sind. In diesem Sinn wird er jetzt bei Straus herausgehoben: „Der Tanzraum ist nicht ein Stück des gerichteten historischen Raumes, sondern symbolischer Teil der Welt. Er ist nicht durch Entfernung, Richtung und Größe bestimmt, sondern durch Weite, Höhe, Tiefe und Eigenbewegung des Raumes.“[424] Damit sind jetzt die eignen Qualitäten dieses Raums herausgehoben, die als solche noch einer näheren Bestimmung bedürfen (und die uns im nächsten Stück über das liebende Zusammenleben noch von einer andern Seite her begegnen werden). Straus geht auf die verschiedenen positiven Qualitäten nicht näher ein, sondern beschränkt sich darauf, am Beispiel der Weite die Eigenart dieser Qualitäten herauszuheben, die sie von denen des Handlungsraums unterscheidet: „Die Weite ist weder hier, noch ist sie am Horizont ... sie ist überhaupt nicht quantitativ bestimmbar, sondern eine Qualität des Raumes. Wir können also mit Recht sagen, daß die Tanzbewegung den symbolischen Qualitäten des Raumes zugeordnet ist.“[425] „Das Bezugssystem der Tanzbewegungen bilden die symbolischen Raumqualitäten.“[426]

4. Die präsentische Bewegung

In diesem dem Menschen nicht mehr fremd gegenüberstehenden, sondern ihn wohltätig tragenden Raum sind jetzt auch die Tanzbewegungen in ihrem Eigencharakter zu begreifen. Wenn im Unterschied zum zweckhaften Handeln kein über das Handeln selber hinausliegendes Ziel verwirklicht wird und so in der Welt keine bleibende Veränderung hervorgebracht wird, so ist das nur so zu verstehen, daß die Bewegung, als in sich selber lustvoll, in sich selber ruht und, ohne durch ein äußeres Ziel über sich selbst hinauszuweisen, ihren Sinn in sich selber erfüllt. Straus nennt sie daher die präsentische, d.h. die sich in der reinen Gegenwart erfüllende Bewegung. Diese beschreibt er in der Anschauung des Tanzvorgangs folgendermaßen: „Die präsentische, nicht gerichtete und und nicht begrenzte Bewegung kennt nur ein An- und Abschwellen, eine Steigerung und ein Verebben. Sie führt keine Veränderung herbei, ist kein historischer Prozeß, darum nennen wir sie eben präsentisch.“[427] Den dieser präsentischen Bewegung zugeordneten Raum nennt er darum auch den präsentischen Raum. In ihm vollzieht sich der Tanz.

---

[423] S. 172.
[424] S. 176f.
[425] S. 177.
[426] S. 165.
[427] S. 172f.

Wieder kommt es darauf an, was zunächst nur negativ charakterisiert war, in seinem positiven Wesen zu begreifen. Die Zwecklosigkeit dieser Bewegung bedeutet die Erhebung über die Zweckhaftigkeit des handelnden Daseins überhaupt. So beschreibt es auch Straus: „Im Tanz schreitet das historische Geschehen nicht fort, der Tänzer ist aus dem Fluß des historischen Geschehens herausgehoben. Sein Erleben ist ein Gegenwärtigsein, das auf keinen Abschluß in der Zukunft hinweist."[428] Der Tänzer hat in der Bewegung des Augenblicks die Ewigkeit ergriffen.

Das berührt sich mit dem, was von der andern Seite als Aufhebung der Spannung zwischen Subjekt und Objekt erschien. Auch von dieser Seite her erweist sich die Lust am Tanzen in einer tiefen metaphysischen Erfahrung begründet. Im Tanzen erfährt der Mensch einen Durchbruch durch die alltäglich-praktische Welt des zweckhaften Handelns und Gestaltens. Er ist herausgehoben aus dem „Fluß des historischen Geschehens". Das heißt zugleich: herausgehoben aus der Welt des Schicksals und seiner ständigen Bedrohung. Der Tanzende kennt kein Schicksal. Dabei gilt auch hier, was Straus bei der andern Seite dieser metaphysischen Erfahrung, bei der Aufhebung der Spaltung zwischen Subjekt und Objekt hervorgehoben hatte: Man tanzt nicht, um diese metaphysische Erfahrung zu machen, das Tanzen ist kein Mittel zum Zweck, sondern im Tanzen ist diese Erfahrung schon immer gegenwärtig. Diese Erhebung über das historische Geschehen ist „nicht das Ziel des Tanzes, sie fundiert vielmehr das Erlebnis des Tanzes von Anfang an."[429]

Die Raumerfahrung des Tanzes führt also in einen Zusammenhang mit der Rückkehr zum Ursprung, die uns schon an verschiedenen Stellen begegnet war, wandelt sie aber in einer ihr eigentümlichen Weise ab. Und wenn wir im vorhergehenden Teil verschiedne Formen des glücklich gestimmten Raums kennengelernt haben, so werden diese hier durch den schicksallos ruhenden, zur Weite gelichteten Tanzraum um eine weitere, in eine neue Tiefe führende Möglichkeit bereichert.

5. Kritik am dualistischen Raumschema bei Straus

Weil es hier allein darauf ankam, dasjenige herauszuheben, was Straus an der Raumerfahrung des Tanzes in so hervorragender Weise sichtbar gemacht hat, konnte auf die Auseinandersetzung mit Einzelheiten seiner Darstellung verzichtet werden. Doch ist vielleicht ein Wort der Begründung erforderlich, weshalb ich mich der von ihm angewandten Terminologie nur mit einer gewissen Zurückhaltung bedient habe. Straus wird in der begreiflichen Freude darüber, im Raum des Tanzenden eine ganz neue, bisher unbeachtete Form der Räumlichkeit

---

[428] S. 176.
[429] S. 173.

entdeckt zu haben, zu der Anschauung gedrängt, daß es zwei, polar einander zugeordnete „Modi der Räumlichkeit" gebe. Beide werden an den verschiedenen Stellen mit verschiedenen, aber untereinander gleichbedeutenden Namen bezeichnet: der eine als politischer Raum, Zweckraum und historischer Raum, der andre als akustischer Raum, pathischer Raum und präsentischer Raum des Tanzes.

Die Bedenken gegen diese Terminologie bewegen sich in einer doppelten Richtung: einmal daß diese beiden Modi die Möglichkeiten des erlebten Raums keineswegs ausschöpfen (was Straus zwar auch keineswegs behauptet, wohin sein antithetisches Denken aber notwendig drängt), daß es vielmehr eine Fülle von Möglichkeiten gibt, die sich auch nicht als Zwischenformen zwischen den beiden Modis begreifen lassen, sondern die einen durchaus eignen Charakter haben, und zweitens daß auf beiden Seiten Dinge zusammengenommen sind, die nicht auf eine gemeinsame Ebene gehören. Manche Bedenken mögen vielleicht als nur terminologisch erscheinen, greifen aber doch in die Auffassung der Sache selber ein.

Wenn es schon eine zu weitgehende Vereinfachung sein dürfte, den Handlungsraum mit dem optischen Raum gleichzusetzen, so muß es mehr noch bedenklich erscheinen, den Handlungsraum mit dem historischen Raum gleichzusetzen; denn das Handeln als die planmäßige Verwirklichung von Zielen wird durch das Gesetz der Zweckrationalität beherrscht, während durch das eigentlich Historische etwas dunkel Schicksalhaftes in diese klare rationale Welt einbricht. Wenn der Tanzende sich über das Schicksal erhebt, so ist das mehr als wenn er sich außerhalb rationaler Zweckzusammenhänge stellt. Und wenn wir nach einem schicksalsgeladenen Raum fragen, so wird er eher auf der Seite der pathischen Räume zu suchen sein.

Noch stärker sind die Bedenken auf der andern Seite. Diesen Raum mit dem akustischen Raum gleichzusetzen, scheint wiederum eine zu abstrakte Vereinfachung, zumal Straus selbst die Doppelheit von Hinweischarakter und Eigenwesen des Schalls so überzeugend heraushebt. Wichtiger sind indessen die Bedenken gegen die Bezeichnung als pathischer Raum. Schon Binswanger hat in seiner weiterführenden Entgegnung[430] darauf aufmerksam gemacht, daß dieser von Klages entlehnte Begriff zu leicht im Sinne des Passiven verstanden werden könne, und hat seinerseits den Begriff des gestimmten Raums vorgeschlagen (der in diesem Zusammenhang überhaupt zuerst geprägt zu sein scheint). Aber der Begriff des gestimmten Raums, wie auch wir ihn bisher entwickelt haben, ist wiederum sehr viel weiter, und der Raum des Tanzes ist darin nur ein extremer Grenzfall neben vielen andern Möglichkeiten. Damit aber würde das von Straus entwickelte dualistische Schema der Raummodi grundsätzlich gesprengt. Innerhalb des gestimmten Raums ergibt sich noch einmal die Polarität des optimisti-

[430] L. Binswanger, Das Raumproblem in der Psychopathologie, in : Ausgewählte Vorträge und Aufsätze. 2. Bd. Bern 1955. S. 174ff.

schen und des pessimistischen Raums, die beide gemeinsam dem ungestimmten Handlungsraum gegenüberstehen. Aber wir stellen diese Bedenken zunächst zurück, weil wir noch eine ganz andre Möglichkeit des erlebten Raums hinzunehmen müssen.

6. Der Raum des menschlichen Zusammenlebens

Zu den Faktoren, die den erlebten Raum gestalten, gehört noch ein entscheidend wichtiger, den wir bisher zurückgestellt hatten, nämlich die Weise des menschlichen Zusammenlebens. Wir waren auf diese Zusammenhänge schon einmal eindringlich hingewiesen worden, das war bei der schützenden Kraft des Hauses und der sich in ihm ausbreitenden Atmosphäre der Wohnlichkeit. Denn wir waren damals darauf aufmerksam geworden, daß diese Wohnlichkeit nicht von den Mauern als solchen ausgeht und nicht vom Dinglichen her zu begründen ist, daß sie aber darüber hinaus auch nicht vom einzelnen Menschen durch sorgfältige Einrichtung hervorgebracht werden kann, sondern daß hierzu ein gemeinsames Wohnen in der Familie erforderlich ist. Das Haus ist notwendig die gemeinsame Wohnstätte einer Familie, und ihr Zusammenleben ist entscheidend für das, was wir in einem tieferen Sinn die Wohnlichkeit der Wohnung genannt haben. Diese Frage, die wir damals nicht weiter verfolgen konnten, müssen wir jetzt erneut aufnehmen. Wenn ich abkürzend von einem Raum des menschlichen Zusammenlebens spreche, so ist das nicht in dem nachlässigen Sinn verstanden, wie man vielfach von einem politischen oder wirtschaftlichen Raum spricht, sondern mit Raum ist hier der ganz konkrete äußere Raum gemeint. Der Raum des menschlichen Zusammenlebens bedeutet einen Aspekt dieses Raums, so wie wir im Handlungsraum oder gestimmten Raum schon andre Aspekte kennen gelernt haben. Er meint den Raum, insofern er durch menschliches Zusammenleben modifiziert wird. Binswanger hat dies Problem wohl als erster erkannt und als die „Räumlichkeit des liebenden Miteinanderseins“ in eindrucksvoller Weise entwickelt. An ihn werden wir darum auch an dieser Stelle anknüpfen müssen.

1. Der Kampf um den Lebensraum

Am besten gehen wir noch einmal von den Bestimmungen der Enge und der Weite des erlebten Raums aus. Wir hatten gelernt, daß der Schillersche Satz, nach dem sich die Sachen hart im Raume stoßen, in der Welt des Optimisten seine Gültigkeit verliert, daß dieser vielmehr eine Weite um sich sieht, in der er sich frei und leicht bewegt und nirgends anstößt. Etwas Ähnliches gilt auch von den Formen des menschlichen Zusammenlebens. Auch hier spricht man davon, daß der Mensch einen bestimmten „Lebensraum“ braucht, in dem er sich bewegt (wobei wir das Wort Lebensraum vorläufig noch in einem unverbindlichen Sinn aufnehmen). Der Anspruch auf den Lebensraum ist bei dem einen größer und bei dem andern geringer, und infolgedessen kann der „objektiv" gleiche Lebensraum für den einen weiter und für den andern enger sein, ja, der gleiche Mensch empfindet je nach seiner seelischen Verfassung seinen gleichgebliebenen Lebensraum bald als enger und bald als weiter.

Weil aber die Menschen in der Enge des Zusammenlebens sich in den vorhandenen Lebensraum teilen müssen, entsteht zwischen ihnen das Verhältnis der Rivalität. Indem der eine sich rücksichtslos ausdehnt, geschieht es auf Kosten des andern. Der eine kann nur Raum gewinnen, indem er diesen dem andern wegnimmt. Im Zusammenhang des allgemeinen Kampfs ums Dasein entsteht der Kampf um den Lebensraum, bei dem der eine nur auf Kosten des andern gewinnen kann.

> Wo eines Platz nimmt, muß das andre rücken,
> Wer nicht vertrieben sein will, muß vertreiben;
> Da herrscht der Streit, und nur die Stärke siegt.[431]

Dieser Kampf um den Lebensraum durchzieht das Leben von den kleinsten bis zu den größten Bereichen. Im Berufsleben kann sich nur durchsetzen, wer den „Rivalen" zurückdrängt, der Kaufmann kann den Absatz seiner Ware nur auf Kosten der „Konkurrenz" vergrößern usw. in den verschiedensten Berufen. Am bedrohlichsten ist dieser Kampf um den Lebensraum aber in dem Nebeneinanderleben der Völker, weil er hier zum Ausbruch immer neuer Kriege geführt hat. Die Formel „Volk ohne Raum" war so gefährlich, weil sie die gewaltsame Ausdehnung des Lebensraums auf Kosten andrer Völker zu rechtfertigen schien.

2. Der Raum des liebenden Zusammenlebens

Die Berechtigung dieser nüchtern realistischen Betrachtungsweise ist nicht zu bezweifeln. Freien Raum, den man ohne Verletzung andrer Rechte nur zu besetzen brauchte, gibt es nicht. „Die Welt ist hingegeben", und neuer Raum ist in ihr grundsätzlich nur auf Kosten der andern zu gewinnen. Aber genau an dieser Stelle setzt Binswanger mit seinen feinsinnigen neuen Gedanken ein, mit denen er die am gestimmten Raum entdeckten Verhältnisse auch auf den Lebensraum des menschlichen Zusammenlebens überträgt. Dieser Gedanke scheint mir von schlechthin grundlegender Bedeutung für das Verständnis allen menschlichen Zusammenlebens zu sein. Binswanger gesteht ohne weiteres zu, daß es ein solches rivalisierendes Verhältnis zum Lebensraum gibt, wo der eine den andern aus dem Wege zu räumen versucht, um sich selber an seine Stelle zu setzen, aber er betont, daß es nicht das einzige Verhältnis ist, sondern daß es daneben noch andre Möglichkeiten gibt, und er entwickelt eine solche, der Rivalität gegenüber

[431] F. Schiller, Wallensteins Tod. V 219.

völlig entgegengesetzte Möglichkeit in den Eingangsteilen seines großen Buchs über „Grundformen und Erkenntnis menschlichen Daseins" als die „Räumlichkeit des liebenden Miteinanderseins".

Im liebenden Miteinandersein, so betont Binswanger, liegen die Dinge ganz anders. „Liebe und Macht oder Gewalt schließen einander aus."[432] Darum ist hier auch der Kampf um den Raum von vorn herein unmöglich. „Infolgedessen", so fährt Binswanger fort, „finden wir hier auch ... keine Vergrößerung oder Verkleinerung von ‚Eigenraum', also überhaupt keinerlei Berührung der Sphäre von Mein und Dein im Sinne ‚weltlichen' Besitzes."[433] Es gibt demgegenüber vielmehr eine andre, allerdings in der begrifflichen Erkenntnis äußerst schwer zu fassende Weise, die Binswanger zunächst als das „unbesorgte, endlose Einräumen des grenzenlosen, einen und unteilbaren Raumes des Einander, des unendlichen, unerschöpflichen und unergründlichen Wir der Liebe" [433] umschreibt.

Wie oft an der Grenze des Faßbaren sind wir auf die Zeugnisse der Dichter verwiesen, die im unreflektierten unmittelbaren Ausdruck festzuhalten vermögen, was sich dem bohrenden Nachsinnen immer wieder entzieht. So sind es hier einige Zeugnisse Rilkes, an denen Binswanger mit seiner weiteren Analyse einsetzt. Unter den Liebenden, heißt es einmal bei Rilke, „kann keiner dem anderen durch Beschränkung Unrecht tun; im Gegenteil, sie erzeugen sich gegenseitig unaufhörlich Raum und Weite und Freiheit",[434] sie versprechen einander „Weite, Jagd und Heimat."[435] Diese Formulierungen heben in ihrer gesteigerten Bildkraft etwas ganz Entscheidendes heraus. Zwei Züge werden dabei deutlich. Auf der einen Seite ist es die Schaffung einer grenzenlosen Weite mit Jagd und Freiheit. Keiner beengt hier den andern. Binswanger deutet es so: „also Raum und Weite schlechthin, Freiheit von jeder räumlichen Einschränkung."[436] Aber diese Weite bedeutet auf der andern Seite kein Verloren-sein im leeren Raum, sondern Schaffung eines Raums der Freiheit, der Heimat und der Nähe. Wie dieses beides zusammengehört, das ist eben die Frage. Binswanger zieht aus den angeführten Rilkesätzen auch sogleich die Folgerungen, daß uns in ihnen „ein ganz neuartiges Raumproblem" vor Augen tritt, das mit den bisherigen Mitteln nicht zu bewältigen ist.

Binswanger erläutert dies folgendermaßen: „Anstelle der wegräumenden Verdrängung des ‚Andern' von seinem Platze in einer vorbestimmten Gegend und des Einnehmens dieses Platzes durch den Verdrängenden tritt hier das merkwürdige Phänomen, daß gerade da, wo Du bist, ein Ort (für mich) ‚entsteht'; anstelle der Abtretung einer Position ‚an den Anderen' in der vorbestimmten Räumlichkeit der ratio (!) und des entsprechenden Verlustes an Eigenraum tritt das merkwürdige Phänomen der ‚grenzenlosen' Mehrung an

[432] L. Binswanger, Grundformen und Erkenntnis menschlichen Daseins. Zürich 1942. S. 25.
[433] S. 26.
[434] R.M. Rilke, Briefe aus den Jahren 1907–1914. 1939. S. 84.
[435] R.M. Rilke, III 274.
[436] S. 72.

Eigenraum durch Hingabe von Eigenraum! Anstelle der vorbestimmten Gegend als solcher und der vorbestimmten Sinnräumlichkeit als solcher, in denen der Eine dem Andern ,den Platz' oder ,eine Position' streitig macht, tritt eine merkwürdig unbestimmte, dem Liebenden aber durchaus vertraute, schimmernde und leuchtende, grundlose ,Tiefe' und ,Weite', in der es überhaupt keine Plätze und Positionen gibt und daher auch keinen Streit um sie, sondern nur das ,Glück' unaufhörlicher ,Vertiefung' und Erweiterung' als solches."[437]

Ich habe diese Sätze im vollen Wortlaut angeführt, obgleich eine gewisse Unbestimmtheit im Ausdruck und ein gewisses Schwanken in den Fragestellungen darin unverkennbar ist. Das ist nicht von ungefähr, sondern entspricht dem tastenden Vordringen in einem völligen Neuland, in dem es noch keinerlei feste Orientierungspunkte gibt. Erst die Wegspuren des Vorgängers erlauben dem Nachfolgenden ein etwas sichereres Vorgehen. In diesem Sinn knüpfen wir an den soeben wiedergegebenen Text an. Wir müssen für unsre Zwecke versuchen, ihn in eine möglichst faßbare, handgreifliche Sprache zu übersetzen, selbst auf die Gefahr hin, daß dabei nicht alle Tiefen ausgeschöpft werden und diese zerbrechlichen Dinge etwas banalisiert erscheinen.

Dabei ist zu beachten, daß die Frage nach der Räumlichkeit nicht Binswangers ausschließliches Thema ist, sondern nur ein Teil eines größeren Komplexes, der „Grundformen menschlichen Daseins" überhaupt. Dadurch ist es bedingt, daß sich die Frage des Raums ständig mit andern Fragestellungen verschlingt. Das eine ist die Frage nach den Liebenden überhaupt. Und wenn es durchaus methodisch richtig ist, zum Verständnis des Gesamtzusammenhangs mit einem äußersten Grenzfall einzusetzen, so bedeutet doch die Orientierung an der Liebe in einem höchsten erotischen Sinn das Hineinspielen andrer Gesichtspunkte, die die besondre Raumproblematik zunächst verdecken. Darum hat das, was Binswanger unter dem Namen einer „Räumlichkeit der Liebe" in sehr tiefer Weise behandelt, mit unsrer Frage nach dem erlebten Raum zunächst nur indirekt zu tun. Was Binswanger an der „sich selbst vermehrenden Liebe", an „grenzenloser Weite", „grundloser Tiefe" und „unerschöpflicher Fülle" hervorhebt, bezieht sich auf eine Raummetaphorik zur Bezeichnung seelischer Vorgänge, die im Zusammenhang des schon mehrfach berührten räumlichen „Schematismus" von höchstem Interesse ist, aber zum Verständnis des Raumes selbst zunächst noch wenig beiträgt. In diesen Zusammenhang weist in den angeführten Sätzen die „den Liebenden durchaus vertraute, schimmernde und leuchtende, grundlose Tiefe und Weite".

Das zweite ist die durch den methodischen Ansatz des Buchs bedingte Orientierung der „Räumlichkeit des liebenden Miteinanderseins" an der Heideggerschen Räumlichkeit des umsichtigen Besorgens, und zwar nicht im Sinn einer Kritik an Heidegger, sondern einer Ergänzung durch eine von Heidegger nicht gesehene oder nicht in Betracht gezogene Möglichkeit, wobei Binswanger versi-

---

437 S. 31.

chert, daß er die von Heidegger entwickelte Analytik des Daseins im ganzen übernimmt und sich in ihrem Rahmen bewegt.[438] Wenn Binswanger betont, daß die Räumlichkeit der Liebe anders sei als die der Vernunft[439] oder der ratio,[440] so wirkt dabei der Strausssche Ansatz von zwei (und nur zwei) einander entgegengesetzten Modis der Räumlichkeit nach. Aber auch diese Vereinfachung kann zu verhängnisvollen Folgerungen führen, denn das Verhältnis der Räumlichkeit des umsichtigen Besorgens und der des liebenden Miteinanderseins ist nicht als das eines Gegensatzes zu begreifen. Der Gegensatz zum rationalen Raum, als der hier der Raum des umsichtigen Besorgens mit Recht bezeichnet wird und der weiterhin dem entspricht, was in unsrer Sprache der Handlungsraum genannt wird, ist der gestimmte Raum als der gefühlsmäßig gegebene Raum. Und dieser hat wiederum zahlreiche Modifikationen, je nach der Art des ihn erfüllenden Gefühls. Auf der andern Seite ist der Gegensatz zum Raum des liebenden Miteinanderseins der des Neides, des Hasses, der Mißgunst, allgemeiner der Rivalität. Aber dieser hat eine durchaus eigne Struktur, und es ist falsch, den diesem Raum zugehörigen Kampf um den Lebensraum einfach der Weise des umsichtigen Besorgens zuzuordnen. „Oberhalb" der gefühlsmäßig neutralen Ebene des umsichtigen Besorgens sondert sich vielmehr erst der Raum des mißgünstigen Gegeneinanderseins und des liebenden Miteinanderseins. Beide würden im Bereich der bisherigen Formulierungen den gestimmten Räumen angehören, aber beide gehen zugleich in der Art, wie sie unmittelbar gestaltend auf die äußere Welt einwirken, über den Bereich der „bloßen" Stimmungen hinaus.

Diese beiden, der Raum des Liebenden und der Raum des Neidenden, bilden in der Tat einen echten (kontradiktorischen) Gegensatz. In ihrem gemeinsamen Verhältnis zum Raum des umsichtigen Besorgens handelt es sich dagegen um das einer Überlagerung (im Sinne der Hartmannschen Schichtenlehre). Insofern ist das Ineinandergeifen dieser beiden Aspekte überhaupt kein Problem, und damit beheben sich Binswangers Bedenken, daß die Welt des alltäglichen Besorgens im Zusammenleben der Liebenden nicht übersprungen werden dürfe. Es ist durchaus zutreffend formuliert, daß „die Welt der Sorge in der ‚Heimat' der Liebe ‚aufgehoben' (ist) und umgekehrt."[441]

3. Die raumschaffende Kraft der Liebe

Nach diesen Abgrenzungen, die vorweg einige Hindernisse aus dem Wege räumen sollten, wird der eigentliche Gehalt der Binswangerschen Lehre in seiner vollen Bedeutung sichtbar. Dabei verflechten sich wiederum mehrere Fragestellungen. Vor allem scheint es mir klärend, zwischen folgenden zwei Seiten zu

[438] Vgl. meine Besprechung des Werks. Die Sammlung. 1. Jahrg. 1945, S. 122ff.
[439] S. 223.
[440] S. 31.
[441] S. 77.

unterscheiden. Das eine ist die Behauptung der „grenzenlosen‘ Mehrung von Eigenraum durch Hingabe von Eigenraum“. So leicht der negative Teil der Aussage zu begreifen ist, daß nämlich die Liebenden sich wechselseitig keinen Raum streitig machen, so ungeheuer schwer ist es, die positive Seite begrifflich einigermaßen klar zu erfassen.

Am besten geht man vielleicht von der Bemerkung aus, daß es im Geistigen eine Form gewaltlos stiller Selbstentfaltung gibt, die dem Kampf um den Lebensraum dadurch entzogen ist, daß sie von vorn herein gar nicht den Anspruch macht, sich mit äußerer Gewalt durchzusetzen, und die in ihrer Gewaltlosigkeit dadurch wirkt, daß eine unwiderstehliche Überzeugungskraft von ihr ausgeht.[442] Diese Entfaltung setzt einen Raum voraus, der außerhalb des Raums rivalisierender Ausschließlichkeit liegt. Rilke, den Binswanger ja in diesem Zusammenhang als seinen wichtigen Zeugen heranzieht, hat dies Phänomen am zarten Entfalten einer Rosenblüte sinnbildlich darzustellen versucht. Er spricht hier in andächtiger Ergriffenheit von einem

> Aufgehn ohne Ende
> Raum-brauchen, ohne Raum von jenem Raum
> zu nehmen, den die Dinge rings verringern.[443]

Das eine ist der für gewöhnlich als der allein reale bezeichnete Raum, „den die Dinge rings verringern“, wo also jeder Raum, den das eine Ding für sich beansprucht, den Spielraum der andern einschränkt. Dem aber wird hier ein andrer Raum gegenübergestellt, in dem sich ein „Aufgehn“, eine Entfaltung vollzieht, ohne daß vom Raum der andern dadurch etwas weggenommen wird. Dasselbe sagt Rilke in einem andern (und sehr viel späteren) Gedicht von der Rose ausdrücklich: „Du schaffst deinen eignen Raum“,[444] d.h. du bringst den Raum, den du brauchst, aus dir selber hervor. Und diesen Raum, der darum auch qualitativ anders ist als der alltägliche Raum, bezeichnet Rilke auch als „Rosenraum, geboren in den Rosen“,[445] oder auch als „angelischen Raum“.[446]

Dies ist zunächst nur ein anschaulich erfaßtes Bild. Aber wenn wir uns erinnern, daß die Rose für Rilke, bis in seinen hintergründigen Grabspruch hinein, Sinnbild des menschlichen Lebens ist, „äußerstes auch uns“, so muß man, selbst auf die Gefahr hin zu vergröbern, fragen, was dieser „Rosenraum“ nun im Bereich des menschlichen Lebens bedeuten kann, und man wird antworten müssen, es sei der Raum reiner Gewaltlosigkeit, in dem sich reines geistiges Dasein entfaltet. Es schafft seinen eignen Raum, ohne ihn jemand anders streitig zu machen.

---

[442] Vgl. meine Darstellung: Die Ehrfurcht. 2. Aufl. Frankfurt a.M. 1958.

[443] R.M. Rilke, III 110.

[444] R.M. Rilke, Gedichte in französischer Sprache. S. 77.

[445] R.M. Rilke, Gedichte 1906–1926. 1953. S. 557.

[446] R.M. Rilke, Briefe aus den Jahren 1914–1921. 1937. S. 94.

Jetzt aber kommt ein weiteres hinzu: Von diesem Dasein geht eine Kraft aus, die auch den andern, der es mit ehrfürchtigem Herzen anschaut, mit verwandelt, die ihn in einen entsprechenden Zustand versetzt, wo er keinen Anspruch mehr macht auf „jenen Raum, den die Dinge rings verringern", und auch er, von einer beglückenden Leichtigkeit erfüllt, einen entsprechenden neuen Raum gewinnt. Und insofern kann man durchaus zutreffend sagen, daß in diesem Dasein dem andern nicht nur kein Raum entzogen, sondern umgekehrt für ihn noch neuer Raum geschaffen wird. Aber diese „Vermehrung" vollzieht sich gar nicht im Bereich des bisherigen Raums, der rein quantitativ betrachtet unvermehrbar ist, sondern in einer neuen, höheren Ebene. Das ist der „angelische Raum", in dem sich diese Begegnung vollzieht. Die Engelhaftigkeit würde in diesem Zusammenhang ein Wesen kennzeichnen, das ohne selbstischen Machtanspruch ein rein geistiges Dasein verwirklicht. Weil ein solches Dasein über sich selber hinaus Raum schafft, gewinnt das von Swedenborg einmal formulierte Paradoxon: „Je mehr Engel, desto mehr freier Raum"[447] einen ganz tiefen Sinn.

Diese Zusammenhänge sind zwar noch nicht eigentlich das, was Binswanger im Auge hat, wenn er von der „Räumlichkeit des liebenden Miteinanderseins" spricht, aber sie schaffen eine notwendige Voraussetzung für dessen Verständnis. Was bisher (bei Rilke am Bild der Rose verdeutlicht) von dem stillen und gewaltlosen geistigen Dasein entwickelt wurde, das gewissermaßen absichtslos diesen Raum ausstrahlt, das gilt jetzt auch für die entsprechenden Formen menschlicher Beziehungen, insbesondre für die Liebe, denn diese ist ja dadurch in ihrem Wesen gekennzeichnet, daß hier die egoistische Klugheit ihren Sinn verliert, daß der Liebende vielmehr, indem er gibt, nicht verarmt, sondern selber bereichert wird, daß er also durch Hingabe gewinnt. Das wird sehr gut durch Binswangers Formulierung von der sich selbst vermehrenden Liebe getroffen.[448] Und das meint er auch mit der für ihn zentralen Feststellung von der „‚grenzenlosen' Mehrung von Eigenraum durch die Hingabe von Eigenraum". Er trifft damit eine wirklich grundlegende Voraussetzung des menschlichen Zusammenlebens.

Und dennoch halten wir noch einmal inne und fragen, in welchem spezifischen Sinn hier von Raum, insbesondre von Eigenraum, die Rede ist. Und einmal stutzig geworden, wird man antworten müssen, daß hier nur in einem ganz allgemeinen übertragenen Sinn von einem Lebensraum die Rede sein kann, in dem die Liebenden einander nicht hindernd im Wege sind, sondern einträchtig zusammenleben und in dem durch die wechselseitige Bereicherung des Lebens in der Tat der gemeinsame Lebensraum in überwältigender Weise vermehrt wird. Aber zum Verständnis des erlebten Raums in einem ganz konkreten Sinn wird dadurch wenig beigetragen. So ist es verständlich, daß Binswanger hier auch bald

[447] Vgl. O.F. Bollnow, Neue Geborgenheit. S. 242.

[448] L. Binswanger, S. 79.

die spezifisch räumliche Fragestellung aus dem Auge verliert, um sich der allgemeineren Unergründlichkeit der Liebe zuzuwenden.

4. Die Begründung der Heimat

Und dennoch hat die These von der raumschaffenden Kraft der Liebe auch einen ganz spezifisch räumlichen Sinn, und hierin scheint mir der entscheidende Kern der Binswangerschen Entdeckung zu liegen. Diesen erfaßt man so lange nicht in seinem eigentlichen Wesen, als man im quantitativen Sinn an der Vorstellung von Vermehrung und Verminderung des Raums im Sinn einer Verengung oder Ausweitung orientiert ist. Es kommt vielmehr darauf an, die qualitative Veränderung des erlebten Raums herauszuarbeiten, durch die der Gedanke einer Aufteilbarkeit und Verrechenbarkeit des Raums endgültig überwunden wird. Und diesen Schritt tut Binswanger in der Tat, indem er, noch einmal an Rilke anknüpfend, formuliert: „Der Raum, den sie (die Liebenden) sich gegenseitig erzeugen, ist ihre Heimat."[449] Hiermit ist der tiefere Ansatzpunkt bezeichnet, von dem her die Vordergründigkeit des rivalisierenden Kampfs um den Raum sichtbar wird. Dies klar gesehen zu haben, ist die bleibende große Bedeutung Binswangers für das Raumproblem.

Der Raum des liebenden Miteinanderseins wird hier also genauer als die in der Liebe zu schaffende gemeinsame Heimat bezeichnet. Damit wird zugleich die frühere, ein Goethewort paraphrasierende Formulierung aufgenommen, „daß gerade da, wo du bist, ein Ort (für mich) entsteht."[450] Damit mündet die gegenwärtige Fragestellung wiederum in den Zusammenhang ein, auf den wir seinerzeit bei der Erörterung des Hauses als der Stätte der Familie aufmerksam geworden waren, den wir damals aber noch hatten offen lassen müssen. Es ergibt sich also die Frage: Was heißt in diesem mitmenschlichen Sinn Heimat? Was bedeutet es, daß der Raum, den die Liebenden sich schaffen, ihre Heimat ist? Und was heißt überhaupt Erzeugung der Heimat?

Noch ein letztes Mal müssen wir hier den Fortgang Binswangers aus kritischem Abstand vorsichtig überprüfen. Er faßt nämlich die Heimat, die sich die Liebenden schaffen, im Sinne einer über das Irdische erhabenen „ewigen Heimat" auf. Er betont, daß die Liebenden zwar „tatsächlich" auch an einen bestimmten Ort der Welt gebunden sind, den sie nicht überspringen können, daß sie in ihrem tieferen Grunde aber darüber erhaben sind, weil sie „überall und nirgends" zu Hause sind. Das scheint mir ein wenig zu sehr aus der Perspektive der ersten Liebesbegegnung gesehen zu sein, bei der die Liebenden dann in der Tat „im siebenten Himmel" zu schweben pflegen und in ihrer Weltentrücktheit nur allzu oft das Lächeln der Umwelt zu tragen haben. Doch wir meinen damit

---

[449] S. 72.
[450] S. 31.

nicht nur, daß der eine im andern eine Zuflucht und insofern eine Heimat gefunden hat. Es handelt sich vielmehr darum, daß sich beide gemeinsam erst eine Heimat schaffen sollen. Und wenn diese Heimat der Unbedingtheit der Liebe gemäß auch im Unbedingten und Ewigen verwurzelt sein muß – so weit hat Binswanger ganz recht –, so ist sie Heimat doch nur, insofern sie in dieser irdischen Wirklichkeit einen gemeinsamen Raum des Lebens schafft. Und hier setzt erst unser eigentliches Problem ein, das bei Binswanger mit der Scheidung zwischen dem „überall und nirgends" als der wahren Heimat der Liebe und der tatsächlichen Bindung an einen Ort zu früh aus der Hand gegeben ist.

Vielleicht hat Binswanger im Ausgang von den dichterischen Zeugnissen einer letzten gesteigerten Liebeserfahrung sich doch zu sehr an die „lediglich gestimmte Atmosphäre der Liebeslandschaft der Verliebten"[451] gehalten; denn das für uns fruchtbare eigentliche Problem beginnt erst dort, wo es darauf ankommt, das Versprechen der Liebe einzulösen und wirklich diese Heimat zu schaffen, die Heimat nur ist, insofern sie in diesem endlichen Raum verwurzelt ist.

Ich knüpfe noch einmal an die Formulierung Binswangers an, daß „gerade da, wo du bist, ein Ort (für mich) entsteht". In dem Zusammenhang, in dem diese Wendung steht, bedeutet sie zunächst, daß die Inanspruchnahme des bestimmten Raums durch den einen diesen Raum nicht dem andern vorenthält, sondern ihm diesen erst bereitstellt. Binswanger spielt dabei auf Goethes bekannte Verse an:

> Immer war mir das Feld und der Wald und der Fels und die Gärten
> nur ein Raum, und du machst sie, Geliebte, zum Ort.[452]

Bei Goethe bedeuten diese Verse offenbar, daß die Anwesenheit der Geliebten den vordem bedeutungsleeren und darum nur flüchtig durcheilten Raum zum bedeutungserfüllten, dadurch selber geliebten Platz, zu einer Stelle bevorzugten Aufenthalts macht. Hier geht es also nicht um die Inanspruchnahme eines Raumvolumens durch den einen oder den andern, sondern – was sich schon in der Verschiebung der Bezeichnung von Raum zum Ort ausdrückt – um die Eignung eines Orts zur Stelle des Aufenthalts, zum Wohnen. Die Frage nach der räumlichen Ausdehnung ist dabei unerheblich, denn der Ort als Ort kann weder eng noch weit sein, er bezeichnet vielmehr die bestimmte, angebbare Stelle auf der Erde. Mit der Bindung an diesen bestimmten Ort beginnt dann die Begründung der Heimat.

Und nun wiederholt sich in der neuen Ebene das Miteinander, was wir an früherer Stelle noch zu abstrakt, vom Einzelnen aus, entwickelt hatten und was jetzt von der Gemeinsamkeit des Zusammenlebens her zu ergänzen ist: daß das Wohnen einen bestimmten Wohnraum, ein Haus als Ort der Geborgenheit

---

451 S. 256.
452 J.W. Goethe, Vier Jahreszeiten. I 257.

erfordert. Hier kommt es bei den Liebenden auf den Übergang von der bloßen Gestimmtheit des Verliebtseins in die bleibende Gemeinsamkeit an. Sofern es mit der Liebe ernst wird, erwächst in ihr der Entschluß, ihr über die „ewige Heimat" hinaus eine irdische Stätte zu schaffen, d.h. eine Familie zu gründen und ihr ein Haus als den Ort des gemeinsamen Wohnens zu bauen. Unter den Naturvölkern ist die Sitte weit verbreitet, daß die Eheschließung notwendig mit dem Hausbau zusammenfällt. Aber wenn auch unter heutigen Verhältnissen die Neuvermählten in der Regel nicht gleich ein eigenes Haus bauen, sondern eine Wohnung mieten und einrichten, so bleibt die Aufgabe im Prinzip doch dieselbe. Hier geschieht konkret und unmittelbar das „Einräumen des grenzenlosen, einen und unteilbaren Raums". Hier ist die Stelle, wo unmittelbar Raum, und zwar von vorn herein gemeinsamer Raum, geschaffen wird.

Ich halte mich zunächst zur Vereinfachung an den einfachsten Fall, wo ein Haus ganz neu gebaut wird, denn hier ist es unmittelbar anschaulich, was es heißt, Raum zu schaffen. Gewiß war in einem abstrakten Sinn schon vorher ein Raumvolumen da, die Anzahl von Kubikmetern Luftraum, der durch die Mauern des Hauses in einen „umbauten Raum" verwandelt wird. Aber die wirklichen Verhältnisse werden mit einer solchen Umschreibung gar nicht getroffen. Raum heißt hier ganz unmittelbar: Raum zum Leben und Raum zum Wohnen, jener Raum, der in der ersten sprachlichen Konzeption schon gemeint war, als er wie ein Hohlraum zum Wohnen aus einer nicht mehr als Raum empfundenen Umwelt, einem Waldesdickicht oder dergleichen, herausgeschlagen wurde. Dieses ist die Stelle, wo im ursprünglichsten Sinn Raum geschaffen wird. Und im Grunde ist es auch bei einer gemieteten Wohnung in einem vorhandenen Großstadthaus nicht anders; auch hier wird aus einem nur virtuellen Raum, dem Kubikmeterinhalt eines leeren Hausteils, ein wirklicher, d.h. ein menschlicher Raum geschaffen.

Dieses Raum-schaffen aber geschieht nicht in einem einmaligen Mieten und Möbelbeschaffen, sondern darin, daß diese Wohnung durch gemeinsames einträchtiges Wohnen zur Heimat wird. In der schrittweise entwickelten Wohnlichkeit der Wohnung gestaltet sich allmählich die Heimat. Wenn wir von hier aus zurückblicken, wird deutlich, wie unangemessen die Redeweise war, die von einem Aufgeben oder Behaupten eines Eigenraums sprach; denn vor der Erzeugung dieses Wohnraums war gar kein Eigenraum da, der dann anders verteilt werden könnte. Er ist von vorn herein als ein gemeinsamer geschaffen und konnte nur als dieser gemeinsame geschaffen werden, und es ist erst ein sekundärer Vorgang, wenn später, etwa beim Heranwachsen der Kinder, in diesem gemeinsamen Raum ein (relativer) Eigenraum abgetrennt werden soll.

Hiermit ist zugleich der Punkt bezeichnet, wo sich diese tiefere Problematik von den Zusammenhängen unterscheidet, die früher, ausgehend vom Beispiel des ideenflüchtigen Kranken, am bloßen euphorischen Zustand hervorgehoben waren. Auch im Zustand des gehobenen Gefühls weitet sich der Raum, und der Mensch fühlt sich in ihm, in vertrauensseliger Stimmung, „überall zu Hause" und darin über die Sorgen des täglichen Lebens erhaben. Was aber dort in einer durchgehenden Unverbindlichkeit bleibt und mit dem Wechsel der Stimmung auch jederzeit wieder in das Gegenteil umschlagen kann, das vermag hier den Raum dauerhaft zu gestalten. Und das geschieht im tätigen Aufbau einer konkreten Heimat, die die Liebenden, sobald ihre Liebe über die Unverbindlichkeit hinausgekommen ist, als einen gemeinsamen Lebensplan entwerfen und in gemeinsamer zäher Arbeit verwirklichen.

Der Philosoph, der gewohnt ist, an den Werken der Dichter zu lernen, weil sie immer wieder neue Ausblicke erschließen und an den Grenzen des Sagbaren noch einiges erleuchtend sichtbar machen, würde auch hier gern Hilfe und weiterführende Bestätigung finden. Aber hier verlassen ihn die Dichter. Über die wirkliche Gestaltung des Lebensraums in der Familie schweigen sie. Ihnen scheint es zu genügen, das Glück des Zusammenfindens zu schildern – oder auch den Schmerz, nicht zusammenfinden zu können – vom wirklichen liebenden Zusammenleben schweigen sie. Unbegreiflich! Darum mußte hier die Darstellung auf den überhöhenden Glanz des dichterischen Worts verzichten und in eigner, allzu hausbackener Prosa diese wichtigen Zusammenhänge wenigstens anzudeuten versuchen.

5. Der gemeinsame Raum freundschaftlicher Zusammenarbeit

Binswanger sieht das Problem einer gemeinsamen einträchtigen Gestaltung des konkreten diesseitigen Lebensraums durchaus, aber er behandelt es in einem etwas andern Zusammenhang, nämlich dort, wo er den „Übergang aus der unendlichen Heimat der Liebe in das umgrenzte Freundesland der Teilnahme“[453] zu verfolgen sucht. Und sicher ist daran wahr, daß neben der Liebe zwischen Mann und Frau auch die verschiedenen andern Formen sympathisierender Teilnahme mit in den Umkreis der Betrachtung hineingenommen werden müssen, weil sich in ihnen das gemeinsame Raumerzeugen in jeweils sehr verschiedenen Formen abwandelt. Aber dennoch ist der Übergang von der „unendlichen Heimat“ zum „umgrenzten Land“ nicht auf das Verhältnis von Geschlechterliebe und Männerfreundschaft zurückzuführen, sondern muß auch innerhalb der Liebe selber durchgehalten werden, indem diese mit der Begründung einer Familie und mit dem Bau eines Hauses wirklich im Irdischen diese Heimat zu schaffen unternimmt.

Binswanger hebt an der Freundschaft sehr zutreffend heraus: „Durch Teilnahme aneinander ... ‚konstituiert‘ sich hier erst die Gemeinsamkeit richtiger Gemeinschaft der Welt, welche Welt dann ‚nachträglich‘ auch wieder geteilt werden kann.“[454] Aber das gilt nicht nur für die Freundschaft im Unterschied zur

[453] S. 256.
[454] S. 256.

eigentlichen Liebe, sondern es gilt in genau demselben Sinn auch für diese selbst. Das bedeutet, wenn wir es mit möglichst anspruchslosen Worten in unsre Fragestellung zu übersetzen versuchen, daß Raum in irgend einem abstrakten Sinn gar nicht von Anfang an vorhanden ist, daß er vielmehr erst durch die gemeinsame menschliche Anstrengung, die hier als das Erzeugen einer Heimat bezeichnet wird, geschaffen werden muß. Dieser Raum ist also als durch gemeinsame Anstrengung geschaffener ein ursprünglich gemeinsamer Raum. Nur so ist die Gewinnung eines Siedlungsraums durch gemeinsame Rodung und Urbarmachung zu verstehen. So ist es entsprechend mit dem Raum des Hauses, das eine Familie gemeinsam bewohnt. Das gilt in entsprechender Weise aber auch von den verschiedenen Lebensräumen im übertragenen Sinn. Der Raum einer beruflichen Arbeit, eine „Werkstätte“ oder ein „Betrieb“ ist von Anfang an so sehr ein gemeinsamer Raum, daß die Frage nach der Aufteilung dieses Raums oder gar des Streits um einen angemessenen Raum gar nicht auftaucht. In der wechselseitigen Ergänzung der Arbeitsfunktionen ist dieser gemeinsame Raum so erfüllt, daß die Abgrenzung von Eigenräumen gar nicht sinnvoll ist. Auch hier gilt in der entsprechenden Abwandlung der schon mehrfach angeführte Satz, „daß gerade wo du bist, ein Ort (für mich) entsteht“. Das bedeutet hier, daß die Arbeitsleistung des einen erst die Arbeit des andern möglich macht. Das ist am unmittelbarsten in der Familie anschaulich, aber das gilt entsprechend von allen beruflichen Organisationen, allgemeiner von jeder Form menschlichen Zusammenlebens. Das gilt auch im großen noch vom Leben der Völker.

Erst wenn diese ursprüngliche Ordnung einmal gestört wird – und sie wird im Verlauf der Differenzierung aller Verhältnisse notwendigerweise für solche Störungen immer anfälliger – wo also die ursprüngliche Gemeinsamkeit des Raums verloren gegangen ist, da entspringt dann der rivalisierende und oft erbitterte Kampf um den eignen Lebensraum. Aber dieser ist immer erst eine spätere Möglichkeit und darf nicht als ein Kampf aller gegen alle unbesehen an den Anfang gestellt werden.

Aber es gilt auch das Umgekehrte: Dieser Kampf um den eignen Lebensraum, den die vermeintlich allein realistische Deutung als das Primäre zugrunde legt, ist nicht nur der Ausdruck einer erst später einsetzenden Störung, er ist auch nicht notwendig deren endgültiges Ergebnis und kann durch eine geeignete Beseitigung dieser Störung wieder behoben werden. Und das ist weitgehend die Sache der richtigen inneren Einstellung des Menschen. Ich erläutere dies an einem ganz einfachen Beispiel: In jeder menschlichen Arbeitsgemeinschaft, in jedem Kollegium (das Wort im weitesten Verstande genommen) gilt dieser Zusammenhang: Wo der Geist der Feindschaft, des Mißtrauens und der Rivalität herrscht, da steht in der Tat jeder dem andern im Wege, und jeder fürchtet, daß der andre ihn in den Schatten stellt, daß er ihm Raum, Arbeit, Erfolg oder sonst etwas fortnimmt. Wo sich aber das Zusammenleben vernünftig gestaltet, es braucht nicht einmal besondere Freundschaft oder Sympathie zu sein, da ist nicht nur von keiner wechselseitigen Beengung der Mitarbeiter die Rede, sondern da kommt es im Gegenteil zu einer wechselseitigen Steigerung. Der Erfolg des einen schafft zugleich neue Möglichkeiten der Leistung für den andern. Hier gilt wirklich, daß die gemeinsame Arbeit einen Lebensraum schafft, der größer ist als die Summe der einzelnen Lebensräume. Die Zusammenarbeit schafft wirklich neuen Lebensraum.

Was hier aber von der gefühlsmäßig verhältnismäßig neutralen beruflichen Arbeitsgemeinschaft gesagt wurde, das gilt verstärkt und vertieft von der auf wirklicher innerlicher Liebe beruhenden Lebensgemeinschaft der Familie. Und insofern ist das Haus in der Tat das Urphänomen eines solchen gemeinsam geschaffenen und gemeinsam bewohnten, seinem Wesen nach unteilbaren Lebensraums.

Das gilt darüber hinaus aber, ohne daß wir es im einzelnen verfolgen können, vom Leben der Völker. Wo die echte Zusammenarbeit und das echte Zusammenleben einsetzt, da ist der Kampf um den Lebensraum überwunden, weil in der echten Zusammenarbeit kein Erfolg des einen auf Kosten des andern geht, sondern jeder am gemeinsamen Erfolg mit gewinnt.

V. Die Räumlichkeit des menschlichen Lebens

1. Im-Raum-sein und Raum-haben

1. Der Ansatz bei der Intentionalität

Wir hatten einleitend zwischen der Räumlichkeit des menschlichen Lebens und dem diesem entsprechenden erlebten und gelebten Raum unterschieden,[455] aber wir hatten damals die Frage nach der Räumlichkeit als einer Wesensbestimmung des Menschen vorläufig beiseite gestellt, um zuvor möglichst unreflektiert der gegenständlichen Seite, dem erlebten Raum im Reichtum seiner inhaltlichen Bestimmungen, nachzugehen. Allerdings ließen sich die Fragen nicht völlig trennen, und so sind wir immer wieder auch auf das innere Verhältnis des Menschen zu seinem Raum gestoßen. Aber wir hatten diese „subjektive" Seite der Fragestellung nicht weiter beachtet, weil wir den gegenständlich gerichteten Gang der Untersuchungen nicht vorzeitig unterbrechen wollten. Das damals Vernachlässigte müssen wir jetzt nachzuholen versuchen. Dabei wird es sich nicht vermeiden lassen, verschiedentlich unter einem neuen Gesichtspunkt auf die früheren Erörterungen wieder zurückzugreifen.

Es handelt sich, um es zunächst in einer möglichst lockeren Weise zu formulieren, um das Verhältnis des Menschen zum Raum, oder, falls auch darin schon ein irreführender Vorgriff enthalten sein sollte, indem der Raum dabei als etwas Gegenständliches aufgefaßt werden könnte, zu dem der Mensch sich so oder anders verhalten kann, um die Frage, in welcher Weise der Raum zum Wesen des Menschen gehört.

Man sagt gewöhnlich, ohne viel nachzudenken, der Mensch befindet sich im Raum. Aber man hat mit einer solchen objektivierenden Aussage die wirkliche Fragwürdigkeit des Tatbestands schon verdeckt, und es kommt darauf an, ihn aus seiner scheinbaren Selbstverständlichkeit zu befreien. Darum hat Heidegger mit Nachdruck darauf aufmerksam gemacht, daß das Im-Raum-sein etwas anderes bedeutet, als wenn wir von einem Gegenstand sagen, daß er sich in einem Behälter befindet. Der Unterschied liegt darin, daß der Mensch kein Ding inmitten der Dinge ist, sondern ein Subjekt, das sich zu seiner Umwelt verhält und das man insofern durch seine Intentionalität kennzeichnen kann. Der Mensch ist, insofern er sich zum Raum verhält – oder vorsichtiger, insofern er sich im Raum zu den Dingen verhält – selber nichts Innerräumliches, sondern sein Verhältnis zu den Dingen ist durch seine Räumlichkeit gekennzeichnet. Oder anders ausgedrückt: die Weise, wie sich der Mensch im Raum befindet, ist keine Bestimmung des ihn umschließenden Weltraums, sondern eines auf ihn als Subjekt bezogenen intentionalen Raums.

---

[455] Vgl. oben S. 8f.

Der Mensch befindet sich an einer bestimmten Stelle im Raum, aber diese Stelle ist selber nicht innerhalb des vorgestellten Raums und in ihrem Wesen sehr schwer zu bestimmen. Man muß sich diese Stelle als einen Punkt denken, und so hatten wir auch seinerzeit in einer vorläufigen mathematisierenden Sprache von einem natürlichen Koordinaten-Nullpunkt gesprochen. Aber dieser Punkt läßt sich nicht in das Räumliche einfügen, sondern er bleibt die unauffindbare Mitte, auf die alle räumlichen Gegebenheiten durch Abstand und Richtung bezogen sind. Es ist kein Punkt, den man von außen betrachten könnte, sondern ein Hier, das sich zu einem Da und einem Dort verhält.[456]

Die Wahrnehmungspsychologie hat diesen intentionalen Raum als den (naturgemäß subjektbezogenen) Sinnesraum, vor allem als Sehraum, im einzelnen erforscht. Man kann sich die Weise, wie der Mensch um sich herum diesen Raum aufbaut, schematisierend mit einem System von Polarkoordinaten verdeutlichen, die als Richtung und Abstand auf den wahrnehmenden Menschen bezogen sind. Heidegger hat sodann, wie wir es bei der Behandlung des Handlungsraums berührt hatten, diese Zusammenhänge in den grundsätzlichen philosophischen Rahmen seiner Daseinsanalyse hineingenommen und dem inhaltlich gegliederten Raum entsprechend die „Räumlichkeit des Daseins" mit den nicht mehr psychologisch, sondern lebensmäßig zu verstehenden Bezügen „Entfernung" und „Ausrichtung" dargestellt. Dies Verständnis der Räumlichkeit ist grundlegend für alle weiteren Überlegungen.

Trotzdem haben unsre Überlegungen immer wieder über den damit angesetzten Begriff des intentionalen Raums hinausgedrängt und haben es als zweifelhaft erscheinen lassen, ob man vom Begriff der Intentionalität allein her das Wesen des Raums hinreichend begreifen kann. Aber es ist außerordentlich schwer, das sich in diesem Ungenügen Äußernde positiv zu bestimmen. Ich kann nur versuchen, einzelne dieser miteinander wieder eng verschlungenen Ansätze isolierend herauszuheben.

2. Der Raum als Medium

Zunächst das eine: So, wie der intentionale Raum sich um den wahrnehmenden und sich bewegenden Menschen aufbaut, ist er notwendig auf den jeweiligen Standort des Menschen als auf seine Mitte bezogen. Die Frage, wo und wie dieser sich im Raum befindet, kann von hier aus gar nicht sinnvoll gestellt werden, denn der Mensch ist die bleibende Mitte dieses seines Raums, und der Raum als das Beziehungssystem der Dinge wandert mit, wenn der Mensch sich bewegt. Und trotzdem, so hatten wir schon in der Einleitung betont, hat es einen guten Sinn, wenn man sagt, daß der Mensch sich im Raum bewegt und den Raum dabei

[456] Die Sprachen haben in den Ortsadverbien und Pronomen ein Mittel, die Gliederung dieser räumlichen Beziehungen sehr differenziert und sehr verschiedenartig zu entfalten, vgl. vor allem K. Bühler, Sprachtheorie. Jena 1934.

als etwas Ruhendes betrachtet. Der Mensch befindet sich „irgendwo“, an einer bestimmten Stelle im Raum, wobei der Raum, insbesondre ganz konkret die Erdoberfläche, als feststehend und alles menschliche Stehen begründend empfunden wird.

> Du, Erde, warst auch diese Nacht beständig
> und atmest neu erquickt zu meinen Füßen,[457]

so heißt es nach dem Erwachen aus dem Schlaf in dem Gefühl selbstverständlicher Sicherheit in diesem feststehenden Raum. Ein solches Bewußtsein ist vom intentionalen Raumbegriff aus gar nicht sinnvoll zu begründen. Bei diesem würde es sich bei der Veränderung im Raum nur um den Übergang von einem Koordinatensystem zu einem andern, relativ dazu sich bewegenden handeln, wobei Ruhe und Bewegung nur konventionell zu bestimmen sind.

Tiefer aber greift ein andrer Gesichtspunkt. Auch die Weise der Befindlichkeit an diesem Ort kann sehr verschieden sein, je nachdem der Mensch in der Zufälligkeit eines „irgendwo“ verloren ist oder sich an diesen einen bestimmten Ort als den ihm zugehörigen und zugewachsenen gebunden fühlt. Der Mensch kann sich im Raum verloren oder geborgen, in der Einheit mit ihm oder im Gefühl der Fremdheit zu ihm finden. So handelt es sich um Formen der Befindlichkeit im Raum, um Abwandlungen des Verhältnisses zum Raum. Der Mensch befindet sich zugleich immer „irgendwie“ im Raum.

Beim intentional vom Menschen aus aufgespannten Raum können solche Fragen gar nicht auftreten. Dieser Raum ist ein bloßes Relationssystem. Jetzt aber wird der Raum zu einer Art von Medium, in dem ich mich befinde, und erst bei einem solchen Medium kann man auch sinnvoll von einem Sich-befinden im Raum sprechen. Als ein solches Medium wird der Raum etwas Quasi-Materielles, insofern man sich jetzt wirklich zum Raum und nicht nur zu den Dingen im Raum in bestimmter Weise verhalten kann, ohne ihn dadurch zu vergegenständlichen (und ohne ihn auch wieder zu subjektivieren). Als Medium ist er ein Mittleres zwischen „Gegenstand“ und „Anschauungsform“, weder ein subjektunabhängiger „Behälter“, noch ein bloß subjektiver Entwurf. Mit dieser Redeweise vom Raum als einem Medium soll keineswegs der alte Streit über die Idealität oder Realität des Raums wieder aufgenommen werden, sie ist keineswegs als eine Hypothese über das „Wesen des Raums“ aufzufassen, sondern sie wird nur in einer behelfsmäßigen Weise aufgenommen, um das aussprechen zu können, was in der unmittelbaren Raumerfahrung phänomenal gegeben ist: daß ich mich wirklich zum Raum in verschiedener Weise verhalten kann. In diesem Sinn können Raum und Welt, Im-Raum-sein und In-der-Welt-sein nahe aneinanderrücken und manchmal fast gleichbedeutend werden. Raum ist die allgemeinste Form der Welt, wenn man von den sie erfüllenden einzelnen Dingen absieht.

---

[457] J.W. Goethe, Faust. Zweiter Teil. V 293.

3. Weisen des Raumgefühls

Was mit den verschiedenen Weisen, sich im Raum zu befinden und sich zum Raum zu verhalten, gemeint ist, wird an einer konkreten Erfahrung deutlich, die wir vorgreifend mit dem Begriff des Raumbewußtseins oder des Raumgefühls bezeichnen wollen. Es handelt sich darin um eine gewisse Gestimmtheit, die unser Verhältnis zum Raum im ganzen durchzieht und die als solche von der gefühlsmäßigen Färbung der Beziehung zu einem einzelnen Ding im Raum unterschieden ist.

Daß es solche verschiedenen Formen des Raumgefühls gibt, und daß diese aufs engste mit dem gesamten Lebensgefühl des Menschen zusammenhängen, macht schon ein Blick in die schon mehrfach berührte geistige Auseinandersetzung unsrer Zeit deutlich, die sich um die Existenzphilosophie dreht. Wir gehen am besten von Heidegger aus, bei dem diese Verhältnisse begrifflich am schärfsten durchgearbeitet sind. Heidegger charakterisiert das menschliche In-der-Welt-sein als Geworfen-sein.[458] Das schließt auch das Verhältnis zum Raum ein, und wir werden auch dieses als ein Geworfen-sein verstehen müssen. Der Mensch ist in etwas geworfen, das besagt mehr als daß er sich in einem neutralen Sinn darin befindet. Es bedeutet vielmehr, daß er ohne seinen Willen oder gar gegen seinen Willen auf eine etwas unsanfte Weise in ein ihm fremdes Medium hineingebracht ist. Wir dürfen auch den gefühlsmäßigen Nebenton nicht überhören, der dabei mitschwingt; denn dieses Wort ist mit Bedacht gewählt und hat sich nicht etwa durch Zufall eingestellt. Es ist mehr, als wenn er hineingestellt oder gar hineingepflanzt wäre. Es ist ein Moment der Achtlosigkeit und der Zufälligkeit darin enthalten. In jedem Werfen liegt eine aggressive Note. Wilden Tieren wirft man ihr Futter vor, während man den Menschen ihre Speisen etwas behutsamer darzubieten pflegt. Und so findet sich der Mensch als ein geworfener in einem ihm fremden, in einem feindlichen und unheimlichen Medium. Und so wird dann auch seine Befindlichkeit im Raum verstanden. Der Raum ist ein solches fremdes und bedrängendes Medium, in dem sich der Mensch an einer beliebigen Stelle vorfindet. Der Mensch ist darin, mit Sartre zu sprechen, „de trop", sinnlos und überflüssig.

Das ist in der Tat ein treffend gesehenes Bild vom Verhältnis zum Raum, wie es den Menschen unsrer Zeit kennzeichnet, den heimatlos gewordenen und entwurzelten Menschen. Nur muß man sich hüten, das auf den Menschen im ganzen zu übertragen, im Gegenteil: es kennzeichnet den Menschen unsrer Zeit nur, insofern ihm in seinem Verhältnis zum Raum etwas Wesentliches fehlt.

Diese Seite hat Bachelard scharf herausgehoben: „Bevor er ‚in die Welt geworfen' wird ... wird der Mensch in die Wiege des Hauses gelegt."[459] Und er betont: „Das Leben beginnt gut, es beginnt umschlossen, umhegt, ganz warm im

[458] M. Heidegger, Sein und Zeit. S. 135, S. 284, S. 345, S. 383 u.a.
[459] G. Bachelard, S. 39.

Schoße des Hauses."[459] Erst danach wird der Mensch „nach draußen geworfen", was in der Bildersprache des Hauses bedeute: „vor die Tür gesetzt".[459] Das ist bei Bachelard zunächst genetisch gesehen: Am Anfang der menschlichen Entwicklung steht eine Befindlichkeit im Raum, die nicht als Geworfenheit gekennzeichnet werden kann. Wo diese erfahren wird, ist sie erst etwas Späteres. Aber es ist zu vermuten, daß sich dahinter auch ein Wesenszusammenhang verbirgt und daß das Umhegtsein im Hause auch sachlich einen Vorrang hat. Doch lassen wir diese Frage zunächst beiseite, so kommt es vorerst darauf an, daß es eine Weise der Befindlichkeit im Raum gibt, die nicht als Geworfenheit gekennzeichnet werden kann, vielmehr dazu in einem scharfen Gegensatz steht.

Und das wiederum steht ganz in Übereinstimmung mit Heidegger, insofern er in seiner (schon früher herangezogenen) Schrift über „Bauen, Wohnen, Denken" betont, daß die Menschen das Wohnen erst lernen müssen, und in diesem Zusammenhang formuliert: „Mensch sein, heißt ... wohnen."[460] Mit dem Wohnen ist ja auf jeden Fall eine Befindlichkeit im Raum gemeint, die der der Geworfenheit grundsätzlich entgegengesetzt ist; denn Wohnen heißt doch: nicht mehr an eine beliebige Stelle eines fremden Mediums ausgesetzt sein, sondern geborgen sein im Schutz des Hauses. Daß der Mensch das Wohnen aber erst lernen müsse, kann nur so verstanden werden, daß er durch seine Anstrengung den im Verlauf einer vielleicht unvermeidbaren, auf jeden Fall aber unheilvollen Entwicklung eingetretenen Zustand des Geworfen-seins in den des Wohnens verwandeln müsse.

4. Das Wohnen

Der Begriff des Wohnens, der uns schon in der Betrachtung des Hauses als zentraler anthropologischer Begriff begegnet war, tritt darum in einer veränderten Wendung erneut in das Blickfeld der Aufmerksamkeit. Wenn es sich an der früheren Stelle[461] darum gehandelt hatte, was der Besitz des Hauses für den Menschen bedeutet, so geht es jetzt um die Verfassung des Menschen selber, die sich im Wohnen manifestiert. Und wenn damals das Wohnen mit einer gewissen Selbstverständlichkeit als das Wohnen in einem Hause verstanden worden war, so bekommt es jetzt einen umfassenderen und tieferen Sinn als die echte, dem Menschen angemessene Befindlichkeit im Raum. In diesem Sinn müssen wir jetzt den Begriff erneut aufnehmen und fragen: Was bedeutet „wohnen"? In welcher Weise konkretisiert sich in ihm das eigentlich menschliche Verhältnis zum Raum? Und was besagt die so verstandene Räumlichkeit für das Wesensverständnis des Menschen?

---

460 M. Heidegger, Bauen, Wohnen, Denken, in: Vorträge und Aufsätze. Pfullingen 1954. S. 162.

461 Vgl. oben S. 95f.

In diesem Sinn erinnern wir zunächst an das, was sich in der ersten, vorläufigen Betrachtung des Wohnens ergeben hatte:

1. Wohnen, so hatten wir gesehen, steht im Gegensatz zum zufälligen, bloß vorübergehenden Aufenthalt an einer beliebigen Stelle im Raum. Wohnen heißt an eine bestimmte Stelle hingehören, in ihr verwurzelt und zu Hause sein.

2. Wohnen, so hatten wir ferner gesehen, bedeutet einen abgeschlossenen Bereich der Geborgenheit, einen Eigenraum des Hauses zu haben, in dem sich der Mensch vor der bedrohlichen Außenwelt zurückziehen kann.

Jetzt aber müssen wir, der neuen Fragestellung entsprechend, ins Auge fassen, was dieses Wohnen, der Aufenthalt in einer bleibenden und von der Außenwelt abgesonderten Wohnung, für die innere Wesensverfassung des Menschen, für das Verständnis seiner Räumlichkeit bedeutet. Dabei fällt auf, daß das Wort „wohnen“ neuerdings einen allgemeineren Sinn gewinnt, der nicht nur auf das Bewohnen eines Hauses beschränkt ist, sondern das Verhältnis des Menschen zum Raum, die Befindlichkeit im Raum im ganzen charakterisiert. Die Räumlichkeit des Menschen im ganzen wird als Wohnen verstanden. Dieser Fragestellung müssen wir jetzt nachzugehen versuchen. Wir gehen dabei so vor, daß wir zuerst diesen Sprachgebrauch umfangsmäßig zu überblicken und dann das darin Gemeinte herauszuarbeiten versuchen.

Bei der Abgrenzung dieses Sprachgebrauchs bedienen wir uns eines Beispiels, das zwar der französischen Sprache entnommen ist (was aber an dieser Stelle nichts schadet, da zwischen den entsprechenden Wörtern kein wesentlicher unser Problem betreffender Unterschied besteht), das aber den Vorteil hat, im unmittelbaren Zusammenhang mit unserm gegenwärtigen Problemkreis zu stehen. Ich meine die sehr ausgedehnte Verwendung, die das Wort „wohnen“ (habiter) bei Merleau-Ponty gefunden hat und die mir bezeichnend zu sein scheint für die Art und Weise, wie sich seine eigne Haltung stillschweigend und ohne ausdrückliche Auseinandersetzung von der existentialistischen Position Sartres abhebt.

Wir hatten schon an früherer Stelle[462] darauf hingewiesen, daß das Wort wohnen (habiter) bei Merleau-Ponty gradezu zu einem Schlüsselwort geworden ist, das Verhältnis zur Welt und zum Leben zu bezeichnen. Und grade die Tatsache, daß er keine Definition des Worts gibt, daß er überhaupt über das Wesen des Wohnens nicht reflektiert zu haben scheint, sondern das Wort sich bei ihm ganz wie von selbst grade dort einstellt, wo er ein mit überkommenen Mitteln nicht zu fassendes Seinsverhältnis auszusprechen versucht, läßt es als besonders geeignet erscheinen, an ihm die neue Wendung im Raumgefühl zu verdeutlichen.

Merleau-Ponty gebraucht das Wort habiter in einem so allgemeinen Sinn, daß er in einer seiner letzten Arbeiten gradezu sagen kann, daß die Menschen

---

[462] Vgl. oben S. 98.

das Sein bewohnen[463] (wobei es eine gewisse Übersetzungsschwierigkeit macht, daß das französische habiter auch transitiv gebraucht wird, was wir im Deutschen mit „bewohnen" nur mit einer gewissen Härte wiedergeben können; in etwas wohnen und etwas bewohnen bleiben durch eine kleine Nuance unterschieden). Diese Wendung „das Sein bewohnen" bezeichnet in der Tat in einer glücklichen Weise das neue Verhältnis zum Sein. Merleau-Ponty scheint sich auch des grundsätzlich anderen Charakters dieses neuen Verhältnisses durchaus bewußt gewesen zu sein, denn er beginnt seine letzte Arbeit „L'œil et l'esprit" mit dem programmatischen Satz: „Die Wissenschaft manipuliert die Dinge und verzichtet darauf, sie zu bewohnen."[464] Damit wird deutlich die wissenschaftliche Objektivität mit ihrer Gegenüberstellung des Objekts[465] von der Innigkeit des Bewohnens unterschieden. So spricht er allgemein davon, daß wir die Welt bewohnen.[466]

Um zu begreifen, was mit diesem Wort gemeint ist, müssen wir den Sprachgebrauch bei Merleau-Ponty ein wenig genauer betrachten, um aus dem Vergleich der verschiedenen Anwendungsmöglichkeiten und in ihrer wechselseitigen Erhellung das darin Gemeinte deutlicher zu machen.

1. Die Grundbedeutung ist natürlich die, die wir bisher allein ins Auge gefaßt hatten, das Bewohnen eines Hauses. Von dieser her sind die andern Bedeutungen verstanden. Auch das andre Wohnen geschieht, „wie der Mensch sein Haus bewohnt".[467] Aber umgekehrt muß auch dieses Bewohnen des Hauses dann rückwirkend von den andern, erweiterten und übertragenen Bedeutungen her verstanden werden.

2. Der Begriff des Wohnens wird sodann aber auch benutzt, um das Verhältnis der Seele zu ihrem Leib zu bezeichnen. „Die Seele bewohnt den Leib",[468] das ist bei Merleau-Ponty eine gern gebrauchte Wendung. Er meint damit das enge Verhältnis der „Inkarnation" der Seele in einem räumlichen Gebilde. Wenn dies Verhältnis als Wohnen bezeichnet wird, so ist es allerdings ein Wohnen besonderer Art, denn die Seele kann diese „Wohnung" im Leib nicht verlassen, wie der Mensch sein Haus verlassen kann, sie kann nicht „ausziehen", ohne überhaupt aus dem Leben zu scheiden. Daher wird man diese sprachliche „Gleichung" eher in der umgekehrten Richtung lesen müssen: daß das Verhältnis des Menschen zu seinem Haus in der Innigkeit seines Verhältnisses zu seinem Leib begriffen wird. Auch das Wohnen in einem Haus ist eine Art von Inkarnation.

---

463 M. Merleau-Ponty, Signes. Paris 1960. S. 20. Wegen zahlreicher Hinweise auf Merleau-Ponty bin ich der im Entstehen begriffenen Arbeit von W. Maier, Das Problem des Leibes bei Sartre und Merleau-Ponty, Diss. Tübingen 1963, zu besonderem Dank verpflichtet.

464 M. Merleau-Ponty, L'œil et l'esprit. Les Temps Modernes. No. 184–185. S. 193.

465 Vgl. M. Merleau-Ponty, Phénoménologie de la perception. Paris 1945. S. 382f.

466 S. 462, S. 491 ; Signes, S. 69 u.a.

467 M. Merleau-Ponty, L'œil et l'esprit, S. 200.

468 M. Merleau-Ponty, Phénoménologie, S. 369 u.a.

3. Dies enge Verhältnis kommt in einem andern Sprachgebrauch noch deutlicher zum Ausdruck. Merleau-Ponty spricht auch davon, daß der Sinn oder die Bedeutung in einem Wort wohnt. „Das Band von einem Wort zu seinem lebendigen Sinn ist nicht ein äußerliches Band im Sinn einer Assoziation; der Sinn bewohnt das Wort, und die Sprache ist nicht eine äußere Begleiterscheinung von geistigen Vorgängen."[469] Ähnlich spricht er auch davon, daß man in der Einfühlung auch den Leib eines andern Menschen bewohnen könne,[470] d.h. daß im wahrgenommenen Ausdruck der Sinn unmittelbar enthalten sei. Wenn hier die Einheit von Wort und Bedeutung und am Beispiel des einfühlenden Verstehens die von mimischem Ausdruck und dem darin ausgedrückten Seelischen mit dem Wort „wohnen" bezeichnet wird, so wird daran deutlich, daß umgekehrt mit dem Wort „wohnen" eine solche unauflösliche Einheit von Wohnung und Bewohner gemeint ist.

4. So kann das Wort auch so gebraucht werden, daß die Menschen die Welt bewohnen.[471] Das bedeutet, daß sie nicht beliebig auf der Welt vorkommen, sondern mit ihr durch ein solches Vertrauensverhältnis verbunden sind wie das der Seele zu ihrem Leib, das des Ausgedrückten zu seinem Ausdruck. Er spricht davon, daß die Menschen die Welt in einer jeweils verschiedenen Weise bewohnen, die dann vom Maler in der künstlerischen Darstellung sichtbar gemacht werden kann.[472] Er betont, daß „das Auge das Sein bewohnt wie der Mensch sein Haus".[473] Bewohnen bedeutet hier die Form eines vertrauend-verstehenden Verbundenseins. Das gilt von der Welt im ganzen wie von den einzelnen Dingen. „Der Mensch bewohnt die Dinge", wie die schon angeführte Wendung lautet; das bedeutet: er ist so innerlich mit ihnen verbunden, daß sie ihm nicht mehr äußere Gegenstände sind, sondern als Träger eines tieferen Seins in sein Leben einbezogen.

Wenn wir das bis hierher entwickelte Sprachverständnis zusammenfassen, so dient der Begriff des Wohnens dazu, die unlösbare Einheit zu bezeichnen, mit der etwas Seelisches „in" etwas Leiblichem verkörpert ist. Und so kann er dann auch benutzt werden, in einer allgemeinen Weise das Verhältnis des Menschen zum Raum zu bezeichnen. Der Mensch bewohnt für Merleau-Ponty den Raum. Und wir werden versuchen müssen, das darin enthaltene Verständnis des Raums herauszuheben.

Wir brauchen uns nicht dabei aufzuhalten, daß der Mensch alle Bereiche der Welt mittels seines Leibes bewohnt;[474] denn dabei erscheint der Leib nur als Instrument, mit dessen Hilfe er sich zur Welt verhalten kann (nicht viel anders als für Schopenhauer der Leib als das „unmittelbare Objekt" gegeben war). Über

[469] S. 215.

[470] S. 225.

[471] S. 462, S. 491.

[472] M. Merleau-Ponty, Signes, S. 68.

[473] M. Merleau-Ponty, L'œil et l'esprit, S. 200.

[474] M. Merleau-Ponty, Phénoménologie, S. 359.

das Wesen des Wohnens wird darin also noch nichts ausgesagt. Wichtiger schon ist, daß Merleau-Ponty unsern Leib selber in seiner Raumhaftigkeit als die Urform aller andern Raumerfahrung zu begreifen sucht. „Der Leib", so sagt er einmal, „ist der Heimatraum der Seele und die Matrize für jeden andern existierenden Raum."[475] Der Leib ist hier nicht nur ein Werkzeug, durch das der Raum erfahren wird, sondern selber ein erfahrener Raum, und zwar der ursprünglichste erfahrene Raum, nach dessen Vorbild alle andern Räume verstanden werden. So sind wir nicht als ein raumloses Subjekt, sondern durch den Leib als ein selber räumliches Gebilde eingesenkt in den größeren umfassenden Raum. Darauf müssen wir in der Behandlung des Leibes noch zurückkommen.

5. Von hier aus ist es zu verstehen, daß der Begriff des Wohnens auch auf das Verhältnis zu Raum und Zeit angewandt wird. „Der Leib bewohnt den Raum und die Zeit."[476] Wenn auch an der konkreten Stelle, wo Merleau-Ponty dies durchführt, mehr an die unauflösbare Verschränkung in Raum und Zeit gedacht wird, und so das Wohnen in einem Atem mit dem Engagiert-sein, mit dem Eingelassen-sein in die Situation gebraucht wird, um die Idee eines weltlosen Subjekts zurückzuweisen, so müssen wir besonders auf die unausdrückliche Interpretation des Verhältnisses zum Raum achten, die durch den mit dem andersartigen Sprachgebrauch angesättigten Begriff des Wohnens gegeben ist. Von da her werden wir vielleicht sogar Bedenken anmelden müssen, den Begriff des Wohnens auch auf das Verhältnis zur Zeit auszudehnen, und eher sagen: der Mensch bewohnt den Raum, aber nicht die Zeit, so daß ein wesentlicher Unterschied zwischen Raum und Zeit darin zum Ausdruck kommen würde. Doch zunächst müssen wir den Merleau-Pontyschen Sprachgebrauch hinnehmen, wie er einmal ist.

Fassen wir zusammen, so wohnt der Mensch oder das Ich im Leib, im Haus, in den Dingen, in der Welt, in Raum und Zeit. Aber auch der Sinn wohnt im Wort und im Zeichen, das ausgedrückte Seelische im Ausdruck. Wenn wir so das weite Feld dieser Anwendungsmöglichkeiten im Rückblick noch einmal an uns vorüberziehen lassen, so wird deutlich, daß im Aufzählen der Beispiele zugleich gewisse Grundzüge des Verständnisses hervorgetreten sind, die es erlauben, so verschiedenartige Verhältnisse unter dem gemeinsamen Begriff des Wohnens zusammenzufassen. Überall geht es darum, eine besondre Innigkeit des Verhältnisses zu bezeichnen, mit der etwas Seelisches oder Geistiges in etwas Räumlichem gewissermaßen eingeschmolzen ist. Das ist ein Verhältnis, das sich mit den gewohnten begrifflichen Mitteln schwer ausdrücken läßt. So war an einer Stelle das Wohnen gradezu in einen Gegensatz zur wissenschaftlichen Haltung gebracht worden. Und nur gleichsam umschreibend, nur als indirekte Hinweise stellen sich dann Ausdrücke wie Inkarniert-sein, Engagiert-sein und ähnliche ein.

---

475 M. Merleau-Ponty, L'œil et l'esprit, S. 211.

476 M. Merleau-Ponty, Phénoménologie, S. 162, vgl. S. 118f., S. 164.

Wir müssen jetzt versuchen, das damit umschriebene Verhältnis zum Raum schärfer in den Blick zu bekommen.

5. Das Raum-haben

Darum nehmen wir den früheren Faden noch einmal wieder auf, als wir von den Schwierigkeiten sprachen, die sich ergeben, wenn man die Gegebenheitsweise des Raums von der intentionalen Bezogenheit her aufzuhellen versucht. Vielleicht war es schon von vorn herein zu eng, oder zum mindesten einseitig angesetzt, wenn wir beim Verhältnis des Menschen zum Raum von einem „Sein-im-Raum“ ausgingen. Wir müssen uns fragen, ob es überhaupt eine ursprüngliche, im Sinn des naiven Sprachgebrauchs sinnvolle Aussage ist, wenn wir sagen: der Mensch ist im Raum, oder: er befindet sich im Raum, oder ob dabei nicht die Verhältnisse schon im Sinn des abstrakt-mathematischen Raumbegriffs neutralisiert sind. Man kann wohl sagen: der Mensch ist zu Hause, er befindet sich in seinem Arbeitszimmer. Er ist drinnen und nicht draußen. Aber das hat mit der Frage seines inneren Verhältnisses zum Raum, seiner Räumlichkeit im Sinn des intentionalen In-seins nichts mehr zu tun. Das ist hier nicht anders als bei einem Gefäß, etwa der Tasse im Schrank. Es bezeichnet den bestimmten Innenraum, in dem man den Menschen suchen und finden kann. Immer bleibt hier der Mensch in einem bestimmten Raum, und die Aussage bleibt im Bereich der objektivierenden Feststellung. Der Mensch wird nicht anders betrachtet als ein Ding, das sich in dem betreffenden Raum befindet.

Außerhalb des Hauses aber ist der Mensch nicht mehr in einem Raum, sondern an einem bestimmten Ort oder in einem bestimmten Gebiet. Die Aussage, daß der Mensch sich auch dann noch in einem abstrakten Sinn „im Raum“ befindet, „im Raum schlechthin“, hat für das noch nicht durch den wissenschaftlichen Sprachgebrauch verdorbene Sprachgefühl keinen konkret angebbaren Sinn. Und wir müssen uns sehr vor solchen nachlässig ausgesprochenen abstrakten Formulierungen hüten, die sich nicht in einer Anwendung auf die konkrete Lebenssituation verifizieren lassen.

Wenn man auf den unreflektierten Sprachgebrauch zurückgeht, um aus ihm die ursprüngliche Weise, wie dem Menschen so etwas wie Raum gegeben ist, abzulesen, so finden wir hier die Zusammenhänge in einer ganz andern Weise aufgefaßt. Wir müssen dazu noch einmal auf die einleitenden Hinweise über Sprachgebrauch und Sprachgeschichte zurückgreifen. Raum, so hatten wir damals gesagt, ist etwas, was vorhanden ist, was mehr oder weniger vorhanden ist und an dem es manchmal auch fehlt.[477] Man spricht von einem Raumbedarf, von einem Raummangel oder Raumüberfluß und gegebenenfalls sogar von einer Raumverschwendung. Der Mensch braucht Raum. Er kann dabei mehr oder

[477] Vgl. oben S. 19f.

weniger Raum beanspruchen. Raum ist jedenfalls etwas, was man haben oder nicht haben kann. Und dies ist etwas völlig anderes, als wenn wir sagen, daß sich der Mensch im Raum befindet. Wir können es vielleicht zuspitzen, indem wir sagen: der Mensch befindet sich oder „ist" in einem bestimmten und umgrenzten Raum, aber er hat Raum überhaupt. Im ersten Fall, immer mit einem Artikel verbunden, handelt es sich um einen konkreten, quantitativ bestimmbaren Raum, im zweiten Fall dagegen, stets ohne Artikel gebraucht, um einen Raum, der so eng mit dem Menschen verbunden ist, daß er sich jeder quantitativen Erfassung entzieht. Dieser Raum, den der Mensch in einer zunächst noch unbestimmten Weise hat, ist ursprünglicher als der Raum, in dem er an einer bestimmten Stelle „ist", und mit ihm erst kommen wir auf den eigentlichen Grund der menschlichen Räumlichkeit.

Es sind als drei so verschiedene Raumbegriffe, daß man sie am besten schon sprachlich verschieden bezeichnen sollte. Um aber keine allzu sprachwidrigen Neuprägungen einzuführen, bezeichnen wir den neuen Raum vorläufig etwas ungeschickt als den „Raum, den man hat". Von einem „gehabten" oder „besessenen" Raum zu sprechen, wäre unzweckmäßig, weil er dann als ein Raum verstanden werden könnte, den man in der Vergangenheit einmal gehabt oder besessen hat und den man jetzt eben nicht mehr hat. Zu dem innerweltlich-objektiven Raum, in dem die Dinge und Menschen vorhanden sind, und dem intentionalen Raum, der sich in Abständen und Richtungen um das menschliche Subjekt aufbaut, tritt hier also als dritter Raumbegriff der „Raum, den man hat".

Hier ist nicht der Ort, das allgemeinere Problem des Habens weiter zu verfolgen, das sich von der Frage nach der menschlichen Räumlichkeit her mit besondrer Eindringlichkeit auftut und das sich als tiefer greifend und wesentlich verwickelter erweist als das in der Philosophie bisher so einseitig bevorzugte Seinsproblem. Die ursprünglichen Bestimmungen des menschlichen Lebens sind die des Habens und nicht des Seins (wobei das Haben selber ein sehr vielfältig modifizierter Begriff ist), und erst vom Haben her kann überhaupt gefragt werden, was im menschlichen Bereich das „sein" bedeutet. Wir müssen uns hier auf den einen, sich vom Raum her eröffnenden Aspekt beschränken und können in diesem Sinn unsre Überlegungen auf die Frage zuspitzen: Was meint die Aussage: Der Mensch hat Raum? In welchem Sinn kann man „Raum" oder „einen Raum" haben? Und wie kann man gar das Ausmaß von Raum bestimmen, das der Mensch „braucht"?

6. Der Eigenraum

Zunächst scheint alles ganz einfach, und nur Spitzfindigkeit scheint eine solche Frage hervorgetrieben zu haben. Wir brauchen dabei nicht einmal auf die triviale Tatsache hinzuweisen, daß der Mensch durch seinen Leib ein bestimmtes Raumvolumen einnimmt. Das ist hier ja nicht gemeint, sondern daß der Mensch um sich herum so viel freien Raum braucht, wie notwendig ist, damit er sich bewegen kann, ohne anzustoßen und dadurch in seiner Bewegung behindert zu werden. Enge und Weite sind die Grundbestimmungen dieses vom Menschen benötigten Raums. Wäre der Mensch für sich allein auf der Welt, oder wäre er etwa in der Wüste, so hätte er am meisten Raum. Aber er hätte schon so viel, daß für ihn der Raum nie zum Problem werden würde. Zum Problem wird er erst, wenn der Mensch mit seinem Raumbedarf auf den der andern Menschen stößt. Und das heißt wiederum nicht, daß er auf deren Körper stößt, sondern daß er auf den von diesen beanspruchten Bewegungsraum stößt, wobei Bewegung jetzt wieder in einem allgemeinen und über die bloß räumlich-leibliche Bewegung hinausgehenden Sinn genommen ist. Der Raum, den der Mensch braucht und den er im konkreten Fall hat oder nicht hat, ist also das, was man in einem allgemeinen Sinn seinen Bewegungsraum oder vielleicht besser (wenn das Wort nicht durch einen nachlässigen Sprachgebrauch abgenutzt wäre) seinen Lebensraum nennen kann.

Weil aber die Bewegungsfähigkeit in diesem Raum immer durch von außen kommende Störungen, durch das Eindringen andrer Menschen und durch Witterungsverhältnisse usw. gefährdet ist, muß der Mensch sich seine Bewegungsfreiheit sichern, d.h. er muß seinen Raum verteidigen und gegen das Eindringen störender Einflüsse schützen. Das kann auch ohne sichtbare Veränderung durch seine jederzeit wache Verteidigungsbereitschaft geschehen. Das kann aber auch in einer dauerhaften Weise geschehen, indem er durch Hecken und Zäune, durch Wälle und Mauern seinen Raum gegen die Außenwelt abgrenzt und gegen das Eindringen fremder Mächte sichert, indem er mit einem schon früher gebrauchten Begriff seinen Raum umfriedet. Und mochten vorher die bloßen Bewegungsräume (wie etwa beim Straßenverkehr) sich gegenseitig überschneiden, ohne sich zu behindern, so entstehen jetzt dem Menschen ausschließlich zugehörige Räume. Der offene Bewegungsraum wird zum abgegrenzten Besitzraum. Wir sprechen in einem allgemeinen Sinn von einem Eigenraum und haben damit die früher offen gebliebene Bezeichnung für den Raum, den der Mensch hat, nachgeholt.

Damit verändert sich das Verhältnis des Menschen zum Raum. Der Mensch „hat" den Raum nicht mehr im unbestimmten Sinn des Verfügbar-habens, nur augenblicklich und zufällig, während es im nächsten Augenblick auch wieder anders sein kann, sondern das „Haben" bekommt jetzt den prägnanteren Sinn des Besitzens. Es ist sein Raum, der ihm in einer ausschließlichen Weise gehört, den er als seinen Raum besitzt und als seinen Besitz verteidigt. Dabei wird zugleich aus der allgemein verstandenen, nicht genauer bestimmbaren Mengenbezeichnung „Raum" der konkrete, umgrenzte und abgegrenzte Raum, den der Mensch sein eigen nennt.

Wie groß der vom Menschen beanspruchte und besessene Eigenraum ist, bleibt im einzelnen Fall sehr verschieden. Die Dämonie des maßlosen Strebens nach Raumbesitz hat Tolstoi in seiner Erzählung „Der Tod des Iwan Iljitsch" sehr drastisch vor Augen geführt.[478] Und dennoch ist der Hinweis auf den geringen Raum, den der Mensch später einmal im Sarge beansprucht, nur als Mahnung, nicht als Beantwortung unsrer Frage aufzufassen; denn streng genommen bricht im Tode der Eigenraum überhaupt zusammen, weil die Frage nach dem notwendigen Bewegungsspielraum ihren Sinn verliert. Aber auch innerhalb dieses Bewegungsspielraums gibt es offenbar noch sehr verschiedene Weisen, wie der Mensch seinen Eigenraum haben kann, und das Tolstoische Beispiel veranschaulicht nur einen letzten Grenzfall, wo der „entfremdete" Raum zum veräußerlichten Besitz geworden ist. Demgegenüber hebt sich dann die Aufgabe einer „Aneignung", d.h. einer Einbeziehung des besessenen Raums in das lebendige Leben ab, und es zeigt sich die Gefahr der Ausdrucksweise, die dieses Haben ohne weiteres als Besitzen gefaßt hat, weil dieses zu leicht in einer solchen veräußerlichten Weise gefaßt werden kann.

2. Formen des Eigenraums

1. Drei Bereiche des Wohnens

In welchem Sinn kann man also sagen, daß der Mensch einen Raum „besitzt", daß ihm ein Eigenraum „gehört"? Denn Besitzen im unmittelbaren Wortsinn kann man doch nur die Dinge, und der Raum entzieht sich der Greifbarkeit, in der wir besitzend über die Dinge verfügen. Die Beantwortung dieser Frage ist untrennbar mit der konkreten Bestimmung des vom Menschen besessenen Raums verbunden.

Die Weise, wie wir einen Eigenraum lebendig besitzen, bezeichnen wir als „bewohnen" und nehmen damit den Begriff des Wohnens in einer allgemeineren Bedeutung auf. Wir unterscheiden dabei im gegenwärtigen Zusammenhang nicht zwischen „wohnen" und „bewohnen". Der Mensch bewohnt seinen ihm gehörigen Raum oder er wohnt in seinem Raum, das nehmen wir hier als gleichbedeutend, obgleich im ersten Fall der Aspekt des Habens, im zweiten Fall der des Darinnen-seins stärker betont wird. Sein und Haben verschlingt sich hier in untrennbarer Weise.

In dem Überblick über den Gebietsumfang des Wortes „wohnen" hatten sich drei Formen eines solchen Eigenraums herausgehoben:

1. der Raum des eignen Leibes,
2. der Raum des eignen Hauses,
3. der umschließende Raum überhaupt.

Dabei ist unter Haus in einem allgemeinen Sinn jeder über den Leib hinausgehende abgeschlossene Eigenbereich verstanden, in dem sich der Mensch auf-

---

[478] Graf Leo Tolstoi, Sämtliche Erzählungen, hrsg. von G. Drohla. Frankfurt a.M. 1961. S. 603ff.

halten und mit Sicherheit bewegen kann. Ferner ist unter „Raum überhaupt" jeder umfassende Raum gemeint, der nicht mehr durch eine erkennbare Grenze als ein Innenraum von einem Außenraum unterschieden ist. Warum wir auch diesen Raum in den Eigenraum einbeziehen müssen, wird erst in der Folge deutlich werden.

In den drei Fällen wird die Form des Habens oder Besitzens von Eigenraum jeweils verschieden sein, und darum wird man hoffen können, durch eine vergleichende Betrachtung der drei Möglichkeiten tiefer in das Verhältnis zum Raum und damit in das Wesen der menschlichen Räumlichkeit eindringen zu können.

2. Der Leib

Auf den Leib brauchen wir hier nur insofern einzugehen, als wir daraus etwas für das allgemeine Verständnis des Raums entnehmen können. Dabei ist aber wiederum noch eine doppelte Fragerichtung zu unterscheiden:

1. Der Leib ist einmal das Werkzeug, durch dessen Hilfe, nämlich durch dessen Sinnesorgane und Bewegungsfähigkeit uns der Raum gegeben ist. Er gehört insofern zur Organisation des den Raum erlebenden Subjekts.

2. Der Leib ist sodann selber ein Raum, ein Eigenraum, und damit ein Teil des uns umgebenden Raums. Er gehört insofern auch auf die Seite des erlebten Objekts.

Und die eigentümliche Schwierigkeit beruht darauf, daß beides wiederum aufs engste miteinander zusammenhängt.

a) Leib und Außenraum

In der ersten Richtung knüpfen wir noch einmal an die Struktur des intentionalen Raums an. Der Mensch, so hatten wir gesehen, befindet sich im Mittelpunkt seines Raums, an einem „Hier", das sich zu einem „Da" und einem „Dort" verhält. Aber wenn man versucht, dieses „Hier" genauer zu bestimmen, kommt man bald in Schwierigkeiten. Natürlich, so sagt man, ich bin „hier", d.h. an dieser Stelle im Raum. Das ist im täglichen Leben auch ganz selbstverständlich. Wenn ich etwa im Dunkeln nicht zu sehen bin, dann kann ich durch einen Ruf zu erkennen geben, „wo" ich mich befinde, und der andre weiß dann, wo er mich zu suchen hat. Aber wenn ich genauer frage, so hat dieses „wo", diese Stelle, an der ich mich im Raum befinde, eine eigentümliche Unbestimmtheit und ist schwer auf den Zentimeter genau zu fixieren. Wenn ich etwa im Dunkeln nach jemand greife und ihn am Arm packe, ist er dann da, wo ich den Arm packe? Oder ist dieses „wo" mit dem von seinem Körper eingenommenen Volumen gleichzusetzen? Dann aber hätte man den Menschen mit seinem Leib identifiziert und damit grade die Intentionalität seiner räumlichen Verfassung verfehlt. Also müßte ich versuchen, einen Punkt in meinem Leib zu bestimmen, der meine Stelle im Raum bezeichnet.

Für das Sehen mit nur einem Auge ist dieser Punkt im Innern meines Augapfels ziemlich genau bestimmt. Sobald ich aber mit beiden Augen stereoskopisch sehe, löst sich diese Bestimmtheit schon wieder auf. Das „wo" wäre irgendwo unbestimmt zwischen beiden Augen gelegen. Aber es wäre eine sinnlose Exaktheit, es genauer bestimmen zu wollen. Es ist eben nicht näher lokalisierbar. Und die Unbestimmtheit wächst, wenn man auch die andern Sinne hinzunimmt oder gar die Bewegung im Raum mit einbezieht. So hat man etwa darauf aufmerksam gemacht, daß der Sitz des Fühlens für das instinktive Bewußtsein tiefer liegt, in der Gegend des Herzens, und daß diese Mitte beim Tanzen sich dann weiter in die Gegend des Körperschwerpunkts verlagert.[479] Wir müssen schon sagen: das „hier" im Raum ist nur mit einer durch die Abmessungen meines Körpers bedingten Unbestimmtheit gegeben. Es wäre eine sinnlose Spielerei, darüber hinauszugehen.

Somit bekommt der Leib als ganzer eine ausgezeichnete Bedeutung für das Verständnis der menschlichen Räumlichkeit. Zwar können wir leicht sagen, daß das Ich, das sich im Raum verhält, nicht identisch ist mit dem Körperding Leib. Aber der Leib ist auch wieder kein Körperding. Das wird er erst als Leichnam. Der Leib ist in einem unmittelbaren Sinn der „Sitz" meines Ich, und die ganze räumliche Welt ist mir erst durch den Leib vermittelt, oder besser vielleicht: ich bin durch meinen Leib eingelassen in die räumliche Welt. Sartre und Merleau-Ponty haben dies sehr scharf herausgearbeitet: Die Welt ist mir à travers mon corps, gewissermaßen quer durch meinen Leib hindurch gegeben, der selber eben auch etwas räumlich Ausgedehntes ist und dessen verschiedene Sinnesorgane ja schon durch räumliche Abstände voneinander getrennt sind. So bedeutet à travers mon corps mehr als vermittels meiner Sinne; denn die Sinne kann ich noch als räumlich ausdehnungslose Subjektpunkte betrachten, der Leib aber ist ein selber räumlich ausgedehntes Gebilde, durch das ich gewissermaßen in den Raum eingelassen bin, mit einem eignen Raumvolumen, und durch eine Oberfläche nach außen hin abgegrenzt, also wirklich eine Art von Innenraum, der sich von einem Außenraum unterscheidet. Dieser Leib ist als ein solches Raumgebilde nicht mehr reines Subjekt, aber auch noch nicht reines Objekt, sondern eigentümlich in der Schwebe.

b) Die Unauffälligkeit des Leibes

Damit sind wir ohne scharfe Scheidung schon von der ersten zur zweiten Betrachtungsweise übergegangen. So aber ergibt sich die Frage: in welcher Weise

---

[479] Vgl. K. Bühler, S. 131 und E. Straus, S. 167f.

ist dem Menschen überhaupt sein Leib als ein solches räumliches Gebilde gegeben? In welcher Weise „hat" er seinen Leib? Oder wie ist überhaupt sein Verhältnis zu seinem Leib zu bestimmen?

Diese Frage überrascht; denn der naive Mensch stellt sie sich nicht und kann sie auch gar nicht stellen. Sein Leib tritt ihm überhaupt nicht in das Blickfeld seiner Aufmerksamkeit, sondern er ist gewissermaßen schon immer über seinen Leib hinweg unmittelbar bei den Dingen seiner Welt. Sartre drückt das einmal sehr scharf aus, indem er sagt: „Der Leib ist das Übergangene, das ‚stillschweigend Geschehene'."[480] Er vergleicht den Leib mit einem Zeichen. Ähnlich wie das Zeichen ist auch der Leib „das auf die Bedeutung hin Überschrittene". Ich bin also nicht bei meinem Leib, sondern immer schon über meinen Leib hinaus bei den Dingen, mit denen ich mich beschäftige.

Darum nimmt der Leib für das naive Bewußtsein auch gar keinen eignen Raum ein, sondern der Raum beginnt erst jenseits des Leibes, erst außerhalb der Haut. Der Leib ist gewissermaßen ein „Unraum", wie gar nicht vorhanden, nur der Anfang aller räumlichen Entfernungen. Der Leib hat für das System aller Abstände im Raum nur die Funktion des Punktes, des Nullpunktes. Er ist selber gleichsam zu einem Punkt zusammengeschrumpft.

Es sind erst bestimmte Grenzerfahrungen, durch die mir mein Leib als räumliches Gebilde zum ausdrücklichen Bewußtsein kommt. Dahin gehört z.B., wenn er uns bei unsrer Bewegung im Raum durch seine „Sperrigkeit" im Wege ist und sich uns insofern aufdringlich bemerkbar macht (etwa wenn wir als Lausbuben durch ein Loch im Zaun nicht mehr hindurchkommen). Dahin gehört vor allem, daß er sich uns im Schmerz aufdrängt und wir in der Krankheit plötzlich die uns bis dahin völlig fehlende Erfahrung von unsern eignen Organen und ihrer Lage innerhalb des Leibes machen.[481] Das hat Plügge in einer sehr überzeugenden Weise herausgearbeitet. Aber dabei ist immer zu beachten, daß es erst der uns durch Krankheit entfremdete Leib ist, der so in das Blickfeld unsrer Aufmerksamkeit tritt. Dahinter aber zeichnet sich die weitere und tiefere Frage ab: Wie ist uns der Raum unsres eignen Leibes gegeben, wenn wir zu ihm noch das gesunde Verhältnis haben und er noch nicht durch den Schmerz oder andre Störungen objektiviert ist? In diesem Sinn fragen wir jetzt nach der unmittelbaren Gegebenheit des Leibes.

c) Die Inkarnation als Weise des Leib-habens

Wenn man von dem Begriff des Habens ausgeht, so kann man natürlich mit der Feststellung beginnen: Der Mensch hat seinen Leib. Aber das führt bald auf

---

[480] J.-P. Sartre, S. 429.

[481] H. Plügge in einer im Entstehen begriffenen Arbeit über die Gegebenheit des Leibes, sowie in: Wohlbefinden und Mißbefinden. Tübingen 1962.

Schwierigkeiten, die vor allem Marcel im einzelnen analysiert hat; denn der Mensch „hat“ seinen Leib nicht in der Weise, wie er seinen sonstigen Besitz hat. Er kann nicht in gleicher Weise über seinen Leib verfügen. Er ist mit ihm irgendwie enger verbunden. Es handelt sich dabei nach Marcel um eine „geheimnisvolle und innige Verbindung zwischen mir und meinem Leib.“[482] Man kann sich von seinem Leib nicht distanzieren. Darum gibt es auch hier nicht das für das sonstige Haben bezeichnende Problem der Aneignung, d. i. der inneren Einbeziehung des zuvor schon äußerlich Besessenen, wie man beispielsweise ein nur äußerlich besessenes Kunstwerk durch lebendigen Umgang sich innerlich einverleiben kann. Der Leib ist im lebendigen Gebrauch immer schon angeeignet, er ist schon einbezogen in die Person.

Der Mensch „ist“ irgendwie sein Leib. So entspricht es auch unmittelbar dem naiven Bewußtseins, das zwischen Person und Leib nicht unterscheidet. Es sei nur an den Anfang der Ilias erinnert, wo der Zorn des Achilleus

> die Seelen so vieler gewaltiger Helden zum Hades
> sandte, aber sie selbst zum Raub den Hunden gewährte
> und den Vögeln zum Fraß.[483]

Der Mensch „selber“ wird also auch hier noch ganz naiv mit seinem Leib gleichgesetzt und seine Seele davon unterschieden. In derselben Weise identifiziert sich ja auch heute noch der naiv lebende Mensch mit seinem Leib. Darum empfindet er die Berührung seines Leibes unmittelbar als einen Angriff auf seine Person. Er fühlt sich in seiner Person getroffen, wenn er vom andern „angefaßt“, etwa am Ärmel gezupft, festgehalten oder gar mit einem Schlag getroffen wird. Er fühlt sich dadurch nicht nur äußerlich, an seinem bloßen Leib, sondern wirklich innerlich in seiner an der Person haftenden Ehre getroffen.

Insofern ergibt sich ein Verhältnis, das man gradezu als das einer Identifikation mit seinem Leib bezeichnen könnte, wenn es vielleicht auch nur eine partielle Identifikation ist, die auf einer höheren Ebene zugleich ein gewisses Maß von wenigstens gedanklicher Distanzierung zu dem, was einem am Leibe widerfährt, zuläßt. So wäre es verkehrt zu sagen, wir hätten unsern Leib, weil wir über ihn nicht verfügen wie über einen verfügbaren Besitz. Der Leib steht uns irgendwie näher als alles, was wir haben. Aber zu sagen, wir sind unser Leib, ist ebenfalls unmöglich, und schon die Sprachwidrigkeit der Wendung bringt die Schwierigkeit des Verhältnisses zum Ausdruck. Sartre fühlt sich von hier aus zu der Formulierung gedrängt: ich „existiere meinen Leib“.[484] Aber dieser Ausdruck dürfte auch im Französischen ebenso sprachwidrig sein wie in seiner deutschen Übersetzung. Er ist also nur als ein bewußt paradoxer Hinweis zu nehmen auf die mit den Mitteln der gewöhnlichen Sprache nicht ausdrückbare Zwischenstel-

---

482 G. Marcel, Être et Avoir. Paris 1935. S. 9. Vgl. meine Darstellung: Gabriel Marcel. Christlicher Existentialismus. Die Sammlung. 3. Jahrg. 1948. S. 401ff., S. 481ff., S. 549ff.

483 Ilias. 1. Gesang. Vers 3–5.

484 J.-P. Sartre, S. 454.

lung: Ich bin mein Leib und bin es doch wieder nicht, weil er mir äußerlich bleibt; ich habe meinen Leib und habe ihn doch wieder nicht, weil er innerlicher zu mir gehört.

Wiederum nur eine andre Formulierung dieser partiellen Identifikation ist es, wenn ich im Sinn von Marcel sage, daß ich in meinem Leibe inkarniert bin. „Die Inkarnation", so formuliert nämlich Marcel, ist die „Situation eines Wesens, das sich als mit einem Leib verbunden erscheint."[485] Damit ist im Grunde nur eine andre Umschreibung desselben rätselhaften Verhältnisses zum Raum gegeben, durch das ich im Leibe körperlich und damit räumlich geworden bin, daß ich also durch meinen Leib in den Raum eingepflanzt bin. Aber es ist durchaus berechtigt, diesen theologisch vorbestimmten Begriff (wenn auch in einem etwas veränderten Sinn) zur Bezeichnung der allgemeinen anthropologischen Bestimmung des Menschen heranzuziehen. Er erklärt zwar nichts, aber er macht auf das darin waltende Geheimnis aufmerksam. Und nur im Sinn dieses Hinweises sei er hier aufgenommen.

Und wiederum nichts andres als diese geheimnisvolle, nicht weiter zurückführbare Einheit hat auch Merleau-Ponty im Auge, wenn er sagt, daß ich in meinem Leib wohne. In etwas wohnen heißt, in etwas inkarniert sein. Und wenn wir schon darauf aufmerksam gemacht hatten, daß es sich beim Leibe um ein Wohnen besonderer Art handelt, nämlich um eine unlösbare Verbindung mit der Wohnung, so wird man auf der andern Seite aus der Gemeinsamkeit des Sprachgebrauchs doch die Vermutung ableiten können, daß irgend etwas von dem in der Inkarnation im Leib bezeichneten Verhältnis auch beim Wohnen im Hause und vielleicht auch beim Wohnen im Raum überhaupt wiederkehrt und sich insofern der Begriff der Inkarnation für das allgemeine Verständnis der Räumlichkeit des menschlichen Lebens als fruchtbar erweist.

3. Das Haus

a) Die Inkarnation im Haus. Die Analogie von Leib-haben und Wohnen im Haus

Die zweite Form des vom Menschen besessenen Eigenraums ist das Haus oder die Wohnung, und das ist die Form, auf die wir den Begriff des Wohnens in seinem eigentlichen Sinn anwenden. Wir können uns hier kurz fassen, weil wir an früherer Stelle schon ausführlich von der anthropologischen Funktion des Hauses als einer Stätte des Friedens und der Geborgenheit gesprochen hatten und hier nur vertiefend das innere Verhältnis des Menschen zu seinem Wohnraum hervorgehoben zu werden braucht. In diesem Zusammenhang ist es wichtig, daß für das Verhältnis des Menschen zur Wohnung etwas Ähnliches gilt wie für sein

[485] G. Marcel, S. 11.

Verhältnis zum Leib. Wenn man die Analogie auch nicht künstlich übersteigern soll, so kann man das Haus doch in einer gewissen Hinsicht als einen erweiterten Leib betrachten, mit dem sich der Mensch in einer ähnlichen Weise identifiziert und durch den er sich entsprechend in einen größeren Umraum einordnet. Hier wie dort gibt es eine Grenze, die deutlich erkennbar den Eigenraum, mit dem ich mich identifiziere, der ich also in irgendeinem Sinn „bin", von dem andern Raum scheidet, der ich nicht mehr bin, der nicht zu mir gehört und der mir fremd ist. Dabei liegt der Unterschied aber darin, daß ich mit dem leiblichen Eigenraum unlösbar verwachsen bin und ihn mit mir herumtrage, wo immer ich mich bewege, daß der häusliche Eigenraum aber feststeht, so daß ich ihn verlassen und wieder in ihn zurückkehren kann.

Dabei haben auch hier Innenraum und Außenraum einen völlig verschiedenen Charakter. Ähnlich wie beim Leib kann man auch hier sagen, daß der Raum im Sinn eines durch Abstände und Richtungen gegliederten Zusammenhangs erst außerhalb des Hauses beginnt. Erst an der Haustür beginnen die Wege, die die Welt erschließen. Aber es wäre unangemessen, den Begriff des Weges auch innerhalb des Hauses anwenden zu wollen. Die Schritte, die der Mensch im Hause tut, lassen sich zu denen, die er auf der Straße macht, nicht zu einer gemeinsamen Entfernung addieren. Es sind verschiedene Räume, die sich innerhalb und außerhalb des Hauses entfalten und die sich nicht unmittelbar zu einem übergreifenden Gesamtraum zusammenfassen lassen, wobei der häusliche Innenraum (wie der des Leibes) sich grade infolge seiner Vertrautheit nur schwer der wissenschaftlichen Betrachtung erschließt.

So besteht auch beim Hause, wenn auch vielleicht nicht so ausgeprägt wie beim Leibe, eine unmittelbare Identifizierung. Der Mensch identifiziert sich mit seinem Haus. Er verschmilzt mit ihm. Er ist, indem er in seinem Hause wohnt, unmittelbar darin gegenwärtig und fühlt sich gradezu physisch getroffen, wenn ein Fremder gegen seinen Willen in die Sphäre seines Hauses eindringt. Aber der Bereich geht weiter und bezieht sich, wenngleich in abgestufter Form, auch auf alles, was an Raum der Besitzsphäre des Menschen angehört. So identifiziert sich der Bauer in entsprechender Weise mit seinem Acker, und sein Zorn über das unbefugte Betreten seines Grundes beruht nicht auf seiner Besorgnis wegen der Möglichkeit, daß ein Schaden angerichtet werden könnte, etwa durch das Niedertreten des Korns, sondern entspringt ganz unmittelbar aus der Abwehr gegen das Eindringen in „seinen" Raum, durch dessen Betreten er sich unmittelbar selber getroffen und gekränkt fühlt. Ähnlich ist es wieder auch mit der Ängstlichkeit, mit der sich ein Staat gegen die Verletzung seines Hoheitsgebiets wehrt. Er selber fühlt sich in seiner Ehre durch eine an sich kleine Grenzüberschreitung angegriffen.

Hatten wir den am Haus entsprungenen Begriff des Wohnens auch auf den Leib übertragen können, so können wir jetzt auch umgekehrt den in der leiblichen Sphäre beheimateten Begriff der Inkarnation in einem erweiterten Sinn auch auf das Haus übertragen und das Verhältnis von Mensch und Haus auch so aussprechen, daß wir sagen: Der Mensch ist inkarniert in seinem Haus. Das Haus wird durch diese enge Verbundenheit zum Ausdruck seines Wesens. Und wenn wir früher verfolgt hatten, wie der Mensch seinem Wohnraum so sehr den Charakter seiner Persönlichkeit aufprägen kann, daß diese dann von jener her verstanden werden kann, so weist das wiederum auf das innige Verhältnis von Mensch und Raum zurück, das wir mit dem Begriff der Inkarnation zu umschreiben versuchen.

Wie stark der Mensch mit seinem Haus verbunden ist, geht auch aus manchen Vorstellungen eines urtümlichen Bewußtseins hervor, die sich auch heute noch vielfach im Volksglauben erhalten haben. Bilz, der vom psychopathologischen Zusammenhang aus zuerst auf diese Verhältnisse aufmerksam geworden ist, spricht von einer „archaischen Binität Subjekt: Haus".[486] Man könnte darüber hinaus noch gradezu von einer Identifizierung von Mensch und Haus sprechen, wie sie auch heute noch nachwirkt, wenn man scherzhaft einen andern Menschen als „altes Haus" anredet. Was Bilz einem Bericht über norwegische Verhältnisse entnimmt, daß nämlich die Menschen nach den von ihnen bewohnten Häusern benannt werden, hat sich ja auch in Deutschland noch vielfach erhalten. So heißt es etwa im Westerwald von einer Familie: sie heißen Langhans, aber sie schreiben sich Schneider. Das eine ist der Name, der auf dem Hause liegt und der sich auf jeden neuen Bewohner forterbt, das andre ist der vom Vater übernommene Familienname, wie er im Standesamt verzeichnet ist. Aber die Wendung „er schreibt sich ..." bringt zum Ausdruck, daß der erste Name der eigentliche ist, mit dem die Menschen im lebendigen Umgang genannt werden, daß der andre nur als etwas Zweitrangiges, nur als eine formal bürokratische Angelegenheit aufgefaßt wird. Darin zeigt sich, daß hier also die räumliche Bindung an das Haus kräftiger ist als die zeitliche Verwurzelung in der Geschlechterfolge.

Weiterhin ist im Sinn einer solchen Identifizierung von Mensch und Haus der vielfach erweiterte Sprachgebrauch interessant. Das Haus ist zugleich eine wirtschaftliche Einheit und bezeichnet im weiteren Sinn alles, was zum „Haushalt" gehört. Das Haus ist darüber hinaus auch in seiner juristischen Bedeutung wichtig, denn es bezeichnet eine Machtsphäre, die vielfach über die Mauern hinaus bis an die Dachtraufe reicht. In der Wendung „Ich aber und mein Haus" bezieht es im patriarchalischen Sprachgebrauch den ganzen Umkreis der Menschen ein, die zu diesem Haus gehören. Insbesondre wird es dann, bei Fürstenhäusern, wie beim Hause Habsburg, zur Bezeichnung des genealogischen Zusammenhangs verwandt.

---

[486] R. Bilz, Pole der Geborgenheit. Eine anthropologische Untersuchung über raumbezogene Erlebnis- und Verhaltensbereitschaften. Studium generale. 10. Jahrg. 1957. S. 552ff.

b) Die Verwandlung des Menschen im Haus

Die innige Verbindung von Mensch und Haus zeigt sich aber nicht nur darin, daß der Mensch seinem Wohnraum den Charakter seines eignen Wesens aufzuprägen vermag und umgekehrt jenes auf ihn zurückwirkt, sondern eben so sehr darin, wie er in seinem Wesen durch seinen Umraum bestimmt wird, und sein Wesen sich wandelt je nach der Natur seines Umraums. Saint-Exupéry sagt einmal sehr schön: „Die Frauen selber wurden ruhig oder anmaßend oder scheu, je nach der Stelle des Hauses, an der sie sich eben befanden."[487] Was hier im Zusammenhang der Dichtung von den Frauen gesagt ist, gilt natürlich darüber hinaus vom Menschen überhaupt, und nicht nur von der Stelle im Hause, sondern allgemein von der Stelle im Raum. In ähnlichem Sinn betont auch Bachelard: „Man wechselt nicht nur die Stelle, man wechselt die Natur",[488] und spricht ausdrücklich von einer „Verschmelzung des Daseins in einem konkreten Raum".[489] Diese Verbindung bedeutet nicht nur, daß der Raum modifizierend auf den Menschen einwirkt, denn das wäre noch immer eine Wechselwirkung zwischen zuvor Getrenntem, sondern daß der Mensch nur in der Einheit mit einem konkreten Raum ein bestimmtes Wesen gewinnt. Er hat es nicht „an sich" und losgelöst vom jeweiligen Raum, sondern gewinnt es erst im konkreten Raum.

Das gilt in besonderem Maß, je nachdem der Mensch sich innerhalb oder außerhalb des Hauses befindet. Schon Fischart sagt einmal:

> In seinem Haus ist jeder frei,
> auswendig verlassen, furchtsam, scheu.[490]

Das Verhältnis zum Raum ist in beiden Fällen, innerhalb und außerhalb des Hauses, grundsätzlich verschieden. Die Außenwelt ist der Raum seiner Arbeit, seiner Geschäfte, überhaupt seiner Aufgaben in der Welt. Hier bedarf er jederzeit der vollen Aufmerksamkeit, um die Situation zu meistern und auf Überraschungen schnell zu reagieren. Er bedarf in jedem Augenblick des kontrollierenden Bewußtseins dessen, was er tut. Darum ist hier der Bereich der vollen Spaltung zwischen Subjekt und Objekt. Es ist ein dem Menschen fremder, ja unheimlicher und bedrohlicher Raum, in den er „geworfen" ist.

Im Frieden des Hauses bedarf der Mensch dagegen dieser angespannten Aufmerksamkeit nicht. Darum lockert sich hier sogleich die Spannung zwischen Subjekt und Objekt und damit der intentionale Charakter der räumlichen Beziehungen. Und das ist dann wiederum die Voraussetzung dafür, daß der Mensch

---

487 A. de Saint-Exupéry, S. 39.

488 G. Bachelard, S. 236.

489 S. 236.

490 Fischart, Beleg aus dem Grimmschen Wörterbuch, in der Orthographie dem modernen Gebrauch angeglichen.

mit seinem Raum verschmilzt, daß er selber in den Raum eingelassen, von diesem umfangen und gehalten wird.

Dieselben Verhältnisse gelten natürlich auch für die verschiedenen andern Formen des umgrenzten Eigenraums, für die wir das Haus nur stellvertretend als einfachstes Beispiel herausgegriffen hatten. Das gilt in vergrößertem Maßstab entsprechend für den Raum der Heimat und den Raum der Fremde und die verschiedenen Formen, wie sich größere (und dann immer zugleich kollektive) Eigenbereiche gegen fremde Räume abgrenzen. Das gilt aber in verkleinertem Maßstab auch für die verschiedenen Bereiche innerhalb des Hauses, und die früheren Überlegungen über den Raum des Betts und den Vorgang des Einschlafens werden fruchtbar für das Verständnis der Modifikationen der Räumlichkeit.

c) Das Territorium der Tiere

Die Auffassung, daß sich menschliches Leben nur in der Bindung an einen bestimmten Wohnsitz und an ein bestimmtes heimatliches Gebiet entfalten kann, findet eine erwünschte Bestätigung durch entsprechende Erfahrungen beim Verhalten der Tiere, auf die die neuere Tierpsychologie aufmerksam geworden ist. Nachdem v. Uexküll darauf aufmerksam gemacht hatte, wie vollkommen die Tiere in ihre Umwelt eingepaßt sind, hatte sich die Biologie eingehender mit dem Aufbau solcher tierischer Umwelten beschäftigt und war da auf die innere Einheit zwischen dem Tier und dem Raum, in dem es lebt, aufmerksam geworden, ein Ergebnis, das genau mit dem übereinstimmt, was wir bisher vom Menschen behauptet hatten. In diesem Sinn betont der Schweizer Biologe Hediger ausdrücklich: „Das Tier und der es umgebende Raum bilden eine Einheit, eine Ganzheit; Plan und Organisation sind durchgehend. Plan und Organisation umfassen Körperbau, Verhalten und Raum.“[491] Wir greifen aus der allgemeineren biologischen Fragestellung nur den Punkt heraus, der uns hier im besonderen beschäftigt. Das ist die Bindung an einen bestimmten Ort oder Bereich.

Die Ornithologen sind wohl als erste darauf aufmerksam geworden, daß die Vögel gar nicht so frei beweglich in den Wäldern wohnen, wie man es sich leicht vorstellt, sondern daß sie an einen bestimmten Lebensbereich gebunden sind, den sie freiwillig nicht überschreiten. Dasselbe gilt von zahlreichen andern Tieren. Die Biologen haben den Begriff des Territoriums eingeführt, um damit den bestimmten Lebensraum eines Tiers oder eines Tierpaars oder auch einer Gruppe von Tieren zu bezeichnen. Peters hat in einem Aufsatz im Studium generale über diese Zusammenhänge sehr schön berichtet.[492]

---

[491] H. Hediger, zitiert bei H. Peters, s. unten Anm. 492.

[492] H. Peters, Über die Beziehungen der Tiere zu ihrem Lebensraum. Studium generale. 10. Jahrg. 1957. S. 523ff.

Diese Territorien sind nach außen hin durch bestimmte Grenzen von denen der Artgenossen geschieden, und jedes Tier verteidigt sein Territorium gegen das Eindringen fremder Artgenossen. Die Biologen sprechen gradezu von einem Besitzen, um das Verhältnis zwischen dem Tier und seinem Territorium zu bezeichnen. Peters betont im Anschluß an Meyer-Holzapfel das „‚Be-sitzen', von dem man heute mit einem gewissen Recht mit Bezug auf territoriale Tiere spricht, die ihre Parzelle der Mitwelt mühsam abringen müssen."[493] Das ist im Grunde ein sehr anthropomorpher Begriff, um so auffälliger ist seine Übertragung auf das Tierreich.

Der Besitzanspruch auf solche Territorien wird von den Bewohnern häufig durch bestimmte Kennzeichen kundgetan. Sie bringen gewissermaßen ihre Besitzmarken an. Das können bei Vögeln akustische Signale sein, ihre Rufe und Gesänge. Bei Säugetieren sind es häufig Geruchsmarken. Wir kennen das am besten bei den Hunden, die so die Grenzen ihres Gebiets durch für die Artgenossen verständliche Markierungen abstecken. Natürlich kommt es, namentlich bei Nahrungsmangel, auch zu Konflikten. Der Eigenbereich muß dann verteidigt werden. Und so grenzen sich die verschiedenen Territorien gegeneinander ab. „Revierbesitzer", so schreibt Peters, „pflegen ihre Grenzen einzuhalten. Überschreitungen führen zu Kämpfen, wobei die Regel gilt, daß der Angestammte auf seinem Platz überlegen bleibt, auch wenn er schwächer ist als der Eindringling. Aber es kommt im allgemeinen gar nicht zu Übergriffen."[494]

Aber die Territorien sind nicht nur nach außen hin gegen andre Territorien abgegrenzt, sondern auch in sich nach den Lebensbedürfnissen ihrer Bewohner durchgegliedert. Nicht jede Lebensfunktion kann an jeder beliebigen Stelle des Raums befriedigt werden, sondern es gibt für das Schlafen, das Fressen und Trinken, das Koten und Harnen jeweils bestimmte Plätze. Selbst die Fortbewegung von einer Stelle des Gebiets zu einer andern erfolgt nicht beliebig, sondern das Tier bildet dafür bestimmte „Straßen" aus, etwa die „Wechsel" des Wildes. „Auch im Verkehr von einem Punkt zum andern herrscht keine Beliebigkeit. Ihm dienen die ‚Wechsel'; sie bedeuten eine selbstgesetzte Beschränkung gegenüber den vorhandenen Möglichkeiten."[495] Wir finden also in der Durchorganisation des tierischen Lebensraums nach den verschiedenen Lebensfunktionen einen schon an die menschliche Raumgestaltung erinnernden Zug.

Innerhalb der verschiedenen Lebensfunktionen aber hebt sich eine besonders heraus, die ganz besonders „menschlich" anmutet durch die Parallele zum menschlichen Bezug zum Hause: das Heim, von dem man auch innerhalb des tierischen Territoriums spricht. Das Heim ist der Ort, wo das Tier ruht und schläft, ganz ähnlich wie der Mensch in seinem Bett – es können unter Umständen im selben Territorium auch mehrere Heime sein von verschiedener Wichtig-

---

[493] S. 525, vgl. M. Meyer-Holzapfel, Die Bedeutung des Besitzes bei Tier und Mensch. Arbeiten zur Psycho-Hygiene. Biel 1952.

[494] H. Peters, S. 523f.

[495] S. 524, nach Hediger.

keit, ein Hauptheim mit Nebenheimen zum Ausweichen –. Das im Zentrum des tierischen Territoriums gelegene Heim wird also bestimmt als ein „Ort maximaler Geborgenheit".[496] In diesem Sinn betont auch Portmann: „Das Heim wird so zu einem Ort, an dem durch Sicherheit und Ruhe wesentliche Stimmungen jedes höheren Tiers maximale Befriedigung finden – einem Ort, der Geborgenheit ermöglicht."[497] Es ist sicher mehr als ein Zufall, daß hier beim Tier genau derselbe Begriff der Geborgenheit auftritt, der für uns bei der anthropologischen Funktion des Hauses entscheidend war. Um so deutlicher wird in der Auseinandersetzung mit dem Existentialismus, wie der Begriff der Geborgenheit schon hier als eine notwendige Voraussetzung des Lebens hervortritt.

Wichtiger für unsre Fragestellung wird in diesem Zusammenhang noch ein andrer Gedanke. So wie Saint-Exupéry einmal davon gesprochen hat, daß der Mensch ein andrer wird je nach der Stelle im Raum, an der er sich aufhält, so gilt es auch beim Tier: Es verändert sich in seinem Wesen je nachdem es sich innerhalb oder außerhalb seines Heims oder seines Territoriums befindet. Der rechtmäßige Besitzer des Territoriums pflegt dem Eindringling überlegen zu sein, auch wenn er außerhalb dieses Bereichs der Schwächere wäre. Ich kann aus der reichhaltigen Literatur zu dieser Frage nur einige besonders eindrucksvolle Beispiele anführen.

So berichtet Lorenz von den Dohlen: „Wie bei allen Tieren, die Gebiete abgrenzen, gründet sich auch bei der Dohle der ‚Besitz' eines ‚Territoriums' darauf, daß der Vogel ‚zuhause' viel intensiver kämpft, als auf fremdem Gebiet. Die in ihrer eigenen, angestammten Nisthöhle zickende (d.i. sich durch einen bestimmten Ruf bemerkbar machende) Dohle ist also von vorn herein jedem Eindringling gegenüber gewaltig im Vorteil; dieser wiegt im allgemeinen selbst die größten Rangunterschiede auf, die zwischen den einzelnen Koloniemitgliedern bestehen."[498] Ich hebe zweierlei für unsern Zusammenhang heraus: Einmal daß der Vogel innerhalb seines Gebiets wesentlich stärker ist als außerhalb, und zweitens daß sein Heim trotzdem bedroht bleibt und verteidigt werden muß, so daß in einem immer neu festzustellenden Kräftegleichgewicht die Territorien gegeneinander abgegrenzt werden.

Sehr schön paßt dazu eine Schilderung Portmanns von einem von ihm Clarence genannten Spatzen: „Er hat vertraute Stätten, die den Gefühlswert eines Heims haben. Er verteidigt sie, an dieser Stelle ist er ein anderer Spatz als draußen in der fremden Welt: er ist Besitzer, bezeugt Eigentumsgefühle. Die Verteidigung der verschiedenen Heime zeugt dafür, daß der Lebensraum von Clarence seine eigene Struktur hat, daß er Zonen von verschiedenen Gefühlswerten aufweist."[499]

---

[496] H. Hediger, zitiert bei Peters, S. 524.

[497] A. Portmann, Das Tier als soziales Wesen. Zürich 1953. S. 273.

[498] K. Lorenz, Er redete mit dem Vieh, den Vögeln und den Fischen. Wien 1949. S. 101.

[499] A. Portmann, Vom Wunderspatzen zum Spatzenwunder. Die Weltwoche, vom 11.5.1956.

Ein sehr schönes weiteres Beispiel bezieht sich auf eine ganz andre Tierart, auf das Verhalten der Stichlinge, und ich gebe am besten den ganzen diesbezüglichen Text bei Lorenz: „Erst wenn er sein Heim aufgebaut hat, ist der Stichling imstand, physisch in volle Brunst und hohe geschlechtliche Erregung zu kommen, ein ernstlicher Stichlingskampf ist nur zu sehen, wenn man Stichlinge in einem großen Becken hält, in dem zwei Männchen ihre Nester bauen. Die Kampfeslust eines Stichlings steht nämlich in jedem Augenblick in einem umgekehrten Verhältnis zu seiner jeweiligen Entfernung von seinem Nestort. Am Nest selbst ist er ein Berserker, der sogar die menschliche Hand todesmutig rammt. Je weiter er sich aber während des Schwimmens von seinem Hauptquartier entfernt, desto schwächer wird seine Angriffslust. Treffen zwei Stichlingsmännchen zusammen, kann man demnach nahezu sicher voraussagen, wie der Kampf enden wird: es flieht derjenige, der am weitesten von zuhause weg ist. In unmittelbarer Nähe seines Nestes schlägt der Kleinste den Größten, die relative Kampfesstärke des Einzelnen drückt sich nur in der Größe des Territoriums aus, das er von Rivalen freizuhalten vermag. Der Geschlagene flieht also selbstverständlich heimwärts; dem Sieger ist, ebenso verständlicherweise, der Kamm geschwollen, und er verfolgt wütend den anderen. Dabei gerät er immer weiter von seinem Hauptquartier ab, und sein Mut sinkt daher im gleichen Maße, wie der des Besiegten, des Fliehenden wiederum steigt. In der Nähe seines Nestes angelangt, gewinnt der eben noch Mutlose neue Kraft, macht plötzlich kehrt und stürzt sich in rasender Wut auf seinen Verfolger. Es entspannt sich ein neuer Kampf; er endet absolut sicher mit dem Siege des vorher Besiegten, und die Jagd geht den gleichen Weg zurück.“[500] Wir haben hier also die besprochenen Vorgänge mit voller Reinheit verkörpert, die Veränderung des Wesens durch die Befindlichkeit an einer bestimmten Stelle im Raum wird hier gradezu auf eine mathematische Formel gebracht. In der Fremde, d.h. ohne Bindung an das zu verteidigende Nest, verläßt den Stichling sein Mut. „Nimmt man dem Stichling sein Nest, holt man ihn etwa aus seinem heimatlichen Becken und setzt ihn zu einem andern Stichlingsmännchen, so denkt er nicht daran zu kämpfen, sondern wird ganz klein und häßlich“.

Das hier Dargestellte ist dann entsprechend auch auf die menschliche Welt zu übertragen. Im tierischen Territorium ist auch der menschliche Eigenraum vorgezeichnet. Aber dabei zeigt sich sofort auch der fundamentale Unterschied zwischen Mensch und Tier. Während das Tier (soweit wir es verstehen können) fest mit seinem Raum verbunden ist, hat der Mensch die Möglichkeit, sich in sich selbst zurückzunehmen, indem er sich innerlich von seinem Eigenraum löst, und er gewinnt seine innere Freiheit nur durch eine solche Lösung von der unmittelbaren räumlichen Bindung. Der Mensch als Wanderer wird so das Symbol dieser inneren Freiheit.

---

[500] K. Lorenz, S. 44f.

Wir sollen heiter Raum um Raum durchschreiten,
an keinem wie an einer Heimat hängen,[501]

heißt es bei Hermann Hesse, und der Held des „Glasperlenspiels" formuliert den Vorsatz, „sein Tun und Leben ... zu einem Transzendieren, einem entschlossenheitern Durchschreiten, Erfüllen und Hintersichlassen jedes Raumes ... zu machen."[502] Wie diese beiden Aspekte, das Wohnen und das Wandern, das In-sich-Ruhen und das Transzendieren, im Menschen tiefer verbunden sind, kann hier nur eben berührt werden. Jedenfalls kann für den Menschen erst auf dem Boden dieser Lösung von der unmittelbaren Bindung an den Raum das Wohnen als eine neue, in Freiheit gewonnene Bindung zur über seine Wesenserfüllung entscheidenden Aufgabe werden.

4. Der freie Raum

a) Der bergende Charakter des Raums

Als den dritten Raum, von dem man sagen kann, daß der Mensch in ihm wohnt, hatten wir den freien Raum in einem weiten und allgemeinen Sinn genannt. Wir müssen versuchen, uns den Sinn dieser Behauptung zu verdeutlichen. Die Behauptung, daß der Mensch nicht nur in einer bestimmten Behausung, sondern überhaupt im Raum wohnt, geht dahin, daß er auch dort in dem Gefühl der Geborgenheit und des Getragenseins lebt, wie es im Hause auf den materiellen Schutz der Mauern und der Wände begründet ist. Wie aber soll dieses möglich sein, wo ein solcher materieller Schutz nicht mehr besteht?

Nun waren wir schon seinerzeit darauf aufmerksam geworden, daß alles Gefühl der Geborgenheit in einem letztlich doch zerbrechlichen Haus und aller Mut, nach allen Zerstörungen immer wieder neu ein Haus zu bauen, darauf beruht, daß es von einem über alles menschliche Tun hinausgehenden, letzten und umfassendsten Vertrauen zur Welt und zum Leben getragen wird. Das Rätsel dieses Vertrauens ist das letzte Geheimnis des menschlichen Daseins. Und dieses hängt wiederum aufs engste mit dem Verhältnis zum Raum zusammen, denn die Welt ist der umfassendste Raum, in dem der Mensch lebt und mit dem er sich auch wieder wie mit einem Eigenraum identifizieren kann. Unabhängig von allem menschlichen Schutz gewinnt jetzt der Raum selber etwas Bergendes.

Dadurch unterscheidet sich der Raum wesentlich von der Zeit. Durch die Zeit sind wir der Bedrängnis ausgeliefert, denn die Zeit ist zumeist die „reißende Zeit" (Hölderlin). Die Zeit bedeutet die Vergänglichkeit alles Irdischen. „Denn die Zeit ist der Verfall".[503] So ist es seit den alttestamentlichen Anfängen immer

---

[501] H. Hesse, Das Glasperlenspiel. VI 556.
[502] VI 483.
[503] R. M. Rilke, Briefe und Tagebücher aus der Frühzeit. 1931. S. 248.

gesehen worden. Zeitlichkeit heißt Nichtigkeit. Das ändert sich auch nicht, wenn man ihr im Heideggerschen Sinn die eigentliche, tiefe Zeitlichkeit entgegenstellt, die mit dem Wesen des Menschen selber identisch ist; denn diese wird ja grade in der entscheidenden Gegenbewegung gegen die zeitliche Bedrohung gewonnen und hebt die letzte Isolierung des Menschen nicht auf, sondern zwingt ihn erst in diese hinein. Der Mensch bleibt ungeborgen in der Zeit. (Von den Erfahrungen einer glücklich erfüllten Gegenwart sehe ich hier ab, weil diese, indem sie als Zeitlosigkeit erfahren werden, indirekt wieder auf den zerstörenden Charakter der Zeit bezogen sind.)

Anders aber ist es mit dem Raum. Im Raum sind wir in der Geborgenheit. Bachelard sagt einmal: „Der Raum, der große Raum, ist der Freund des Seins“,[504] wobei „Sein“ in seinem Sprachgebrauch das menschliche Dasein bedeutet. Der Satz bedeutet also: Der Raum ist der Freund des Menschen. Was besagt dieser Satz? Bachelard meint hier nicht einen speziellen Raum des Hauses oder des Nestes. Er spricht in dem angeführten Satz ausdrücklich von dem „großen Raum“, ja es steht bei ihm in dem Zusammenhang, daß der Mensch in der Einbildungskraft der Enge des Hier in ein „Anderswo“ entfliehen kann. Ich glaube aber, daß sich der Satz in einem allgemeinen Sinn aufnehmen läßt. Ein Freund ist ein Mensch, mit dem man vertraut ist, der einem wohl will und in dessen Nähe man sich sicher fühlt. Wenn wir das auf den Raum übertragen, und zwar nicht auf einen bestimmten Innenraum, sondern auf den Raum im ganzen, so würde das heißen, daß der Mensch auch zu ihm ein entsprechendes Vertrauensverhältnis findet.

Wie aber kann der Raum, der ins Unendliche verlaufende Raum, eine solche Geborgenheit vermitteln? Das weist darauf hin, daß der konkret erfahrene Raum, in dem wir leben, keineswegs den Charakter der Unendlichkeit hat, sondern immer noch den eines bergenden Innenraums oder Hohlraums behält, also den Charakter, den wir beim mythischen Weltbild und selbst beim Raum der Antike noch vorfanden. Dieser Raum ist in der Tat ein erweiterter Hohlraum, ein Haus im vergrößerten Maßstab, so daß wir die am Haus gewonnenen Wesenszüge des Wohnens auch auf diesen Raum der Welt übertragen können. Es gibt so eine Stufenfolge von Wohnungen: „Ei, Nest, Haus, Vaterland, All“,[505] so wie Bachelard sie in Anlehnung an Victor Hugos „Glöckner von Notre-Dame“ einmal aufzählt. Und man kann selbst von der letzten von ihnen noch sagen: „Die Welt ist ein Nest“,[506] ein bergender Raum, in dem der Mensch sich sicher fühlen kann.

Und wie die Sonne für uns noch jeden Morgen neu über der festen Erde im Osten aufgeht, obgleich wir im Kopernikanischen System es lange „besser“ wissen, so ist für uns trotz allen Wissens von der Unendlichkeit des Weltraums der

[504] G. Bachelard, S. 238.
[505] S. 119.
[506] S. 132.

Raum, wie wir ihn konkret erleben, ob er nun im einzelnen Fall enger oder weiter ist, in seinem Wesen doch immer noch endlich geblieben. Wir spüren es besonders deutlich in den seinerzeit genauer beschriebenen Erfahrungen, wo sich im Nebel oder in der Nacht der Raum um uns enger zusammenzieht.[507] Und mögen sich die Distanzen im klaren Tagesraum auch weiter ausspannen, so ist, wenn er bergend sein soll, im Prinzip derselbe Charakter auf ihn zu übertragen.

b) Das Wohnen im freien Raum

An dieser Stelle mag der Begriff des retentissement, des Widerhalls im Raum weiterführen, wie ihn Minkowski in seinem Buch „Vers une cosmologie" eingeführt hat. Der Widerhall bezeichnet zunächst in einem wörtlichen Sinn ein akustisches Phänomen: wie ein Raum vom Schall erfüllt wird, wenn die Schallwellen von den einschließenden Wänden zurückgeworfen werden. Aber Minkowski übernimmt den Begriff, um über den akustischen Bereich hinaus einen allgemeinen Charakter des erlebten Raums zu kennzeichnen. Der Raum selber hat den Charakter des Widerhallenden und verhindert dadurch das Gefühl des Verströmens im Grenzenlosen. Aber wie kann der unendlich offene Raum das Verströmen des menschlichen Bewußtseins verhindern? Beim akustischen Phänomen waren Wände erforderlich, die den Schall zurückwarfen und ohne die er sich im Unendlichen verflüchtigen würde. Wenn dies jetzt aber auf den Raum im ganzen übertragen werden soll, der doch keine bergenden Wände hat, so heißt das, daß der Raum wirkt, als ob er Wände hätte, daß der Mensch in ihm geborgen sein kann wie in einem geschlossenen Raum.

Diese Aufgabe kann der Raum nur erfüllen, weil der Mensch sich ursprünglich nicht als ein Fremder im Raum als in einem ihm fremden Element befindet, sondern sich mit ihm verbunden, mit dem Raum verschmolzen und so von ihm getragen fühlt. Diese unendlich schwer zu fassende Grunderfahrung hat Minkowski mit dem Begriff des Widerhalls im Auge, mit dem er eine „fundamentale Eigenschaft des Lebens"[508] auszudrücken sucht. Das Leben kann in Sympathie, in Harmonie, im Einklang mit seiner Umwelt leben, weil der Widerhall einen Urzustand bezeichnet, der „ursprünglicher als der Gegensatz von Ich und Welt"[509] ist. Weil die Spaltung zwischen Subjekt und Objekt hier aufgehoben ist oder besser, sich noch nicht ausgebildet hat, darum kann dieser Raum nie gegenständlich werden, vielmehr kann sich der Mensch mit ihm identifizieren. Der Raum gehört zum Menschen wie sein Leib, und wir haben ja auch zu ihm das eigentümlich schwebende Verhältnis, das zwischen Haben und Sein in der Mitte steht. In einem gewissen Sinn können wir sagen: wir sind unser Raum. Das

---

507 Vgl. oben S. 176ff., S. 181ff.

508 E. Minkowski, Cosmologie. S. 106.

509 S. 106.

betont auch Bachelard, wenn er den Dichtervers als „groß“ besonders hervorhebt: „Ich bin der Raum, wo ich bin.“[510] Der Mensch ist Teil des Raums und insofern getragen im großen umfassenden Raum. Der Mensch wohnt in dieser Weise im Raum. Was wir vorher, geleitet vom Sprachgebrauch, als Behauptung vorwegnahmen, das erhält von hier aus seine Bestätigung. Infolge dieser Verschmelzung ist es zulässig, den Begriff des Wohnens auch auf die Befindlichkeit im Raum auszudehnen. Der Mensch wohnt im Raum in einer analogen Weise, wie er im Hause wohnt, und das Wohnen im Hause kann uns eine Geborgenheit geben, insofern der Mensch zugleich umfassender im Raum wohnt.

Darum kann man den Begriff der Inkarnation, den wir zunächst vom Leib auf das Haus übertragen hatten, jetzt auch auf den Raum im ganzen ausdehnen und den leicht zu nachlässig genommenen Begriff des Wohnens von einer neuen Seite beleuchten, indem man sagt: Der Mensch ist im Raum inkarniert. Daß der Mensch im Raum inkarniert ist oder daß er im Raum wohnt, besagt mehr als daß er sich dort in einer Situation befindet. Es besagt nicht nur, daß er sich in einem Medium befindet und sich in diesem Medium bewegen kann, sondern daß er selber Teil dieses Mediums ist, durch eine Grenze vom übrigen Teil des Mediums getrennt und doch über sie hinweg mit ihm verbunden und von ihm getragen. Weil wir nicht in den Raum „geworfen“, sondern in ihn eingebettet sind, darum bedarf es nicht einer äußeren Wand, um ihn zusammenzuhalten. Als in dieser Weise eingelassen sind wir von ihm getragen und in ihm geborgen.

Das ursprüngliche Verhältnis zum Raum ist also das des Wohnens und nicht das der Intentionalität. Damit werden die früher behandelten Formen eines intentional gegliederten Handlungsraums nicht aufgehoben, aber sie erscheinen erst als etwas Abgeleitetes und Späteres und bleiben auf jenes andre bezogen.

c) Andre Formen der Einswerdung mit dem Raum

Bei diesen Formulierungen, bei der Behauptung einer solchen Verschmelzung, eines Einswerdens von Mensch und Raum zögern wir; denn es drängt sich der Verdacht auf, daß wir vielleicht doch in einer schwärmerischen Weise Behauptungen aufstellen, die einer kritischen nüchternen Betrachtung nicht standhalten. Und dennoch ist es die Notwendigkeit der Sache selbst, die von sich aus immer wieder zu solchen Formulierungen drängt. Aber vielleicht verliert die Behauptung einer solchen Verschmelzung des Menschen mit seinem Raum einen Teil ihrer Befremdlichkeit, wenn wir uns daran erinnern, daß wir schon im bisherigen Gang der Betrachtung verschiedentlich auf solche Verschmelzungsphänomene gestoßen sind und daß sie dort nicht von unsrer Seite behauptet, sondern von den verschiedenen herangezogenen Autoren bezeugt waren.

---

[510] G. Bachelard, S. 166.

Am deutlichsten tritt uns dies beim „präsentischen Raum" des Tanzens entgegen, wie Straus ihn entwickelt hat; denn wenn er betont, daß wir uns dabei nicht „durch den Raum", sondern „im Raum" bewegen, so ist damit ein solches grundsätzlich verändertes Verhältnis zum Raum angedeutet, bei dem, wie Straus selber ausdrücklich betont, die Spannung zwischen Subjekt und Objekt aufgehoben ist. Auch wenn er betont, daß dieser „völlig veränderte Raum" nicht mehr durch Richtung und Entfernung, sondern durch andre Qualitäten wie Tiefe und Weite bestimmt ist, würde dies ganz mit unsern Bestimmungen des intentional nicht zu fassenden Eigenraums zusammengehen. Ähnlich war es allgemein bei dem Problem des gestimmten Raums, am deutlichsten bei dem des Optimisten, wie Binswanger ihn geschildert hat. Wenn die Gegenstände hier ihre scharfen Kanten verlieren, so daß der Mensch frei und leicht durch sie hindurchgleiten kann, so ist auch das als eine Minderung der zwischen Subjekt und Objekt bestehenden Spannung zu verstehen.

Weiterhin wäre hier der nächtliche Raum hinzuzunehmen, wie wir ihn im Anschluß an Minkowski zu zeichnen versucht haben. Wenn sich dabei die Formulierung aufdrängte, daß der Nachtraum gleichsam auf der Haut aufliegt und ohne scharfe Grenze in mein Inneres übergreift oder uns in sich hineinzieht, so kommt auch darin wieder die schwer zu fassende Erfahrung zum Ausdruck, daß dieser Raum so viel enger mit dem Menschen verbunden ist, daß er als ein gradezu körperlich fühlbares Medium erscheint, in das der Mensch eingelassen ist. Und wenn es bei Novalis heißt, daß die Nacht den Menschen mütterlich trägt, so kennzeichnet das ebenfalls den nächtlichen Raum im Sinne eines solchen bewegenden Umgreifens. Es sei endlich daran erinnert, wie Merleau-Ponty die „mythische Einheit des mana" heranziehen mußte, um die Weise zu verdeutlichen, wie die Nacht den Menschen durchdringt und gradezu seine „persönliche Identität" auslöscht. Und das würde sich wiederum damit berühren, wie im akustischen Raum die Klänge den Menschen unmittelbar durchströmen. So beschreibt es Minkowski: „Eine Melodie, eine Symphonie, selbst ein einzelner Ton, vor allem wenn er schwer und tief ist, verlängern sich in uns hinein, durchdringen uns bis in den Grund unsres Seins, klingen wirklich in uns wieder."[511]

Alle diese Zusammenhänge sind darum so schwer zu fassen, weil sie einem Bereich angehören, der noch vor der Ausbildung unsres gegenständlichen Bewußtseins liegt. Und dennoch bildet er die tragende Grundschicht, aus der heraus wir auch noch nach der Ausbildung des Bewußtseins leben, wenn wir uns auch in der Regel ihrer nicht bewußt sind, ja sie sich durch ihre eigne Natur der Erkenntnis zu entziehen sucht; denn weil unser begriffliches Erkennen die Ausbildung des Bewußtseins mit der Spaltung von Subjekt und Objekt schon voraussetzt, ist es gar nicht imstande, diesen ganz andersartigen Bereich adäquat zu erfassen. Es bleibt gar nichts anderes übrig, als ihn mit notwendig unangemessenen Mitteln wenigstens zu umschreiben, um die zugrunde liegenden Erfahrun-

[511] E. Minkowski, S. 106.

gen in den Blick zu bringen. Und trotzdem würde man die Verhältnisse in einer unzulässigen Weise vereinfachen, wenn man aus Furcht vor einem möglichen Mißverständnis hier innehalten und nicht an der Grenze des adäquat Sagbaren noch eine vielleicht schon darüber hinausgehende Andeutung wagen würde.

3. Zusammenfassung und Ausblick

1. Modifikationen der Räumlichkeit

Bei der Frage nach dem Verhältnis des Menschen zum Raum oder seinem Verhalten zum Raum hatten sich im Verlauf der Betrachtungen nacheinander verschiedene Formen herausgehoben, die sich wechselseitig nicht ausschließen, die sich vielmehr überlagern und miteinander möglich sind und die man in dieser Weise als Modifikationen der menschlichen Räumlichkeit bezeichnen kann. Es erscheint darum angemessen, sie zum Abschluß noch einmal in einer schematisierenden Vereinfachung zusammenzustellen.

1. Das eine ist das naive Vertrauen zum Raum, das kindliche Geborgensein, das sich dann im späteren Leben als natürliches oder gedankenloses Geborgensein in Haus und Heimat fortsetzen kann. Der Mensch ist hier mit seinem Raum verschmolzen, in einer unmittelbaren Weise inkarniert.

2. Das zweite ist der Zustand der Heimatlosigkeit oder Unbehaustheit. Der Raum offenbart sich hier in seiner Unheimlichkeit und Fremdheit. Der Mensch findet sich verloren in diesem Raum.

3. Daraus ergibt sich drittens die Aufgabe der Wiederherstellung der Geborgenheit durch die Errichtung des Hauses, so wie wir es im dritten Kapitel ausführlich erörtert haben. Dadurch entsteht ein von der Außenwelt abgesonderter bergender Innenraum. Der bedrohliche Raum verschwindet damit nicht, er wird nur aus der Mitte verdrängt und an den Rand geschoben.

4. Weil sich aber jedes vom Menschen geschaffene Haus als angreifbar erweist (und weil weiterhin der bedrohliche Raum verborgen auch innerhalb des Hauses weiterhin lauert), ergibt sich die weiterführende letzte Aufgabe, die Versteifung im festen Gehäuse wieder zu überwinden und eine letzte Geborgenheit in einem Raum wiederzugewinnen, der nicht mehr der vom Menschen begründete Eigenraum des Hauses ist, sondern der übergreifende Raum überhaupt. Es gilt also, über den in sich selber versteiften Schein einer künstlich geschaffenen und immer nur trügerischen Geborgenheit zu der andern, offenen Geborgenheit zu gelangen, bei der die naive Räumlichkeit auf höherer Ebene wiederhergestellt wird. Dahin zu gelangen, ist aber nicht leicht und erfordert vom Menschen die besondre Anstrengung, sich von der trügerischen Sicherheit zu lösen.

2. Der Vorrang des bergenden Raums

Von hier aus klärt sich der Einwand, der gegen Bachelards „Poetik des Raums“ nahezuliegen scheint: daß er sich nämlich in seiner „Topophilie“ (wie er selber seinen Standpunkt bezeichnet),[512] in seiner Liebe zum Raum, auf „die Bilder des glücklichen Raumes“ beschränke, die „Räume der Feindseligkeit“[512] dagegen ganz vernachlässige. Diese von ihm selber ausdrücklich betonte Einschränkung erscheint zunächst allerdings als eine bedenkliche Einseitigkeit, die den Erkenntnisanspruch des Buchs erheblich einschränkt, und nichts scheint dringlicher zu sein, als seine Ergebnisse durch eine ergänzende Untersuchung der „Räume des Hasses und des Kampfes“ zu erweitern und zu überprüfen, wie dies auch in dem schönen Vortrag von Pabst[513] schon geschehen ist. Aber so wichtig die Erweiterung auf die feindlichen und bedrohlichen Räume ist, so kann sie doch erst *nach* der durchgeführten Analyse der glücklichen Räume in Angriff genommen werden. Denn der entscheidende und sachlich voll berechtigte Ansatz von Bachelard besagt, daß die beiden Modifikationen der Räumlichkeit, die glücklichen und die feindlichen Räume, sich nicht auf der gleichen Ebene als gleichberechtigte Formen gegenüberstehen, sondern daß der glückliche Raum der ursprüngliche Raum ist und daß sich erst nachträglich und von seinen Voraussetzungen her die Erfahrung des feindlichen Raums ausbildet, die es dann auf neuer Ebene wieder zu überwinden gilt.

In diesem Zusammenhang stehen, mit ausdrücklicher Spitze, die oben[514] schon zum Teil angeführten Sätze: „Das Haus ... ist die erste Welt des menschlichen Daseins. Bevor er ‚in die Welt geworfen‘ wird, wie die eiligen Metaphysiker lehren, wird der Mensch in die Wiege des Hauses gelegt.“[515] „Die Erfahrungen der feindlichen Welt ... sind späteren Datums. In seinem Keim ist jedes Leben Wohlsein.“[516] Damit ist deutlich eine Reihenfolge gesetzt: „Vom Gesichtspunkt des Phänomenologen, der Ursprünge sieht, ist die bewußte Metaphysik, die mit dem Augenblick einsetzt, wo das Dasein ‚in die Welt geworfen‘ wird, eine Metaphysik zweiter Position. Sie überspringt die Präliminarien, wo das Dasein ein Wohlsein ist, wo das menschliche Wesen in ein Wohlsein hineingelegt wird, in ein Wohlsein, das mit dem Dasein ursprünglich verbunden ist.“[517] Unter „bewußter Metaphysik“ oder „Metaphysik des Bewußtseins“, mit der er konkret wohl Sartre vor Augen hat, ist eine philosophische Position verstanden, die vom ausgebildeten Bewußtsein ausgeht. Dem stellt Bachelard die phänomenologische Haltung gegenüber, die die „Ursprünge“ sieht, die „Präliminarien, wo das Dasein

---

512 G. Bachelard, S. 29f.

513 W. Pabst, Funktionen des Raumes in der modernen französischen Literatur. In: Universitätstage 1960. Veröffentlichung der Freien Universität Berlin.

514 Vgl. oben S. 224f.

515 G. Bachelard, S. 132.

516 S. 39.

517 S. 39.

ein Wohlsein ist". Das kann in der Entgegensetzung zur „Metaphysik des Bewußtseins" nur eine Haltung bedeuten, die in eine ursprüngliche Schicht des menschlichen Daseins zurückgreift, die noch vor der Ausbildung des gegenständlichen Bewußtseins gelegen ist, so wie es sich auch für uns ja immer wieder zur Beschreibung der Erfahrung eines ursprünglichen Einsseins mit dem Raum als notwendig erwiesen hatte.

Demgegenüber ist dann der Erfahrungsbereich der „Metaphysik des Bewußtseins" erst das zweite: „Um die Metaphysik des Bewußtseins zu illustrieren, wird man die Erfahrungen abwarten müssen, in denen das menschliche Dasein nach draußen geworfen wird, das heißt in dem Bilderstile, den wir studieren: vor die Tür gesetzt, außerhalb des häuslichen Daseins, eine Lage, in der sich die Feindlichkeit der Menschen und die Feindlichkeit des Weltalls zusammenballen".[518] Bachelard erkennt auch die Berechtigung dieser Seite an. Eine „vollständige Metaphysik" ist für ihn eine solche, „die das Bewußtsein und das Unbewußte umfaßt". Aber sie ist an die nicht nur zeitliche, sondern auch sachliche Fundierungsordnung gebunden, sie „muß dem Inneren (d.h. der Welt des Hauses) den Vorrang seiner Werte lassen."[518] Das ist eine Auffassung, die in voller Übereinstimmung mit dem hier skizzierten Aufbau der Modifikationen der Räumlichkeit steht.

3. Forderungen für das wahre Wohnen

Diese vier Modifikationen der Räumlichkeit, diese vier Weisen des menschlichen Verhältnisses zum Raum, entwickeln sich nicht nur in einer zeitlichen Reihenfolge auseinander, sondern sie bleiben auch im Verlauf des Lebens erhalten und überlagern sich in einem reich gegliederten Schichtensystem. Aber wie in der zeitlichen Hinsicht die Verwirklichung der eigentlichen Zeitlichkeit (wie sie Heidegger herausgearbeitet hat) nicht von selbst geschieht, sondern vom Menschen erst die ganze Anstrengung seines Existierens verlangt, so ist es auch im Verhältnis zum Raum. Wenn wir die wahre Form des menschlichen Lebens im Raum als Wohnen bezeichnet haben, so ist auch dieses Wohnen wiederum etwas, was der Mensch nur in der vollen Anstrengung seines Wesens ergreifen und verwirklichen kann. Darum betonte ja auch Heidegger mit tiefem Recht, daß die Menschen das Wohnen erst lernen müssen.

Dabei sind die Verhältnisse in der räumlichen Verfassung des Menschen insofern wiederum komplizierter als bei der Zeitlichkeit, als es hier einen doppelten Gegensatz zum richtigen Wohnen gibt: das Nicht-wohnen im Sinn der heimatlosen Geworfenheit in einen feindlichen Raum, und das falsche Wohnen im Sinn der ängstlichen Versteifung im Gehäuse. Nur ist die Stelle des richtigen Wohnens innerhalb des doppelten Gegensatzes nicht als eine rechte Mitte im

[518] S. 40.

aristotelischen Sinn zu begreifen, es sind vielmehr verschiedene Ebenen, in denen sich dieser Gegensatz auswirkt.

Die Aufgabe des rechten Wohnens gliedert sich dabei nach einer dreifachen Richtung und läßt sich schematisch in drei Forderungen zusammenfassen:

Die erste Forderung richtet sich gegen die Heimatlosigkeit des haltlos im Raum irrenden Flüchtlings und Abenteurers. Sie besagt die Notwendigkeit, sich an einer bestimmten Stelle im Raum niederzulassen, sich dort fest zu begründen und einen Eigenraum der Geborgenheit zu schaffen.

Die beiden andern Forderungen beruhen auf der Gefahr, in diesem Eigenraum die wahre Weise des Wohnens zu verfehlen. Und zwar richtet sich die eine (insgesamt also die zweite) Forderung gegen die Gefahr, sich im Innenraum abzukapseln. Sie fordert also, auch den bedrohlichen und gefährlichen Außenraum voll in das Leben einzubeziehen und die ganze Spannung zwischen den beiden Räumen auszuhalten, in der sich allein menschliches Leben erfüllen kann.

Auf der andern Seite aber kommt es darauf an, auch bei der bestehenden Spannung zum bedrohlichen Außenraum den naiven Glauben an die Festigkeit des eignen Hauses zu überwinden und sich in einem umfassenden Vertrauen von jenem größeren Raum tragen zu lassen. Dabei aber verliert auch dieser „große Raum“ seinen gefährlichen Charakter, er wird selber wiederum zum bergenden Raum, wie wir ihn im letzten Teil zu zeichnen versucht haben.[519] So besteht die dritte Forderung darin, sich im Hause wohnend zugleich jenem größeren Ganzen des Raums anvertrauen zu können.

Unter dem dreifachen Anspruch dieser Forderungen verwirklicht der Mensch im wahren Wohnen im Raum sein menschliches Wesen.

---

[519] Das Verhältnis des Menschen zu einer ihm tragend entgegenkommenden vegetativen Natur habe ich seitdem in einem Vortrag „Die Stadt, das Grün und der Mensch“ im INternational Green Forum, Osaka 1986, weiter ausgeführt, wieder abgedruckt in: Zwischen Philosophie und Pädagogik. Aachen 1988, S. 44–62. Otto Friedrich Bollnow.

Drucknachweis

Mensch und Raum. 1. Aufl. Stutgart 1963; 7. Aufl. Stuttgart/Berlin/Köln 1994

"I have had the pleasure to work with and observe Rocky's work over the last decade. Rocky has always understood the deep impact that technology and innovation has on industries, and the way we live and work. He has the ability to translate technological change into insights for business and community leaders. Rocky is both a visionary and a change agent. I have always made time to read his articles and publications."

David Thodey – Chairman CSIRO

"Rocky is a rare breed of futurologist who can combine a very strong data-driven approach, with an almost intuitive ability to be able to see things that others can't, that in many cases are right in front of them. Combine that with a powerful communication style and desire to genuinely help others, and you have the perfect storm for being able to accurately predict and ultimately respond quickly to a very fast-changing environment. As someone who is obsessed with contingency planning and crisis management, this is a must-read for anyone who wants to be prepared for the decade ahead. His insights and predictions for the next 10 years have never been more important."

Kerwin Rae – Chief Executive Officer

"This report is an important contribution to our understanding of the impetus to reach net-zero as a digital economy and the enormous benefits that may be yielded for businesses and society if we get this right. From this seminal piece of work, technology leaders stand to gain a deep appreciation of their role in making these targets a reality, with innovation and connectivity providing both the engine and backbone in the race to decarbonise."

Simon Bush – Chief Executive Officer Australian Information Industry Association

"I have known Rocky a long time and whether I am listening to his speeches or reading his research and predictions I always feel confronted in a good way. Whether you agree with his views or not, he makes you think. And think differently!"

Alexis George – Chief Executive Officer AMP

"Rocky has a deep, globally based understanding of the zeitgeist of the moment. He knows what to look for when separating important events from noise. He has an inclusive approach to data gathering and an understanding of current and potential changes in the work environment, especially as they relate to Industry 4.0 and its transformative role they can play."

Michelle Blum – Chief Executive Officer Australia-Israel Chamber of Commerce

"Scopelliti's fascinating *Australia 2030 Research*© takes the pulse of current reality, cutting through the maze of political rhetoric, popular assumptions, and glossy opinions to reveal the blinkers off reality of the past and present, exposing the risks and opportunities facing Australia. But the report doesn't just expose and explore the problem domain, it goes on to deliver a well-researched roadmap to move conversations and decisions forward on the most pressing issues that both unite and divide opinion. Succinctly offering decision makers the best possible start at rethinking how Australia can emerge to play a leading role in the region".

"Challenging the status quo throughout, Scopelliti's report comes at a pivotal time not only in Australian history but that of the world as climate change reshapes nations, industries, businesses, and governments and pushes technology along new frontiers. Will Australia seize the moment and enter the new decade leading the region in terms of climate change? If you think this question can only be answered by politicians, you'd be wrong. This report shows you why".

Tremaine du Preez, PhD, Decision Scientist, and author of
DECIDE: The Art and Science of Choosing Wisely and Raising Thinkers – Preparing your Child for the Journey of Life

Published in Australia by

FUTUROLOGY
MEDIA

Rocky Scopelliti
rocky@rockyscopelliti.com
www.rockyscopelliti.com

First published in Australia 2022

National Library of Australia Cataloguing in Publication entry

NATIONAL LIBRARY OF AUSTRALIA

A catalogue record for this book is available from the National Library of Australia

ISBN: 978-0-6456630-0-6 (paperback)
ISBN: 978-0-6456630-1-3 (e-book)

Cover design by Studio Franzini
Layout and typesetting by Sophie White
This report features images by vecteezy.com and unsplash.com

Printed by Kindle Direct Publishing